社会管理学十讲

SHEHUI GUANLIXUE SHI JIANG

徐　彬　主　编

安建增　副主编

安徽师范大学出版社

·芜湖·

责任编辑:祝凤霞　何章艳
装帧设计:桑国磊
责任印制:郭行洲

图书在版编目(CIP)数据

社会管理学十讲/徐彬主编. —芜湖:安徽师范大学出版社,2015.8
ISBN 978-7-5676-1146-7

Ⅰ.①社…　Ⅱ.①徐…　Ⅲ.①社会管理学－研究　Ⅳ.①C912.3

中国版本图书馆 CIP 数据核字(2013)第 317539 号

社会管理学十讲

徐　彬　主　编

安建增　副主编

出版发行:安徽师范大学出版社

　　　　芜湖市九华南路 189 号安徽师范大学花津校区　邮政编码:241002

网　　　址:http://www.ahnupress.com/
发 行 部:0553-3883578　5910327　5910310(传真)　　E-mail:asdcbsfxb@126.com
印　　　刷:虎彩印艺股份有限公司
版　　　次:2015 年 8 月第 1 版
印　　　次:2015 年 8 月第 1 次印刷
规　　　格:700 mm×1000 mm　1/16
印　　　张:21.75
字　　　数:369 千
书　　　号:ISBN 978-7-5676-1146-7
定　　　价:39.00 元

序　言

　　社会建设与人民幸福安康息息相关。必须在经济发展的基础上，更加注重社会建设①。而"在新时期加强社会建设，必须在加强公共服务体系建设的基础上，大力创新社会管理"②。的确，在"国家—市场—社会"三个领域划分的学科范式基础上，"社会"是人类社会整体全面发展的"三驾马车"之一，而社会管理的加强与创新则可以说是驱动这辆马车快速、平稳前行的"骏马"。

　　我们党和国家一直以来都十分重视社会建设与社会管理。尤其是进入 21 世纪后，改革开放促进了我国经济建设和物质文明建设快速发展，人们的社会需求开始转型且朝多元化方向发展，各类新社会问题也开始显现，这就向社会建设和社会管理提出了新的要求。2000 年，政府目标职能中首次列入"社会管理"；2004 年，党的十六届四中全会明确提出要加强和创新社会管理，并推进社会管理体制改革；2006 年，党的十六届六中全会将加强和创新社会管理作为构建社会主义和谐社会的必然要求而予以强调；2007 年，党的十七大报告提出经济建设、政治建设、文化建设和社会建设四位一体的发展战略，新增"社会建设"这一战略；2012 年，党的十八大报告继续以大篇幅、高要求的方式强调社会管理，并全面、系统部署新时期加强和创新社会管理的基本举措。

　　对于什么是社会管理，学界有不同的看法。马尔科夫指出："社会管理的概念具有两种含义：其一是表示对社会系统和社会过程实施目标作用的事实，而不是表示对技术系统和技术过程实施合理作用的事实；其二，它所规定的是管理主体对整个社会的作用，而不同于社会系统的某些

---

① 胡锦涛.高举中国特色社会主义伟大旗帜　为夺取全面建设小康社会新胜利而奋斗——在中国共产党第十七次全国代表大会上的报告(2007 年 10 月 15 日)[M].北京：人民出版社，2007：37.

② 万军.社会建设与社会管理创新[M].北京：国家行政学院出版社，2011：1.

I

部分的作用,例如对经济的作用。"①阿法纳西耶夫指出,所谓社会管理
(指自觉的管理)指的是对整个社会或其个别环节(生产、社会政治生活、
精神生活、经济部门、企业等等)的作用,其目的在于使它们质的特殊性得
到保持,使它们能够正常地发挥功能、完善和发展,从而顺利地达到预期
的目的②。马凯指出,社会管理是中国特色社会主义经济建设、政治建
设、文化建设、社会建设四位一体总体格局中的一个重要组成部分,它以
维系社会秩序为核心,通过政府主导、多方参与、规范社会行为、协调社会
关系、促进社会认同、秉持社会公正、解决社会问题、化解社会矛盾、维护
社会治安、应对社会风险,为人类社会生存和发展创造既有秩序又有活力
的基础运行条件和社会环境③。何增科指出:"社会管理是政府和民间组
织运用多种资源和手段,对社会生活、社会事务、社会组织进行规范、协
调、服务的过程,其目的是为了满足社会成员生存和发展的基本需求,解
决社会问题,提高社会生活质量。"④不难发现,国外学者的定义较为宏
观,指的是对整个社会的管理,属于广义层面上的界定;而我国学者的定
义较为微观具体,指的是与政治管理、经济管理等相并列的针对"社会问
题"的管理,是以"国家—市场—社会"三分框架为基础的,属于狭义层面
上的界定。在狭义层面上,陈振明对社会管理概念的概括具有代表性:

> 从实践上讲,政府社会管理职能区别于政治统治职能和经
> 济管理职能的主要之点,就在于它以维护社会公平与公正为首
> 要目标,注重社会结构整合的最佳状态和社会各部分的协调发
> 展。特别是随着经济全球化和信息技术的快速发展,现代社会
> 日益呈现出系统性、开放性、复杂性的多元发展态势,势必冲击
> 既有的社会结构,进而导致社会无序程度增加,社会熵增值。因
> 而政府必须以解决社会问题为出发点,通过社会规制维护社会
> 秩序的正常运转,制定配套的社会政策促进社会福利的最大化,

---

① M·马尔科夫.社会管理学[M].俞仲文,译.王孟官,校.上海:同济大学出版社,
  1988:4.
② 阿法纳西耶夫.社会管理中的人[M].贾泽林,等译.北京:知识出版社,1983:58.
③ 魏礼群.社会管理创新案例选编[M].北京:人民出版社,2011:代序言5.
④ 何增科.论改革完善我国社会管理体制的必要性和意义——中国社会管理体制改
  革与社会工作发展研究之一[J].毛泽东邓小平理论研究,2007(8):52-60.

从片面追求经济增长转向追求经济与社会之间/城乡之间/区域之间/人与自然之间协调发展。①

本书即是在狭义层面上使用社会管理这一概念的。

需要说明一点,2013 年 11 月 12 日,党的十八届三中全会通过的《中共中央关于全面深化改革若干重大问题的决定》提出:"推进国家治理体系和治理能力现代化""加快形成科学有效的社会治理体制""创新社会治理"等。因此,有学者建议直接用"社会治理"来代替"社会管理"。的确,"治理"在国家与社会关系的层面上,强调"主体多元""国家与社会协同行动、良性互动""多中心之间形成权力依赖和资源依赖"等观念。但是,在很大程度上可以认为,"社会管理"是政府进行社会建设、改善民生的职能,"社会治理"则是加强和创新社会管理、促进社会建设的一种方式,具有手段意义。《中共中央关于全面深化改革若干重大问题的决定》中也明确了社会管理职能的重要性。如"加强中央政府宏观调控职责和能力,加强地方政府公共服务、市场监管、社会管理、环境保护等职责"。因此,本书仍然使用"社会管理"这一概念。

本书由十讲组成:

第一讲"社会管理主体"。社会管理作为一种管理实践行为,需要以特定的组织载体以及不同组织载体之间的合作关系网络为基础。这一讲主要介绍与社会管理主体有关的内容,包括如下几个方面的问题:社会管理的主体形态,各个主体在社会管理中的主要职能,各个主体开展社会管理的主要方式方法,多元社会管理主体的协同治理模式,等等。本讲共四节:一是政府组织是社会管理的核心主体;二是社会组织是社会管理的重要主体;三是社会公众是社会管理的基本主体;四是多元社会管理主体的协同治理模式。

第二讲"社会保障"。主要回答如下问题:社会保障的概念、特征、功能和原则,社会保障的相关理论,中外社会保障模式的比较,当前中国社会保障存在的问题及其发展趋势,等等。本讲共有五节:一是社会保障概

---

① 陈振明. 政府社会管理职能的概念辨析——《"政府社会管理"课题的研究报告》之一[M]//陆学艺 中国社会建设与社会管理:探索·发现. 北京:社会科学文献出版社,2011:191.

述;二是社会保障的主要理论基础;三是社会保障体系及其主要模式;四是社会保障制度发展的国际经验;五是中国社会保障制度的改革与发展。

第三讲"社会事业"。主要介绍如下几个方面的内容:社会事业的含义、社会事业的性质与类别、社会事业体系的构成、西方国家社会事业体制的现状与改革、当前中国社会事业体制存在的难题及其改革等。本讲共有四节,一是社会事业的基本概念;二是社会事业体系;三是西方国家的社会事业体制改革;四是中国社会事业体制改革。

第四讲"社会沟通"。社会沟通是社会管理的重要方式,也是处理社会事务、解决社会问题、实现社会和谐的基本手段。本讲由四节构成:第一节对社会沟通的基本问题,如含义、目的和作用等进行阐释;第二节对社会沟通的基本模式以及各个模式的特性等进行阐释;第三节讲述社会沟通的形式、方法与原则;第四节对社会沟通的障碍因素、提高社会沟通效果的途径等进行分析。

第五讲"公共安全管理"。对公共安全的追求一直是人类共同的话题,无论是原始社会开发使用各类工具抵御自然风险,还是当今社会对各种公共安全风险的规避,都体现出人类对公共安全的强烈需求。公共安全管理是实现社会和谐、加强社会建设、创新社会管理必须关注的主要要素之一。本讲共有四节:第一节主要阐释公共安全管理的内涵和原则;第二节分析当前中国在公共安全管理方面存在的主要问题;第三节就公共安全问题的解决机制进行探讨;第四节从理论上探讨中西方公共安全管理方面的动态。

第六讲"社会文明创建"。社会文明创建也是社会管理的主要内容,但常常被学界所忽视。本讲由五节组成:一是社会文明概述;二是社会文明的运行机制;三是社会文明创建的本质与原则;四是社会文明创建的内容;五是社会文明的范式及其发展。

第七讲"社会控制"。社会个体的有限理性和本位主义取向使社会合作、社会秩序面临诸多威胁。因此,适度的社会控制就成了社会管理的必然要求。这一讲用五节阐释社会控制的有关内容:第一节是社会控制概述,包括社会控制的涵义、一般特征等;第二节讨论社会控制的功能;第三节阐述社会控制的原理与方式;第四节对社会控制的类型、过程及度进行具体分析;第五节就当代中国转型期的社会控制进行讨论。

第八讲"社会政策"。社会政策是社会管理的主要手段和表现,或者说,诸多社会管理行为是以社会政策的方式呈现的。本讲共有三节:第一节属于概述性质的,就社会政策的概念和演变等进行讨论;第二节属于理论剖析范畴的,讨论社会政策的主要模型、社会政策关涉的主要领域以及西方国家的三种福利体制(自由主义福利体制、保守主义福利体制、社会民主主义福利体制)和东亚福利体制当中的社会政策模式比较等;第三节属于实践层面的,阐述西方社会政策的改革与治理取向、中国社会政策的改革与治理取向等。

第九讲"社会管理实践"。主要介绍不同社会形态和历史发展阶段下社会管理实践(包括主体、原则、理念、方法、职能等),国外有代表性的社会管理实践模式及其启示等。本讲共有两节,分别阐释中国社会管理实践的发展脉络,国外社会管理实践及其启示。

第十讲"社会管理创新"。本讲共有四节:第一节从概念的缘起、概念的多重解读以及结构化的概念和概念的再解构化三个方面对社会管理创新的概念进行解析;第二节是社会管理创新的原则,指出社会管理创新应该具备法治原则、服务原则、合作原则、信息公开原则、自治原则和系统原则;第三节是社会管理创新的理论范式,归纳、介绍服务型社会治理模式、多中心社会治理模式、参与型社会治理模式、自治型社会治理模式等理论范式;第四节是中国社会管理创新的现状与路径选择,概括当前中国社会管理创新方面的现状,以及社会管理创新的路径选择等。

安徽师范大学历史与社会学院近些年来十分重视社会管理相关问题的研究,形成了一个人员稳定、结构合理的社会管理研究团队。值得称道的是,该研究团队不仅对社会管理的多个层面进行深入的学术研究,而且注重将社会管理研究的成果应用于教学,为社会培养应用型、高素质的社会管理人才。

在 2012 年修订本科生人才培养方案时,历史与社会学院开设的社会工作专业、公共事业管理专业、社会学专业中都设置了与社会管理直接相关的课程,如农村社会管理、农村社会工作、社会保障概论、社区概论、社会政策概论等。农村社会管理、农村社会工作等课程作为"专业特色课程",成为这三个专业的必修课。本书即是在讲授这些课程的过程中所形成的成果之一。

本书是集体的成果,各部分的作者是:第一讲,朱丽霞(安徽师范大学历史与社会学院讲师);第二讲,丁建文(安徽师范大学历史与社会学院讲师);第三讲,李薇薇(安徽师范大学历史与社会学院讲师);第四讲,叶德明(安徽师范大学历史与社会学院讲师);第五讲,吴翠萍(安徽师范大学历史与社会学院副教授、博士、硕士生导师);第六讲,钟颖(安徽师范大学历史与社会学院讲师);第七讲,孙静(安徽师范大学历史与社会学院副教授、中国科学技术大学博士研究生);第八讲,吴长剑(淮阴师范学院政治与公共管理系讲师、博士);第九讲,夏春(安徽师范大学历史与社会学院讲师、博士);第十讲,马全中(韶关学院政治与公共事务学院副教授、博士)。另外,李鹏飞(华中师范大学政治研究院博士研究生)、谢宇(安徽师范大学历史与社会学院硕士研究生)、何阁(安徽师范大学历史与社会学院硕士研究生)和闫妍(安徽师范大学历史与社会学院硕士研究生)分别参与了第一至三讲、第四至六讲、第七至八讲、第九至十讲的材料搜集、校对、编写等工作。本书由徐彬(安徽师范大学历史与社会学院教授、院长、博士生导师)担任主编,安建增(安徽师范大学历史与社会学院副教授、硕士生导师)担任副主编。

　　本书的编写、出版得到了省级教学研究项目"公共事业管理专业课程体系优化与培养模式改革研究"(项目编号 2013jyxm043)、安徽师范大学本科教学质量提升计划项目"公共事业管理复合型人才培养基地"的资助,得到了安徽师范大学历史与社会学院党政领导和公共事业管理教研室全体教师的大力支持,得到了安徽师范大学出版社的热心帮助,在此一并致以真挚的感谢。本书编写过程中,参考、吸收了众多学者的观点,在此表示衷心感谢。

　　由于时间、人力、精力和能力所限,本书肯定存在许多纰漏和不足,敬请读者批评指正。

编　者

2015 年 1 月

目　录

序　言 ……………………………………………………………… I

第一讲　社会管理主体 …………………………………………… 001
　第一节　政府组织是社会管理的核心主体 ………………… 002
　　一、政府组织社会管理概述 ………………………………… 004
　　二、政府组织在社会管理中的主要职能 ………………… 008
　第二节　社会组织是社会管理的重要主体 ………………… 012
　　一、社会组织社会管理概述 ………………………………… 012
　　二、社会组织在社会管理中的主要功能 ………………… 017
　第三节　社会公众是社会管理的基本主体 ………………… 023
　　一、社会公众参与的内涵及意义 …………………………… 023
　　二、社会公众在社会管理中的主要功能 ………………… 026
　第四节　多元社会管理主体的协同治理模式 …………… 029
　　一、协同治理概述 …………………………………………… 029
　　二、多元社会管理主体协同治理系统和模式 …………… 033
　　三、实现多元社会管理主体协同治理的路径选择 ……… 036

第二讲　社会保障 ………………………………………………… 040
　第一节　社会保障概述 ……………………………………… 040
　　一、社会保障的概念 ………………………………………… 040
　　二、社会保障的特征 ………………………………………… 043
　　三、社会保障的功能 ………………………………………… 044
　　四、社会保障的原则 ………………………………………… 045

第二节　社会保障的主要理论基础 ……………………… 047

一、边际效用递减理论 ……………………… 047

二、市场失灵理论 ……………………… 049

三、公平理论 ……………………… 050

四、风险理论 ……………………… 051

五、需求理论 ……………………… 052

六、老年经济问题理论 ……………………… 053

第三节　社会保障体系及其主要模式 ……………………… 054

一、社会保障体系 ……………………… 054

二、社会保障模式 ……………………… 058

第四节　社会保障制度发展的国际经验 ……………………… 061

一、国外社会保障制度的产生和发展 ……………………… 061

二、部分国家的社会保障制度安排 ……………………… 061

三、社会保障发展的国际经验与教训 ……………………… 066

第五节　中国社会保障制度的改革与发展 ……………………… 068

一、新中国社会保障制度的建立与改革 ……………………… 068

二、社会保障改革的成就与问题 ……………………… 070

三、中国社会保障制度的优化发展 ……………………… 076

第三讲　社会事业 ……………………… 079

第一节　社会事业的基本概念 ……………………… 079

一、社会事业的缘起与内涵 ……………………… 079

二、社会事业与相关概念的比较 ……………………… 081

三、社会事业的性质 ……………………… 083

四、社会事业的类别 ……………………… 084

五、社会事业在社会发展中的作用 ……………………… 085

第二节　社会事业体系 ……………………… 087

一、教育事业 ……………………… 087

二、科技事业 ……………………… 087

三、文化事业 ·· 088

四、体育事业 ·· 088

五、卫生事业 ·· 089

六、社会公益事业 ·· 089

七、公用事业 ·· 090

八、劳动就业与社会保障事业 ···································· 090

九、环境保护事业 ·· 090

第三节　西方国家的社会事业体制改革 ···························· 091

一、西方国家的社会事业体制改革的发展阶段 ···················· 091

二、西方国家社会事业管理的基本特征 ·························· 092

三、西方国家社会事业管理体制改革的内容 ······················ 093

第四节　中国社会事业体制改革 ································ 095

一、中国传统社会事业管理体制 ································ 095

二、中国社会事业管理体制改革 ································ 098

三、社会事业发展的基本原则 ·································· 105

第四讲　社会沟通 ·· 106

第一节　社会沟通概述 ·· 106

一、沟通的概念 ·· 106

二、社会沟通的概念 ·· 107

三、社会沟通的目的与作用 ···································· 108

第二节　社会沟通模式 ·· 111

一、亚里士多德模式 ·· 112

二、拉斯韦尔"5W"模式 ······································ 112

三、申农－维纳模式 ·· 113

四、奥斯古德－施拉姆模式 ···································· 113

五、德弗勒模式 ·· 114

六、丹斯模式 ·· 114

七、社会系统模式 ·· 115

第三节　社会沟通的形式、方法与原则 …………………… 118

　一、社会沟通的形式 ……………………………………… 118

　二、社会沟通的方法 ……………………………………… 123

　三、社会沟通的原则 ……………………………………… 128

第四节　社会沟通效率 ……………………………………… 129

　一、社会沟通的障碍 ……………………………………… 129

　二、提高社会沟通有效性的方法 ………………………… 139

第五讲　公共安全管理 ……………………………………… 148

第一节　公共安全管理概述 ………………………………… 149

　一、公共安全的概念辨析 ………………………………… 149

　二、公共安全管理的内涵 ………………………………… 150

　三、公共安全管理的原则 ………………………………… 151

第二节　公共安全管理存在的主要问题 …………………… 154

　一、公共安全的影响因素 ………………………………… 154

　二、公共安全管理的问题分析 …………………………… 157

第三节　公共安全管理问题的解决机制 …………………… 162

　一、健全食品药品三方监管机制 ………………………… 162

　二、健全安全生产的动态监管机制 ……………………… 164

　三、完善社会治安的多元防控体系 ……………………… 167

　四、完善应急防灾管理机制 ……………………………… 170

第四节　中西方公共安全管理的动态 ……………………… 171

　一、西方成熟的典范案例 ………………………………… 171

　二、西方公共安全管理理论研究 ………………………… 175

　三、中国公共安全管理研究 ……………………………… 176

第六讲　社会文明创建 ……………………………………… 183

第一节　社会文明概述 ……………………………………… 183

　一、文明的概念与内涵 …………………………………… 183

　二、社会文明的内涵与特征 ……………………………… 188

　三、社会文明的结构 ……………………………………… 192

第二节　社会文明的运行机制 …………………………… 194

一、生态文明的运行机制 ………………………… 195

二、经济文明的运行机制 ………………………… 198

三、政治文明的运行机制 ………………………… 200

四、精神文明的运行机制 ………………………… 203

第三节　社会文明创建的本质与原则 …………………… 204

一、社会文明创建的本质 ………………………… 204

二、社会文明创建的原则 ………………………… 210

第四节　社会文明创建的内容 …………………………… 211

一、保证社会文明主体的全面发展 ……………… 211

二、促进中西传统和谐社会文明的整合与创新 … 213

第五节　社会文明的范式及其发展 ……………………… 216

一、社会文明范式的特征与构架 ………………… 217

二、中华文明范式的复兴与创新 ………………… 218

第七讲　社会控制 ………………………………………… 219

第一节　社会控制概述 …………………………………… 219

一、社会控制的涵义 ……………………………… 220

二、社会控制的一般特征 ………………………… 222

第二节　社会控制的功能 ………………………………… 224

一、社会控制的正功能 …………………………… 224

二、社会控制的负功能 …………………………… 226

第三节　社会控制的原理与方式 ………………………… 227

一、社会控制的原理 ……………………………… 227

二、社会控制的方式 ……………………………… 228

第四节　社会控制的类型、过程及度 …………………… 234

一、社会控制的类型 ……………………………… 234

二、社会控制的过程 ……………………………… 236

三、社会控制的度 ………………………………… 237

第五节　当代中国转型期的社会控制 …………………… 239

一、转型期社会控制的“路径依赖” …………… 239

二、转型期对于社会控制的特殊需求 …………… 241

三、转型期社会控制的重点方向 …………………………………… 242

第八讲　社会政策 ………………………………………………… 244
第一节　社会政策的概念及其演变 ……………………………… 244
一、社会政策的概念 ……………………………………… 244
二、社会政策的演变 ……………………………………… 247
第二节　社会政策的模型、领域及其比较 ……………………… 257
一、社会政策的模型 ……………………………………… 257
二、社会政策的领域 ……………………………………… 262
三、社会政策的比较 ……………………………………… 264
第三节　社会政策的改革与治理 ………………………………… 268
一、西方社会政策的改革与治理取向 …………………… 268
二、中国社会政策的改革与治理取向 …………………… 272

第九讲　社会管理实践 …………………………………………… 279
第一节　中国社会管理实践的发展脉络 ………………………… 279
一、封建社会时期中国的社会管理 ……………………… 279
二、新民主主义革命时期中国的社会管理 ……………… 281
三、1949 年至 1978 年中国的社会管理 ………………… 283
四、改革开放以来中国的社会管理 ……………………… 284
第二节　国外社会管理实践及其启示 …………………………… 286
一、将创新社会管理与政府再造相结合 ………………… 287
二、注重基层社区的作用 ………………………………… 289
三、强调国家与社会的协同行动 ………………………… 291
四、强调社会管理的"法治"手段 ……………………… 295
五、其　他 ………………………………………………… 296

第十讲　社会管理创新 …………………………………………… 297
第一节　社会管理创新的概念分析 ……………………………… 297
一、概念的缘起 …………………………………………… 298
二、概念的多重解读 ……………………………………… 298
三、结构化的概念和概念的再解构化 …………………… 304

第二节 社会管理创新的原则 ……………………………………… 309

一、法治原则 ………………………………………………… 309

二、服务原则 ………………………………………………… 310

三、合作原则 ………………………………………………… 311

四、信息公开原则 …………………………………………… 313

五、自治原则 ………………………………………………… 314

六、系统原则 ………………………………………………… 315

第三节 社会管理创新的理论范式 ………………………………… 316

一、服务型社会治理模式 …………………………………… 316

二、多中心社会治理模式 …………………………………… 317

三、参与型社会治理模式 …………………………………… 319

四、自治型社会治理模式 …………………………………… 320

第四节 中国社会管理创新的现状与路径选择 …………………… 321

一、中国社会管理创新的现状 ……………………………… 321

二、中国社会管理创新的路径选择 ………………………… 325

主要参考文献 ……………………………………………………… 329

第一讲　社会管理主体

要理解社会管理,首先需要将社会管理的主体问题界定清楚①。在此问题的探讨上,学术界的认识相对比较一致:社会管理的主体绝不是唯一的,而是多元的。在20世纪90年代,国内早先展开社会管理研究的学者们,如童星、风笑天、张大山、周清平等人就指出,我国社会管理的主体不仅包括中国共产党领导的国家机关,还包括各种社会组织和人民团体等。而新时期,在社会管理和公共服务的大舞台上,政府不应该也不可能是唯一的角色。

胡锦涛同志曾指出:社会管理是人类社会必不可少的一项管理活动;社会管理的基本任务包括协调社会关系、规范社会行为、解决社会问题、化解社会矛盾、促进社会公正、应对社会风险、保持社会稳定等方面。要完成社会管理这七大基本任务,政府无疑应该"担纲主演",应该在社会管理过程中起主导和引导作用。但是,政府担纲主演并不意味着政府唱独角戏,而应该实现"群星灿烂"——随着社会结构和利益诉求的多元化,社会事务日益复杂,政府没有力量也没有必要再用全能主义的思路来"包打天下""单打独斗"地进行社会管理。而崭露头角、逐渐成熟的社会组织,参与意识、责任意识日益明确的社会公众,也应该成为社会管理的重要主体,实现"党委领导、政府负责、社会协同、公众参与"的社会管理新格局。既要充分发挥党和政府在社会管理中的领导和组织作用,又要重视发挥社团、行业组织和社会中介组织等在提供社会管理和社会服务

---

① "社会管理"的客体即"社会"。这里的"社会"并不是社会学意义上的社会。社会学意义上的社会是指人们依据一定的关系彼此结合而形成的生活共同体,是人们相互交往的产物,是各种社会关系的总和。它几乎泛化地包含了人类及其所有的活动,包括人类的政治活动、经济活动、军事活动等。基于学术界对"社会"四分法的理解,我们所讲的"社会管理"是指与"经济建设、政治建设、文化建设和社会建设"中的社会建设相对的社会管理。

方面的作用①；既要有效发挥政府部门在制定政策法规、培育合理的社会结构和维护社会稳定方面的职能作用，又要重视发挥城乡基层社区组织、各类社会组织在协调利益、化解矛盾、帮助群众排忧解难等方面的作用②。

在这个意义上，我们就可以这样理解社会管理——政府、各类社会组织和社会公众在中国共产党领导下为促进社会系统协调运转，对社会成员的行为进行规范，对社会系统的组成部分、社会生活的不同领域以及社会发展的各个环节进行组织、协调、监督和控制的过程。简言之，中国特色社会主义社会管理的主体是多元的，主要包括中国共产党领导下的政府、社会组织和公众③④⑤⑥⑦。

第一节　政府组织是社会管理的核心主体

改革开放以来，我国在经济、社会等各个领域都发生了深刻变化，原有政府大包大揽的社会管理方式和格局显得有些不合时宜。只有形成以政府为核心，多元社会管理主体共同参与的格局，才能有效应对社会管理多样化需求，有利于社会稳定、有序、和谐与发展。

在社会管理的多元主体之中，政府组织理应居于主导地位。政府组织在社会管理中的主导地位突出体现在以下四个方面⑧：一是中国共产党关于社会建设和社会管理的各项主张，主要通过政府来实现。公平正义的维护、利益关系的协调、社会秩序的保持、社会活力的激发，都离不开政府的作用发挥。尤其是在社会组织还不够成熟的情况下，政府是最为

---

① 刘洪森.中国社会管理研究回顾与展望[M]//魏礼群.社会体制改革与科学发展. 北京：北京师范大学出版社,2012:190-201.
② 黎慈.公众参与：政府创新社会管理的有效保障[J].湖北行政学院学报,2011(6)：85-90.
③ 陈振明.公共管理学——一种不同于传统行政学的研究途径[M].北京：中国人民大学出版社,2003:40-49.
④ 黄健荣.公共管理学[M].北京：社会科学文献出版社,2008:102-186.
⑤ 黎民.公共管理学[M].北京：高等教育出版社,2003:63-90.
⑥ 张永桃.行政管理学[M].北京：高等教育出版社,2003:84-89.
⑦ 张国庆.公共行政学[M].3版.北京：北京大学出版社,2007:162-168.
⑧ 王勇.试论中国社会管理的主体构成[J].社科纵横,2011,26(5):9-11.

重要的社会管理主体。二是社会管理的各项投入主要来自政府。诸如社会组织管理、流动人口管理、社会治安综合治理、环境保护、公共文化服务与社会文明建设、社会保障与社会福利体系建设等。政府在社会管理过程中，除了制度供给之外，还要投入大量的人力、财力和物力。近年来，虽然社会组织和公众的参与意识以及企业的社会责任意识不断增强，但他们在资源整合方面发挥的作用还相对有限，政府仍居主导地位。三是政府是社会事业发展的主要推动者。十八大报告提出"在改善民生和创新管理中加强社会建设"的战略任务，同时指出，要推动政府职能向创造良好发展环境、提供优质公共服务、维护社会公平正义转变；加快形成政府主导、覆盖城乡、可持续的基本公共服务体系，加快形成政社分开、权责明确、依法自治的现代社会组织体制。社会管理不是单纯地"管理社会"，也不是由"社会"来完全担承公共管理的职能，而是由政府和社会各类主体一道进行"治理"，协同行动，良性互动，相互依赖，相互赋权。这在一方面，要求大力发展与人民幸福安康息息相关的社会事业；在另一方面，要求政府要适应新的形势，明确自己的责任，从那些不该管也管不好的事务中退出来，尽快实现角色的转化，在推进社会事业发展中确立主导地位，"掌舵"而不是事事亲历亲为。四是让社会组织、公众、企业等社会力量积极有序地参与社会管理，形成社会管理的合力，关键在于政府，或者说需要政府扮演好"元治理"的角色，发挥引导、协调、整合和促进作用。

需要强调的是，中国共产党领导下的政府是社会管理的核心主体，社会组织是社会管理的协同主体，公众是社会管理的基本主体。各主体在社会管理中分工协作、良性互动，在党的领导下共同推动社会主义和谐社会的构建。中国共产党是中国唯一的执政党，肩负领导与管理国家和社会的重大责任。从范围上看，党的领导覆盖国家和社会生活各个方面。在我国社会管理格局中，中国共产党领导必然处于中心地位，发挥总揽全局、协调各方的领导核心作用，这是由我国基本国情和社会主义制度以及党的性质决定的，也是我国社会管理的特色内容。当然，党在社会管理中的这种中心地位的确立和核心作用的发挥，是通过政治领导、思想领导和组织领导等来实现的。在社会管理中，不仅要保证党的路线、方针、政策的落实，发挥政治核心作用，还要做好群众的思想政治工作，发挥党员的先锋模范作用，密切党和群众的联系，同时还要加强党的社会基础，加强党对社会组织和社会公众的领导，充分保障和发挥社会力量的作用，增强社会管理的效果①。

一、政府组织社会管理概述

了解政府在社会管理中的职能,有必要先了解一下政府的涵义、政府的主要特性、政府社会管理的内涵等基本问题。

(一)政府的涵义

政府(Government)是人类文明发展的产物,这是人们共有的认识。在当下,像无政府主义那样摒弃政府,实现完全社会自治是不可能的,这是历史虚无主义的"虚妄"。马克思主义认为,国家的产生,政府的出现,是在私有财产和阶级出现后,为维护阶级利益需要,居于统治地位的阶级对被统治阶级实施阶级压迫和社会管理的结果。国家是统治阶级的工具,统治阶级要贯彻自己的意志,使社会秩序有利于本阶级利益,缓和、调节与控制阶级矛盾和社会冲突,必须通过一定的政治组织形式,即国家设置的具体机关来进行。这些行使国家权力的机关设施的总和就是国家政府机构②。因此,从本质上讲,政府就是统治集团借以实现其统治意志的具体政治统治机关,是统治阶级行使国家权力和进行阶级统治的工具。

政府的概念有广义和狭义之分。广义的政府是指行使国家权力的所有机关,包括国家的立法机关、司法机关和行政机关。其中,立法机关是行使立法权的国家机关,即有权审议、制定、修改和废止法律的国家机关;司法机关是行使国家司法权,负责运用法律审判案件的机关;行政机关是行使国家行政权力,推行政务的机关。狭义的政府则是指国家的行政机关,即根据宪法和法律组建的,行使行政权力,执行行政职能,管理国家公共事务的机关。本书的研究对象主要是广义层面的政府③④⑤⑥。

---

① 党对于社会管理工作的领导主要是通过对各社会管理主体实施的政治领导、思想领导和组织领导来实现的,本讲主要论述多元社会管理主体及其主要职能,对党委领导不作专门论述。

② 王邦佐,孙关宏,王沪宁,等. 新政治学概要[M]. 上海:复旦大学出版社,1998:142.

③ 陈振明. 公共管理学——一种不同于传统行政学的研究途径[M]. 北京:中国人民大学出版社,2003:40-49.

④ 黄健荣. 公共管理学[M]. 北京:社会科学文献出版社,2008:102-186.

⑤ 黎民. 公共管理学[M]. 北京:高等教育出版社,2003:63-90.

⑥ 张永桃. 行政管理学[M]. 北京:高等教育出版社,2003:84-89.

（二）政府的主要特性

作为履行国家行政权力的组织,政府一般具有以下特性:

第一,公共性。政府是公共组织,是公共权力的行使者,它承担运用公共权力去实现社会公共目标的责任,因而政府组织以超越局部利益,实现全社会公共利益为重要特征。这是其公共性的基本表现。政府组织在行使行政权力,履行行政职能的过程中,诸如对科技、教育、文化、卫生、交通、通信、环境保护、防灾减灾以及社会保障等公共事务的管理,无一不是面向全社会展开,向全体公众负责,为增进公共利益和公共福利而服务。换言之,政府组织的公共性是维持社会秩序,维护政治统治合法性的基础。政府进行公共事务的管理需要以增进公共利益为目标,以提升社会福利为旨归,否则其存在的合法性与合理性必将受到质疑①。

第二,服务性。政府的服务性,体现在为社会服务,为公众服务,或者说为人民服务上。一国政府在社会中"至高无上"的地位是否稳固,在某种程度上取决于其承担的社会管理责任。即为公众提供公共服务的数量和质量,以此获取社会成员对政府和政府权威的尊重和支持,这是对现代国家契约起源论的现实回应,也是政府与社会互动的现实反映,其集中表现就是以社会需求为导向、以社会福利提升为责任、以提供公共物品和公共服务为基本内容的服务型政府的塑造②③。因此,放眼世界,任何国家的政府组织,都必须在公民本位、社会本位等理念的指导下,在整个社会民主秩序的框架中,为全社会和全体公众提供优质、高效的公共物品和公共服务。否则,其合法性将受到质疑。

第三,权威性。无论私人组织抑或公共组织都必须有权威,没有权威就不能进行有效的管理,也不能对异质性、分散性要素实施有效的控制,进而维持秩序。因此,权威性常常被理解为强制控制、保证秩序、协调关系过程中所体现出来的一种"被认可"和"服从"的力量。如果缺少这种力量,将会导致"一盘散沙"的结果。公共资源的整合、风险因素的消除、

---

① 当然,在现实中政府可能会异化变质,比如马克思、恩格斯就曾论述说资本主义制度下的国家与政府异化为压迫社会的存在。不过,现实中政府的异化与变质并不能否认政府本身的公共性——这既是社会对政府的期待,也是政府获得合法性的最基本要求。

② 张永桃. 行政管理学[M].北京:高等教育出版社,2003:84-89.

③ 徐双敏. 公共管理学[M].武汉:武汉大学出版社,2007:65-89.

多元主体的协调、公共导向的形成等都需要特定权威来完成①②③④⑤。因此,在社会管理过程中,政府的权威性是重要的保障条件和推动力量之一。

第四,法制性。政府组织是依法组建并代表国家行使公共权力的机关,有很强的法制性。政府组织的法制性,实质就是"依法行政",主要体现在其自身建设和政府活动依法进行两个方面:一方面,政府依法实施社会管理行动。即各级政府组织的组织宗旨、组织目标、人员编制、机构设置等自身建设事宜,都必须严格按照法律规定来确定;政府组织对社会做出行政行为或行政管理的内容和方式,也必须遵从宪法和法律的规定或要求,"法不允许即为禁止"。另一方面,政府在实施社会管理的过程中,以"法律"为手段和工具来推动社会政策和社会管理项目的实施。这有助于减少政府行动和社会管理过程的任意性和不确定性,提高社会管理的可预见性与权威性。

第五,系统性。政府在政治和行政实践过程中,形成了一个自上而下、权责明晰、运行良序的有机结构和系统。这涉及两个方面:结构的周密性和运行的良序性。前者强调政府组织各部门社会分工、权责划分的结构性安排,后者强调政府组织各部门依等级和序列而进行的合作协调。我国的政府组织在结构上包括从中央到地方的自上而下的纵向组织体系和依据职能划分的各个层级的横向组织体系,政府组织各部门在这种纵横交错的系统中依据宪法和法律上下沟通、左右配合,保证国家权力的有效运行。系统性保证了政府组织本身运行的可预见性和确定性,进而为其社会管理行为有效、有序推进奠定了基础。

第六,阶级性。阶级性是一切国家组织的共同属性,政府的阶级性也是国家的阶级性在政府组织基本特性上的体现。政府作为阶级统治的实施工具,在本质上要为实现统治阶级的意志服务,其行为都是按照统治阶

---

① 陈振明.公共管理学———种不同于传统行政学的研究途径[M].北京:中国人民大学出版社,2003:40-49.

② 张国庆.公共行政学[M].3 版.北京:北京大学出版社,2007:162-190.

③ 黄健荣.公共管理学[M].北京:社会科学文献出版社,2008:102-186.

④ 黎民.公共管理学[M].北京:高等教育出版社,2003:63-90.

⑤ 张成福,党秀云.公共管理学[M].修订版.北京:中国人民大学出版社,2007:128-133.

级的意志和利益安排布局的,在不断获得和维持政治统治合法性的过程中对公共事务进行政治统治和政治管理①。我国政府是代表无产阶级和广大人民群众根本利益的。任何阻碍我国和谐社会建设,违背广大人民群众利益和意志的行为,都将会受到政府的坚决处置,社会管理职能的设置和实践的推行也都以广大人民群众利益为导向。这便是政府的阶级性在社会管理中的体现。

(三)政府社会管理的内涵

纵观中西方国家,社会管理在政府职能中均占据重要一角。从西方国家发展史来看,无论西方政府对经济生活的干预程度有多深,其对经济之外的社会生活、社会事务的管理也一刻都没有停止过。简言之,社会管理始终是西方国家政府职能的组成单元,只不过在不同的历史时期、不同国家,社会管理的范围、力度等方面存在这样那样的差别②。而我国自党的十六大将政府职能界定为"经济调节、市场监管、社会管理和公共服务"以来,"社会管理"被明确确认为我国政府的四大基本职能之一,加强和创新社会管理也因此成为学术界所关注的热点问题。

温家宝同志曾明确指出:政府的社会管理职能,主要包括政府承担的管理和规范社会组织、协调社会矛盾、保证社会公正、维护社会秩序和稳定、保障人民群众生命财产安全等方面的职能,要进一步完善社会管理体制,建立健全处理新形势下人民内部矛盾和各种社会矛盾的有效机制、社会治安综合治理机制、城乡社区管理机制、社会事务处理机制和社会风险防范机制等③。

近几年来,国内学界在政府社会管理研究方面的成果不断涌现,学者们的看法逐渐趋向一致,认为广义的政府社会管理包括政治管理、经济管理、社会文化生活管理等,狭义的政府社会管理主要包括社会治安、人口、

---

① 翟茂娜. 公共部门制度选择研究:基于政治交易成本的分析[D].厦门:厦门大学, 2009:1-30.
② 王彦斌.社会管理的共构[M].北京:社会科学文献出版社,2011:16.
③ 温家宝.提高认识　统一思想　牢固树立和认真落实科学发展观[N].人民日报, 2004-02-22.

环境、社会保险、福利以及社会服务等方面的管理①②。

2004年2月,温家宝同志在省部级主要领导干部"树立和落实科学发展观"专题研究班结业仪式上的讲话中再次指出:社会管理就是通过制定社会政策和法规,依法管理和规范社会组织、社会事务,化解社会矛盾,调节收入分配,维护社会公正、社会秩序和社会稳定;加强社会治安综合治理,保障人民群众生命财产安全;保护和治理生态环境;加强社会管理,必须加快建立健全各种突发事件应急机制,提高政府应对公共危机的能力;要深化安全专项整治,狠抓各项防范和整改措施的落实,堵塞漏洞,坚决消除重大安全隐患,完善安全防范规章制度和应急机制,层层落实安全责任制;等等。

结合十六大以来党和政府相关文献以及中央领导的讲话来看,当前强调的政府社会管理,是指狭义上的政府社会管理。即政府社会管理主要是指政府通过制定专门、系统、规范的社会政策和法规,管理和规范社会组织,培育合理的现代社会结构,调整社会利益关系,回应社会诉求,化解社会矛盾,维护社会公正、社会秩序和社会稳定,孕育理性、宽容、和谐、文明的社会氛围,建设经济、社会和自然协调发展、和谐共生的社会环境③。

二、政府组织在社会管理中的主要职能

概括而言,政府组织在社会管理中应该承担的主要职能有:确定政策法制框架,创设完整的规制行政体系;管理和规范社会组织,扶持社会组织良性发展;引导公民参与社会管理,培育健康的市民社会;保证社会管理的财政投入,提供充足的物质保障和资源基础;等等。

(一)确定政策法制框架,创设完整的规制行政体系

坚持政府在社会管理格局中的主导作用,要求政府制定规范经济活动、维护市场竞争与社会生活秩序的有效法律制度,创设完整的规制行政体系。现代行政可分为"给付行政"和"规制行政"两大类。前者通过向

---

① 刘淑珍. 论强化政府社会管理职能问题[J]. 理论学刊,2002(4):40-41.

② 侯保疆. 社会和谐语境下的地方政府社会管理职能解析——基于社会公共事务的划分[J]. 太平洋学报,2009(11):65-71,75.

③ 陈振明,李德国,蔡晶晶. 政府社会管理职能的概念辨析——《"政府社会管理"课题的研究报告》之一[J]. 东南学术,2005(4):5-11.

相对人提供精神或物质利益,以达到对社会施加影响的作用;后者通过对相对人权利与自由予以适度合理限制,以达到社会规制效果的作用。规制行政大致可以分为经济规制和社会规制两种类型,即制定经济规范和维护社会秩序,确保市场机制在公平公正的制度框架内运作,进而有效推进经济社会持续发展与和谐进步①。

为了保证市场机制的正常运行,政府应该着手建立并实施完善的经济规范法律体系,设立相应的管理机构,采取有力的政策措施,切实维护市场竞争秩序。这一经济法律体系应该包括四个层面:一是保护产权的有关法律,如专利法、知识产权法、商标法等;二是规范经济实体的法律,如商法、破产法、不动产交易法等;三是调节和监督经济运行的法律,如税法、劳动法、消费者权益保护法等;四是规范市场竞争秩序的法律,如反垄断法、反不正当竞争法等。

为了维护良性的社会生活秩序,实现社会的公平与公正,政府在实施社会管理过程中,应该积极地进行社会规制。"社会规制是指以保障人民的生命安全和身体健康,确保人民的生活秩序为目的而进行的规制。它对涉及生产、消费和交易过程中的安全、健康、卫生、环保、信息等社会行为进行规制,以协调社会成员的利益,增进社会福利,维护社会正常秩序。"②在西方国家,社会规制已经渗透到社会生活的方方面面。如彼得·梅在《社会规制》一书中所说:"在美国,社会规制支配着我们的吃(食品检查、说明和内容)、住(土地利用和建设规划)、婴孩照顾(儿童照料设施规制)、教育(学校护理、课程、教师资格要求)、工作条件(职业安全和卫生规制)、穿着(说明和产品质量要求)、机车行驶安全(交通工具标准和行驶规制)、空气质量和饮用水(环境规制)、养老设施(护理院规制)和丧葬(陵园规制)。另外,政府间规制从许多方面影响了州和地方政府的办公方式。"③

(二)管理和规范社会组织,扶持社会组织良性发展

社会组织是政府社会管理的有益补充,不仅有利于政府行政权向社

---

① 杨建顺.规制行政与行政责任[J].中国法学,1996(2):76-82.

② 陈振明,李德国,蔡晶晶.政府社会管理职能的概念辨析——《"政府社会管理"课题的研究报告》之一[J].东南学术,2005(4):5-11.

③ 陈振明,李德国,蔡晶晶.政府社会管理职能的概念辨析——《"政府社会管理"课题的研究报告》之一[J].东南学术,2005(4):5-11.

会延伸,还有利于减少行政成本和行政障碍。西方福利国家的实践表明,由政府大包大揽社会福利和社会管理事务的做法,不仅在经济上无法长期支撑,而且会造成如下不良影响:公共物品供给效率低,公民福利依赖性的养成,自我管理和社会互助行为受到抑制,社会资源的严重浪费,等等①②。因此,需要实现国家与社会,政府与非政府组织,公共部门与社会机构、社区组织以及社会公众协同合作的共同治理、共同决策、共同管理的模式③;政府与社会组织共同构成社会进步的动力,共同承担社会责任并作用于社会管理,它们之间并非相互竞争的零和博弈关系,而是互补互推的平等合作关系;政府无需也无能力独自扛起全部社会管理的责任,应由政府、社会组织以及家庭和个人共同承担④。

可见,如何为社会组织发展创造良性的发展环境,提供合法性空间,发挥社会自组织机制在提供公共服务、提升社会福利方面的重要作用,是社会管理与社会治理必须思考的关键问题之一。其核心内容有两个方面:一方面,如何划分政府与社会自组织机制的责任边界和职能范围,既做到"政社分开",又要实现"权责明确、依法自治","在政府与社会、公民之间形成一种以理性协商、互惠互利、责任共担为特征的伙伴关系"。另一方面,如何有效地发挥社会自组织机制的作用。比如,"通过创设配套的制度安排和实施有效的监管,使社会组织的运转实现制度化与规范化,在财政核算、绩效评估方面发挥政府的公信力和强制力,以保证它们的公益性"⑤。这两个方面都需要政府在制度上予以规范,在理念上予以引导,在行为上予以示范。

---

① 陈振明,吕志奎,胡薇薇.强化我国政府社会管理职能的对策思考——《"政府社会管理"课题的研究报告》之四[J].东南学术,2005(4):29-38.
② 陈文博.强化我国政府社会管理职能的思考[J].中国工商管理研究,2006(7):15-18.
③ 党的十八届三中全会通过的《中共中央关于全面深化改革若干重大问题的决定》强调了这一点,以"社会治理"来概括和说明这种多元主体协同行动的社会管理格局,并针对中国实际强调应该促成治理体系与治理能力的现代化,从结构(治理体系)、功能(治理能力)两个方面全面地指出了社会管理创新的发展路径。
④ 康晓光.经济增长、社会公正、民主法治与合法性基础——1978年以来的变化与今后的选择[J].战略与管理,1999(4):72-81.
⑤ 陈振明,李德国,蔡晶晶.政府社会管理职能的概念辨析——《"政府社会管理"课题的研究报告》之一[J].东南学术,2005(4):5-11.

（三）引导公民参与社会管理，培育健康的市民社会

世界社会现代化进程证明，陈腐落后、僵化保守的思想观念往往会成为改革发展和社会转型的长大障碍。现代政府要促进经济社会的良性发展，必然首先树立全面、协调、可持续的科学发展理念，推动社会价值观念的转化或更新，营造发展氛围。殊不知，经济与社会是现代化进程的一体两面，两者相互制约又协同共进。正如温家宝同志指出的：经济发展是社会发展的前提和基础，也是社会发展的根本保证；社会发展是经济发展的目的，也为经济发展提供精神动力、智力支持和必要条件。社会的充分发展意味着多元互动、宽容异己、理性协商的公民社会的形成。独立于政治国家的公民社会有利于培养公民的公共精神和民主气质，有利于满足公民的异质化社会需求，还有利于增进政府权力的公共性和合法性，减轻政府行政负担。因此，促成健康、良善的公民社会的形成，并使之有效、有序地参与社会治理，是政府社会管理工作的主要目标之一，也是政府充分履行社会管理职责，促进治理体系和治理能力现代化的主要标志。当然，科学的符合理想预期的社会管理，其要义就在于以人们的基本权利为目标，维护人的尊严、满足人的需要，通过社会建设、社会秩序、社会整合来改善人民生活质量、提高社会福利、增强人民幸福感，实现人的全面、健康发展。这一目标不是以少数人为目标，而是以全社会绝大多数人（即广大人民群众）为目标[①]。

（四）保证社会管理的财政投入，提供充足的物质保障和资源基础

社会管理是一项庞大的公共管理活动，需要大量资金和物质作保证，也需要大量人、财、物等资源的投入。社会管理的投入，包括政府、社会、企业、个人等对社会事业的各种形式的资源投入。无论是突出强调社会管理主体的多元化，还是高调宣扬社会力量在社会管理中的能动作用，都不能否认的是——政府投入、公共财政支持仍然是社会管理的主要来源，这也是政府在社会管理中发挥主导作用的基本体现。可以肯定，如果一个国家的政府在社会管理方面的投入严重欠缺的话，这个国家的社会管理过程将无法有效展开，社会福利水平将难以有效提升。

我国政府要改革现行的公共财政结构，加大对社会管理事业的财政

---

① 常宗虎. 近二十年中国政府社会管理的历史使命——中国政府社会管理与民政工作研究之三[J]. 中国民政，2003（9）：14-16.

投入比例。看一个政府的社会管理体制是否完善,看一个政府是不是真正地向服务型政府转变,一个重要的指标就是看它的财政投入结构是否向社会管理和公共服务方面倾斜。如果大部分财政支出用于生产性投资,而公共服务性投资不足的话,其社会管理与社会服务的效果将大打折扣。因此,政府应该增加社会管理方面的预算支出,为加强社会建设和创新社会管理提供充足的物质保障。另外,政府应完善财政税收制度,加大社会管理财政投入。这是衡量一个国家财政支出合理性的主要指标。主要包括三个方面①②:一是改进转移支付,加大对国内欠发达地区社会管理事业的投入与转移支付力度,将重点补助放在教育、医疗、社会保障、生态环境、基础建设等社会建设领域。二是取消税收返还和原体制补助,即根据实际情况,统一协调,逐步降低税收返还和原体制补助的比例。三是拓展地方税源,开征新税种。

第二节 社会组织是社会管理的重要主体

随着改革开放和市场经济的深入发展,我国社会组织逐步兴起,其作用日益增强。"十二五"规划纲要提出:加强社会组织建设,坚持培育发展和管理监督并重,推动社会组织健康有序发展,发挥其提供服务、反映诉求、规范行为的作用;完善扶持政策,推动政府部门向社会组织转移职能,向社会组织开放更多的公共资源和领域,扩大税收优惠种类和范围③。这些举措的目的就在于促使社会组织积极有效、有序地参与社会建设,真正成为加强和创新社会管理的重要主体。

一、社会组织社会管理概述

(一)社会组织的涵义

在社会学意义上,社会组织(Social Organization)是指为了执行一定的社会职能,完成特定的社会目标,具有明确规章制度的独立单位,是正式化的社会群体,亦可称为次级社会群体,包括企业、政府、学校、医院、社

① 李金龙,李旭.强化我国地方政府社会管理职能的路径依赖[J].求索,2008(8):71-72,43.
② 李旭.强化我国地方政府社会管理职能问题研究[D].长沙:湖南大学,2008.
③ 石佑启,张水海.公众新期待下的权力配置改革[J].人民论坛,2012(19):28-29.

会团体等。现代社会的组织体系从宏观上来看主要包括三类：一是以政府机构为主体的政治组织；二是以企业为主体的市场经济组织；三是以非营利机构为主体的社会组织。我们这里讨论的社会组织，就是独立于政府和市场体系之外的一种组织类型，是以非营利性、民间性和自主性为典型特征的正式组织，主要包括社会团体、民办非企业单位、基金会等。

新公共管理理论认为，社会组织与政府组织、市场组织三足鼎立，是市场经济体制下除市场与政府之外的社会运行和社会管理的"第三方"力量，能够有效弥补市场失灵和政府失灵现象带来的治理缺失，是现代社会治理结构中不可或缺的中坚力量。

在整个国际社会来看，由于各国文化传统和语言习惯存在差异，社会组织在不同的国家和地区有不同的称谓，如非政府组织、非政府公共部门、非营利组织、非营利部门、公民社会组织、第三部门、独立部门、志愿者组织、慈善组织、免税组织、草根组织、自治组织、社会中介组织、民间组织、"第三域"或"第四域"等，各种称呼差异较大，但在本质上的区别不大。国内各种习惯性表述中，社会组织、社会中介组织、民间组织使用较为广泛。我国政府首次使用"社会组织"这一概念是在党的十六届六中全会通过的《中共中央关于构建社会主义和谐社会若干重大问题的决定》（简称《决定》）中。《决定》明确提出要"健全社会组织，增强服务社会功能"，将社会组织这一概念作为社会主义和谐社会理论框架和战略思想中一个至关重要的概念来使用。党的十七大报告、十八大报告进一步确认了"社会组织"这一概念，将社会组织作为"发展基层民主，保障人民享有更多更切实的民主权利"的重要主体，提出要"发挥社会组织在扩大群众参与、反映群众诉求方面的积极作用，增强社会自治功能"。自此，在国家层面上，"社会组织"的概念逐渐取代了过去"民间组织"等称谓。

（二）社会组织的基本特征

按照美国约翰·霍普金斯大学的莱斯特·M·萨拉蒙等人的观点，社会组织应该具有以下七大基本特征：组织性、民间性、非营利性、自治性、志愿性、非政治性和非宗教性①。

第一，组织性。指必须具有正式注册的合法身份，有法人资格和民事

---

① 莱斯特·M·萨拉蒙，等.全球公民社会——非营利部门视界[M].贾西津，魏玉，孟延春，等译.北京：社会科学文献出版社，2002：3-4.

责任能力;在组织内部,拥有成文章程、制度,有固定的组织形式、工作人员和办公地址等。换言之,社会组织是一种正式的社会存在,有其法律身份和行为资格,而不是随便成立、随意行事的松散群体、非正式群体。

第二,民间性。社会组织既不是政府的一部分,又不隶属于政府或受其直接支配,在体制上是独立于政府的。而且,其决策层也不是由政府直接控制,决策行为不受政府直接左右。当然,独立于政府并不是排斥政府领导,不能接受政府的资助,或完全没有政府官员参加其内部活动。接受政府领导与资助不能改变组织目标,削弱组织的社会属性与民间性质;政府官员也不是代表政府而是以个人身份参加社会组织的,其参与社会组织是公民公共性的表现,不是在履行政府职位所赋予的职责。

第三,非营利性。社会组织不以营利为目的,且不进行盈余的分配。当然,在现代社会,社会组织从事管理或服务活动是可以按照法律规定收取费用的,在一定时期内也会有"盈余"。但是,收费仅仅是为了补充实现组织目标的需要,或者是进行组织活动必需的成本;而盈余除补偿其服务行为产生的成本外,只能用于服务社会,不能在其内部成员之间进行"分红"。这一属性使社会组织区别于企业组织。

第四,自治性。社会组织有独立制定决策与行使决策的能力,能够进行自我管理。在社会组织的决策与管理过程中,既不受制于政府组织,也不会受到市场主体的约束与限制。另外,社会组织内部机构的设置、人员职位安排等也不受政府直接控制。当然,自治性仅仅在于说明社会组织的身份和运行具有独立属性,并不意味着其建立了一个"独立王国"——可以不接受任何外部力量的监督。

第五,志愿性。社会组织成员的参加,特别是组织资源的集中和获取,都是自愿和志愿性的,组织活动中有一定比例的志愿者参加。

第六,非政治性。社会组织不是政党组织,不参加竞选等政治活动。组织的目标和手段在服务社会上高度统一,社会领域是其活动范围。

第七,非宗教性。社会组织不是宗教组织,不开展宗教活动,在组织目标和活动中都不具有宗教色彩,从而区别于也具有志愿性、自治性和一定的非政治性的宗教组织①。

不难看出,社会组织的基本特征,反映了作为自由公民集合体的社会

---

① 崔运武. 公共事业管理概论[M]. 北京:高等教育出版社,2002:86.

组织靠志愿精神原动力驱动,与作为"第一部门"的政府靠国家公权力强制和作为"第二部门"的市场企业靠对利润追求的经济利益驱动有实质区别。

(三)社会组织参与社会管理的内涵

目前,在西方福利国家,社会组织已经成为社会管理中的重要主体。社会组织参与社会管理的主要特点可以归纳为:将提供公共福利和其他服务的责任移交给志愿的自治的协会,使这些社会组织能够获得公共资金从而为社会提供服务,参与社会建设①。

以民间性和公益性(即"非政府性"+"公共性")为基本特点的社会组织在整合和分配社会资源时往往更有效率,由此就可以大大降低社会治理成本,提高社会治理效益。彼得·格瑞弗指出当今不能忽视社会组织的三条原因②:一是英国、美国和北欧的福利国家正在尝试以社会组织的形式提供社会服务。二是社区服务提供了一条潜在的中间道路,即在由税收支持的国家服务和市场提供服务之间的一条道路。非营利社会组织提供的服务在某种程度上比国家提供的服务更廉价,更具创新性、回应性,它们可以提高售后服务的"生产率"。三是社会组织是公共服务和社会福利体系中的重要组成部分和基本行动者,在医疗卫生、教育、文化、环境保护、社会保障与社会救助等方面都发挥了举世瞩目的作用;社会组织也有很大的就业容纳能力,成为促进就业并提高社会"助人自助"能力的关键行业。这一点是最重要的。

在以治理理念为前提的社会管理实践中,社会组织作为服务的提供者和私有化的工具日益受到西方福利国家的重视。例如,德国努力通过在社会服务的合同中引入竞争性的投标使补助政策变得更有效率。社会组织不再被视作传统的福利国家文献中所描述的过时的组织形式。社会组织的角色已由原来的公共服务和准公共物品的提供者的补充角色,向与其他组织平等的角色(或者是竞争者)转化。它们已经成为由简单的方程式"减少政府参与=减少层级化=增加灵活性=增加有效性"所指

---

① HIRST P. Associative Democracy: New Forms of Economic and Social Governance [M]. Cambridge: Polity Press,1993:167-169.

② GRAEFE P. Personal Services in the Post-industrial Economy: Adding Nonprofits to the Welfare Mix[J]. Social Policy & Administration, 2004,38(5):456-469.

导的福利国家改革的工具①。

我国常见的社会组织大致有三类：即社会团体、基金会和民办非企业单位。第一,社会团体。按照《社会团体登记管理条例》的规定,社会团体是指由中国公民自愿组成,为实现会员共同意愿,按照章程开展活动的非营利性社会组织,包括学术性社团、行业性社团、专业性社团和联合性社团。第二,基金会。按照《基金会管理条例》,基金会是指利用自然人、法人或其他组织捐赠的财产,以从事社会公益事业为目的,依法成立的非营利性法人。其公益性主要表现在不为特定的自然人、法人和其他组织获利,强调的是社会公众的广泛受益。基金会分为面向公众募捐的基金会(即公募基金会)和不得面向公众募捐的基金会(即非公募基金会)②③。第三,民办非企业单位。按照《民办非企业单位登记管理暂行条例》的规定,民办非企业单位是指由企业事业单位、社会团体和其他社会力量以及公民个人利用非国有资产举办的,从事非营利社会活动的社会组织。按照民办非企业单位所属行业可以划分为教育事业类、文化事业类、卫生事业类、科技事业类、劳动事业类、民政事业类、体育事业类等。

除此以外,还有一些未经正式注册登记、没有法律身份的"草根"社会组织,比如民间的街头兴趣组织和群众团体、互联网上的虚拟社区、未经登记的在华外国公益性志愿组织等,以及一些在境外(含中国香港、澳门和台湾地区)登记注册、长期且稳定在中国大陆地区开展活动的非政府组织(NGO)。

我国社会组织参与社会管理同西方福利国家社会组织参与社会管理的特征和方式基本相似,逐渐由原来社会管理中的补充角色,向与政府组织、市场组织平等或竞争的角色转化,作为公共服务提供者和公共物品供给者的"第三方"力量广泛涉足扶助贫困、医疗卫生服务、行业中介、教育服务、科技服务、文化发展、体育服务、环境保护和社会发展等诸多领域。社会组织广泛参与管理我国社会事务,对于提升我国社会建设的有效性,

① 施巍巍,杨风寿.国外非营利组织参与社会管理的研究[J].商业研究,2008(6)：198-102.
② 邵静野,王维翊.变革时代的社会管理创新[M].北京：国家行政学院出版社,2011：263-264.
③ 文正邦.构建社会主义和谐社会的新视野——促进我国非政府组织的有序化发展[J].现代法学,2006,28(2)：41-51.

对于构建和谐社会均具有重要的价值。

二、社会组织在社会管理中的主要功能

社会组织种类多样,其可以发挥的社会功能也形式多样。在社会管理领域,社会组织的主要功能有:提供公共服务,弥补政府供给不足;规范市场行为,推动经济可持续发展;化解矛盾冲突,促进社会和谐发展;促进政府改革,优化社会治理模式。

(一)提供公共服务,弥补政府供给不足

在我国改革开放以前,可以说政府是提供公共服务的唯一主体①。政府通过税收渠道筹集大量的社会资源,再把这些资源转化为各种公共产品,提供给全体公众。政府作为公共服务的垄断性供给者,由于缺少竞争,其本身往往没有任何内部动力和心理激励去提高效率。在提供公共服务时,往往不计成本,不重绩效,不考虑用最小的成本来提供更多的服务。而在我国社会转型时期,公众对公共服务的需求不断增加,对政府的要求也越来越高;同时,完善社会主义市场经济体制,全面建设小康社会,也对政府公共服务供给能力提出了新的要求。过去那种由政府大包大揽公共服务的做法,不仅效率不高、提供的服务内容和质量有限,而且还使各级政府深陷繁杂的具体事务之中,不堪重负。在这样的大背景下,各类社会组织的介入,尤其是专业化、职业化的社会工作机构介入社会事务之中,成为社会公共产品的主要提供者之一,可以创新公共服务的提供方式,通过合作外包、政府购买等方式与政府合作或独立提供公共服务,与政府直接提供的公共服务互相补充,形成更为健全与科学的公共服务体系,促进社会公益的最大化②。在当前国家治理体系和治理能力现代化建设的过程中,更是要发挥社会组织提供公共服务的作用③。

与国家机构直接提供公共服务相比,社会组织提供公共服务有如下三个方面的优势:一是社会组织的资金主要来源于个人、企业或私人基金会的捐款或无息、低息贷款,为了吸引更多的资金来维持组织的生存发

---

① 孙立平,晋军,何江穗,等.动员与参与——第三部门募捐机制个案研究[M].杭州:浙江人民出版社,1999:8-24.
② 万军.社会建设与社会管理创新[M].北京:国家行政学院出版社,2011:122.
③ 许海清.国家治理体系和治理能力现代化[M].北京:中共中央党校出版社,2013:18.

展,他们必须具有比政府组织更高的绩效,提供更好的公共产品和服务。二是社会组织能够调动社会成员参与公共事务管理的积极性和创造性,使提供的公共产品和服务更加丰富多样,更能满足人民群众日益个性化的服务需求。三是社会组织能在政府无法顾及的方面发挥作用,比如有的社会组织就以社会弱势群体或边缘性社会群体为服务对象,这在很大程度上弥补了政府能力的不足,有利于形成更为健全、科学的公共服务体系,促进社会公益的最大化①。

　　社会组织提供公共服务的范围很广,主要涉及公益慈善、增进能力(扶贫)、提供信息、法律支持、医疗健康咨询、助人自助等各种福利领域。近年来,我国的社会组织在提供公共服务,尤其是在济困、助残、助学、助医、救灾等公益服务方面的作用越来越明显。目前中国有1 000多家公益机构,截至1999年共得到社会捐赠近100亿元。作为政府和市场之外的力量,这类公益型社会组织正日益发挥着重要的作用。中国青少年基金会实施的"希望工程"就是一个典型的例子。"希望工程"是团中央、中国青少年发展基金会以救助贫困地区失学少年儿童为目的,于1989年发起的。其宗旨是资助贫困地区失学儿童重返校园,建设希望小学,改善农村办学条件。援建希望小学与资助贫困学生是"希望工程"实施的两大主要公益项目。整个项目始于1989年,截至1999年,从海内外累计募款20亿元人民币,资助230万失学儿童,在贫困地区修建了8 000所希望小学,为贫困地区培养了大批乡村教师②。与此类似,始于20世纪90年代的其他大型公益项目,如"春蕾计划""幸福工程""烛光工程""母亲水窖工程"等项目也以不同的弱势群体为对象,在社会生活的不同领域发挥公共服务功能。

　　此外,社会组织还广泛提供法律援助,有效推动社会公平正义的实现;参与提供医疗检查、治疗和知识普及等健康服务,促进社会医疗健康多元化需求的满足;参与提供各种技术与技能的培训服务,搭建城市失业贫困家庭的社会支持网络;保护自然环境,倡导生态文明;等等。社会组织通过发挥其积极灵活的优势,能高效动员和聚集大量社会资源,提供各

① 张伟.社会管理创新读本[M].北京:中国人民大学出版社,2012:163.
② 中国科技促进发展研究中心希望工程效益评估课题组.捐款是怎样花的——希望工程效益评估报告[M].杭州:浙江人民出版社,1999:133-187.

种各样的公共产品和社会服务,较好地满足了社会公众多元化需求,成为政府之外供给公共服务的生力军①。里贾娜·E·赫茨琳杰正是在此意义上明确指出,非营利组织在提高人们的知识文化水平、提供医疗保健、资助艺术事业,以及为穷人营造安全保障等方面成绩卓著,令企业和政府都望尘莫及②。

(二)规范市场行为,推动经济可持续发展

发达市场经济体的经验表明,企业微观管理、行业中观调节、政府宏观管理的互相配合、共同作用,是更好地发挥市场在资源配置中决定性作用的重要保证,是形成有利于科学发展的宏观调控体系的内在要求。在市场经济条件下,社会分工越来越细,社会关系日益复杂多样,各类市场主体之间的沟通、交流、协调就显得越来越重要。社会组织在社会管理中通过沟通、协调、调节、评判等手段,处理政府、市场、个人的关系,规范各利益主体的行为。它们不仅是政府间接管理社会、调节市场的重要助手,而且在某种意义上可以讲,社会组织是政府与社会之间的"缓冲器""调节器",是简捷高效发挥沟通、服务、协调作用的重要力量。

市场性的社会组织如各种行业协会,不仅对本行业的生产经营行为具有较大的约束力,规范行业的经济行为、调节企业间的纠纷、共商行业发展规划、共定生产标准等,而且还能够聚合本行业的经营意愿、表达企业诉求、提供经济决策等。可以说,市场性的社会组织既循着市场运行机制规范企业的市场行为,还通过与政府的联系,获得更多的政治认可和政策支持,并在更加宏观的层面上促进经营方式的转变、生产模式的升级以及行业的良性持续发展。其中,行业协会在提供政策咨询、反映企业合理诉求、平衡各方利益关系、调解国内外贸易纠纷、促进市场交流和产业升级、维持市场秩序、提供生产标准等方面发挥着不可或缺的作用,已经成为加快转变经济发展方式、促进行业可持续发展的"催化剂"和"助推

---

① 龙春霞.突发事件应急管理中的社会资本研究——基于社会组织和社会参与的视角[J].前沿,2010(23):134-137.
② 里贾娜·E·赫茨琳杰.有效的监督:给非营利组织理事们的建议[M]//北京新华信商风险管理有限责任公司,译校.非营利组织管理.北京:中国人民大学出版社,2000:27.

剂"①。正因为如此,行业协会的发展和规范水平是市场体系发育成熟程度的标志②。

需要指出,社会组织是强化市场监管的重要力量。行业协会在市场的准入、监督、公证、纠纷的解决等方面规范企业的行为,维护公平竞争的市场秩序,在减少不良市场竞争、促进交易活动的正常进行、培育和规范市场方面有着政府不可替代的作用。行业协会通过聚集相同业态或相同属性的企业,共循行业共识、共商生产标准、共定行业规范、共建诚信机制、共受信用约束、共遵公平合法、共讨不当行为,规制市场的无序和混乱,共造良好的市场环境③。中国消费者协会(简称"消协")就是一个成功范例。自建立以来,消协推动了《中华人民共和国消费者权益保护法》的颁布,并在为消费者提供各种消费知识、维护消费者权益等方面做了大量工作,起到了显著的作用。

(三)化解矛盾冲突,促进社会和谐发展

社会组织是减少和化解社会矛盾的良好途径。当前一些事关群众权益的矛盾和问题之所以容易被公众聚集关注,形成触点引发群体性事件,很大程度上在于人民群众的利益表达和协调机制还不够健全。在第一时间掌握社情民意,是防止"民意"转化为"民怨"的最有效办法之一。民意反映得越早越充分,就越不容易积累形成民怨,因而也就越不容易引起激烈的、对抗性的社会矛盾。化解社会矛盾最理想的做法就是将其化解在萌芽状态,防患于未然,这样既可节省社会资源又可避免其破坏性。社会组织在这方面具有组织优势:首先,社会组织作为一种社会自治机制,贴近社会,与群众紧密相连。社会组织民间性与非政治性的典型特征,及其惯用的沟通协商、互动合作而非强制与控制的运行方式,更容易获得人民群众的信赖,大大降低了防范成本、讨价还价的时间和搜寻信息的成本,

---

① 昆山民政局. 昆山对社会组织建设与管理调查研究[EB/OL]. (2010-09-06). http://www. mzj. suzhou. gov. cn/szmz/infodetail/? infoid = 0c7ee055-ca9a-4733-8450-21a00ca5074c.

② 胡仙芝. 论社会中介组织在公共管理中的职能和作用[J]. 中国行政管理,2004 (10):84-89.

③ 中华人民共和国民政部. 2008 年民政事业发展报告[EB/OL]. (2008-09-17). http://www. china. com. cn/aboutchina/data/08mzsy/2008-09/17/content_16492760. htm.

能够及时化解矛盾。其次,社会组织具有广泛的社会成员基础,是凝聚社会资本的重要场域和平台;同时,社会组织的专业性、技术优势、志愿性等特征使它们对于社会事件的发生发展有更加敏锐的洞察力,而且它们具有与生俱来的强烈的社会责任感和使命感,这一切都为社会组织全面搜集与掌握民情民意的第一手资料提供了可能①。最后,一些专业性的社会组织在认真研究和分析各种可能产生的矛盾纠纷、群体性突发事件后,能及时向政府提出政策建议和应对措施。同时,可以协助政府开展危机管理素质教育,定期举办各种研讨会,培训各类专业人员,增强群体性事件应对能力。

社会组织在掌握相应资料与信息之后,可以对矛盾纠纷及时做出反应,迅速渗入事件的各个环节,展开沟通与协调工作。即使在社会矛盾激化演变为群体性事件时,在政府组织做出反应介入干预后,社会组织在化解矛盾、疏导民怨方面仍然发挥着不可替代的重要作用。它们具有两个方面的作用:一是可以发挥内部整合和利益代表的作用,扮演中介角色,向政府反馈、表达信息,施加影响。这样可以避免"乱哄哄"的利益表达现象出现,使公共沟通、利益博弈更加有序。二是在决策达成之后,将政策意图和对相关问题的处理情况转达给社会成员,帮助政府安抚群众,促进社会成员更加理解和支持相关政策。

总之,从功能上讲,社会组织就是一种人民群众实行自我管理、自我服务、自我调节、自我发展的自治组织形式,为人民群众开展社会自治和互助服务,实现政府行政管理与基层群众自治有效衔接和良性互动提供了有效的平台。多元、有序的社会组织积极地参与社会管理,能有效地降低社会矛盾的发生及其激化演变,是政府化解社会矛盾纠纷,特别是应对群体性事件的有力支撑,是促进社会和谐发展的有效途径。

(四)促进政府改革,优化社会治理模式

20世纪后期,公共管理改革的总方向是从"统治"到"治理",就是通过国家和公民社会的合作,共同处理社会公共事务。与传统的依靠行政权力进行管理的方式不同,社会治理的主要方法不是强制命令,而是主要

---

① 王绍光.多元与统一——第三部门国际比较研究[M].杭州:浙江人民出版社,1999:31-68.

通过合作、协商、确立认同或共同的目标等方式对社会公共事务实施管理①。

社会组织可以更好地反映民意,帮助政府提升社会治理效能。在高度组织化的现代社会中,通过结成群体或集团,利用自己的合法表达途径和渠道,将不同意愿和主张反映给政府部门,从而影响政府决策,已成为政治生活中的普遍现象。在实践中,各类社会组织越来越多地参与政府各项公共政策的制定。为了参与政府决策,社会组织往往会推荐自己的代表进入公共决策过程,直接表达自己的利益诉求。除此以外,社会组织还可以充分发挥社团精英的作用,让本组织中有较强社会影响力的成员,直接与相关决策者接触,影响公共决策;或者通过人大议案、政协提案的方式,间接实现本组织的利益主张。20 世纪 70 年代以来,社会组织在政府决策的过程中已经成为不可小觑的力量,发挥了令世人瞩目的"智库"功能,为政府决策提供各种各样的咨询和参谋。总之,公民通过社会组织积极参与政策制定,进而参与社会管理,能够将公众的利益偏好及时输入公共决策系统,使政策的制定更符合民众需求,从而便于在公众认同的基础上提升公共政策的制定与执行效果②。

加快社会组织的发展,是促进政府改革,建设精干、廉洁、高效的"小政府"的重要举措。建设"小政府、大社会"是市场经济条件下各国的共同选择,但传统的以行政权力为主导推动的政府机构改革,往往很难走出"精简—膨胀—再精简—再膨胀"的怪圈。究其原因,就在于只改革行政机构,未有效改革行政职能。行政职能是行政机构设置的重要依据,行政机构是行政职能的体现,行政职能很大程度上决定了政府机构的设置、规模、层次和数量。政府改革的关键就在于转变政府职能,将管不好、管不了和不该管的事务逐步转移给社会。如果不将政府负担的职能适当地转移出去,仍然保持政府对经济社会事务事无巨细的直接管理,机构和人员的精简就是不可能的。而社会组织涵盖了社会的各个领域,是最适合承接政府职能转移的载体。社会组织参与社会管理,逐渐承担从政府逐步剥离出来的一些公共事务,政府才能真正"瘦身",由"大政府"逐渐变成

① 万军.社会建设与社会管理创新[M].北京:国家行政学院出版社,2011:123.

② 张晓阳.我国非政府组织在社会矛盾化解中的作用研究[D].南京:南京工业大学,2011.

"小政府"。这样做还可以打破政府对公共权力和公共事务的垄断,便于对政府的公共政策制定与执行过程进行有效的监督。

第三节　社会公众是社会管理的基本主体

进入21世纪以来,我国社会活力显著增强,同时存在一定的社会矛盾和问题,社会建设和社会管理面临许多新课题。中国共产党十七大报告和十八大报告都强调"加强社会建设和管理,推进社会管理体制创新"的要求,明确提出要"建立健全党委领导、政府负责、社会协同、公众参与的社会管理格局",同时指出公众参与社会管理的具体路径。总之,"在加强和创新社会管理中,公众是社会管理的对象,也是社会建设的主体,社会管理离不开公众的有序参与,公众有序、有效地参与社会管理对于推进社会主义民主政治发展、推动社会主义市场经济健康发展以及促进社会和谐稳定和社会发展进步具有重要意义"①。

一、社会公众参与的内涵及意义

我们首先需要了解什么是"公众参与",公众参与社会管理具有哪些可取价值,等等。

(一)公众参与的内涵

"公众"在公共关系学中是一个"集合体",可以是公民,也可以是组织。根据商务印书馆第六版《现代汉语词典》的解释,"公众"是指"社会上大多数的人","参与"指"参加(事务的计划、讨论、处理)"。"公众参与"又称公民参与或公共参与,是指有参与意愿的民众、社会组织(非公务需要和职责所在)通过一定的途径试图影响公共政策和参与公共生活的活动。

俞可平教授是国内较早涉足公众参与研究的学者。他认为,公民参与,通常又称为公共参与、公众参与,就是公民试图影响公共政策和公共生活的一切活动。公民参与有三个基本要素:一是参与的主体。公民参与的主体是拥有参与需求、具备参与意愿的社会公众,既可以是个体形式的公民,也可以是团体形式的社会组织、民间机构。二是参与的领域。社会中存在一个制度化的,可供社会公众合法参与的公共领域。当然,这一

---

① 程琥.公众参与社会管理机制研究[J].行政法学研究,2012(1):66-73,117.

公共领域应该体现公共利益和公共理性的存在,绝对不是"狼与狼"形成的那种无理、无法的纷争场域。三是参与的渠道。社会上存在着各种各样的渠道,公民可以通过这些渠道去影响公共政策和公共生活①。

当前,党和政府之所以提出要加强社会管理创新,就是希望通过调动社会资源和发挥社会组织的中介作用以及鼓励广大人民群众的广泛参与来更好地落实社会管理工作,也就是试图通过构建政府主导、社会组织承接、广大群众参与的多元互动、协调合作的社会管理格局增进社会管理实效②。在此前提下,我国的公众参与应该是广泛的公众参与,既包括公民直接参与立法,通过听证会,以及利益集团游说、施压等形式影响立法机构和立法者;也可以是公众参与公共政策制定和公共事务治理,实现公众对公共政策取向的直接表达;还可以指公众自身伦理道德素养的提高,积极参与城乡基层自治,以自我管理、自我服务和自我教育的方式处理自身事务。

综上所述,我们可以对公众参与的涵义作以下解释:公众参与,是指为了充分表达自己的意愿和主张,维护自身合法权益,社会公众(区别于政府组织,也区别于担负公共管理职能的工作人员)广泛地参与社会立法、公共政策制定、公共事务治理、社会组织建设以及基层社会治理等诸多领域,并采取与之相应的试图影响社会公共生活的一切活动。

(二)公众参与的意义

公众不仅是社会建设的主体,也是社会管理体系的基础。公众参与社会管理具有重要意义:

第一,公众参与社会管理是构建社会主义和谐社会的内在要求。2005 年 2 月,胡锦涛同志在中央党校省部级主要领导干部提高构建社会主义和谐社会能力专题研讨班开班式上发表重要讲话,指出我们所要建设的社会主义和谐社会,应该是民主法治、公平正义、诚信友爱、充满活力、安定有序、人与自然和谐相处的社会。和谐社会的建设必须在党的领导下全社会共同建设,广大人民群众是建设的主体,要团结一切可以团结的力量,调动一切积极因素,形成促进和谐人人有责、和谐社会人人共享的生动局面。广大公众通过广泛地参与社会管理,能够更好地把自身利

---

① 俞可平. 公民参与的几个理论问题[N]. 学习时报,2006-12-18.
② 黄耀霞. 公众参与与创新社会管理[J]. 法治与社会,2011(19):183-184.

益诉求反映到社会管理体系中来,从而可以有效地维护自身的合法权益,实现自身利益最大化。公众参与社会管理,能够加深公众对行政决策、行政决定的理解,从而有助于消除行政决策、行政决定在执行中的障碍,保证其顺利贯彻执行,提高社会管理的效率。公众参与社会管理,还能够对政府的社会管理职能履行情况进行监督、制约,这样既可以降低管理成本,也可以提高社会管理质量。公众参与社会管理也意味着调动了各个层面的管理资源,有助于调动公众参与的积极性,夯实社会管理的资源基础和社会基础①。

第二,公众参与社会管理是社会主义民主政治的重要内容。人民当家做主是社会主义民主政治的本质和核心要求,公众参与社会管理是依法行使公民权利的行为,是发展社会主义民主政治的有效途径。发展社会主义民主政治,建设社会主义政治文明,最根本的是坚持党的领导、人民当家做主和依法治国的有机统一②。我国是社会主义国家,人民是国家和社会的主人。这在本质上要求:坚持国家一切权力属于人民,从各个层次、各个领域扩大公民有序参与政治,最广泛地动员和组织人民依法管理国家事务和社会事务,管理经济和文化事业。广泛而有序的公众参与,有利于加强人民群众对公共权力的监督,增加公共管理与决策的透明度,提高公共决策的科学化、民主化和规范化程度,使公共管理和决策更好地体现人民的利益、反映人民的呼声,真正实现人民当家做主③。

第三,公众参与社会管理是当今社会转型的必然要求。改革开放以来,随着社会主义市场经济体制逐步确立,中国社会进入了全面社会转型与结构性变迁的进程之中。体制的变化带来社会结构的不断分化,不同的社会群体有不同的要求——公众利益诉求呈现差异化、多样化的特征,思想活动的独立性、选择性、多变性、差异性也明显增强。在这种情况下,社会共识形成的难度加大,社会建设与社会管理的难度也随之加大。同时,越来越多的"单位人变成社会人",他们在组织依托方面越来越远离体制内的党和政府。因此,如何更有效地对"社会人"进行整合,就成了

① 程琥.公众参与社会管理机制研究[J].行政法学研究,2012(1):63-73,117.

② 袁果.依法治国与建设政治文明[J].中共四川省委省级机关党校学报:新时代论坛,2003(S1):4-5.

③ 任禾一.构建和谐社会需要扩大有序的公民参与[J].探索与争鸣,2007(10):42-44.

社会建设和社会管理的重要任务之一①。这说明需要通过公众的广泛参与来提高社会管理的有效性。另外,改革开放的基本取向之一就是政府在诸多微观的管理领域逐步退出,交由民间机构和人民自己来管理。这就意味着,公众参与的充分与否事关改革能否顺利推进。

二、社会公众在社会管理中的主要功能

社会公众在社会管理中的主要功能表现在三个方面:参与立法,维护自身合法权益;参与公共治理,提高社会管理效率;参与基层治理,培养积极的公民参与意识。

(一)参与立法,维护自身合法权益

社会公众参与立法,就是社会公众为了满足自身利益诉求,通过多种途径和渠道影响立法主体选择的过程及其目标取向。

《中华人民共和国宪法》第二条规定:"中华人民共和国的一切权力属于人民。"国家一切权力属于人民,自然也包括立法权。只是公民立法权并不是直接行使的,而是通过人民代表大会代行使的。但在人民当家做主的国家中,公众理应广泛参与立法,立法过程应听取公众意见,反映公众诉求。

一些事关全国广大人民群众切身利益的、有重大影响的重要法律草案,在制定过程中,立法机构应将立法草案全文在公共媒体上予以公布,采取全民讨论的形式,广泛收集公众的意见。此后,立法起草部门依据公众意见对草案加以修改,再提交立法机关讨论、通过。采取这种全民讨论形式的立法包括《中华人民共和国宪法》《中华人民共和国香港特别行政区基本法》《中华人民共和国澳门特别行政区基本法》《中华人民共和国行政诉讼法》《中华人民共和国集会游行示威法》《中华人民共和国全民所有制工业企业法》《中华人民共和国土地管理法(修订草案)》《中华人民共和国村民委员会组织法(修订草案)》《中华人民共和国物权法》《中华人民共和国婚姻法》《中华人民共和国食品安全法》等等。

然而,在立法实践中,由于法律制定受限于其严谨性和专业性,通过全民讨论来立法的情况并不多见。一般情况下,立法起草部门根据有关部门和地区的意见和现实要求,制定出草案,然后将立法草案反馈给相关

---

① 朱慧卿.创新社会管理亟需公众参与[J].人民论坛,2011(23):62-63.

部门和地区征集意见,立法起草部门再根据这些意见对草案进行修改,之后再将其反馈给相关部门和地区,依据其意见再行修订,如此反复几次,最终达成共识,拟出各方均能接受的草案,交由立法机关进行审议表决。

由于社会公众的利益诉求往往并不完全一致,不同的利益集团有不同的利益主张。为了实现自己的利益主张,社会公众往往会通过立法听证、立法游说等途径和形式来试图影响立法者。而立法者的责任就在于对不同的利益加以取舍、平衡和协调,使立法能够反映大多数人的最大利益,符合经济社会发展的未来趋势。

(二)参与公共治理,提高社会管理效率

按照治理理论,公共治理是指政府及其他组织组成自组织网络,共同参与公共事务管理,谋求公共利益的最大化,并共同承担公共责任的治理形式。在当下,公共治理的主体呈多元化趋势,除了政府、公共机构以外,社会组织,甚至辖区单位、社会公众都可以参与治理,使公民与政府之间、社会组织与政府之间建立平等合作关系。有学者将这一关系的建立称为"共同学习",通过共同学习有助于增强社会对政府的信任以及社会成员之间的信任感,为提高公共组织的社会管理效率奠定了坚实的基础。

公众参与公共治理,尤其是参与公共政策的制定和执行,一方面,可以把自己的利益诉求和现实意愿充分表达出来,影响政策取向,使政策目标、政策措施和政策执行与自身利益诉求相契合,从而更好地反映和维护自身利益。这在本质上提高了社会建设和社会管理的"回应性"。另一方面,政府的意图也可以在与公众的互动过程中得到实现,社会管理目标可以在良好的合作氛围中达成,各种矛盾因此可以被化解于无形中,"防患于未然"①。在戴维·伊斯顿看来,公共政策是政治系统权威性决定的输出②。如果缺失了来自公众的认同和支持,公共政策的制定和执行就面临着诸多困难,"输出"就不能得到认可,其本应具备的公共功能也因此而被消解。也可以说,公众的不认同、不支持本身就构成了政策制定和执行的障碍。事实证明,公众的广泛有效参与,既有助于打破传统的精英决策模式,促进政策多一些公众关怀,多一些"草根"意识,从而增强政策

---

① 吴光芸,李建华.社会资本视域下的区域公共治理[J].广东行政学院学报,2010,
22(5):10-15.

② 戴维·伊斯顿.政治生活的系统分析[M].2版.王浦劬,等译.北京:华夏出版社,
1998:37.

的群众基础,减少政策落实的阻力和障碍,也有助于促进各参与主体之间的平等对话和共同协商,并提高政策在公众中的认同度和支持度,这为公共政策的有效执行奠定了基础①。因此,一般来说,公众的广泛参与是公共政策取得成功的关键因素之一。公众参与程度越高,政策所引发的社会风险越小,政策成功的可能性越高,社会管理的效率也就相应越高。而且,公众参与应该是从政策的制定阶段就开始介入,并贯穿于政策执行周期的全过程,在政策执行、政策评估、政策变迁与发展等阶段都应该有公众的参与。

(三)参与基层治理,培养积极的公民参与意识

城乡基层是公众生活的最基本的范围和参与公共管理的最基本的单位,公众对之最为熟悉,其对公众生产生活的影响也最为直接。因此,公众参与基层治理,不仅更为可行有效,而且更能培养公民参与意识。正因为如此,国家十分重视基层民主的发展,它对实现最广大人民的利益和经济社会的全面发展具有重要意义。

随着单位制的逐步解体,大量"单位人"变成"社会人",走上社会,最终都会归入基层社区。社会公众通过参与城乡基层治理,积极地表达自己的意愿和主张,维护和实现自己的合法权益。同时,通过积极参与历练,公民参与意识得以养成,参与能力得以提升,以一种权利主体、责任主体和价值主体的身份,在基层社会建设与社会管理中扮演主体角色,主动承担起社会所赋予的公民责任,为维护社会良序和稳定贡献自己的微薄之力②。

然而,当前社会治理面临着两个比较突出的问题,即公众参与意识淡薄和参与能力不足。参与意识淡薄让公众不能真正有效地参与社会治理,从而使参与能力无法得到提升;而参与能力不足,则使公众不能有效表达自己的利益诉求,或易被边缘化,这使公众在参与过程中不能真正实现自己的参与意愿,使其效能感变低,进而又促使其疏远参与,参与意识被进一步削弱。因此,必须首先提高公众的参与意识,强化其主体意识、权利意识、责任意识,让其深知自己是参与社会管理的不可或缺的重要力

① 吴光芸,李建华.社会资本视域下的区域公共治理[J].广东行政学院学报,2010,22(5):10-15.
② 黄耀霞.公众参与与创新社会管理[J].法制与社会,2011(19):183-184.

量,是自己利益的忠实代表,是增进公共利益和公共幸福的重要推手。同时,疏通公众参与渠道,在参与中锻炼公众的参与能力,深化参与认知,如提供志愿服务平台,鼓励公众志愿参与社会治理、参与公共物品和公共服务的创造和提供,这不仅能够提高公众参与公共治理的能力,而且能够提高其与政府、市场打交道或者博弈的能力。此外,为了保证公众参与效能感维持在较高水平,必须有相应的保障措施和激励措施,如对破坏参与行为的惩罚、对积极参与的鼓励、对有重要参与贡献者实施奖励、提高参与效果(如提案)的法律效用等①。

第四节　多元社会管理主体的协同治理模式

在当前政府资源有限的现实条件下,加强和创新社会管理,必须在坚持"民主""多元"和"服务"等科学观念的指导下,积极推动多元主体广泛地参与社会公共事务,构建多元社会管理主体的协同治理模式。

一、协同治理概述

(一)对"协同"概念的理解②

我们可以借助中西语系的语言学、管理学中的战略协同理论以及物理学家赫尔曼·哈肯的协同学观点,来分析"协同"的渊源、本质和表现。

汉语语系中,协同一词古而有之。《辞源》中将"协同"解释为:和合,一致。《后汉书·桓帝纪》:"激愤建策,内外协同。"③协同反映的是事物之间、系统或要素之间保持合作性、集体性的状态和趋势。

英文中"协同"一词来源于希腊语,意思是"协同作用的科学",即是关于系统中各个子系统之间相互竞争、相互合作的科学。协同的英文单词为"synergy",其中"syn"表示"together",即在一起引起的协调与合作,共同行动、一起行动;"ergy"表示"working",即组织结构和功能。那么,"synergy"不仅有协调合作之意,而且强调由于协调合作而产生新的结构

---

① 吴光芸,李建华.社会资本视域下的区域公共治理[J].广东行政学院学报,2010,22(5):10-15.

② 李辉,任晓春.善治视野下的协同治理研究[J].科学与管理,2010(6):55-58.

③ 广东、广西、湖南、河南辞源修订组,商务印书馆编辑部.辞源[M].北京:商务印书馆,1979:417.

和功能,强调协同合作的结果以及其间的权力依赖、资源依赖和相互赋权等含义。

有学者指出:"协同模式的有效性部分地源于规模经济带来的好处。"同时,将"一个企业中积累的知识和经验应用于其他新的企业"也可能产生协同。按照安索夫的观点,协同"是公司与被收购企业之间匹配关系的理想状态",是这种良好匹配所带来的整体功能大于局部功能之和的效应。因此,战略学中的协同概念旨在强调部分之间相互匹配的理想状态,强调整体功能大于局部功能之和的效应①。通俗地说,1+1>2 是系统协同的本质要义。

20世纪60年代初,德国系统科学家赫尔曼·哈肯教授在研究激光理论时发现:任何复杂系统既有独立(自组织)的运动,又有互相影响的整体运动。更为重要的是,当该复杂系统完全"独立"运动时,或者独立运动居于主导地位时,它的运作就会呈现出无序的状态;相反,如果各个复杂系统在整体上协调、协同运行时,或者说各个复杂系统相互影响和作用时,它们就呈现出有序的运行状态。这无疑说明了协同运行的重要性——各个系统的相互影响和作用不仅使它们各自实现了内部有序,而且使它们在整体上实现了宏观有序。哈肯称这种现象为"协同效应"。这种效应可以使整个系统形成个体层次所不存在的新的结构。哈肯发现,激光之所以与普通灯光不同,是因为在运行过程中发生了系统结构的突变,大量原子的行为由杂乱无章变为井然有序,形成了新的宏观结构。与战略协同理论的观点相比,哈肯的协同观点不仅强调功能的放大,而且注重新的、有序结构的产生;不仅在于量的积累,而且注重质的飞跃②。

由此可知,协同具有以下几个特征:一是强调各部分之间的集体性、协作性和匹配性。各部分是整体中的各部分,之所以成为整体,不是各部分的简单堆积,而是各部分之间的适配与协同,也就是说各部分是利益共享、风险共担、相互依存的,在适配协同中促进价值的整体增值和整体有序。二是强调动态性。协同不会因为各部分短暂的有效适配而变得持久,而会因为外界的影响或环境的变化又回归到"单打独斗",进而归于无

---

① 坎贝尔,卢克斯.战略协同[M].任通海,龙大伟,译.北京:机械工业出版社,2000:20-28.

② 李辉,任晓春.善治视野下的协同治理研究[J].科学与管理,2010(6):55-58.

序。当然这种无序有通过重新适配而复归有序协同的可能,这其中的标准就是各部分之间的适配程度。三是强调整体价值大于各部分价值之和。各部分之间的交流和磨合,可以让各部分互通有无、相互激励,从而实现"木桶短板"的有效弥补,进而保证了整体利益的获得和整体有序的达成①。

(二) 对"治理"概念的理解②③

"治理"一词源于拉丁文和古希腊语,原意是控制、引导和操纵。长期以来它与"统治""管理"等词交叉使用,并且主要用于公共管理和政治事务的处理过程中。

20 世纪 90 年代以来,治理已日益成为显学,国内外学者从多学科、多角度对其概念进行广泛讨论,认识已渐趋一致。目前认同度较高的是联合国有关机构成立的"全球治理委员会"对治理概念的界定。该委员会于 1995 年发表了一份研究报告《我们的全球伙伴关系》,在该报告中对治理做出了如下界定:治理是各种公共的或私人的机构管理其共同事务的诸多方式的总和。它是使相互冲突的或不同的利益得以调和并且采取联合行动的持续的过程。它既包括有权迫使人民服从的正式制度和规则,也包括各种人们同意或认为符合其利益的非正式方式的制度安排。其特征是:治理不是一整套固定的规则,也不是一种活动,而是相互协调的过程;治理过程不是建立在控制之上,而是协调;治理不仅涉及公共部门,也包括私人部门;治理不是一种政治制度,而是持续的互动。

国内学者俞可平教授认为:"治理一词的基本含义是指官方的或民间的公共管理组织在一个既定的范围内运用公共权威维持秩序,满足公众的需要。治理的目的是指在各种不同的制度关系中运用权力去引导、控制和规范公民的各种活动,以最大限度地增进公共利益。所以,治理是一种公共管理活动和公共管理过程,它包括必要的公共权威、管理规则、治理机制和治理方式。"④

从上述关于治理的界定中可以看到,治理理论者们发现,治理是各种公共的或私人的机构和组织管理其共同事务的诸多方式的总和,它是使相互冲突的或不同的利益得以调和并且采取联合行动的持续的过程。倡

---

① 李辉,任晓春.善治视野下的协同治理研究[J].科学与管理,2010(6):55-58.

② 张凤阳,等.政治哲学关键词[M].南京:江苏人民出版社,2006:311-323.

③ 张国庆.公共行政学[M].3 版.北京:北京大学出版社,2007:596-601.

④ 俞可平.全球化:全球治理[M].北京:社会科学文献出版社,2003:6.

导多元主体合作共治是这一概念的理论精髓。治理主体的多元化在一定程度上超越了二元对立的治理模式,能够更好地适应现代社会的发展,顺应社会的潮流和民众的需求①。

(三)协同治理的概念及内涵

基于协同学理论和治理理论,我们认为,协同治理是指处于同一治理网络中的多元主体,尤其是政府、社会组织、社会公众等充分利用各自的资源、知识、技术等优势,通过对话、协商、谈判、妥协等方式协调合作,达成共同的治理目标,建立共同解决公共问题的纵向的、横向的或两者结合的高度弹性化的协作性组织网络,发挥出对社会公共事务"整体大于局部之和"的治理功效。社会采取协同治理模式,使各种要素通过某种途径和手段有机地组合在一起,其所发挥的整体功能大于各子系统单独的、彼此分开时所发挥功能的"代数和"。

简言之,协同治理就是多元主体在治理理论的基础上强调平等协作、相互依赖、共同行动的治理模式。其内涵包括:

第一,治理主体上推崇"多中心"。随着社会经济的蓬勃发展,社会管理内容的增多和人们需求的高要求,一元化的治理体制显得"心有余而力不足",并且在人们的不满声中走向式微。社会组织和公众根据人们的切实需求来提供有针对性的高质量的公共物品和公共服务,得到了人们的认可,并且逐渐得到政府的重视和支持,一元治理体系逐渐过渡为多中心治理体系——政府组织、社会组织、社会公众等多元主体协同行动、共同学习,共同开展社会建设、实施社会管理。

第二,治理内容上强调"共识性"。治理的内容往往是公众比较关心的公共性的事务,私人的事务基本不在治理之列,除非牵涉公共道德和公共秩序。因此,谈到"治理",其潜台词往往就是基于共识性的共同行动,以共享观念的达成为基础。治理议题的选择是大多数人关注的,治理议题的通过是经过大家同意的,治理议题的落实是大家共同参与的,甚至治理议题的反馈与修正也是大家共同商讨的。这就意味着共识性贯穿于治理的全过程,它既是治理的基本目标,也是治理绩效实现的基本手段。

第三,治理形式上注重"协同性"。任何个体或者单个组织都难以完

---

① 特纳. 现代西方社会学理论[M]. 范伟达,译. 卢汉龙,校订. 天津:天津人民出版社,1988:10.

全承担起社会建设与社会管理的任务。同样,任何个体或者社会组织之间的不配合或者不协调也会导致社会建设与社会管理举步维艰,难以满足人们的公共需求,甚至会诱发社会秩序混乱。既然治理的内容是具有共识性的公共事务,那么对于这些涉及大家共同利益的事务的治理就不可避免地要求大家的协同参与。当然,也只有大家的协同参与才能有效回应大家的最迫切最重要的需求,才能通过"1 + 1 > 2"的系统效应提高公共物品和公共服务的供给效率①。

第四,治理目的上追求"公共性"。治理的直接目的是提高社会公共事务的治理效能,最大限度地维护和增进公共利益。高度整合社会管理资源,通过社会多元主体间的协调合作,能够有效补充市场交换和政府自上而下调控之不足,实现各种资源的协同增效,直接提升社会公共事务的整体治理效能,形成井然有序的宏观治理结构,保持良好的社会秩序和实现公共利益。

二、多元社会管理主体协同治理系统和模式

(一)多元社会管理主体协同治理系统

多元社会管理主体协同治理改变了传统单纯依靠正式制度和公共权威来形成管制秩序的方式,着眼于多元社会主体参与治理的自主性、平等性与协作性,通过多元主体间的协调合作与相互依赖(包括资源依赖和权力依赖等),建立共同解决公共问题的协作性网络系统,发挥出对社会公共事务实现"1 + 1 > 2"的治理功效。

在这一治理系统中,各种类型治理主体的治理行为,都是在一个有统一行为目标和规范的网络结构中进行。在这一结构中,系统成员彼此之间共享资源,行为互动,互通信息,利益分摊,共同应对社会公共问题,如图 1 - 1 所示。在这一治理系统中,政府组织不再独占社会管理舞台,而是作为社会管理主导力量(即"元治理"角色),运用社会行为的刚性调控机制,对社会组织和社会公众实施管制、规范、扶持和培育等一系列行为,作为"同辈中的长者"继续扮演着不可替代的"元治理"角色;社会组织作为社会管理的重要主体,通过沟通、协调、合作等形式,积极弥补"市场不

① 郑巧,肖文涛.协同治理:服务型政府的治道逻辑[J].中国行政管理,2008(7):48-53.

足"和"政府不足",为社会提供公共服务,为规范市场行为、化解矛盾纠纷以及促进政府治理改革等提供有效治理举措,发挥"减压阀"和"调节器"功效,维护政府组织的权威性与社会生活的秩序性;社会公众是现代社会建设的基础力量,也是当前社会管理的基本主体,通过发挥积极的参与意识,努力参与立法、公共政策制定与执行、基层公共治理等社会管理事务,有效地监督政府组织公共权力的运行,促成社会组织发展壮大,落实社会主义民主政治,维护社会的和谐与稳定。

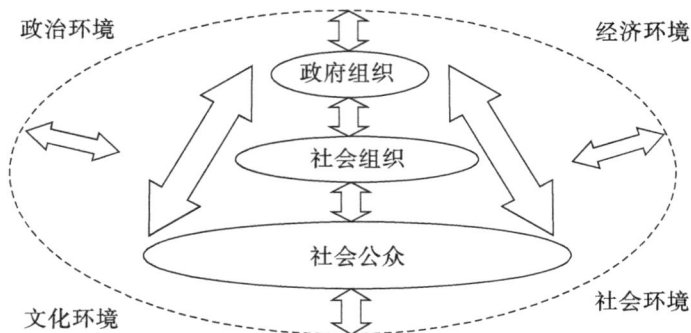

图1-1　多元社会管理主体协同治理系统

(二)多元社会管理主体协同治理模式

多元社会管理主体协同治理模式是一种保护多样性和创造性,鼓励民主协商的扁平化、网络化的治理模式,是政府组织、社会组织以及社会公众等这些治理主体积极搭建起来的一种协作性网络治理系统,是为有效作用于治理客体,亦即共同解决特定的社会公共问题,所进行的通过激励和说服产生作用的温和性治理模式。

如图1-2所示:(1)各治理主体各自通过其合法、有效的渠道,收集不同利益个体与利益集团之间的利益诉求,以及各种社会公共问题的相关信息,进而完成信息归类、处理、整合与输入;(2)在社会公共事务协同治理过程中,在各类治理主体积极提供物质、知识、技术等资源支持的前提下,综合运用对话、协商、谈判等手段进行协调合作,最终通过资源协同增效解决公共问题,顺利实现"整体力量大于局部之和"的功效;(3)及时将该项社会管理成效和有关信息反馈给社会协同治理主体,以供新一轮公共事务的协同治理参考。

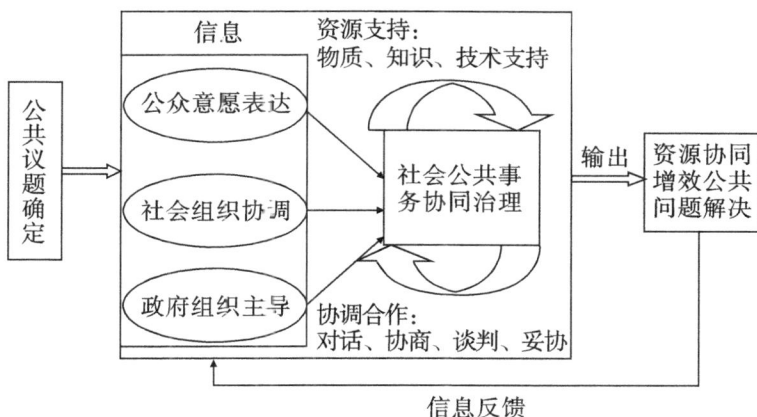

图1-2 多元社会管理主体协同治理模式

多元社会管理主体协同治理模式成功运作的基础源自有效的信息沟通。可以说没有沟通就没有协同,也就不可能实现社会管理协同的目标。有学者指出:任何社会管理目标的实现最终都要落实到各社会管理主体的具体行动方式上,沟通交流对统一各社会管理主体的思想与行为方式起连接桥梁和纽带的作用。协同机会识别与相互信任只有通过社会管理系统内外进行广泛深入、有效的相互沟通和交流,而各社会管理主体清晰地理解、认同和接受,并转化为各社会管理主体的自觉行为时,才能发挥应有的价值,进而保证协同治理的实施顺利进行①。在协同治理主体将一个共同主题列入议事日程后,需要积极通过对话沟通寻求共识,从而实现集体选择和集体行动。社会公众需要在合法的利益表达机制和利益表达途径的支持下,积极参与议事,向政府组织或社会组织表达意愿和主张;而社会组织是作为公民个体和政府组织之间的连心桥,来加强多元社会管理主体间的信息沟通与协调合作的。一方面,直接作为公民诉求的对象,与公民对话,直接接受公民的需求信息;另一方面则通过自身的调查研究了解公民需求并进行相应地分析、归类、整理、协调,进而完成对社会公共事务协同治理过程的信息输入。政府组织在自身接受、调研公众意愿和需求信息的同时,积极与社会组织推进信息的双向互动,在尽可能了解、掌握信息的基础上,通过对话和妥协方式,主导和引导实施协同治

① 陶国根.论社会管理的社会协同机制模型构建[J].四川行政学院学报,2008(3):21-25.

理网络系统集体通过或认可政策方案、规章制度,并进行跟踪、监督、约束与制裁等执行检验和信息反馈,保证协同治理资源综合效能的发挥。

三、实现多元社会管理主体协同治理的路径选择

多元社会管理主体协同治理社会公共事务,可以有效维护社会公平正义,优化社会结构,保障群众权益,达到社会利益的最大化,实现整个社会的和谐发展。多元社会管理主体协同治理的内容丰富而复杂,但笔者认为,总体实现路径应该包括如下几个方面:

(一)协同治理理念上的转变创新

任何一种制度、体制都有与之相应的理念、观念。当前,我国要实现多元社会管理主体协同治理模式的基础性问题,就要解决观念认识问题。观念是行动的向导,有什么样的观念往往就会产生与之相应的行为,在日常生活中延续下来的传统观念和封建思想,如官贵民贱、崇尚权威、零和博弈等,不仅不利于社会管理上的协同,甚至还破坏了协同合作能够扎根和持续的基础[1]。

社会管理和服务事业就像一个大舞台,随着社会结构和利益诉求的多元化和复杂化,需要社会组织、社会公众积极参与,努力发挥其沟通协调的灵活性作用。这要求政府、民众从思想认识上重视、信任、接受社会组织,大力培育和弘扬公民精神、公共参与精神。

首先,要加强对社会组织持续发展的合法性认同,使其得到应有的活动空间,改变政府在社会管理中包揽一切的想法、做法,从重政府作用、轻多方参与向政府主导型的社会协同治理转变,鼓励和支持社会各方更加积极、有效地参与社会管理,发挥多元主体的作用[2]。

其次,要树立公民意识。要求公民讲究社会公共品德,作为合格的社会人参与公共事务的治理,而不是不顾一切、不择手段地谋取私利。同时,还要承担起相应的社会责任,如维护公共利益、遵守法律法规等。

最后,要树立权利意识。权利意识在本质上要求社会个体在内心深处体认到自己应该享有的东西,如财产权、生命权、自由权、参与权、受助

---

① 孙秀艳.社会协同的内涵解析与路径选择[J].中共福建省委党校学报,2011(10):76-82.

② 马凯.努力加强和创新社会管理[J].求是,2010(20):8-13.

权等。理论上权利对于个人来说是具有共享性和同质性的。但是,在实际生活中,权利界限的难以明确划分或者不明晰,往往产生权利纠纷,这是规范性的法律与变动性的现实不一致的地方。因此,这就需要在法律的基础上通过协商或者协周来共同划定各自的活动范围,从而调节好它们之间的相互关系,更好地实现协同合作①。

(二)协同治理体制机制上的着力改革创新

改革开放以来,我国经济体制改革不断深入推进,市场经济体制从建立到逐步完善,而社会管理体制改革却没能跟上经济体制改革的步伐,表现出相对滞后性。随着社会的变革与转型,大部分旧体制被打破而与市场经济体制相适应的新体剖却没有完全建立,一定程度上造成我国社会管理在体制层面和组织层面的滞后和缺失。现阶段的社会管理体制改革应该着力放在:降低登记门槛,尝试取消业务主管单位,探索建立"十二五"规划纲要明确的"统一登记、各司其职、协调配合、分级负责、依法监管"的新社会组织管理体制;逐步建立登记管理、备案管理与分类管理相结合的管理模式,对不同类别的社会组织,政府制定不同的法律和法规,采用不同的管理方式;按照"完善法律监督、政府监督、社会监督、自我监督相结合的监管体系"的要求,严格依法监管,完善社会组织内部治理结构,提高自律性;等等。

抓好并落实社会管理机制改革是一个系统的工程,包括社会利益协调机制、诉求表达机制、社会风险预警机制、矛盾调解处理机制、权益保障机制、社会突发事件应急处理机制、社会组织培育和成长机制等,这要求我们通过"一揽子"的方式予以系统解决和整体推进。

(三)协同治理人员队伍上的积极培育建设

管理是一个比较复杂繁琐而又要求精细处理的系统工程。因而任何管理都离不开专业人士的组织和运作,任何高效持久的管理成果的取得都离不开专业人士的引导或领导。社会管理虽然崇尚多元参与和多中心治理,不排斥每个相关者的参与,但是这并不意味着任何人都能够有效参与管理或者对管理做出应有的贡献,如果参与管理的人士并非专业人士或者缺乏专业人士的指导,那么管理的水平和成效很有可能会大打折扣。

---

① 孙秀艳.社会协同的内涵解析与路径选择[J].中共福建省委党校学报,2011(10):76-82.

事实上,运作顺畅和成果显著的社会组织、指导有方和调控有序的政府部门无处不存在着专业人士的身影。因此,在当前改革转型期,不管是深化体制改革,还是促进社会管理体系的快速发育,培养一批业务精湛、技术一流、素质过硬的高水平管理人才便成为头等大事。首先,可以通过专门的培训机构实行精英化培养,为社会管理培养出一批领路人。其次,通过高校的专业设置来建立长效的人才培养机制,源源不断地为社会管理输送科班出身的专业管理人才。再次,在管理实践中发现并在活动中培育一批实干家,让其凭借丰富的管理经验来促进管理的创新和高效持久。最后,建立相关的人事考核和激励机制,充分激发管理人士的管理潜能,规制其不良管理行为,从而保证人事的高质量和高水平,进而使社会管理事业适得其人、适得其"才"①。

(四)协同治理资金政策上的大力支持保障

在各类社会主体,特别是社会组织发育还不成熟、社会管理水平还比较落后的情况下,政府仍是社会管理的主导力量。所以,扶持、帮助各类社会主体提高管理社会公共事务的能力、水平并加强对各类社会主体的监管是政府应有的责任。第一,加快推动政府职能的转变和转移。进一步加强和改善社会管理格局、实现社会协同,有赖于政府职能实现向创造良好发展环境、提供优质公共服务、维护社会公平正义这三个方面的根本转变。因此,政府可以结合新一轮的行政机构改革,将各部门可由社会组织承担的事项,交由社会组织承担,或者通过向社会购买公共服务的方式来实现政府对社会组织的间接资金支持。第二,政府应加大对社会组织的财税政策支持,根据社会组织的服务类型,加快制定不同的财税扶持减免政策,建立相应的税收减免优惠机制。第三,政府应加快制定专业人才的保障政策。研究解决社会组织的人才引进、培训、职称评定及职业资格认证等人事政策问题,确保社会组织的专职工作人员的养老、医疗、失业、工伤、生育和住房公积金等社会保障政策能够落实到位,这样才能吸引和促进社会工作人才队伍的发展壮大②。第四,政府加强监管并不意味着管控和压制,而是通过加强引导、扶持、管理和监督,强化标准、资质审查

---

① 孙秀艳.社会协同的内涵解析与路径选择[J].中共福建省委党校学报,2011
(10):76-82.
② 孙燕.以公信力建设为载体 提升社会组织公共服务能力[J].中国社会组织,
2013(5):33-35.

和绩效评估等,为各类社会主体的发展及其社会服务功能的发挥创造良好的外部环境。第五,政府通过转移支付、加大财政支出等方式提高社会建设和社会管理方面的资金额度,更有力地支持社会建设与社会管理,同时使社会建设与社会管理方面的支出占国民生产总值的比例居于合理、适度的水平①。

---

① 孙秀艳.社会协同的内涵解析与路径选择[J].中共福建省委党校学报,2011(10):76-82.

第二讲　社会保障

随着社会经济的不断发展,世界各国都在不断地丰富、创新、改革和完善本国的社会保障制度。中国在由计划经济体制向市场经济体制转型的过程中,需要建立健全同社会主义市场经济相适应的新型社会保障制度。社会保障制度是社会建设的基本内容之一,也是社会管理的重要组成部分。学习本讲,可以明确社会保障的概念、特征、功能和原则,了解社会保障的主要理论基础,掌握社会保障的体系及其主要模式,了解社会保障制度发展的国际经验,思考中国社会保障制度的改革与发展。

第一节　社会保障概述

对社会保障的理解和认识,因不同时期、不同国家、不同地区的政治、经济、社会、历史、文化等因素的影响,会有许多不同的观点和意见,并由此形成了不同的有关社会保障的理论表述。本节在于透过差异,寻求对于社会保障一般的共性的理解和认识,使学习者从宏观上把握社会保障的概念、特征、功能和原则。

一、社会保障的概念

人类现代社会保障制度萌芽、产生的历史可以追溯到 1601 年,即英国伊丽莎白女王时期《济贫法》(也称旧《济贫法》)的问世。但社会保障(Social Security)一词的出现,却是在旧《济贫法》颁布实施 300 多年以后。1935 年,美国总统罗斯福实施"新政"时期,通过了《社会保障法》,首先提出了"社会保障"的概念。自此以后,社会保障越来越为国际社会所普遍认同和广泛使用,成为以政府和社会为责任主体的福利保障制度的统称。

社会保障是应对不同国家和地区不同时期福利保障需求的社会制

度,各国、各地区及其不同时期政治、经济、社会、历史、文化等方面存在巨大差异,因此在对社会保障的界定上,有很大的不同。在某种意义上可以说,社会保障是一个"包容性的概念",很难对其下非常固定的定义①。

(一)国外关于社会保障的定义

最先提出社会保障概念的美国《社会保障法》,将社会保障视为"社会安全网",具体的理解是:根据社会保障法制定的社会保险计划,对于因年老、长期残废、死亡或失业而失掉工资收入者提供保障;同时对老年和残废期间的医疗费用提供保障。老年、遗属、残废和健康保险计划对受保险的退休者或残废者和他们的家属,以及受保险者的遗属,按月提供现金保险待遇②。后来,美国社会保障总署编写的《全球社会保障制度》一书中,又把社会保障定义为:根据政府法规而建立的项目,给个人谋生能力中断或丧失以保险,还为结婚、生育或死亡而需要某些特殊开支的人提供保障。为抚养子女而发给的家属津贴也包括在这个定义之中。

英国建立福利国家的理论与政策依据便是由贝弗里奇主持起草的研究报告《社会保障及相关服务》(又称《贝弗里奇报告》)。在这份报告中,社会保障被概括为国民在失业、疾病、伤害、老年以及家庭收入锐减、生活贫困时提供生活保障。

以维护劳工权益为己任的国际劳工组织在 1942 年出版的文献中将社会保障解释为:通过一定的组织为这个组织的成员所面临的某种风险提供保障,为公民提供保险金、预防或治疗疾病,在公民失业时资助并帮助其重新找到工作。

德国作为最早建立现代社会保障制度的国家,主要基于市场经济的理论,将社会保障理解为社会公平和社会安全,对竞争中不幸失败的那些失去竞争能力的人提供基本的生活保障③。

日本的社会保障制度是在"二战"后被占领时期建立起来的,所以受美国的影响较大。据 1950 年日本社会保障制度审议会的解释:社会保障是指对于疾病、负伤、分娩、残疾、死亡、失业、多子女及其他原因造成的贫

① 林嘉.社会保障法的理念、实践与创新[M].北京:中国人民大学出版社,2002:2-10.
② 王玉先.外国社会保障制度概况[M].北京:工人出版社,1989:122-123.
③ 陈良瑾.社会保障教程[M].北京:知识出版社,1990:1-2.

困,从保险方法和直接的国家负担上,寻求经济保障途径。对陷入生活困境者,通过国家援助,保障其最低限度的生活。同时,谋求公共卫生和社会福利的提高,以便使所有国民都能过上真正有文化的社会成员的生活①。

(二)中国关于社会保障的定义

在香港,社会保障被看作以政府为责任主体向国民提供的福利,学者莫泰基就指出:"社会保障可以理解为一个政府设立的制度,运用大众的财富,给予需要的人最基本或应得的援助,借以维持生活需要,以及配合社会发展,增加国民福利。"②

在台湾,"社会保障是国家以社会救助、社会保险以及公共服务等各种不同方式,对于国民之遭遇危险事故,以致失能,失依,因而生活受损的人,提供各项生活需求,给以其健康保障、职业保障及收入保障,并从而促进民族健康、全民就业及民生均足"③。

改革开放以来,大陆学者对社会保障概念进行了深入广泛的研究,并从不同角度对社会保障概念作了界定。

侯文若认为:"社会保障可理解为对贫者、弱者实行救助,使之享有最低生活,对暂时和永久失却劳动能力的劳动者实行生活保障并使之享有基本生活,以及对全体公民普遍实施福利措施,以保证生活福利增进,而实现全社会安定,并让每个劳动者乃至公民都有生活安全感的一种社会机制。"④

史柏年认为,社会保障,是为保障民生以及促进社会进步,由国家和社会以立法为依据出面举办,由政府机关和社会团体组织实施,为因各种经济和社会风险事故而陷入困境的人群以及有物质和精神需求的全体公民提供的福利性的物质援助及专业服务的制度和事业的总称⑤。

近几年来,郑功成教授用来阐述中国社会保障的新的定义较为流行,也被大多数学者所认可。他认为,社会保障是各种具有经济福利性的、社

① 陈良瑾.社会保障教程[M].北京:知识出版社,1990:2.
② 莫泰基.香港贫穷与社会保障[M].香港:中华书局,1993:54.
③ 莫泰基.香港贫穷与社会保障[M].香港:中华书局,1993:55-56.
④ 侯文若.社会保障理论与实践[M].北京:中国劳动出版社,1991:11.
⑤ 史柏年,中国社会工作教育协会.社会保障概论[M].北京:高等教育出版社,2004:5.

会化的国民生活保障系统的统称①。在中国,社会保障是各种社会保险、社会救助、社会福利、军人福利、医疗保障、福利服务以及各种政府或企业补助、社会互助等社会措施的总称,仍然属于"大社会保障"的概念。本书即在此意义上使用"社会保障"这一概念的。

二、社会保障的特征

尽管关于社会保障的定义,各国各地区各时期有不同的界定,但可以发现它作为一项影响久远的制度安排,体现出一些鲜明的特征。

(一)社会化特征

社会保障有别于传统家庭保障或职业福利等,是现代社会中涉及全体社会成员而非少数人的一项制度安排,它不是封闭运行的,而是面向整个社会开放,并通过社会化机制加以实施的。因此,社会化是现代社会保障制度的重要特征之一,主要表现为如下三个方面:一是制度安排开放化。社会保障的对象不是社会中的少数人,而是社会全体公民。二是筹资社会化。社会保障资金来源一般包括财政投入、企业缴费、个人缴费乃至向社会募捐、发行福利彩票等多个渠道,其源头都是社会成员的劳动创造,具有广泛性和社会化特征。三是管理运行社会化。通过专门化、社会化的管理机构以及服务机构,对社会保障事务进行具体的管理以及提供专门的服务,各项制度的实践也依赖各种各样的社会组织。

(二)福利性特征

在一些国家和地区,福利几乎成了社会保障的代名词,这也反映了社会保障的福利性特征。即相对于社会成员个人而言,其在社会保障方面的支出要小于在社会保障方面的收入。换言之,被保障者的所得大于所投入。这是因为社会保障是国家和社会通过国民收入再分配的途径,对保障对象提供一定的经济支持和服务,分担了个人的生活保障责任,提高了个人的生活确定性程度和质量水平,使社会更加温暖、和谐。

(三)强制性特征

社会保障的强制性特征植根于社会保障法律法规,现代社会保障制度自产生之日起,便以立法规范为前提,以政府干预为条件,法律的硬约束与政府的强干预是社会保障制度强制性的具体体现。即使不是由政府

---

① 郑功成.社会保障学[M].北京:商务印书馆,2000:11.

直接管理而由民间开展的社会保障事务如慈善事业,也必须由相应的法律法规来规范,既受法律保护,也受法律约束。

除了上述几个主要特征外,社会保障还具有公平性特征、多元性特征、互济互助性特征等,这些特征都相对容易理解,因此不予赘述。

三、社会保障的功能

社会保障的功能,是指社会保障在实施过程中所发挥出来的实际效能和作用。在现代国家的经济社会发展进程中,社会保障通常发挥着稳定、调节、互助、促进等多重功能。

(一)稳定功能

社会保障在许多国家又称为社会"稳定器"或"减震器"。任何一个社会都需要稳定机制,而社会保障即是首选的稳定机制。随着社会经济的发展和进步,一些社会问题会不断出现,如人口老龄化、自然灾害(洪涝灾害、地震灾害、旱灾、风灾、雹灾等)、工业事故、疾病、失业等,会导致一部分社会成员生活陷入困境,可能产生社会不稳定因素,影响整个社会经济发展。中国历史上的农民起义,工业化国家因经济危机导致工人失业而引发的大罢工等,均表明这一点。通过建立社会保障制度,国家为社会成员提供基本的保障,帮助陷入困境的社会成员走出危机,满足社会成员对安全和发展的基本需要,减少人们的"后顾之忧"和"非预期风险",从而有效缓解引起社会震荡的潜在风险,维系社会秩序的稳定和正常、健康的社会发展。因此,社会保障具有稳定功能,是现代社会不可或缺的"稳定器"。

(二)调节功能

社会保障的调节功能主要体现在经济领域。首先,社会保障承担着收入再分配的功能,本着社会公平和正义的原则,把征集和募集而来的社会保障资金根据人们的不同需求提供协调性的社会保障待遇,从而保证社会收入在不同群体甚至代与代之间均衡、协调。其次,社会保障资金的多少意味着生产与消费是否协调,一定时期内的国民生产总值是相对固定和稳定的,用在生产上的资本积累多了,那么用在消费上的资本积累就相应变少,社会保障资金也就随之变少了;反之,社会保障资金筹集多了,生产上的资金必然会减少。因此,社会保障承担着生产和消费的均衡、协调功能。最后,针对不同领域,社会保障也起着一定的协调作用。如将储存的社会保障基金投向某些重点公共基础设施就将刺激这些领域的发展。从这个意义上讲,社会保障基金也是政府实现宏观调控的工具之一。

此外,社会保障的调节功能还体现在政治、社会等领域。现代社会保障的规划发展之所以成为某些国家党派斗争和政党政治、民主竞选中的重要议题,正是因为社会保障具有不容忽略的政治协调功能。因为,社会保障既是各种利益集团相互较量的结果,同时也是调整不同利益集团、群体或社会阶层利益的必要手段。在社会发展领域,社会保障构成了调节社会成员中高收入阶层与低收入阶层、劳动者与退休者、就业者与失业者、健康者与疾患者、幸运者与不幸者、有子女家庭与无家庭负担者之间利益关系的基本杠杆①。因此可以说,社会保障对于社会稳定、社会秩序的作用体现在不同社会群体和阶层之间的均衡与协调上。

(三)互助功能

现代社会保障制度的分配机制是一种风险分散机制,或者说是责任共担机制,多渠道来源的资金被支付给需要者,所以其实质是一种互助的表现,表明了社会保障制度亦是一种社会互助机制。

(四)促进功能

现代社会保障制度的促进功能表现在三个方面:一是现代社会保障制度已经由一种被动的、消极的、事后的补救性机制,转变为一种主动的、积极的、事前与事后相结合的保障机制,从而为促进发展提供了制度基础②;二是社会保障范围的不断扩大及基金积累规模的日益增大,使社会保障具备了促进社会经济发展的实力;三是随着社会经济的发展,客观上要求社会保障发挥出促进功能,如促进社会文明的进步,消除社会成员对不幸事件或特殊事件的恐慌感,树立起互助互济、积极向上的新观念。

四、社会保障的原则

社会保障的原则是指建立和实施这一制度应奉行的基本准则。通常包括以下几个基本原则:公平原则、与社会经济发展相适应原则、责任分担原则、可持续发展原则、以人为本与弱者优先原则等。

---

① 郑功成. 论中国特色的社会保障道路[M]. 武汉:武汉大学出版社,1997:20-25.
② 郑功成. 社会保障概论[M]. 上海:复旦大学出版社,2005:14.

(一)公平原则

公平是建立社会保障制度的核心理念之一,缓和社会不公平,创造并维护社会公平,是社会保障制度的基本出发点。社会保障制度建立的初衷以及运行过程,都必须以公平为基本原则。因此,在社会保障制度安排、项目选择等过程中都要坚持运用公平原则,要做到保障范围的公平性,打破身份限制,实现全体国民社会保障权益的公平性,做到保障待遇的公平性以及保障过程的公平性等。

(二)与社会经济发展相适应原则

社会保障的发展必须坚持与社会经济发展相适应的原则。一方面,社会的发展变化决定着社会保障制度的结构变化,如人口老龄化高峰的到来,需要建立相应的养老制度,需要有发达的老年福利事业。如果社会保障制度不能满足需求,国家和社会便会面临失序的风险,政府的合法性危机也会因这种风险而形成。另一方面,社会保障制度的确立无一例外地需要相应的财力、资源、人力等作为支撑,缺乏相应的支撑,社会保障制度就会变成无源之水,即使建立起来,也类似于"画饼充饥"。因此,社会保障制度只有与社会经济发展相适应,才具有可行性,才有可能获得健康、持续的发展。

(三)责任分担原则

单纯的政府包办或企业与个人承担过多的责任,都导致社会保障财务危机,有碍于这一制度的健康发展,无助于解决那些需要通过社会保障制度才能解决的社会问题。只有建立合理的责任分担机制,并按照这一机制调动各方积极性,动员各方资源,让政府、企业、个人乃至社会等合理分担社会保障责任,社会保障制度才可能获得持续发展并有利于整个社会的和谐发展。

(四)可持续发展原则

社会保障制度作为维系整个社会经济持续、健康、文明发展的重要制度安排,必然也要追求自身的可持续发展。社会保障制度建设的可持续发展原则主要体现为尊重制度发展的客观规律,遵循从缩小不公平到实现公平的路径,在社会保障建设中采取渐进、持续发展的方式,并充分考虑代与代之间的公平性,适当体现出激励性,等等。

(五)以人为本与弱者优先原则

社会保障制度兴起的初衷即是保障人的生存和发展,随着制度观念的更新和制度体系的完善,社会保障制度逐渐演变成社会成员分享发展成果和提供人们发展所需的重要机制,发展为了人民、发展依靠人民、发展成果由人民共享的以人为本理念也逐渐成为人们的共识。因此,应在社会保障的项目设计方面以满足人民群众的需求为基本依据,在社会保障运行管理方面以方便人民群众、服务人民群众为出发点,在社会保障改革与调整方面以更好地维护人民福祉为基本准则。那么,在资源稀缺、财力有限的情况下,这一原则就应当突出地体现在对社会弱势群体的保障上。在现实生活中,特别是针对低收入阶层的困难群体,如老年人、残疾人、未成年人等在生理上处于弱势的群体以及包括失业者、下岗职工、农民工、失地农民等由于改革而利益受损的群体,社会保障制度需要特别重视,应该集中资源,积极向这些群体提供帮助。这才是以人为本与弱者优先原则的真实体现,也是现代社会保障制度发源的本质体现。

第二节 社会保障的主要理论基础

尽管社会保障作为一项国家制度是在人类进入工业社会后才出现的,但是社会保障的思想与实践远比它作为一项国家制度出现得早得多。社会保障制度的产生与发展同人类思想文明的进步密切相关,许多理论直接推动了现代社会保障制度的形成与发展。本节将对社会保障制度的主要理论基础进行简要概括与梳理,使学习者更好地认识与理解社会保障。

一、边际效用递减理论

效用,是指人们在消费物质产品或劳务产品时所感受到的满足程度。效用分为总效用(TU)和边际效用(MU)。总效用是指消费者在一定时间从一定数量的商品的消费中所得到的效用量的总和。边际效用则是指消费者在一定时间内增加一单位商品的消费所得到的效用量的增量。我们可以利用表 2-1 来说明边际效用递减规律,理解总效用和边际效用的关系。

由表 2-1 可见,当商品的消费量由 0 增加到 1 时,总效用由 0 增加到 8 个效用单位,边际效用也为 8 个单位(因为 8-0=8)。当商品的消费量由 1 增加到 2 时,总效用由 8 个效用单位增加到 14 个,此时边际效用下降为 6 个效用单位(因为 14 − 8 = 6)。依此类推,当商品的消费量增加到 5 时,总效用达最大值 20 个效用单位,而边际效用却递减为 0 了。此时,消费者对该商品的消费已达饱和,也可以说暂时没有消费需求和欲望了。如果商品的消费量继续增加到 6,那么,总效用减至 18,边际效用进一步递减为负值即 −2 个单位。

表 2−1　某商品的效用表

商品数量	总效用(TU)	边际效用(MU)	价格
0	0	0	0
1	8	8	4
2	14	6	3
3	18	4	2
4	20	2	1
5	20	0	0
6	18	−2	0

不难发现,总效用和边际效用之间的关系是:当边际效用为正数时,总效用呈上升趋势,总效用增加;当边际效用递减为 0 时,总效用曲线达到峰值;当边际效用为负数时,总效用曲线呈下降趋势,总效用随之减少。这就说明,随着某种商品或劳务消费量的增加,在一定限度内消费者所获得的总效用在增加,但边际效用却是递减的,即边际效用递减规律。

西方经济学家庇古在他的《福利经济》一书中,运用边际效用递减规律理论,阐述了"收入均等化"的意义。他指出:一个人越富,总收入中用于消费的比例就越小,若他的收入是穷人的 20 倍,其消费可能是穷人的 5 倍。显然,把相对富裕者的部分收入转移分配给穷人,必会使穷人增加的满足强度大于富人减少满足的损失,从而使社会的满足总量增加,也可以理解为是社会福利的总量增加。在此基础上他得出结论,任何能增加国民收入而不减少穷人在其中占有的绝对份额的措施,或者使穷人占有的绝对份额增加,而不减少国民收入的措施,都一定会增加经济福利。至于收入如何从富人转移至穷人,庇古也给出了一些措施。包括个人、企业自愿捐出一部分收入,用于发展教育、慈善等福利事业;国家通过征税,把其中的一部分国民收入再补贴给穷人;等等。庇古认为,政府在社会保障领域的一些干预行为,在很大程度上能使国民收入得到合理分配,实现资源配置适度,减缓边际效用递减速度,增加社会经济福利的总量。

综上所述,边际效用递减理论以及建立在边际效用递减规律之上的福利经济学对西方国家社会福利政策、社会保障制度等产生了重要影响。

二、市场失灵理论

市场失灵理论是相对于市场万能理论提出来的。自由放任主义的代表人物亚当·斯密在他的经济学中极力推崇经济自由竞争原则。但商品市场机制在某些场合也不能实现资源的有效配置,进而实现收入的公平分配和经济的高效率,这种情况被称为"市场失灵"。这是因为,经济自由主义者认为通过市场竞争可以自动地解决问题,这里的竞争市场是一种完全竞争市场,而完全竞争市场是以许多理想化的假定条件为前提的,如:人数很多的小规模买者或卖者;产品是同质的;可以自由进入和退出各行业,即生产要素可以充分流动;拥有完全的对称的信息和知识;经济行为的主体即生产者和消费者都是理性的;生产和消费都不存在外部经济。只有具备了这些假定条件,才能促使整个经济发展并达到一般均衡,也才能够使资源合理配置,达到"帕累托最优"的状态。

但实践证明,以上列举的假定前提条件完全具备是不可能的。布鲁斯·格林沃德和斯蒂格利茨以复杂的数学模型证明,当市场不完备、信息不完全、竞争不完全时,市场机制不会自动达到"帕累托最优",相反会导致经济危机、结果不公平、难以消除垄断等危险现象。经济学家雷·里斯对保险领域的信息不完全导致市场失灵的现象也进行了较为详细的分析[①]。他认为,保险本来就是一种不确定的经济活动,通过签订保险契约,一个人事先缴纳保险费,当约定的不确定事件发生时,获得确定的补偿。从这种意义上说,保险是一种可溢出效益的经济行为。但在保险领域引起市场失灵的主要表现有三:一是逆向选择。高风险者觉得买保险划算,低风险者却认为保险价格太贵而不愿投保或退保,而承保人无法完全了解投保人是高风险还是低风险,结果很有可能得到的大多是高风险顾客。那么,如按平均风险收取保险,保险经营必会发生亏损。二是道德风险。因信息不对称,保险人无法控制投保人的行为,这时,投保人为了

---

① 约翰·D·海.微观经济学前沿问题[M].王询,卢昌崇,译.北京:中国税务出版社,2000:57-90.

减少花费和获得更多的保险利益,可能会有意采取一些增加损失程度的行为进行骗赔等,导致保险人因赔付款增大而受损。三是滥用保险资源。如参加了失业保险的人有可能不那么珍惜现有的工作机会,失业之后也可能不那么努力去寻找新的工作。此外,像医疗保险,因为是由第三方支付,也存在滥用医疗资源甚至过度浪费的现象。

总之,市场失灵的表现及其理论的提出,说明市场经济社会出现的某些问题不能通过市场关系本身来完美解决,而需要依靠市场之外的力量施加影响,才能高效资源配置,这为政府适度干预经济提供了依据。在社会保险领域,则可能通过国家有关行政部门制定、宣传保险法规与政策,提高人们的风险与保险意识,规范保险人与被保险人的保险行为,减少保险资源浪费;通过建立严格的社会保险给付制度,填补不能由市场提供全面适当保障的缺陷。这些都为以政府为主导的社会保障制度的出现提供了理论和现实支撑。

三、公平理论

效率和公平是经济机制所追求的两个目标,效率对经济的发展起到重要作用;如何能够在关注效率的同时兼顾到公平的实现,则成为公平理论所关心的一个重要问题。

社会福利思想产生于19世纪末20世纪初,是资本主义国家的政治家、学者为解决日益严重的贫穷和不平等问题提出的。英国经济学家庇古最早建立了福利经济学体系,意大利经济学家维弗雷多·帕累托在此思想体系的基础上创立了著名的"帕累托最优配置"理论,而卡尔多和希克斯又在此基础上,提出了"假想补偿原理",试图从经济政策的受益者对受害者实施补偿的角度,探讨如何使个人福利和社会福利最大化。这样一些具有价值的见解,使人们对人类正义和幸福的理解与关注逐渐清晰起来,并成为西方发达国家同贫困和不平等现象作斗争的重要政策依据。

美国著名的政治哲学家约翰·罗尔斯于2001年出版了《作为公平的正义》一书。在该书中,他指出,无论人们实际所处的社会地位如何,分配制度都应该保障人们获得均等的收入。罗尔斯公平观的实质就是使境况最糟的人的效用最大化、福利最大化。在此基础上,他提出了两个正义原则:第一个原则即最大的均等自由原则,第二个原则即差异原则。罗尔斯主张公平优先,因此第一原则优于第二原则。阿瑟·奥肯主张公平与效率兼顾,提出一个著名的"漏桶规则",通过"漏桶"这一收入调节制度,达到既要适当平均,又不能损失太多效率。这些关于公平、正义的观点和见解都为社会保障制度提供了理论基础。

我国改革开放初期,为打破计划经济下的平均主义,强调"效率优先、兼顾公平",在初次分配时强调效率,鼓励一部分人先富起来。过分追求效率忽视公平的结果就是:收入差距不断扩大。因此,十七大报告中首次强调在初次收入分配中也要实现公平与效率的统一,修正了过去所强调的初次分配强调效率所产生的弊端。

四、风险理论

在风险社会理论的研究中,以乌尔里希·贝克的影响最为深刻。贝克作为风险社会理论的主要创始人之一,1986 年出版《风险社会》一书,提出风险社会的概念。随后又发表《风险时代的生态政治学》《全球风险社会》等论著,形成了他关于风险社会理论的基本框架。贝克指出,风险是一个指明自然终结和传统终结的概念。或者换句话说,在自然和传统失去它们的效力并依赖于人决定的地方,才谈得上风险,风险概念表明人创造了一种文明,以便使自己的决定将会造成的不可预见的结果具备可预见性,从而控制不可控制的事情,通过有意采取的预防行动以及相应的制度化措施战胜种种发展带来的副作用[1]。英国伦理、社会与环境危机牛津研究中心的研究员莫里·科恩指出,贝克的风险社会概念具有相当可观的潜力,因为它解释了三个敏锐的问题,即经济增长过程中的制造风险的责任、高科技带来了风险的普遍性和抽象科学研究的不充分性[2]。

有了风险,就需要采取措施对风险进行治理。贝克针对全球风险社会的高复杂性和高危害性,提出了"双向合作风险治理模式"[3]。即在全球风险社会中,风险治理的主体应包括政府、企业、社区、非营利组织等,

---

① 乌尔里希·贝克,约翰内斯·威尔姆斯. 自由与资本主义:与著名社会学家乌尔里希·贝克对话[M]. 路国林,译. 杭州:浙江人民出版社,2001.

② COHEN M J. Risk Society and Ecological Modernization[J]. Futures,1997,29(2):105-119.

③ 乌尔里希·贝克. 风险社会[M]. 何博闻,译. 南京:译林出版社,2004.

并在他们之间构筑起共同治理风险的网络联系和信任关系,建立起资源、信息交流与互补的内部平台。同时,风险自身和风险的外部环境都是不断变化的,风险治理也必须随着各种条件的变化而进行调整。因此,风险治理是一个连续的、动态的、循环的过程。风险补偿机制在风险治理体系中的作用主要是对遭受风险冲击的个人或群体提供一定的帮助,使其能够重新恢复正常的社会生活,是风险之后的社会整合与社会重建。风险补偿机制主要由社会保险、商业保险、社会救助三部分构成。

那么在现代这样一个充满风险的社会中,风险不仅仅包括个人风险,更包括"由社会所制造的风险",这也正是乌尔里希·贝克所归纳的风险社会的主要特征之一。风险社会理论因此成为社会保障的重要理论基础之一。

五、需求理论

需求层次论是美国心理学家马斯洛在《激励与个人》一书中提出的一种很有影响的社会学、管理学思想。他把人的需要从低级到高级归纳为五个层次,即生理需要—安全需要—社交需要—尊重需要—自我实现的需要,每一层次都有相应的需求内容。

马斯洛认为,只有在低层次需要获得相对满足之后,才能发展到较高层次的需要,但高层次的需要发展后,低层次的需要依然存在,只是对行为的影响程度降低。而且,一般来说,等级越低者越容易得到满足,等级越高者则得到满足的几率越小。尽管这一理论不能绝对化,但确实反映了绝大多数人的一般需求规律。

马斯洛重视对人的需要的研究,把生理需要作为一切需要的基础,明确提出安全需要,这些观点对于研究社会保障理论有很大的参考价值。如对于部分社会成员而言,处于第一级的生理需要,客观上只有通过相应的社会保障措施才能真正满足,如食物救济、住房保障、最低生活保障、医疗保障等,均是满足处于低收入阶层的社会成员第一层需要的重要条件。第二级的安全需要中,在遭遇疾病、职业伤害、失业等危机时,要真正解除社会成员的恐惧感,需要建立相应的社会保障制度。对第三级的社交需要而言,对于部分孤、寡、残障者,仍然需要社会保障工作者来提供相应的服务。因此,满足社会成员的需要,离不开社会保障制度。

此外,马克思主义关于社会存在决定社会意识的历史唯物论也告诉我们，"人们——不是抽象概念，而是作为现实的、活生生的、特殊的个人——就是这种存在物"①。既然人是一个客观存在的实体，那么人们的存在和发展就必然要不断地从自然界和社会获取各种需要。据此，马克思主义认为，人的需要是人的本性之一，而且人类的需要是一种包括生理需要在内、更复杂的社会需要。揭示了人的需要具有多样性、社会性特征，那么满足这些需要就不是单个人的孤立行为及过程，而是一种社会活动过程，这也是社会保障建立的理论基础之一。

六、老年经济问题理论

老年经济理论产生于社会对老年问题开始重视和关注的时代，随着人的寿命延长、老年人口增多的现代工业社会的发展而逐渐建立起来。

老年经济问题的实质表现在两个方面：

一方面，部分老年人收入不足。大部分老年人本身已经丧失劳动能力，加上老年人具有的一些生理特点，身体开始走"下坡路"，疾病发生率相对较高。各种疾病的发生需要适当的费用开支，对于普通劳动者来说，即使有一点积攒，也会因此耗尽，容易返贫。并且，老年人的就业能力相对较低，无法通过就业来满足自身的生活保障。同时，在家庭规模日益变小、社会保障功能逐步萎缩的情况下，家庭养老的能力日趋减弱，这在客观上要求通过社会保障的方式来解决老年人问题。

另一方面，快速行进的人口老龄化，负担沉重。由于营养、卫生条件改善和医学进步，人们的平均寿命延长，老年人口占总人口的比例越来越大。以我国为例，据统计，2009 年我国 60 岁及以上的人口约有 1.67 亿，80 岁及以上的人口达 1 899 万人，人口老龄化年均增长速度为总人口年均增长速度的 5 倍。人口学家预测，2010—2049 年将是我国人口老龄化速度最快的时期，65 岁及以上人口占总人口的比重在 2049 年将达到22%，2055 年达到 25%，此后将在 24% 和 26% 之间徘徊。应当肯定，人均寿命延长，老年人口增加是人类所取得的辉煌成就。但不能不看到，社会老年阶层的出现必然带来一些实际的社会问题。人口老龄化使老年人

① 中共中央马克思恩格斯列宁斯大林著作编译局. 马克思恩格斯全集（第 42 卷）
　　[M].北京：人民出版社,1979:25.

抚养比不断上升,如此多的老年人,其基本生活费用由谁提供? 以何种方式提供? 老年人的生活、疾病如何得到照顾和医治? 显然,这些问题仅仅靠家庭、个人单方面解决是非常困难的,只有采取社会保障的形式和借助社会各方面的力量,才能承担起繁重的养老义务,解决人口老龄化所带来的社会问题。

综上所述,我们能够了解到经济学、社会学、管理学等学科与社会保障之间的内在联系。社会保障理论研究必须立足于多学科结合的基础之上,社会保障必须充分建立在科学的理论基础之上,才会有科学合理的制度安排①。

第三节 社会保障体系及其主要模式

社会保障的具体实践表现为不同的社会保障体系和模式,本节即概略地阐述社会保障体系由哪些要素构成,可分为哪几种模式,等等。

一、社会保障体系②③④⑤

社会保障体系,是指由社会保障各个有机组成部分所构成的整体,它强调的是社会保障的项目结构及运行机制等。

由于影响社会保障的因素复杂,包括经济、社会、政治、文化、历史、自然等多重因素,各国具体国情又差异甚大,各个国家或地区的社会保障体系往往不尽相同,表现为社会保障的项目设置、覆盖范围、保障水平、给付标准等不一致;而且为了适应社会经济发展以及社会成员需求的变化,各国的社会保障体系也一直处于不断调整、充实和完善之中。

从世界大多数国家的情况来看,社会保障体系通常包括基本社会保障制度与补充社会保障两大类。前者由国家立法统一规范并由政府主导,一般包括社会救助、社会保险和社会福利三个基本组成部分,以及部分国家针对军人建立的特殊保障制度。后者则通常是在政府的支持下由

---

① 与社会保障有关的理论还有人道主义理论、人权理论等,这里不再赘述。

② 史柏年.社会保障概论[M].北京:高等教育出版社,2004:9-15.

③ 许琳.社会保障学[M].北京:清华大学出版社,2005:85-101.

④ 李珍.社会保障理论[M].北京:中国劳动社会保障出版社,2001:14-17.

⑤ 郑功成.社会保障学[M].北京:商务印书馆,2000:12-34.

民众及市场来解决,一般包括企业年金、慈善事业等,它们是对基本社会保障制度的补充,并发挥着有益的作用。

(一)社会救助

社会救助是国家和社会为了帮助社会中生活在最低生活水平以下的贫困者维持生存而依据法律规定提供经济帮助的一项最基本的社会保障制度,它是社会保障系统中处于最基础地位的子系统,常被称为保障社会成员生存权的"最后一道防线"。

社会救助着重保障的是社会成员的生存权,而生存权是人最基本、最具前提性的权利;同时,自然灾害和社会灾祸发生的广泛性和破坏性,使人们的生存面临威胁,这也决定了社会救助制度存在的必要性。与其他社会保障子系统相比,社会救助的特点十分明显:首先,社会救助的资金来源主要是国家财政预算拨款或特别捐助;其次,社会救助被视为政府的当然责任或义务,采取的是非供款制与无偿救助的方式,以此帮助社会弱势群体摆脱生存危机;最后,社会救助的目标是帮助贫困人群维持最低生活水平,其标准低于社会保险的要求,更远远低于社会福利的要求,所以社会救助也是社会保障体系中最低层次的保障措施。

(二)社会保险

随着工业化的深入发展,广大劳动者的养老、疾病、伤残和死亡等时刻威胁着人们的生活,久而久之成为一项社会问题。为了解决这一问题,19世纪80年代初,德国率先施行了社会保险制度,随后逐渐"蔓延"到所有工业化国家,并逐渐在社会保障体系中占据核心地位。目前,社会保险贯穿于人的劳动生涯及其退休后的生活的始终,关切到人们生存和生活的绝大部分内容,因此其内容的丰富性和范围的广泛性是可想而知的,这也决定了世界上几乎所有国家的社会保险的支出份额都是社会保障体系中支出比例最大的[①]。因此,社会保险事实上构成了现代社会保障体系的主体和核心。

社会保险有明显的特点:首先,社会保险以劳动者为保障对象;其次,社会保险强调权利义务相结合,采取受保障者与雇用单位及政府共同供款的资金筹措方式;再次,社会保险具有强制性,由立法强制实施;最后,社会保险的待遇虽然以受保障者的基本生活为目标,但待遇水平的确定

---

① 多丽梅.我国农民工社会保险问题研究[D].长春:东北师范大学,2008.

通常与受保障者的生活水平无关,而与其收入水平、付资额度等直接相关,是一种与收入、供款相关联的保障制度。

由此我们可以给社会保险做出定义:社会保险是以劳动者为保障对象,以劳动者的年老、疾病、伤残、失业、死亡等特殊事件为保障内容的一种社会保障制度,它强调受保障者权利和义务相结合,采取的是受益者与其雇佣单位等共同供款和强制实施的方式,目的是解除劳动者的后顾之忧。

社会保险制度通常包括以下几个方面:

第一,养老保险。这是对法定范围内的劳动者因年老(符合法定退休条件)而退出社会劳动后,能够获得满足其基本生活需要的、稳定可靠的经济来源的社会保险项目。

第二,医疗保险。这是对法定范围内的劳动者在患病或受到非工伤伤害时提供保障的社会保险项目。目的是恢复劳动者的劳动能力和补偿劳动者病假期间的生活费用。在各国的社会保险制度中,医疗保险是仅次于养老保险的又一重要的社会保险项目。

第三,工伤保险。这是对法定范围内的劳动者因从事职业工作遭受伤害或患有与工作相关的职业病提供生活保障的一种社会保险项目。

第四,失业保险。这是对法定范围内的劳动者因失业而失去经济来源时,按法定时限和标准给予其物质援助的社会保险项目。

第五,生育保险。这是对法定范围内的女性劳动者因生育导致收入暂时丧失而提供生活保障的社会保险项目,是一项维护女性劳动者权益的社会保障措施。需要指出的是,发达国家的生育保险已经上升为一项普遍性的国民福利,即不限于从事社会劳动的女性,而是覆盖所有生育妇女,生育保险待遇亦为生育津贴所替代。

第六,死亡抚恤,亦称遗属保险。其待遇包括两个部分,一部分是死者的丧事治理和安葬费用,另一部分是死者遗属享有的抚恤金。

第七,残障保险。它是对因病致残的劳动者提供残障保险待遇的社会保险项目。

第八,护理保险。在德国、日本等发达国家,由于进入了少子高龄化时期,国家建立了专门的护理保险制度,即劳动者在劳动期间可以参加护理保险,待年老需要生活照料时,可以通过护理保险获得生活保障。

上述八个项目构成了社会保险体系。需要指出的是,各个国家的社会保险项目不尽一致,如希腊将灾害保险也纳入社会保险范畴。而在一些发展中国家,部分社会保险演变成为国民福利,或者分化成为社会保险与普遍性的国民福利。

(三)社会福利

社会福利有广义和狭义之分。广义的社会福利实际是社会保障的同义语,是国家和社会对全体社会成员提供的全部物质和文化生活的保障和福利。狭义的社会福利,作为社会保障的从属概念,与社会保险、社会救助并列,是社会保障体系中日益重要的子系统。在中国,社会福利作为社会保障体系的一个子系统,已经得到学界、官方及公众的普遍认同。

中国的社会福利子系统包括如下主要项目:

第一,老年人福利。专门面向老年人的福利项目,主要是老年人的生活照料服务及其他福利。如老年福利院、老年公寓、老年保健、家居照顾等项目,以及有关公益场所免费对老年人开放等。在一些国家或地区,还有专门面向老年人的福利津贴,如香港地区面向 70 周岁以上老年人发放高龄津贴。

第二,残疾人福利。专门面向残疾人的福利项目,主要包括残疾人康复事业、残疾人教育事业、残疾人就业、残疾人生活保障以及其他相应的福利。

第三,妇女儿童福利。它是面向妇女儿童的福利项目,亦可以分解为妇女福利与儿童福利。如妇幼保健、儿童免疫、孤儿收养、妇幼津贴等。

第四,其他福利。如教育福利、住房福利及其他不在前述三大项目范围之内的各项公共福利事业,它们从不同的角度满足社会成员的需求。

作为整个社会保障体系的子系统,社会福利具有如下特点:首先,保障对象全员化。覆盖范围不像社会保险那样仅限于劳动者,也不像社会救助那样只限于特殊弱势群体,而是全体社会成员。其次,保障项目广泛。项目包括全体社会成员享受的公共福利事业,如教育、科学、文化、体育、环境保护设施和福利服务,为特殊人群如孤寡老人、孤儿、残疾人设置的福利院、疗养院等。最后,资金来源多渠道。不仅包括政府财政拨款,还有各个单位的专项基金,社会团体的捐助,以及福利服务的收费等。

总之,社会福利的目标是改善全体社会成员的物质文化生活水平,提高全体国民的生活质量。因此可以说,社会福利是最高层次的社会保障制度。

(四)军人保障

军人保障是以军人(特定情形下惠及军人家属)为保障对象的各种社会保障制度的统称。世界各国都有专门针对军人这一特殊职业的保障制度,军人保障的资金主要来源是国家财政拨款,其实质是国家对军人的一种褒扬和经济补偿,也是解除军人后顾之忧的一种制度安排。因此,军人保障是一项兼具社会保险、社会救助、社会福利性质的综合性的、有重大政治意义的特殊社会保障制度。当然,当军人转业、复员或退休后,亦可直接融入面向普通国民的各项社会保障制度体系中。

(五)补充保障

在各国的社会保障体系中,除政府主导并由专门法律具体规范的基本社会保障制度外,往往还有一些非正式的社会化保障措施同时存在并发挥相应的社会保障功能。如慈善事业、社区服务、企业年金、商业保险等客观上均不同程度地发挥社会保障的作用,从而亦是现代社会保障体系的有机组成部分。

以上是社会保障体系的主要结构。此外,现代社会保障体系还可以从更广义的角度来阐述。或者说,上述划分是从保障项目的视角出发,其实,社会保障体系除保障项目的设置外,还需要有相应的运行机制,包括法制系统、管理系统、运行系统以及监督系统等,它们共同构成了完整的社会保障体系。

二、社会保障模式

由于社会制度、经济发展水平、政治工作倾向及文化传统等方面的差异,各国建立的社会保障制度不尽相同,从而形成不同的社会保障模式。从各国社会保障制度安排出发,社会保障模式可以分为四种类型,即社会保险型模式、福利国家型模式、强制储蓄型模式和国家保险型模式。当然,需要首先说明,实际社会保障模式要复杂得多,世界上没有哪两个国家的社会保障制度完全一样。因此,本书的模式划分只是相对而言的。

(一)社会保险型模式

社会保险型模式是最早出现的社会保障模式,因此被称为"传统型"

社会保障模式;由于其自保公助的显著特征而又被称作自保公助型模式。它起源于19世纪80年代初的德国,后来扩散到包括美国、法国、日本在内的其他一些发达国家以及某些发展中国家。

社会保险型模式作为工业化的产物,是在工业化取得一定成就并有较雄厚的经济基础,以及单位和个人都有了一定经济承受力的情况下实行的。它的目标是以劳动者为核心,通过提供基本生活保障服务和条件,使社会成员在疾病、失业、年老、伤残以及由于婚姻关系、生育或死亡而需要特别援助的情况下得到经济补偿和保障。

社会保险型模式的代表有德国、美国、日本等。

(二)福利国家型模式

福利国家一词出自英国经济学家贝弗里奇在1942年完成的《社会保障及相关服务》这一报告中(也称《贝弗里奇报告》)。

福利国家型模式的最大特色是以公民权利为核心,确立了福利普遍性和保障全面性的原则,它以国家为直接责任主体,以国家为全体国民提供全面保障为基本内容,以充分就业、收入均等化、消灭贫困、社会公平正义等为目标,以政府与公民之间的责任关系取代了建立福利国家之前的雇主与雇员之间、领主与农奴及社团伙伴之间、家庭亲属之间的责任关系①。国家通过确立累进税制对国民收入所得进行再分配,使社会财富不再集中于少数人手里,为维持高水平的福利支出,也必然需要高税收来支撑,因此,高税收充当着福利国家的财政基础。针对福利国家型模式,一些学者提出了批评,认为它是造成福利开支膨胀,税收负担加重,影响经济增长的重要因素。因此,福利国家也在寻找调整本国社会保障制度的路径②。

福利国家型模式的代表有瑞典、英国、加拿大等。

(三)强制储蓄型模式③

与传统社会保险型模式和福利国家型模式有巨大区别的另一种社会保障模式,是强制储蓄型模式,以新加坡等国创立的公积金制度及后来变种的智利养老金私营化模式为主要代表。

---

① 郑功成.社会保障学[M].北京:商务印书馆,2000:145.
② 贾小雷.我国社会保障模式与国家财政责任问题研究[J].新视野,2010(5):32-35.
③ 贾小雷.我国社会保障模式与国家财政责任问题研究[J].新视野,2010(5):32-35.

新加坡独立后,在社会保障制度安排上建立了公积金制度,以雇主和雇员自己为责任主体,并且立法强制按规定缴纳公积金,缴纳的公积金全部存入受保人的个人账户,采取完全积累制,到受保人退休时再用于养老等方面的开支,而政府只充当监督角色,这种公积金制度缺乏互济性,每个劳动者自己的公积金账户仅适用于本人,公积金制度还扩展到医疗、住房等领域。而智利模式可以说是新加坡公积金制度的一个变种,区别在于仅由劳动者个人缴费,由私人机构管理运营,而且个人账户上的储蓄仅用于养老开支。

强制储蓄型模式的社会保障制度,曾经长期不被国际社会保障界认可,因为它最大的缺陷是没有互济功能,使该项制度的公平性大打折扣。但随着人口老龄化的加剧,在以往的社会保障模式确实未能很好地解决养老等问题时,强制储蓄型模式得到了重视,一些国家在改革或建立自己的社会保障制度时,亦会考虑借鉴和吸收强制储蓄型模式的某些优点。

强制储蓄型模式的代表是新加坡、智利等。

(四)国家保险型模式

国家保险型模式,是由苏联创建并在 20 世纪中期被其他社会主义国家仿效的社会保障模式。这种模式以公有制为基础,与高度集中的计划经济体制相适应,由政府统一包揽并面向全体国民,个人不缴纳任何保险费,因而又被称为"政府统包型"社会保障制度。

国家保险制度作为社会主义国家普遍采用过的社会保障模式,曾经造福于亿万人民,但因这种保险超越了现阶段的承受力,经过半个多世纪的实践,逐渐随着苏联的解体与东欧国家的剧变而被摒弃。中国也从 20 世纪 80 年代开始改革这套制度,并代之以能够适应市场经济体制的社会化社会保障制度[①]。

如果不是以社会保障制度主体内容为依据,而是从社会保障制度的整体出发,那么,实际上,许多国家选择的或正在改革中的社会保障制度,其实是社会保险型与福利国家型乃至强制储蓄型并存,现收现付与部分积累乃至完全积累并存的混合型保障模式。中国在摒弃传统的国家保险模式后,经过 30 多年的改革正在逐渐形成的即是一种混合型社会保障制度。

---

① 刘光亮.我国农村社会保障中的政府责任[D].南昌:江西师范大学,2010.

第四节 社会保障制度发展的国际经验

这一节主要选择几个有代表性的国家或地区,介绍其社会保障制度的发展与改革经验。

一、国外社会保障制度的产生和发展

社会保障制度的起源可以追溯到德国。1883 年,德国率先颁布《疾病保险法》,1884 年又制定了《伤害保险法》,1889 年颁布《老年残疾保险法》。上述三项立法是世界社会保障事业的最初尝试,为世界各国社会保障制度的建立开辟了先河,具有示范作用。

现代社会保障制度是由英国和美国等国家加以推进和完善的。英国社会保障制度的首次立法是 1908 年制定的《养老金法》,1911 年又通过了《全国健康与失业保险法案》,1942 年提出《贝弗里奇报告》,1945 年英国工党执政后,通过一系列重要立法,施行社会保险、工伤保险、家庭补助、全民医疗保险等法案。1948 年,工党首相宣称英国已经建成"福利国家"。此后,社会保障措施不断扩大完善,20 世纪 80 年代以后形成了一个十分庞大的社会保障体系。

美国 1935 年通过《社会保障法》,开始全面实施社会保障制度。从 20 世纪 50 年代起,美国政府对《社会保障法》进行多次修正,逐渐扩大了社会保障范围,最终形成了今日庞大而相对完善的社会保障体系。

此外,一些发展中国家取得民族独立后,在独立发展本国经济的同时,根据国情也逐步发展社会保障事业,特别值得一提的是,新加坡实行的中央公积金制,取得了显著成效。

社会保障制度的发展受到各国及相关国际组织的关注,1952 年由国际劳工局召开的第 35 届国际劳工大会通过了《社会保障最低标准公约》。社会保障在全球范围内得到重视。

二、部分国家的社会保障制度安排

社会保障制度的健全、改革是当今所有国家的必然选择,所有国家都有与社会保障有关的实践和制度安排。这里以德国、美国等为例进行介绍。

(一)德国的社会保障制度安排①

在某种程度上可以说,德国是社会保险制度的发源地。德国的社会保障体系,以强制性的社会保险制度为主体,同时辅之以社会救助与社会福利,社会保险制度又以养老保险与医疗保险为骨架,整个制度框架如下:

养老保险。对所有人开放,以工人与职员为主要保险对象。养老保险经费来源于雇员、雇主和政府三方,采用现收现付制,属于"代际"转移支付的范畴。此外,还建立了专门的矿工养老保险与农民养老保险制度等。

医疗保险。目标是保护、恢复和改善受保者的健康,对象包括义务保险者、自愿保险者和家庭成员保险者,几乎覆盖了全体国民。经费来源于雇员与雇主分担的保险费,服务项目包括促进健康与预防疾病、疾病的早期诊断、医治、重病护理、妊娠及哺乳期服务以及其他服务项目。值得提出的是,德国还在20世纪90年代末建立了独特的护理保险制度。

就业与失业保险。德国的就业与失业保险由传统意义上的以失业救济为主体内容的失业保险转向以职业培训和保障工作岗位为主体内容的新型保障制度。经费来源于雇员、雇主缴纳的保险费,税收收入和联邦政府的拨款,待遇包括免费培训、失业津贴、职业咨询、短时工作津贴等。

意外事故保险。几乎覆盖了所有社会成员,经费来源于雇主缴纳的保险费,雇员不缴费,根据不同行业的职业风险大小确定差别费率并进行征收。意外事故保险待遇包括工伤补助、健康恢复治疗、职业恢复、伤残养老金、死亡抚恤金和遗属养老金等。

社会救助。面向遭灾居民、贫困者及失业者,此外,还有对病人、残疾者、老年人的救济以及对低收入家庭的救济。

社会福利。德国的社会福利主要有家庭补助、住房补助、教育福利、老年福利、儿童福利等项目。此外,还有庞大的社会服务系统。

上述项目构成了德国社会保障体系,其中最重要的还是社会保险制度。所以,在整个社会保障支出中,社会保险支出所占比重最大。全面考察德国的社会保障制度,可以发现如下特色:

第一,社会保险制度完备,权利均等。作为世界上最先建立社会保险

---

① 姚玲珍.德国社会保障制度[M].上海:上海人民出版社,2011.

制度的国家,德国不仅很早就确定了养老、工伤、疾病医疗、失业与生育保险制度,而且还率先建立了护理保险制度,堪称世界上社会保险制度安排最全面的国家。并且,德国的社会保险制度能够最大限度地覆盖有需要的劳动者及其家属。各种社会保险的对象更是扩展到自由职业者、农民等,几乎全体国民均能够得到相应的保障。

第二,坚持责任分担原则,资金由雇主、雇员和国家共同负担,而且三方分担责任的比例很接近。这种真正的三方责任分担成为德国社会保险制度能够持续发展的重要条件。

第三,制度稳定,发展积极。已经走过100多年历程的德国社会保障制度,虽然经过多次修订与完善,但基本原则与制度框架却一直稳定,坚持可持续发展,既非激进式也非保守型,而是稳健有序发展。

第四,实行社会保险自治管理。由受保者与雇主实行自治管理是其显著特色。在各类承办社会保险事务的机构中,均设置由受保者代表和雇主代表组成的代表大会和董事会,由董事会提名并任命承办机构的经理,负责社会保险机构的日常事务,一些大的社会保险承办机构往往设立分支机构,政府则起一般监督作用。这种自治管理体制减轻了政府的管理责任,并使政府能够以超脱的身份来制订社会保险规则并监督这些规则的落实。

当然,德国的社会保障制度也遇到一些问题。如社会保障支出增长较快,政府财政负担加重,在医疗保险等领域存在着"吃大锅饭"的现象,并在一定程度上加剧了国家机构的官僚化。

(二) 美国的社会保障制度安排[①]

美国社会保障制度的体系结构,亦是以社会保险制度为主体、以社会福利和社会救助为补充的保障网络。其中:社会保险主要包括养老、遗属、残疾保险,就业和失业保险,公共医疗保险,工伤保险,等等,它是最重要的社会保障系统;社会福利主要包括老年福利(如老年医疗补助、老年公寓等),妇女儿童福利(如抚养未成年子女家庭补助、儿童营养补助、儿童服务等),残疾人福利(如补充保障收入、残疾人补助、康复服务等),教育福利(如国防教育、普通教育、贫困学生教育、职业培训、各种教育补助等),住房福利(如公共住房、房租补贴等),以及公共医疗补助,等等;社

---

① 李超民.美国社会保障制度 [M].上海:上海人民出版社,2009.

会救助主要包括一般家庭补助计划,食品券,救济金,等等。此外,还有面向军人、退休军人及军属的军人保障项目和包含公共卫生、交通安全及自然环境保护等内容在内的社会环境保障项目。

美国社会保障具有下列特色:

一是国家干预。从制定《社会保障法》开始,国家干预便成了美国社会保障制度安排的基本前提。或者说,美国政府在社会保障实践中具有重要地位,这一特色主要受到"凯恩斯主义"的影响。

二是责任分工明确,地方与民间力量受到重视。美国将地方负责看成国家推行社会保障制度的重要力量,中央政府与地方政府的责任更是由法律来划分与规范。同时,各种民间力量(如各类非营利部门、基层社区组织)受到政府的高度重视并在社会保障领域中发挥十分重要的作用。

三是制度安排的结构仍具分散性,同一性质的保障因受益群体的不同而确立不同的制度。

四是强调效率。与美国作为世界头号经济大国所具有的经济实力相比,其社会公平度并未能居于世界前列,这在很大程度上是由于效率至上原则影响了其社会保障制度安排的普遍性,使部分国民被遗漏在社会安全网之外。这与其自由主义精神渊源和市场主义行为观念有关。

(三)英国的社会保障制度安排①

英国是世界上最早颁布《济贫法》和最早宣布建成福利国家的工业化国家,其社会保障事业不仅有悠久的历史,而且有鲜明的特色。英国的社会保障制度项目众多、体系庞大,对国民的保障非常全面,几乎涵盖了"从摇篮到坟墓"的各个领域、方方面面。概括而言,英国的社会保障制度由如下三个系统组成:

一是社会保险系统。社会保险系统的宗旨是使国民在遭遇困难或不幸事故时能够获得基本生活权益的保障。主要包括养老金、退休金、失业救济、工伤津贴、疾病津贴、寡妇津贴、住房补助、低收入家庭补助、特殊困难补助、病弱者津贴、病弱者抚恤金、残疾及死亡津贴、孕产妇补贴、儿童津贴、幼儿津贴、儿童特别津贴、入学后的各种补贴和附加补助等。该保障系统的资金来源于雇主、雇员与自由职业者缴纳的保险金与政府提供

———————————

① 丁建定,杨凤娟.英国社会保障制度的发展[M].北京:中国劳动社会保障出版社,2004.

的保险基金,每年根据实际开支的状况再由政府从税收中抽取一部分补足实际开支所缺的金额。

二是国民保健服务系统。国民保健服务系统是根据《国民保健事业法》建立起来并为英国公民提供免费或低价医疗服务的保障系统,宗旨是改进国民的健康状况提高身体素质,经费来源于国家财政资助和所有纳税人的缴费,60%用于儿童、老年人、失去生活自理的人及精神失常的人。

三是个人生活照料系统。个人生活照料系统是为那些有特殊需要的个人提供个别服务的保障系统,其服务对象包括丧失生活能力者、老年人、儿童、精神失常者等。

英国的社会保障制度保证了每个英国国民都能够过上不低于国民最低生活标准的较为安全的生活。这种全民保障,编织了一个有效的"社会安全网",维护了社会的安定发展。但必须指出的是,20世纪70年代以来,英国社会保障体系也出现了诸多问题,社会保障支出规模日益膨胀,支出率的上升持续超过英国GDP的增长率与国家财政收入的增长率,从而损害了国民经济的发展和国家财政在其他领域的调控能力,引发了社会保障的财务危机,而且福利保障水平过高,致使国民过分依赖政府,导致了"养懒汉"现象,发生了"福利病"。

(四)新加坡的社会保障制度安排①

新加坡的社会保障制度是以公积金制度为核心并逐渐扩展其内容而发展起来的,其体系结构比较简单,由以下四大部分构成:

一是公积金制度,每个受保者在中央公积金局均有三个账户,即:可以用来购买保险、房屋和进行投资的普通账户,只能用作养老金的特别账户,以及专门用于医疗的保健账户。

二是公务员社会保障,包括养老保险与福利待遇等。

三是国家强制雇主必须投保雇主责任保险,以便为劳动者提供工伤保障待遇,该项业务在劳工部监督下由私人保险公司负责经办。

四是其他保障计划,如保健双全计划、家庭保障保险计划等,前者是由公积金局操作的自愿性低价医疗保险,后者则是在受保者终身残疾或死亡时为其家属提供生活保障的福利性计划。

---

① 李健,兰莹.新加坡社会保障制度[M].上海:上海人民出版社,2011.

作为一种独特的制度安排,新加坡的社会保障制度具有的最大特色就是政府并不承担或尽可能不直接承担社会保障责任,而是由雇主与国民分担社会保障责任,不论是公积金制度还是雇主责任保险制度,均体现了这样一条原则。新加坡公积金制度的不足,在于缺乏互济功能。但不得不承认,公积金制度是符合新加坡特有的国情的。

三、社会保障发展的国际经验与教训

现代社会保障事业在国际社会已经得到普遍发展,这些国家在发展本国社会保障制度时取得了相当的成就,同时也不同程度地存在着一些问题。总结不同国家社会保障发展实践中的经验教训,对我国社会保障制度的改革发展有重要借鉴、启示作用。

(一)社会保障发展的国际经验

纵观上述国家的社会保障实践,我们可以得出如下几条经验:

第一,尊重国情,与社会经济发展相适应。鉴于有些国家社会保障发展实践中出现的有关问题,发展中国家不能单纯地套用别国的社会保障模式来发展本国的社会保障制度,而应该尊重本国国情,探索适合本国的社会保障道路,要与本国经济社会发展水平相适应,超前或滞后均将导致不良后果。如新加坡的公积金制度固然在应对人口老龄化的问题上显出优势,但它是与新加坡的国情相适应的,不能盲目地套用公积金制度。

第二,追求长期稳定协调发展。要站在发展的高度,从长远的角度来考虑社会保障制度的发展战略,不仅考虑其在现阶段的作用,而且应当考虑它的可持续发展及整个社会经济的长期稳定协调发展。

第三,建设健全的社会保障法律制度。先立法、后实施,是社会保障制度的内在要求,这是工业化国家和许多发展中国家建立并实施社会保障制度的重要经验。任何一项社会保障制度的建立改革,都应该以立法机关制定或修改的法律、法规为基础。大多数工业化国家,普遍颁布多部与社会保障相关的法律、法规,社会保障法律在国家法律体系中占有重要地位。如,德国制定了《疾病保险法》《工伤保险法》《老年、残疾、死亡保险法》等;美国于1935年就颁布了综合性的《社会保障法》,除此之外还颁布了《社会福利法》《生活保障法》《就业保障法》等;英国也出台了《国民保健法》《国民保险法》《国民救济法》等。可以说,国外社会保障法律制度立法历史普遍较长,大都经历了或正在经历社会保障立法的逐渐完善过程,而且追求法制的完备化。

第四,坚持社会保障的社会化方向。现代社会保障事业被看成是全体社会成员的共同事业,不再单纯是政府的责任或者家庭的责任,一些国家鼓励社会成员主动参与社会保障事务、参与分担缴费、参与管理和监督等,这种做法使社会保障事业具有更坚实的社会基础,更多元的经济来源,是值得重视的。在社会救助等具体的社会保障行动中,政府也十分鼓励社会组织参与,利用社会组织的便捷性、专业性、高效性等,提高社会保障资金的利用效率,进而提高社会保障服务的质和量。

（二）社会保障发展的国际教训

20 世纪 80 年代以来,许多国家均在改革自己的社会保障制度,这间接说明了社会保障的实践存在一些需要我们重视的问题和教训,主要有:

第一,社会保障体系残缺,会使有关社会问题进一步恶化。许多发展中国家,由于没有建立完善的社会保障体系,社会成员仍会因饥饿、疾病而死亡,灾民仍然流离失所,这样的条件下,容易引发严重的社会危机,更难实现国家经济发展的目标。如果缺少完备的社会保障体系,特别是产业工人的社会保险出现漏洞,更难以建立健全市场经济体制。因此,要在尊重经济社会发展实际的基础上建立健全社会保障体系,而不能简单地把它当作一种"负担"。

第二,国家包办的社会保障的高速膨胀,将带来严重的社会保障财政危机。西方国家严重的社会保障赤字危机一直是其最为头痛的国内问题之一。在英国,1978—1993 年社会保障支出年均递增3.7%,这一增长率超过了英国 GDP 增长率和政府财政增长率,而这还未包括社会保障系统之外的其他公共福利支出①。在瑞典,包括社会保障、教育、健康等公共福利部门在内的公共支出在20 世纪 70 年代年均增长5.9%,大大超过其GDP 2% ~3%的增长速度②。上述国家只能靠高税收来维持高福利,即便如此也很难使社会保障收支平衡,可持续性堪忧。因为社会保障具有刚性特征,项目、水平"能上不能下",西方国家社会保障所遇到的财政危

---

① 陈炳才,许江萍.英国:从凯恩斯主义到货币主义[M].武汉:武汉出版社,1997:24.

② 张平,孙敏.瑞典:社会福利经济的典范[M].武汉:武汉出版社,1994:67.

机值得深思。

第三,社会保障水平过高会助长国民惰性,对国家竞争力有一定的影响。一些西方福利国家保障水平过高,保障项目齐全,致使一些社会成员感到即使不劳动也能保障自己的基本生活,惰性随之增长,国民经济发展受到负面影响。不能不说"从摇篮到坟墓"的保障的确令人毫无后顾之忧,但是其对国民的工作动力、对国民经济发展的资本积累等有着不容置疑的负面影响。

第五节　中国社会保障制度的改革与发展

前面我们探讨了社会保障制度的基本理论、体系与模式以及部分国家的制度安排,这一节将立足我国实际情况,探讨社会保障制度在中国的发展现状及其趋势。

一、新中国社会保障制度的建立与改革[①]

中央领导政府政务院 1951 年 2 月 26 日公布,1953 年 1 月 2 日修正发布的《中华人民共和国劳动保险条例》,标志着我国社会保障制度在全国范围内的创立。随着这一条例的深入实施,关于养老、医疗、工伤、扶贫、救灾、社会安抚和社会福利等领域的法律法规以及行政规章相继出台,以社会保险、社会救助、社会福利和社会优抚为主要内容的社会保障制度体系初步形成。二十世纪六七十年代,社会保障,尤其是社会保险逐步演变成为"企业保险"。国家—单位保障制的责任重心转向单位,城镇企事业单位包办社会保障的现象迅速扩张,社会保障在很大程度上走向自我封闭的"单位化"[②③④⑤]。

计划经济体制下的社会保障,在制度结构、相关制度主体的权责关系以及基金的运行机制等方面存在许多弊端。如:以"身份"属性决定保障

① 郑功成.国家—单位保障制走向国家—社会保障制——30 年来中国社会保障改革与制度变迁[J].社会保障研究,2008(2):1-21.

② 史柏年.社会保障概论[M].北京:高等教育出版社,2004:9-15.

③ 许琳.社会保障学[M].北京:清华大学出版社,2005:85-101.

④ 李珍.社会保障理论[M].北京:中国劳动社会保障出版社,2001:14-17.

⑤ 郑功成.社会保障学[M].北京:商务印书馆,2000:12-34.

对象导致社会保障范围过窄,对社会保障制度的地位不够重视导致保障的内容有所缺失,对社会保障制度安排缺乏科学设计导致管理体制比较混乱,等等。

1978 年是中国社会保障制度发展较为重要的一年。自我国改革开放至今的 30 余年中,社会保障制度改革大致可以分为四个阶段:

第一阶段,1978—1985 年:变革前的准备期。仍然维持并巩固着原有国家—单位模式,这一时期所做的社会保障工作虽然有所改进,但主要还是为了解决历史遗留问题和恢复被破坏了的退休制度等,尽管个别地区在劳保医疗、退休费用统筹方面进行了试验,却并未触动国家—单位保障制的根本,国家—单位保障制的实质及其以"单位"为重心的格局没有实质性的改变。

第二阶段,1986—1992 年:社会保障制度改革的探索期。1986 年,第六次全国人民代表大会第四次会议提出了社会保障的概念,而且单独阐述了社会保障的改革与社会化问题,中国社会保障制度开始真正进入改革转型期,由国家—单位保障制迈向国家—社会保障制。客观而论,这一时期我国开始进行城市经济体制改革,核心是增强国有大中型企业的活力,社会保障改革的指导思想定位于服务企业改革。因此,中国社会保障制度改革的诱因并不是来源于社会保障体制本身,而是来源于整个经济体制改革,尤其是国有企业改革对社会保障制度提出的配套改革的要求。

第三阶段,1993—1998 年:社会保障制度急剧变革期。这一阶段以1993 年党的十四届三中全会通过《中共中央关于建立社会主义市场经济体制若干问题的决定》为主要标志,社会保障制度开始急剧变革,提出了"建立多层次的社会保障体系"以及"城镇职工养老和医疗保险金由单位和个人共同负担,实行社会统筹和个人账户相结合"等重要内容。但是,这一阶段的社会保障制度建设也是为社会主义市场经济改革服务的,原有的社会保障制度并未明确宣布废除。因此,这一阶段国家—单位保障制和国家—社会保障制"双轨"并存,此消彼长。

第四阶段,1998 年至今:新型社会保障制度进入全面建设时期。1998 年开始,社会保障逐渐摆脱单纯为国有企业改革被动配套和为社会主义市场经济服务的附属角色,而成为一项基本的社会制度并进入全面建设时期,国家—社会保障制的特色日益明显地得到体现。如 1998 年组建了劳动和社会保障部,统一了社会保险的管理体制;养老保险的行业统筹被取消,条条分割的现象得到纠正;社会保障全面走向社会化并且去单位化,建立独立于企事业单位之外的社会保障体系,筹资渠道多元化,管理服务社会化;等等。

可以说,改革开放 30 余年,特别是 1998 年以来,各项社会保障改革与制度建设取得了实质性进展。制度的公平价值取向确立,法制化建设也明显进步,从被动配套到主动建设,从单项推进到综合推进,成为独立的制度安排等,这一时期社会保障改革发展取得了巨大的成就。

二、社会保障改革的成就与问题①②③④

新中国的社会保障实践与改革取得了令世界瞩目的成就,当然也存在一些不能回避的问题。

(一)取得的成就

中国社会保障制度改革的整体转型,使越来越多的城乡居民受惠于新型的社会保障制度,这证明了中国社会保障制度改革取得了巨大的成就,具体表现在如下几个方面:

第一,国民社会保障观念实现了由"国家统包"到国家、单位和个人责任共担的转变。国家统包的社会保障难以满足人们的社会保障需求,同时国家也难以支撑数额庞大的社会保障费用,导致"花大量的钱却收到微小的成效"的状况,造成资源的浪费,有时因分配出现不公正问题还引起人们的普遍不满,由社会稳定器蜕变为社会不稳定因素。国内外的实践均证明,除了社会救助项目外,单方承担社会保障责任的制度安排因面临财政赤字而难以持久,只有责任共担的基本保障制度和能够满足国民多样化需求的专项性保障制度,才能促进社会保障的可持续发展。改革开放以来,由国家、单位和个人共担的社会保障体系日益深入人心,并成为社会保障理性发展的思想基础。一方面,国家甩开了统包社会保障的财政负重,可以腾出手来强化对社会保障制度的创新和管理工作;另一方面,增强了国民的责任意识,促进了国民享受权利和承担义务的统一,这

---

① 史柏年.社会保障概论[M].北京:高等教育出版社,2004:9-15.

② 许琳.社会保障学[M].北京:清华大学出版社,2005:85-101.

③ 李珍.社会保障理论[M].北京:中国劳动社会保障出版社,2001:14-17.

④ 郑功成.社会保障学[M].北京:商务印书馆,2000:12-34.

为社会保障的持久发展注入了活力。而国内外的实践也证明,除了社会救助项目外,单方承担责任的社会保障制度安排都难以持续,只有责任分担,才能促使社会保障的可持续发展。改革开放以来,中国社会保障改革选择了让个人承担一定责任的做法。个人责任的回归,增强了社会保障制度责任分担的合理性,也促进了国民权利与义务的紧密结合,促进了社会保障制度更加符合平等互助的原则,进而还发挥了激励的功能。国民社会保障观念的革新,为社会保障制度走向保障责任合理分担、实现制度理性发展奠定了思想基础,是社会保障改革的重要思想进步。

第二,新型社会保障制度体系初具规模。首先,实现了由国家负责、单位包办、条块分割、运行封闭、缺乏活力的国家—单位保障制度向由国家主导、责任共担、多层次、社会化的国家—社会保障制度的转型,新型社会保障制度发展的大方向得以确定。其次,以社会救助、社会保险、社会福利和社会优抚等为主要内容的基本社会保障制度体系和以商业保险、慈善事业为重要代表的补充性社会保障制度体系共同组成了新型社会保障制度体系。最后,构建了以最低生活保障制度、养老保险制度和医疗保障制度为重要制度支柱的基本保障体系,并取得了不容置疑的成果。

第三,坚持从国情出发,本着"实事求是"的原则推进制度创新。在社会保障制度发展过程中,虽然初期主要围绕经济体制改革而动,但当经济体制改革取得一定成效,要求社会保障制度跟进之时,我国并没有盲目照搬西方相对成熟的社会保障体制,而是基于国情的思考,从智利的个人账户养老制度中得到启发,加入互济成分,创建了兼取社会统筹和个人账户之长的基本养老保险制度;从新加坡的住房公积金制度中认识到货币化分房的优势,从而摒弃了实物分房制度。随着社会主义市场经济的发展,人们的社会保障需求必然会日益增多,社会保障制度创新也就在所难免,但责任化、货币化、互济性是基本趋势。事实上,我国在借鉴他国社会保障制度时所进行的创新也为世界提供了较好的实践案例。

第四,社会保障法律体系日益完善。一方面,法治思想在全社会树立,以"红头文件"办理社会保障事务的习惯得到转变,更加强调依法办事,把社会保障制度上升到法律法规的层面。当前,包括失业保险条例、城市居民最低生活保障条例、农村五保供养工作条例、残疾人就业条例等在内的行政法规和以老年人权益保障法、残疾人保障法和未成年人保护法为典型代表的社会保障法律成为我国社会保障法律体系的重要组成部分。特别是 2010 年,十一届全国人大常委会第十七次会议审议通过并于 2011 年 7 月 1 日起施行的《中华人民共和国社会保险法》是我国第一部社会保障制度的综合性法律,对于建立覆盖城乡居民的社会保障体系,维护公民参加社会保险和享受社会保险待遇的合法权益,促进社会主义和谐社会建设具有十分重要的意义。2010 年,温家宝同志签署第 586 号国务院令,对《工伤保险条例》进行了修订,进一步完善了工伤保险制度。尽管中国的社会保障制度离全面法制化还有一段距离,但确实已经向法制化迈进了一大步,它使国民的社会保障权益更加明确并更有保障,也进一步强化了政府与社会的社会保障责任。

第五,社会保障管理与经办实现分离,运行机制更加协调和畅通。随着政府功能的转变和机构的整合,社会保障管理机构的经办工作逐渐转交给专门的事业单位,自身更加专注于管理和监督工作①。1998 年以前,社会保障管理在政府内部处于分散状态,如社会保险即由劳动部、人事部、民政部及铁道、交通、银行等十多个部委分别管理,导致政出多门、制度规范失控。社会救助虽然一直由民政部负责,但城镇职工却被排除在外,以致出现失业、下岗、退休职工在遇到生活困难时无处寻求救助的漏洞等,整个管理体制处于混乱无序状态。1998 年以后,国家在保留民政部并调整其职能使之成为真正管理全国社会救助、社会福利等事务的政府部门的同时,组建劳动和社会保障部负责统一管理全国社会保险等事务。2008 年,又完成了人事部与劳动和社会保障部的合并,组建成新的人力资源和社会保障部,使机关事业单位与企业单位乃至全国的社会保险事务进一步集中到一个部门监督管理,从而完成了从分散管理到适度统管的进程。同时,社会保障的经办管理更是获得了重大进展,如实现社会保障行政管理与基金管理分离,将经办社会保险等事务的机构从政府序列中独立出来变成事业单位,成立非政府机构性质的全国社会保障基金理事会,利用邮局、银行等发放养老金、提供社会保障服务,等等。这些标志着社会保障管理体制与经办机制取得重要进展②。

第六,社会保障改革的实践效果也非常明显,越来越多的城乡居民受

① 郑功成.从国家—单位保障制走向国家—社会保障制——30 年来中国社会保障改革与制度变迁[J].社会保障研究,2008(2):1-21.

② 周传蛟.社会转型期社会保障制度研究[D].北京:中共中央党校,2006.

惠于新型社会保障制度。新型社会保障制度保障了越来越多的城乡居民的基本生活权益。在社会保险工作方面,截至 2011 年,全国参加城镇基本养老保险人数逾 2.8 亿人,国家新型农村社会养老保险试点地区参保人数逾 3.2 亿人,全国参加城镇基本医疗保险人数逾 4.7 亿人。2011 年全年五项社会保险(不含新型农村社会养老保险和城镇居民社会养老保险)基金收入合计 24 043 亿元,比上年增长 5 220 亿元,增长率为27.7%。基金支出合计 18 055 亿元,比上年增长 3 236 亿元,增长率为 21.8%,可见社会保险所起的作用越来越大①。在社会救助方面,面向城乡困难居民的最低生活保障制度的覆盖面也越来越大,截至 2011 年年底,全国共有城市低保对象 2 276.5 万人。全年各级财政共支出城市低保资金 659.9亿元,比上年增长 25.8%。2011 年全国城市低保平均标准 287.6元/人、月,比上年增长 14.5%。截至 2011 年年底,全国有农村低保对象 5 305.7万人,比上年同期增加 91.7 万人,增长了 1.8%。全年各级财政共支出农村低保资金 667 7 亿元,比上年增长 50.0%。2011 年,全国农村低保平均标准 143.2 元/人、月,比上年提高 26.2 元,增长 22.4%②。这就使应当获得社会保障的人口越来越多地获得真正的保障。其他各项社会保障制度项目的覆盖范围均在持续扩张。可见,社会保障制度确实保障了越来越多的城乡居民的基本生活权益。

(二)存在的主要问题

尽管中国社会保障制度改革取得了巨大的成就,但是新型社会保障制度仍未最终全面定型,制度建设依然落后于经济社会发展的需要,还存在着一些问题,主要表现在:

第一,立法滞后。社会保障制度对法制性的要求更高,立法先行是一项基本原则,任何一项社会保障制度的建立和改革,通常都以立法机关制定或修订相关法律、法规为先导,以管理部门制定相应的实施细则为条件。立法的意义不仅在于对社会保障制度的权威规范,更在于实现社会

① 中华人民共和国人力资源和社会保障部.2011 年度人力资源和社会保障事业发展统计公报[EB/OL].(2012-06-05).http://www.gov.cn/gzdt/2012-06/05/content_2153635.htm.
② 中华人民共和国民政部.2011 年社会服务发展统计公报[EB/OL].(2012-06-21).http://cws.mca.gov.cn/article/tjbg/201210/20121000362598.shtml.

保障责任与权益的合理配置①。尽管针对社会保障项目已经制定了一些法律法规,在形式上也是较为完整的,然而,法制化的水平依然很低。中国的现实依然是缺乏对社会保障的法制规范,仍存在依靠行政机关的政策或指示来推动整个社会保障制度改革的状况。很多法律实质上是一种促进法,比如在社会福利方面的法律,像《中华人民共和国老年人权益保障法》《中华人民共和国妇女权益保障法》《中华人民共和国残疾人保障法》等法律很少有刚性的约束,很难成为推进老年人福利、妇女福利、残疾人福利等的强有力依据。这种状况不仅无法使新的社会保障制度真正走向定型发展,而且因政策的多变或过度灵活而损害了新制度应有的稳定性、权威性。

第二,制度体系残缺。由于缺乏顶层设计和战略统筹,社会保障体系各个组成部分发展很不平衡,并且制度之间缺乏协调性和互通性,进而导致条块分割、混乱失序、重叠和漏洞并存的局面。以养老保险为例,从各地的实践来看,中国不仅有城镇企业职工养老保险制度、机关事业单位退休养老制度,还有农民养老保险、农村养老保险、失地农民养老保险等,过度分割导致养老保险制度的碎片化现象出现。而且各种制度之间边界模糊,还存在漏洞。现行的医疗保障制度也是如此,存在以户籍为基础的新型农村合作医疗制度、城镇职工基本医疗保险、城镇居民基本医疗保险,分别单独封闭运行。还有诸如流动人口的许多社会保障权益缺乏相应的制度安排,面向老年人、残疾人等在内的各项福利事业严重滞后等,许多人仍被遗留在安全网之外。这样的过度分割,不仅削弱了社会保障制度的强制性,造成制度之间受益群体权益的不公平,还会固化现有的城乡二元结构和社会阶层结构,不利于促进社会公平、正义和共享。社会保障体系除了项目体系外,还包括监督管理运行体系,而当前除了养老保险等个别保障项目有配套的监管体系外,其他的社会保障制度运行监管机制要么缺失,要么处于废置状态。因此,理顺社会保障制度体系相互之间的结构统属关系和功能互补关系,填补制度缺失和漏洞,健全相应的监管机制,就显得尤为必要。

第三,权责模糊。虽然新型社会保障制度体系强调责任共担,但是如何共担责任并没有明晰的界定。如目前社会保障改革中所遇到的资金不

① 郑功成.加入 WTO 与中国的社会保障改革[J].管理世界,2002(4):37-54.

足问题,并非是真正的资金不足。国民经济持续 30 多年的高速增长,居民收入持续大幅度攀升,国家财力也大幅增长,社会保障的资金问题实际上是责任划分不清等造成的。主要表现为:一是历史责任与现实责任界限模糊,这不仅不利于解决历史负担的问题,对新制度及其运行效果也无法给出准确判断,像目前难以推行养老保险全国统筹等问题,其实都是和历史责任与现实责任划分不清相关。二是政府、市场、个人责任分配缺乏界定。一方面,强调政府、企业、个人共担社会保障费用,但企业的性质和发展状况不同以及各地经济状况的差异使政府、企业、个人所承担的责任比例有所差别,并且缺乏法制化的规约机制,让社会保障责任存在随意性而处于不稳定状态,这直接损害了市场经济的发展和社会的稳定;另一方面,中央财政与地方财政的双轨路线以及专款专用制度的监管力度不足,给地方政府或某些官员挪用社会保障金或者贪污腐败创造了机会,进而加剧了社会保障制度中政府职责的缺失和社会保障金管理权责的不统一。因此,明确划分社会保障各参与主体的责任比例和界限,严格规约社会保障金管理行为,促进社会保障金恰到好处的使用,是社会保障制度发展所需要研究的重要课题①。

第四,管理运行机制不完善。社会保障基金来源单一,基金管理和运行政事不分、监督乏力,保值增值水平低,不能满足市场经济对社会保障功能发挥的需要。社会保障基金在管理和运营中面临较为突出的矛盾,如基金的专项管理与政府无序行为的矛盾。国家规定,社会保障基金应专款专用,任何单位和个人不得挪用,但在实际工作中,由于受地区的部门利益驱动,社保基金违纪违规使用现象偶有发生。另外,基金的保值增值与物价上涨之间存在矛盾;基金的管理和经营中也存在矛盾,主管社会保障的行政部门既负责制定政策、制度等的行政管理,又负责基金的投放、征催、经办等具体事宜,基金管理政事不分。此外,社会保险各项目分别建立独立的保险基金,没有形成统一的社会保险基金,保障标准混乱,降低了社会保险制度的效率,造成了诸如国有企业和集体企业之间、集体企业和集体企业之间养老保险金统筹比例各有差异,既不能适应分散风险的社会化要求,也不利于劳动者在地区之间的流动,影响了社会保障的

---

① 郑功成. 从国家—单位保障制走向国家—社会保障制——30 年来中国社会保障改革与制度变迁[J]. 社会保障研究,2008(2):1-21.

统一管理①。

第五,有效性有待提高。现行社会保障制度一定程度上还存在有效性不足的问题:如因基本养老保险统筹层次低,各地区的缴费率因历史负担的轻重而存在很大的差距,损害地区之间的公平性,成为基本养老保险制度走向统一的重大阻碍因素;医疗保险改革采取的统账结合模式,因不能很好地解决受保障者的疾病医疗问题而面临调整的必要;失业保险对就业促进的功能有待提高;工伤保险的工伤预防功能还未真正达到实践的层面;住房公积金制度虽然能很好地解决职工的住房问题,实现从实物分房向货币化分房的转变,但由于受经济效益的影响,各行各业公积金缴存比例的不一,制造了新的社会分配不公;保障性住房在具体实施过程中的制度失范现象较为严重,经济适用房面积超大、搭售车位等现象并不罕见;社会救助方面,对于以千万甚至上亿人数计的需要救助的对象,每年投向包括低保在内的各项社会救助的财政资金不到财政支出的1%,投入偏少,而且救助标准偏低,覆盖面偏窄,象征意义大于实际意义;最低生活保障制度人为地将制度设计为城镇居民最低生活保障制度以及农村居民最低生活保障制度,城乡待遇存在较大差距,其他保障政策亦存在政策不协调、不规范及相当多的技术问题。因此,尽管新制度取得了值得肯定的实践效果,但有效性仍有待提高。

上述存在的问题,不仅直接限制了社会保障制度功能的全面与正常发挥,而且对国民经济健康发展产生不良影响。

三、中国社会保障制度的优化发展

面对上述我国新型社会保障制度发展中存在的问题,我们应该从现实国情出发,积极应对,制定新型社会保障制度优化发展的措施。可以从如下几个方面入手:

第一,加快构建中国特色的社会保障法律体系。立法先行是社会保障制度稳定的客观标志,也是建设中国社会保障体系,实现社会保障发展目标的内在要求。中国的社会保障立法相对比较滞后,迄今还没有一部真正意义上的社会保障法律。2010年10月28日,全国人大常委会通过《中华人民共和国社会保险法》,并于2011年7月1日正式实施,这是

---

① 周传蛟.社会转型期社会保障制度研究[D].北京:中共中央党校,2006.

第一部社会保险专门法,但社会保障制度的法制化还需要通过若干法规配套才能最终完成,还面临事关国民居住权与住房福利的住宅法、事关慈善公益事业发展的相关慈善事业法、事关社会弱势群体的社会救助法等立法任务。因此,加快构建中国特色的社会保障法律体系迫在眉睫。

第二,加快推动基本保障制度的优化。养老保障、医疗保障和社会救助制度解决的是老有所养、病有所医与贫有所助,是整个社会保障体系的支柱性制度安排,优化基本的保障制度安排,关键在于优化这三大保障制度。首先,优化养老保险制度,从目前杂乱无序、多元分割、交叉与缺漏并存的格局,向构建有序组合的"三险一贴"的养老保障体系转化,即公职人员退休养老金、职工基本养老保险、农民基本养老保险和城乡居民老年津贴。其次,优化医疗保障制度,从满足病有所医向实现"人人享有健康"的目标发展。最后,优化社会救助制度,在明确政府应当承担的完整责任和中央政府主导下实行中央与地方政府分责制的基础上,从最低生活保障制度向综合型社会救助转化。

第三,加快提高社会保障的社会化程度。首先,提高社会保障对象的社会化程度。社会保障的目标应是使全体社会成员都处于社会保障的安全网内。尽管目前不可能一步到位,也应该有计划、有步骤、分阶段地完成保障目标。其次,实现社会保障资金来源的社会化。目前,我国社会保障资金来源渠道仍然比较单一,一定程度上限制了社会保障事业的发展。人们不仅有享受福利的权利,而且具有发展福利事业的义务。因此,社会保障基金应由国家、集体和个人三方共同负担,积极拓宽社会保障资金的来源渠道。

第四,加强社会保障的基金监管,完善社保基金预算。社会保障预算是国家按照一定程序,规定一定时期内保障收入和支出的预算方案。从实践看,社会保障预算主要有两种方式:一种是把社会保障预算与政府的经费预算和其他基金预算融为一体;另一种是社会保障预算与经费预算和其他基金预算分开,作为专项预算。目前我国采用第二种预算方式。不能直接动用社会保障基金来弥补国家财政赤字,社会保障基金收不抵支时,也不能单纯依靠财政预算拨款来解决。另外,社会保障预算的收支管理应该具有相对独立性。

第五,加快建设先进的信息技术支持系统。先进的信息技术支持系统客观上是社会保障制度良性运行与健康发展不可或缺的基础性条件。因此,应当建立完善的社会保障管理及服务标准体系,提高社会保障管理运行效率。首先,国家可以制定并使用统一的社会保障信息管理技术指标,确保各地信息标准与管理标准一致;其次,适应 IT 时代发展的技术要求,可以由中央专项投入,建设完善全国统一的社会保障信息技术平台,从总体上提升社会保障管理方法的创新,实现全国范围内的社会保障信息的共享,为劳动力自由流动提供保证;最后,促使新型社会保障制度的有效性不断提高,在与时代相适应的条件下实现自身的可持续发展。

第三讲　社会事业

随着社会主义市场经济体制的建立和不断完善,人们的生活水平逐渐提高,对社会服务的要求日益提高,对社会事业的关注程度日益增强。与此同时,我国政府机构改革逐步深入,政府管理的重心逐渐向公共领域、社会事业转移。在这种情况下,社会事业就成为政府与百姓关注的焦点。2013 年 11 月 12 日,中国共产党第十八届中央委员会第三次全体会议通过的《中共中央关于全面深化改革若干重大问题的决定》专辟一章部署社会事业改革问题,涵盖教育、就业创业、收入分配、社会保障、医药卫生等领域。

第一节　社会事业的基本概念

这一节主要就社会事业的基本概念进行阐述,包括社会事业的缘起与内涵,社会事业与相关概念的比较,社会事业的性质,社会事业的类别,社会事业在社会发展中的作用,等等,旨在给读者呈现社会事业的概貌。

一、社会事业的缘起与内涵

时至今日,对于社会事业的内涵及外延的界定和理解仍旧是多种多样、不尽相同的。这与社会事业的发展以及人们的理解认识有着密不可分的关系。

学术界普遍公认"social work"发端于 19 世纪末 20 世纪初的西方,最早提出这个概念的是一位德国学者。在西方发达国家,"social work"是在中世纪教会慈善事业、救济事业等基础上发展起来的。其传入我国后,最初在与我国社会实践结合的过程中被翻译为"社会工作",后因日本影响又被翻译为"社会事业"。因此,"social work"同时被译为两个具有明显不同内涵的概念——"社会工作"与"社会事业"。

虽然"社会事业"这一名称传入我国较晚,但与社会事业相关的组织活动却早已有之。最初,人们习惯上将一切慈善事业或救济事业、福利事业都视作社会事业,其内容涵盖了慈幼、养老、济穷、恤贫、宽疾、安富、救孤、赈灾等诸多领域。可见,我国的"社会事业"概念同西方一样,都是从慈善事业、救济事业等概念中概括和抽象出来的,旨在给人以"温暖",保障人们的基本生活和福利。随着社会的发展,人们发现社会事业并不仅仅是慈善事业或救济事业,其除了要解决社会中贫穷、疾病、失业等社会问题,还要通过积极方式防范各种社会问题的出现,降低其产生的不良影响,并积极为社会大众谋取福利,提高人们的生活质量和发展水平。在这样的认识中,社会事业的内涵逐渐丰富。由此可以看出,社会事业形成的基本脉络是由慈善事业渐进成为社会救济事业,再发展到积极的福利事业,并最终形成社会事业①。

新中国成立以后,我国实行的是计划经济体制,与之相适应,一切与全体公民有关的事业完全由国家事业单位承办,而此时凡是与社会公众有关的一切事务均被纳入社会事业的范畴。随着社会主义现代化建设的多元化发展,也为了体现构建社会主义和谐社会的本质要求,社会事业被赋予了新的时代内涵。从社会事业的发展历程来看,社会事业的内涵主要包括三个方面:一是指个人扶助社会贫困者与不幸者的专门事业;二是指政府、社会组织为解决社会上的失业、贫困、疾病、衰老、孤苦、身心障碍、精神病患及其他问题而进行的有组织的资助活动;三是指政府、社会组织为全体社会成员改善生活而举办的专业服务②③。

所谓社会事业,是指那些面向全社会、以满足社会公众需要为基本目标,直接或间接为国民经济或社会生活提供服务,并且不以盈利为目的的社会活动。具体而言,社会事业是指国家为了社会公益目的,由国家机关或其他组织举办的服务于社会的各项事业的总称,其内容涵盖教育事业、科技事业、医疗卫生、劳动就业、文化事业、体育事业、社区建设、旅游事业、环境保护、社会安全、社会保障、人口与计划生育以及广播电视、新闻

---

① 言心哲. 现代社会事业[M]. 上海:商务印书馆,1946.
② 屠凤娜. 和谐社会建设中的社会事业发展思路与对策[J]. 天津大学学报:社会科学版,2007,9(4):339-342.
③ 周黎鸿,聂碧芳. 农村社会事业发展与民生改善问题研究[J]. 改革与战略,2009(10):81-83,116.

出版等各项事业。本书就是在这一意义上使用社会事业概念的。显然，它包括目前所说的社会工作，并且外延更广、更宽。

二、社会事业与相关概念的比较

为了更深入地理解社会事业的概念，现将社会事业与几个经常混用的概念作比较，以期对社会事业的内涵和外延有更深入的认识。

（一）社会事业与社会工作①

如前所述，"social work"在我国被同时翻译为"社会事业"与"社会工作"，这使两个概念最初的内涵具有重叠交叉性，其内容中都包含政府、社会组织、个人对他人，特别是贫困者及不幸者的救助。但随着社会的发展，社会事业与社会工作的内容也在逐渐发生变化。

汉语语境下的"社会工作"比西方对应概念要广泛得多。在日常生活中"社会工作"也是一个较为普遍的词语，往往被理解为自身本职之外所做的不计报酬的工作；从专业角度来看，社会工作是以利他主义为指导，以科学的知识为基础，运用科学的方法进行的助人服务活动，其本质是一种助人活动，其特征是提供服务②；从学科角度来看，社会工作属于高等院校应用性专业之一，属于社会学（法学门类）一级学科下的二级学科，旨在系统培养具有社会工作理想、理论知识和实践能力的高级专门人才。

而汉语语境下的"社会事业"涵义则与其西方对应概念出现倒置：在西方发达国家，"social work"隶属于"社会福利"部门，指政府或民间非营利组织为那些不能靠自己的力量进行正常社会生活的人群提供非营利性、组织化、科学化、专业化的社会服务，社会事业与社会保险、公众卫生、教育等社会福利项目并列，或作为它们的补充。但在我国，社会事业被政府公共领域广泛应用，内容涵盖社会保险、公共卫生、教育事业、文化事业、科技事业、体育事业、旅游事业、社区建设以及人口与计划生育等等，包括社会工作。在政府公共领域，社会事业很大程度上成为社会福利、社会工作的上一级概念，与社会发展、社会建设等属于同一层次。它以服务社会、造福人民为使命，以实现人的全面发展为目标，其行动对象覆盖社

① 郭忠华.中国社会事业发展的战略性思考[J].东方论坛,2006(4):79-84,93.
② 王思斌.社会工作概论[M].2版.北京:高等教育出版社,2006:11-12.

会所有成员,其内容涵盖民生问题和社会建设的所有方面。

(二)社会事业与事业单位之"事业"

"事业"一词是一个内容广泛的概念,也是人们使用频率非常高的概念。其一般意义有二:一是指所从事的,具有一定目标、规模和系统而对社会发展有影响的经常性活动;二是指没有生产收入,由国家经费开支,不进行经济核算的社会活动,如福利事业①。显然,从词语的角度来讲,"事业"与"社会事业"应该是包含与被包含的关系,简单地说,"事业"的内涵应超出"社会事业"的范畴。但在实际应用时,社会事业还是与事业单位之"事业"混淆在一起。在部分关于社会事业的研究文献中,将事业单位从事的全部活动(也就是"事业")都视为社会事业,一方面放大了社会事业的面,另一方面又将政府不通过事业单位提供和事业单位转制后提供的社会事业服务排除在外②。另外,在人们的普遍理解中,凡是与"社会"有关的所有活动都被划归到"社会事业"中,而政府及其承办的事业单位是最能够代表广大人民群众利益的行政部门,因此承担起所有的"社会事业"也就责无旁贷了。

(三)社会事业与公共事业

所谓公共事业,就是社会全体公众的事业,即关系到社会全体公众基本生活质量和共同利益的特定的社会公共事务。公共事业与社会事业本质上都是为全体社会公众提供产品和服务的,都具有较强的公益性、社会性、公众性;从产品的角度看,公共事业与社会事业均是由公共产品和准公共产品组成;从二者覆盖的基本范围看,均包括教育、科技、文化、卫生、体育等事业③。可见,社会事业与公共事业在内涵与外延上都有很大的交叉,这也是实际生活中人们经常将二者相替换使用的原因。

但仍有学者提出,公共事业所覆盖的范围除了公益性较强的准公共产品外,还包括一些具有垄断性质的行业和部门,如通讯、邮电、铁路和城市公共交通、水、电、煤气组成的公用事业等。从这个角度说,公共事业的外延要大于社会事业。

---

① 黄恒学. 中国事业管理体制改革研究[M]. 北京:清华大学出版社,1998:64.
② 梁鸿,徐进. 社会事业、公共财政投入与经济增长:一个内生框架[J]. 东南学术,2008(3):61-67.
③ 崔运武. 公共事业管理概论[M]. 北京:高等教育出版社,2002:15.

（四）社会事业与公用事业

公用事业通常被称为城市公用事业，包括城市公共交通、自来水、煤气等行业，这些行业是最为基本和传统的城市公用事业行业。公用事业的产生从根本上讲是社会经济发展到一定阶段的产物。随着社会的进步和经济的发展，现代公用事业的基本内容日益丰富，除了公共交通、城市供水排水、电力供应、煤气天然气等传统行业，还包括邮政、移动通讯及网络等新兴行业。公用事业是现代社会关系到公众基本生活质量的行业，所涉及的产品和服务都关系到公众的基本利益或社会的共同需求①。从这一点来说，公用事业与社会事业在满足社会公共需求方面还是一样的。但从所提供的产品和服务角度来看，公用事业所提供的产品和服务更具有"私人"性质，属经营性活动；而社会事业所提供的产品和服务更具有"公共"性质，属非营利性活动。因此，从狭义上讲，社会事业应将城市公共交通和水、电、煤供应等公用事业排除在外。但在广义上看，社会事业包含公用事业。

三、社会事业的性质

概略而言，社会事业具有如下三个主要特性：

第一，社会性。社会事业是面向社会全体公众的，其受益者、参与者是全体社会公众，而不仅仅局限于某一个集团或个人。即使是像救济、赈灾、扶贫等针对特定对象的慈善救济事业，也是将全部符合条件的社会公众纳入其中的。换言之，社会事业的惠及面很广，全体公众都有权享有。

第二，公益性。即社会事业的服务目标不是以局部利益或部门利益而是以社会整体利益为导向。这也是社会事业的根本性质。

第三，非营利性。即社会事业产品和服务的生产和提供都不以营利为目的，且在一般情况下，社会事业经费都来自公共财政，社会公众均可以享受其服务而无需交费。但在现代社会，有时为了弥补社会事业经费不足，或者平衡社会事业在实际工作中的差异，也会采取收费的方法②。但这种收费仍不以营利为目的，并且通过法律明文规定其所收取费用的使用，从而保障其非营利性。

---

① 崔运武. 公共事业管理概论[M]. 北京：高等教育出版社，2002：299-300.
② 沈火林. 深化事业单位改革的若干思考[J]. 华东经济管理，2004，18（2）：60-62.

四、社会事业的类别

分类研究有助于更好地了解社会事业。当然,不同的分类标准将产生不同的分类结果。这里从三个角度予以阐释。

第一,按照社会事业产品所具有的产品属性,可将社会事业细分为公益性社会事业与非公益性社会事业①。

在经济学中,依据物品的消费属性,将物品分为私人物品和公共物品。私人物品是指其利益能够加以分割地被扩散给不同的个人,并且不对其他人产生外在利益或外在成本的物品。从物品的消费属性上看,私人物品具有排他性和竞争性。正因为如此,在市场经济条件下,私人物品可以由以企业为代表的私人部门通过市场机制来提供,其以追求经济效益为目标。相反,公共物品就是其利益不可分割地被扩散给社会全体成员的物品,也就是说具有非排他性和非竞争性。公共物品的特性决定其必须由以政府为主导的公共部门来提供,并以追求社会公平为目标。

公益性社会事业是政府根据相关法律规定为保障社会全体成员的基本权利、满足其基本社会需求而提供基本公共产品和公共服务的社会事业。这些公共产品和公共服务属于公共物品,具有非竞争性和非排他性,任何社会成员的无偿消费都不影响其他社会成员相同的无偿消费。非公益性事业是在政府的指导和监督下,由市场主体通过市场机制提供的个性化服务,旨在满足社会成员及其家庭的多样化需求。其所提供的物品和服务一般具有竞争性和排他性,即只有社会成员付费才能够享受到。然而,由于社会事业的发展受社会经济发展水平、政治理想目标、历史情感等多种因素的影响,社会事业内容具有较大的变动性,即是说公益性社会事业与非公益性社会事业没有严格的固定的划分界限,此时的公益性社会事业可能在彼时变成非公益性社会事业,而彼时的非公益性社会事业也有可能在此时变为公益性社会事业②。

第二,按照社会事业的内容,可将社会事业划分为教育事业、科技事业、文化事业、卫生事业、体育事业、社会保障、慈善事业等。其内容将在

---

① 徐爱华. 区分公益性和非公益性分类完善社会事业发展政策——以上海市社会事业为例探讨[J]. 中国经贸导刊,2010(16):30-32.

② 徐爱华. 区分公益性和非公益性分类完善社会事业发展政策——以上海市社会事业为例探讨[J]. 中国经贸导刊,2010(16):30-32.

本讲的第二节做详细介绍。

第三,按照经费来源,可将社会事业分为自给自足型、部分收费型和无偿提供型。自给自足型的社会事业在经费上完全自负盈亏,比如许多自负盈亏的医院、学校、养老院等,都依靠自己所提供的服务设置一个合适的收费标准,以便得到适当的收益来补偿全部开支,维持正常的运行。部分收费型的社会事业能够得到政府财政拨款和有关方面的捐款。因此,所提供的服务或产品收费标准可以低于其平均成本。如我国的高等教育所收取的学费仅占学生平均培养成本的一部分,虽然近年来多有提高但仍低于其运行成本。无偿提供型的社会事业完全依靠政府财政拨款或捐助支持运行,其服务也是不收取费用的。比如一些慈善团体、救济组织等①。

五、社会事业在社会发展中的作用

2010 年 2 月,温家宝同志在省部级主要领导干部专题研讨班上发表了《关于发展社会事业和改善民生的几个问题》的讲话,特别强调必须深刻认识加快发展社会事业的重要意义,认识到发展社会事业是贯彻落实科学发展观的重要任务,是全面建设小康社会的迫切要求,是转变经济发展方式、扩大国内需求和加强社会建设的重要途径。社会事业作为一项关涉人的发展和社会发展的"事业",必须充分认识其意义②:

第一,从经济发展角度而言,社会事业是进一步繁荣我国经济的要求和动力。经济领域以市场和效率为核心,社会事业则以社会公平和人的发展为核心。经济发展并不意味着公平和发展目标的自动实现。相反,完全市场经济反而会导致两极分化、经济危机、信息不对称之下的相互欺诈等后果。市场失灵理论对这一问题进行了详细论述,这里不再赘述。社会事业则是实现社会公正和促进人的发展的基本手段。随着我国市场经济的进一步发育成熟、企事业单位改制的进一步深入和农村社会结构的进一步转型,社会人口越来越从"组织人""单位人"转变为"社会人",他们需要被纳入社会事业的程序之中,以便得到社会保障、社会建设等服

---

① 朱喜群. 深化事业单位改革的战略思考[J]. 行政论坛,2006(3):83-86.
② 学者郭忠华的论述十分精准,从经济发展、政治发展、社会发展和个人发展四个角度予以阐释。参见:郭忠华. 中国社会事业发展的战略性思考[J]. 东方论坛,2006(4):79-84,93.

务以及受到社会管理的规范,进而实现社会稳定、社会公平和社会发展的目标。社会事业在经济发展中的重要性因而进一步显现。同时,由于社会事业发展而促成的公民教育程度和文明程度的提高,健康状况的改善,社会安全体系的完备,科技文化的进步和社会管理的有序等,还可以为经济进一步发展搭建良好的社会平台,创造更有利的生活环境。

第二,从政治发展角度而言,社会事业是提高我国政府合法性的重要源泉。在社会事业与政府的相互关系中,社会事业是政府合法性提升的主要源泉。合法性表现为公民社会对政府公共政策的认同程度。合法性水平高,意味着公民对政府公共政策较为满意,意味着政府具有较高的权威和政府行政成本的降低等。相反,则意味着政府遭到人民的普遍反对,政府的权力基础被削弱和行政成本的提高。从根本上说,任何政府都必须建立在一定的合法性基础之上,并尽可能提高政府的合法性水平。社会事业直接关涉民生疾苦,是政府对民生问题和社会建设问题重视程度的最直接体现,也是最能触动人们内心的举措,因而成为影响政府合法性的最重要因素之一。通过发展社会事业,可以提高公民对政府公共政策的认可程度和信任程度,从而相应提高政府的权威和能力,为政府治理奠定良好的社会环境与群众基础。

第三,从社会发展角度而言,社会事业是构建社会主义和谐社会的重要组成部分。社会主义和谐社会是在安定团结、公平正义、诚信守法和充满活力基础上全体人民各尽其能、各得其所而又和谐相处的社会。在我国,社会事业的范围涵盖了教育事业、文化事业、医疗卫生、社会保障、体育事业、社区建设等各个领域,它们是提高公民文化素质,加强公民法制意识,改善公民精神风貌,完善社会安全体系,促进社区和睦相处和实现社会公平正义等的根本途径。因此,社会事业不仅可以为经济建设、政治发展奠定良好的社会基础并提供动力,还可以直接推进精神文明建设。只有在社会事业充分发展的基础上,才能真正建立起安定团结、公平正义、诚信守法和充满活力的和谐社会。

第四,从人的发展角度而言,社会事业是促进人的全面发展的根本举措。150多年以前,马克思曾指出,代替存在阶级和阶级对立的旧社会的,将是这样一个联合体,在那里,每个人的自由发展是一切人自由发展的条件。这句话深刻而精到地阐明了人的发展与社会发展之间的关系。从根本上说,经济发展、政治文明和社会进步,最终都必须落实到"人"这一"原点"上去,实现人的发展,而科学发展观则是践行"以人为本"的根本保证。人民是国家的根本,人的发展是国家长治久安的关键。从本质上说,社会事业的所有方面都在于促进人的发展,它通过教育事业、医疗卫生、社会保障、社区建设、文化生活、体育健身、社会工作等一系列广泛措施改善人的生存环境,提高人的生活质量,促进人的全面发展。因此,只有在社会事业充分发展的基础上,人的发展的目标才能真正实现。

第二节　社会事业体系[1][2]

从社会事业的时代内涵来看,社会事业应包括教育事业、科技事业、文化事业、体育事业、卫生事业、社会公益事业、公用事业、劳动就业与社会保障事业、环境保护事业。它们共同构成了社会事业体系,下面分别予以概述。

一、教育事业

作为专门培养人才的教育事业,既是提高一个国家、民族整体素质的基础性工程,也是国家发展、经济繁荣、社会进步的基础。现代科技和经济的竞争,归根到底是人才和教育的竞争。在我国,国务院负责教育行政事务的机构是教育部,其主要任务是通过制定教育事业发展战略及教育行政法规、政策来管理和指导全国基础教育、高等教育、职业技术教育、成人教育、师范教育、民族地区教育和广播电视教育等工作。在省、市、县三级政府分别设有负责教育行政事务的教育部门。

二、科技事业

当今,世界科技革命发展迅速,科学技术的作用越来越突显,其对人类社会进步和经济快速发展的贡献率越来越大。因此,重视科技事业的发展,加大科技投入,强化科技事业的管理,成了当代西方国家政府的共同战略。科学技术的发展,是生产力发展的重要力量,是综合国力的重要构成要素,也是人类文明和社会进步的重要标志。实施科教兴国,是

---

① 邱锐.公共事业管理[M].北京:北京出版社,2008:13-15.
② 朱仁显.公共事业管理概论[M].2版.北京:中国人民大学出版社,2009:12-14.

我国的既定战略,加强科技管理是政府的重要职责。目前,国务院负责科技行政事务的主要机构是科学技术部。在省、市、县三级政府分别设有负责教育科技事务的专职部门。需要指出,科技事业的发展还与学校、企业和社会组织有密切的关系,它们是科技发展的重要力量①。总之,科学技术是第一生产力,是第一促动力,其作用的发挥需要以科技事业为基础。

三、文化事业

文化事业在社会生活中有不可替代的作用,它通过提高全民族的文化素养,潜移默化地影响民众的道德风尚,促进精神文明建设,为经济和社会进步提供支持。随着社会的发展,人们文化生活的需求也在迅速增长,文化事业也越来越丰富多彩,虽然这方面私人产品和服务占了较大比重,但一些公共文化设施和文化事业,如国家图书馆、大剧院、博物馆、文化馆、美术馆、文物、名胜古迹、古文化遗址、文化艺术理论研究、文化科技研究、传统的文化遗产、文化普及等,仍要由政府提供或支持。那些可以实行市场化经营的文化产业,如广播、影视、报纸杂志、音像、通俗文化艺术、娱乐等,也需要政府加强管理,以促进文化事业健康、稳定地发展。在我国,国务院负责文化行政事务的机构有文化部、新闻出版广电总局、国家文物局,在省、市、县三级政府分别设有相关部门。

四、体育事业

体育事业是当今世界蓬勃发展的行业,既关系到公众的身体健康,也与经济发展密切相连。广义的体育与"体育运动"概念基本相同,主要包括身体教育、竞技运动和身体锻炼三个方面。其中的"身体教育"即狭义的体育概念,指有目的、有组织、有计划地促进身体全面发展、增强体质、传授锻炼身体的知识与技能、培养高尚品质和意志等的教育过程,与德育、智育等一起构成整个教育。随着社会的发展,现代体育具有三个方面的基本功能:强身健体、娱乐身心、满足精神需求。由于体育设施和体育运动中科技含量的增加,体育活动的水平也成为一个国家或民族科学技术水平和国民体质水平的标志。发展积极、健康、向上的体育事业,有利

---

① 李英霞.科技事业中的项目管理及其应用研究[D].天津:天津大学,2005.

于更新人们的健身观念,不断增强身体素质,为构建社会主义和谐社会奠定坚实的基础。同时,有利于发展体育事业,推动体育与经济融合,发展体育文化产业。在我国,从国家到地方也都设有相关的体育主管部门①。

五、卫生事业

卫生事业直接关系到国民的身体健康,是各国政府所关心的重要内容。加强对卫生事业的管理,合理配置卫生资源,能有效地提高医疗卫生水平,改善社会卫生状况。在我国,国务院负责卫生行政事务的机构是卫生部。公共卫生管理可分为几个层次:对社会常见易发流行疾病的预防与控制;对地区性疾病的防治与管控;对大众医疗条件的改善;对大众身体保健的服务,如妇女、儿童、老年人等的保健;对突发性的传染病、新型疾病的预防与管控。健全卫生事业管理体制,加强医疗卫生事业立法,完善医疗卫生机构设置,培训专业技能高、业务素质强的医疗卫生人才,强化医疗卫生管理工作,净化医疗卫生环境,提高药品供应的服务与药品市场的管控功能,是卫生事业管理的必然内容②。

六、社会公益事业③

社会公益事业是指建立在志愿、公益基础上的一种无偿的救助行为。其对象并不是社会公益事业行动者本身,而是面向社会大众。换句话说,无论是谁,只要有需要,符合救助标准,那么就可以作为社会公益事业的受益对象。社会公益事业有多方面的社会功能:一是对灾难、战乱、疾病等涉及的不幸者给予救助;二是维护社会稳定,消除社会失序的不稳定因素,提高社会的安全感;三是促进社会公正,提升社会福利;四是促使民众践行公共责任,弘扬社会美德。一般而言,社会公益事业的主体组织是各类社会组织(如我国的社会团体、基金会和民办非企业单位)。当然,在社会公益事业的发展过程中,政府在财政、税务政策的优惠、资金的支持、

① 屠凤娜. 和谐社会建设中的社会事业发展思路与对策[J]. 天津大学学报:社会科学版,2007(7):339-342.

② 徐爱华. 区分公益性和非公益性分类完善社会事业发展政策——以上海市社会事业为例探讨[J]. 中国经贸导刊,2010(16):30-32.

③ 屠凤娜. 和谐社会建设中的社会事业发展思路与对策[J]. 天津大学学报:社会科学版,2007(7):339-342.

制度化渠道的建立等方面发挥着重要作用。

七、公用事业

公用事业是包括供水、供电、供气、电信、邮政、道路交通、消防设施、水利建设和排污治废等的关系国计民生的基础性事业。一般由政府进行专项投资,具有一定的垄断性和规模性,缺乏自由竞争。而投资金额庞大、投资周期较长、回报率较低等特征也让许多企业望而却步,政府不得不承担起公用事业的落实与管理任务。然而,如何克服由于垄断和缺乏竞争而产生的运行低效难题,是当前公用事业发展必须面临的现实①。

八、劳动就业与社会保障事业

随着计划经济体制向市场经济体制转变,我国的劳动就业体制也由传统的统包统分的计划体制逐步过渡到"市场调节就业、劳动者自主就业、政府促进就业"的模式。而且随着社会的发展,市场调节的比重逐渐加强,政府促进就业的职能逐渐凸显成为其不可忽视的职能。当前,政府主要通过做好职业介绍、职业培训工作帮助劳动者找到适合自己的工作,完善失业保险制度给予失业者基本保障,培育劳动就业服务企业和提供就业岗位等多项举措加强就业服务体系建设。同时,为保障社会全体公众利益,特别是老弱病残等特殊人群利益,应完善包括养老、医疗、失业、工伤、生育各类保险在内的社会保障体系,以此维护经济和社会发展。在我国,负责该项事业的机构主要是国家人力资源和社会保障部。

九、环境保护事业

相较于西方,我国环境保护事业起步较晚。随着社会经济的发展,国家认识到环境保护必须与经济建设协调发展。鉴于我国环境现实状况,我国需要建立起一整套环境保护理论体系、政策法律体系和管理制度体系。十五大提出的"可持续发展战略"更是将环境保护提到基本国策的高度。目前,环境保护事业主要由国务院环境保护部负责,涉及国土资源部、水利部、农业部等多个政府部门。

---

① 徐爱华. 区分公益性和非公益性分类完善社会事业发展政策——以上海市社会事业为例探讨[J]. 中国经贸导刊,2010(16):30-32.

第三节　西方国家的社会事业体制改革①

"他山之石,可以攻玉",西方国家的社会事业体制改革经验对我国的社会事业体制改革有一定的启示和帮助。这里对西方国家的社会事业体制改革情况作一概括。

一、西方国家的社会事业体制改革的发展阶段

随着西方国家经济和社会的发展,政府对社会事业的管理职能不断强化。大致可以分为三个阶段:

第一阶段(约17世纪初—20世纪20年代):在这一时期,西方资本主义国家普遍尊崇亚当·斯密"管得最少的政府是最好的政府"主张,实行自由放任的政策,既无权干预经济生活,也无正确实施干预的智慧。正因为如此,早期政府管理社会事业的职能相当有限。但不可否认,西方政府仍旧在基础设施、公共教育和卫生保健等方面采取了一些必要的措施,对社会事业的发展依旧是关注的。

第二阶段(20世纪30—70年代):在这一时期,西方资本主义国家爆发了大规模的经济危机,这使西方国家政府对自由放任政策重新进行思考,发现自由竞争的市场机制难以克服社会问题,而凯恩斯主义的影响和福利国家的发展趋势,使西方国家意识到政府干预的必要性。在此情况下,西方政府逐步提升自身力量,对社会事业的介入和管理力度大大增强,政府管理社会事业的范围逐渐扩大到人们生活的各个方面,不仅包括提供更多的基础设施和公共设施,而且还包括为教育、医疗卫生、文化体育、科学技术等提供更加广泛的支持。经过这一时期,政府在社会建设和社会管理中扮演的角色越来越突出。

第三阶段(20世纪70年代至今):在这一时期,西方发达国家普遍出现经济发展停滞、通货膨胀居高不下的"滞涨"现象,国家财政面临严重危机,福利国家遭遇严重挑战,凯恩斯主义也因此受到了怀疑。在此情况下,新保守主义抬头,欧美各国先后实行了以私有化、市场化、社会化和地方分权为基本内容的改革。在改革中,政府在经济管理方面的职能大为

---

① 朱仁显.公共事业管理概论[M].2版.北京:中国人民大学出版社,2009:176-202.

减少;阶级对立和对抗有所缓和,社会秩序相对容易控制,因此政府阶级统治职能也有所收缩;相应地,政府对社会建设和社会管理的职能也做了重新界定,将一部分社会事业交由社会组织承担或推向市场,对原有的许多管理方法进行创新,积累了宝贵经验。但从总体上说,政府对于社会事业的管理仍继续其原有的扩张势头,在众多事业领域其管理内容和范围都有不同程度的拓展,持续纵深化发展。概言之,政府在社会建设和社会管理方面的主导地位并没有被取代。

二、西方国家社会事业管理的基本特征

不能否认,社会事业在每一个国家都存在,但其管理实践和制度模式却千差万别,各有各的特点。不过,概括而言,西方国家社会事业管理具有如下两个方面的基本特征。

(一)以政府为主导的多元化管理体制

在西方社会事业管理体制中,政府仍旧发挥主导作用。在近百年的西方政府职能转变中阶级统治职能渐趋缩减,政府在市场微观领域的直接管理势头减弱,相关雇员和管理开支略有下降。与政治职能和市场微观管理职能相比,社会建设和社会管理职能却不断扩张,加强了对教育、科技、文化、卫生、体育等社会事业方面的投入和管理,相关政府开支也与日俱增。但政府绝不是社会事业管理的唯一主体。西方各国坚持以政府为主体、社会广泛参与的多元化道路,重视发挥企业、社会组织、基层社区组织在社会建设与社会管理方面的作用,鼓励社会各界广泛参与(这一问题在本书的第九讲还会详细阐释)。这些组织不仅直接参与社会事业的举办和管理,还为社会事业提供强有力的资金支持。这种以政府为主导的多元化管理体制为社会事业的发展提供了广阔的空间和多方面的动力,大大增强了社会事业的活力和发展后劲。也正因为如此,有学者强调指出:在世界范围内,以单一主体为特征的社会管理模式逐渐向多元主体协同行动的社会治理模式转型。

(二)社会事业管理法制化

西方各国在社会事业管理过程中奉行法律至上,强调按照法律法规进行管理。随着社会事业不断发展壮大,法制化程度日益提高。首先,西方各国通过建立健全法律法规体系,出台大量社会事业立法及相关法规,为社会事业管理奠定法律基础。其次,对社会事业管理主体的权限和管

理内容、程序等都作了具体的规定。最后,在法律基础上建立起一系列规章制度确立社会事业发展的目标、标准和程序,以确保其活动的科学、合法、有序。正是由于西方各国将社会事业管理纳入法律轨道,借助法律的权威性、强制性和稳定性保障其持续、稳定、健康、有序发展,为依法管理创造了良好的环境。

三、西方国家社会事业管理体制改革的内容

20 世纪 80 年代以来,西方各国政府在社会事业管理改革中采取了多种新举措,这些改革措施包括私有化、市场化、社会化和地方化。

第一,私有化。所谓私有化,即让个人、私营组织通过市场化手段购买部分社会事业,或将原有由政府管理的社会事业项目转包给个人或私营组织。英国是私有化较为成功的西方国家之一。1979 年,撒切尔夫人上台后,英国开始推行私有化政策。起初,只是出售诸如英国宇航公司、英国联合港口公司、国际航空无线电公司等少数公司的股票。1984 年后,私有化范围进一步扩大,涉及的部门和行业越来越多,私有化收入也急剧增加。从 1984 年电信公司私有化到 80 年代末,英国政府共得到 370 亿英镑的收益①。20 世纪 80 年代私有化主要集中在航空、电信、能源、电力、供水、天然气等自然垄断企业;90 年代私有化扩大到邮政、铁路、运输等部门,同时,部分卫生、教育部门也开始了私有化的进程。私有化帮助政府收回了投资,增加了税收,同时又减少了支出,长期困扰英国政府的财政问题大大缓解。私有化的根本宗旨是通过市场机制的作用,依靠市场化的力量提高社会事业的供给效率。通过私有化,一方面,减少了政府对社会事业承担的职能和责任,提高政府社会建设与社会管理的效率,缓解了政府财政压力;另一方面,原有被政府直接经营的社会事业组织因私有化实现了扭亏为盈,增强了竞争力,社会公共需要得到了更好的回应和满足②③。

第二,市场化。对于不宜私有化的社会事业,则引入市场机制,通过

---

① 王秀云.城市基础设施投融资体制改革的国际经验及对我国的启示[J].中国城市经济,2007(6):80-83.

② 王俊豪.英国政府管制体制改革研究[M].上海:上海三联书店,1998:80.

③ 王秀云.国外城市基础设施投融资体制改革对我国的启示[J].中国城市经济,2007(11):76-79.

竞争提高社会事业供给效率。引入竞争的方式主要有合同出租、以私补公、客户竞争和内部市场等方式。所谓合同出租是指政府将原先垄断的公共物品生产权向私营组织、非营利组织等进行转让,以期通过市场机制的作用,打破公共服务中的垄断状况,改善公共服务的质量和效率,增强政府社会建设和社会管理能力。而以私补公就是用说服、宣传、表彰、政策优惠等手段鼓励和吸引私人成本投入原来由政府包揽的事业中,如中小学教育、社会保险、退休保障、廉价住宅建设和医疗服务等领域,以弥补政府财力和服务能力的不足,算是一种特殊形式的合同出租①。社会事业的传统提供方式就是以垄断性集中配置,划片服务或其他形式的客户分割为主要特征。客户竞争的方式就是要打破传统集中配置的做法,实行社会事业供给的分散化和社会事业提供机构的小规模化,社会公众在享受社会事业提供的物品和服务时能够自由选择。通过客户竞争的方式达到社会事业领域各组织间的"被迫"竞争。内部市场是将提供社会公共物品和服务的组织人为地划分为"生产者"和"消费者",以此展开组织内部的竞争,提高组织效率和服务质量,如英国的公费医疗拨款制度。市场化的引入将政府权威制度与市场交换制度的优势很好地融合在一起,取得了积极的效果。

第三,社会化。社会化是指依靠社会力量发展社会事业。在社会化过程中,一是发挥非营利组织的功能。作为独立于政府的第三部门,非营利组织弥补了市场和政府的不足,履行市场和政府所不能完成或不能有效完成的社会职能,遵照法律的规定,在社会事业的各个领域提供公共物品、弥补市场失灵和政府失灵、强化社会公众监督,推动社会发展②。二是政府授权并鼓励基层社区承办社会事业,实现社会事业社区化管理。因为基层社区最能够了解自己的问题,最关切自己的利益,也最能调动本社区公众的参与积极性,所以社区化服务更能满足社区公众的需要。而且社区比政府等组织更具灵活性和创造性,效率更高。三是运用付费的方式让社会公众自由选择服务项目,以此减少浪费、提高效率,增加财政收入。但要依照公共物品消费特征的程度实施不同的付费办法,特别是一些公益性程度高的基础教育、基础研究、基础医疗等领域应继续实行

① 蔡敬.我国城市水业公私合作模式的经济学分析[D].厦门:厦门大学,2007.
② 这一问题在本书的多个章节都有涉及。

免费。

第四,地方化。即转变政府职能,将社会事业责任属地化,调动地方政府在社会事业管理中的作用。20世纪80年代,西方发达国家都大力推行旨为"纵向"分权的行政改革,重新调整中央与地方的权责关系,以此适应现代社会事业管理的需要。法国和美国是较早全面推行权力下放的国家。在改革的过程中,中央政府将诸如法规制定权、项目管理权、人事权、决策权、部分财权、大量事权等下放给地方政府,扩大地方政府的管理权限,增强地方政府举办社会事业的自主权。地方化的变革,更能满足社会公众需要,也更能全面地表达和回应、满足所属区域内的公共需求,提高了社会事业管理部门的办事效率。

西方各国依据本国的实际,从经济、政治、社会等国内外环境变化出发,在社会事业管理体制、管理理念和管理方式上进行了大胆尝试和创新,积极引入市场经济,扩大地方政府及社会进行社会事业管理的权限,有效地提高了管理效率,更好地满足了社会公众的服务需要。同时,也带动了西方第三部门的发展,促进了西方各国的社会发展。虽然,西方国家和我国在政治体制、社会背景等方面都有所不同,但其在社会建设方面的上述管理理念、管理方式及管理经验都可以为我国社会事业改革所借鉴。

第四节 中国社会事业体制改革

这一节对中国社会事业体制改革的历史、进展等情况作简单阐释。

一、中国传统社会事业管理体制①②

我国传统社会事业管理体制是为了适应计划经济体制而建立起来的。新中国成立之初,国家为了发展经济,先后采取了一系列国营化措施,迅速建立起高度集中统一的经济管理体制,由国家对所有的社会资源进行统一协调分配,直接管理社会经济生产活动。与此相配合,中央政府也建立起了一系列事业职能机构,直接组织和管理社会事业,包办了教

① 娄成武,郑文范.公共事业管理学[M].北京:高等教育出版社,2002:145.
② 朱仁显.公共事业管理概论[M].2版.北京:中国人民大学出版社,2009:208-210.

育、科技、文化、卫生等一切社会事业。其特点是国家统包统管、高度集中统一①。

可以说,新中国成立初期高度集中统一的计划经济体制与政治体制是传统社会事业管理体制形成的重要基础。在此条件下,社会事业作为"没有生产收入""所需经费由国库开支"的社会工作,一直被认为是非生产部门,排除在经济活动之外。因此,传统社会事业管理体制具有以下特征:

第一,社会事业举办主体具有单一性。在传统计划经济体制下,国家包办了一切社会事业,并为之设立了一套从中央到地方的覆盖各类社会事业的事业机构,直接管理社会事业。需要注意的是,"一统天下"的格局是在新中国成立后采取国营化措施实施以后才出现的,在尚未进行社会主义改造前,教育、医疗卫生及文化等事业领域仍存在相当数量的私立、私营以及外国教会举办的各项事业②。

第二,社会事业活动的非经济性。长期以来,我国社会事业活动一直被认为是非物质性的生产活动,被排除在经济活动和物质生产之外,其本身没有生产性收入,不适宜按照市场经济原则运营,因此割裂了社会事业与经济之间的内在联系,损害了社会事业自身市场化运作的合理发展,影响了社会事业的"市场化""产业化"运作的速度和质量③。

第三,社会事业管理机构的行政性。为了对社会事业进行直接管理,国家建立起一系列与之相适应的社会事业管理机构,对一切社会事业进行统一领导、管理、监督并负责相关资源的分配,致使政府行政职能严重泛化,而社会各事业机构只有依靠政府主管部门才能进行运作,带有浓重的"官办"色彩,行政化现象严重。

第四,社会事业运作的低效性。一方面,传统社会事业管理体制各事业部门条块分割严重,互不开放,致使各社会事业部门低水平重复建设,造成社会事业资源配置不合理及资源浪费严重。另一方面,社会事业机构在管理过程中,内部缺乏竞争机制,不讲效率、不计成本、人浮于事,运行效率低下。

---

① 孙立平,晋军,何江穗,等.动员与参与——第三部门募捐机制个案研究[M].杭州:浙江人民出版社,1999:8-24.
② 魏志春.公共事业管理[M].上海:上海教育出版社,2004:113-115.
③ 娄成武,郑文范.公共事业管理学[M].北京:高等教育出版社,2002:145.

由于长期计划经济的影响,我国社会事业几乎由政府及相关事业单位一力承担。这种集中统一管理的社会事业管理体制使社会事业在发展中存在诸多方面的问题,尤其是随着经济体制改革的不断深入,这些问题更加突出。

第一,机构重叠,人员膨胀。我国社会事业管理体制基本上是按照计划经济体制要求建立的,在管理上突出表现为条块分割、部门所有。各个行政部门出于自身利益和需要的考虑,想方设法地设立事业单位,进行事业管理,结果导致同一类型的事业单位在不同系统分别设置、在同一地区重复设置、在同一系统逐级设置的现象。如每个系统、每个部门都有自己的教育、卫生、文化服务机构。部门利益的驱动,造成"事出多门"的局面,使社会事业被"零碎化",导致低水平重复。条块分割、各自为政,迫使社会各行各业不得不重复设置社会事业组织,造成机构林立。由于社会事业采用统一模式管理,各地事业单位在长期的联系协作过程中左右看齐,相互攀比,竞相增设、升格。大量的机构不得不配备相应的人力,由于机构编制部门缺乏有效的监控机制和手段,加上部门利益的驱动以及能进不能出的人事政策的影响,逐渐造成人员膨胀、人浮于事、办事效率低、服务质量差的局面,从而使社会事业管理演变为"零敲碎打的手工作业",政府实际无法统筹各项事业的发展。

第二,政事不分,权责模糊。在高度集中统一的政府体制下,政府既是社会事业的管理者和监督者,同时也是社会事业的举办者和经营者。可以说既是"运动员",又是"裁判员"①。由于角色错位不清,事业发展统包统管,政府管了很多本该由社会管的事,导致自身的职责不能很好地履行。政府部门统包社会事业,存在政事不分的现象,而各级政府部门之外的事业机构却反过来承担大量的行政职能,如档案管理机构、史志机构、环境监理机构、统计调查机构、物价检查机构、各类评估咨询机构等实为事业性质,使用事业编制,却行使政府行政职能,以政代事、以事代政、政事合一,职责界限模糊。事业单位因而被增加了一部分政府行政管理职能和行政事业职能,而自身的业务职能却弱化了,从而出现"弃本重标"的现象,既直接影响政府职能的发挥,又制约了事业单位的自身发展。

---

① 徐爱华. 区分公益性和非公益性分类完善社会事业发展政策——以上海市社会事业为例探讨[J]. 中国经贸导刊,2010(16):30-32.

第三,机制僵化,缺乏活力。社会事业由政府采用科层制的管理机制进行统管,自上而下地部署或布置社会管理工作,对社会事业统得过死、管得过细。事业资金、计划、项目、工资、福利、劳动、人事等诸多方面多由各级政府及其工作部门直接管理,运行机制僵化,形成了"干部靠任命、职工靠调令、开销靠拨款"的呆板模式。人事管理上表现为事业单位无论是管理人员还是专业技术人员,都实行党政机关统一的管理办法,人员流动调配由上级主管部门控制,事业单位均以行政级别画线,从而扼杀了事业单位的生机和活力,造成事业单位内部缺乏竞争意识、风险意识、进取精神,习惯于按部就班地重复行政事务,忽视了社会事业自身的特点和发展规律,抑制了事业单位的积极性、创造性,使之趋于封闭、内向,造成人才和设备的浪费;在改革开放的背景下无法灵活应变,不敢、不愿也不能面对市场、参与竞争。

第四,结构失调,效率低下。由于条块分割,管理上主观随意性比较大,我国社会事业在地区和部门间的分布不合理,发展不平衡。以卫生事业为例,我国卫生资源配置比例严重失调,城乡之间卫生资源分配和服务利用率差距很大,无论是每千人拥有的床位数和医生数,还是病床利用率,农村都远远落后于城市。教育、科技、文化等各项事业的情形也大致如此。由于集中在首都和大城市的事业单位过多,不少事业单位无事可做,而广大农村和小城镇大量急需发展的事业却无人承担,这在一定程度上影响了社会的协调发展。在分布不均而又有限的事业中,由于缺乏有效的运行机制,社会事业大多数处于低效率运行状态,主要表现为责、权、利不明,人浮于事,资源利用率低,不计成本,不讲效益。例如,有些科研机构多年不出成果,有些学校师生比例倒置,有些教科文卫体设施常年闲置。

传统社会事业管理呈现的弊端在客观上使社会事业发展越来越艰难,难以为继。要摆脱社会事业发展的困境,必须从根本上入手改革社会事业的管理体制。

二、中国社会事业管理体制改革

十一届三中全会做出了把党和国家的工作重点转移到社会主义现代化建设上来和实行改革开放的战略决策,经济体制改革也因此正式启动,与之相适应,社会事业管理体制改革开始着手进行。经过 30 多年的改革探索,不断积累改革经验并逐步推进,社会事业现代化水平有了较大程度的提高,初步建立起基本满足人民群众日益增长的需要,与现代市场经济体制要求基本相适应的社会事业管理体制。

(一)中国社会事业管理体制改革的历程

纵观30多年的改革历程,中国社会事业管理体制改革主要围绕着机构和职能调整来进行,大体可以分为三个阶段①:

第一阶段:从1978年十一届三中全会开始到1987年党的十三大止,是我国社会事业管理体制重建与初步探索改革阶段。在这一阶段,主要针对传统计划经济体制下社会事业领域存在的一些明显弊端进行改革,其内容主要包括恢复或重建社会事业管理机构及相关法律、法规和各项制度;进行各社会事业机构的体制改革和机构调整;进行机关后勤社会化试点;推行专业技术职务聘任制;适当下放社会事业机构人事管理权限。

第二阶段:从1987年党的十三大到1996年《中央机构编制委员会关于事业单位机构改革若干问题的意见》出台之前,是社会事业管理体制改革深化与拓展阶段。这一阶段主要改革内容为进一步扩大社会事业机构管理自主权,进一步深化人事管理制度、工资分配制度,启动社会事业社会化、产业化进程。

第三阶段:从1996年《中央机构编制委员会关于事业单位机构改革若干问题的意见》出台至今,是社会事业管理体制改革全面实施阶段。这一阶段总结了前两个阶段的经验教训,系统推进社会事业管理体制改革向多层面、深层次发展。其内容包括建立社会事业举办主体多元化格局,提升各级各类社会事业管理机构社会化程度,将市场机制引入社会事业领域,提高社会事业管理效率,实施政事分开,明确政府及社会管理机构责任,推行多样化分类管理。

(二)中国社会事业管理体制改革的内容②

为了顺应经济体制改革的大潮以及日益变化的社会需要,同时基于政府体制、事业单位体制及社会事业管理体制本身的问题,我国社会事业开始步入"边发展边改革"的轨道。

---

① 谢剑青.公益性服务社会化探讨——兼论事业单位的改革[D].上海:复旦大学,2005.

② 丁宁宁,葛延风.构建和谐社会——30年社会政策聚焦[M].北京:中国发展出版社,2008:252-256.

一般而言,我国社会事业管理体制改革始于 20 世纪 80 年代之初。但客观地说,直到 80 年代中期,所有的改革措施并非真正意义上的体制改革,在更大程度上只是对在此前受到严重冲击的事业组织体系进行恢复、调整,基本上没有触及体制问题。

真正意义上的体制改革可以说是始于 20 世纪 80 年代中期。自 1985 年起,中共中央国务院各部门先后发布了一系列有关科技、教育、文化、卫生等单项事业管理体制改革的决定。1985 年 3 月,中共中央发布了《中共中央关于科学技术体制改革的决定》;1985 年 4 月,国务院办公厅转发了文化部《关于艺术表演团体的改革意见》;1985 年 4 月,国务院批转了卫生部《关于卫生工作改革若干政策问题的报告》;1985 年 5 月,中共中央发布了《中共中央关于教育体制改革的决定》;1986 年 4 月,国家体委发布了《国家体委关于体育体制改革的决定(草案)》。其他事业领域的体制改革也陆续在 20 世纪 80 年代中期全面启动。

改革内容归纳起来大致包括以下几个方面:

第一,改革事业单位的具体管理与运行方式。在社会事业管理体制中,事业单位体制是最核心的内容之一。而传统事业单位体制所表现出的最突出问题是政府管得过多、过死、过细,致使社会事业组织运行效率低下。同时,事业单位对政府以及行政体制过分依赖,尤其是在经费方面单纯依靠政府投入,缺乏自主性,发展动力严重不足,运行效果亟待改进。因此,调整其具体运行与管理方式、改善经费条件以提高效率一直是最主要的改革内容。有关改革主要涉及两个方面[1][2]:

一是改革政府管理方式,全面扩大事业单位自主权。从 20 世纪 80 年代中期开始,绝大部分事业单位都陆续推行了行政首长负责制,将相当一部分事业单位内部事务的决定权交给单位。上级主管部门的作用也由过去实施直接和具体管理逐步改为实施间接和宏观管理,以指导和支持为主,以政策引导为主。所下放的权力大致包括业务活动权力、机构设置权力、人事权力以及分配权力等几个方面。各个事业单位可以结合政府确定的基本职能和目标,自主确定业务活动内容和方式,而不必再像计划体制下那样严格执行政府下达的工作计划,"眼睛朝上看";可以自主决

---

[1] 朱喜群.深化事业单位改革的战略思考[J].行政论坛,2006(3):83-86.
[2] 沈火林.深化事业单位改革的若干思考[J].华东经济管理,2004,18(2):60-62.

定内部机构设置并有权力进行调整;可以根据需要自主录用员工而不必再依靠政府分配,一些机构还对新录用员工实施了就业的合同制;可以自主决定单位内部中层领导的任免,很多机构还对中层领导任用实施了聘任制,并引入了岗位竞争机制;可以在国家既定的分配制度框架下,自主决定和调整内部员工的分配方式。在扩大机构自主权的同时,部分宏观管理制度也出现了变动。比如,在计划体制下,一直对政府部门工作人员和事业单位工作人员采取统一的人事管理体制,从 1993 年开始,则实施了公务员与非公务员的不同管理方式。

二是改革事业单位的筹资方式与政府财政支持方式。几乎与扩大事业单位自主权改革同步,事业单位的资金筹集方式也开始由单纯依靠政府财政拨款改为多渠道筹集资金。资金筹集方式改革的基本目的是,要解决单纯依靠政府财政拨款不能满足多数事业单位发展甚至基本运行需要的问题。其中,最重要的改革措施是允许并鼓励各个单位结合自身业务活动或利用其所拥有的资源(如土地、房产等)进行"创收"。比如,科研机构可以将成果有偿转让,学校可以搞校办产业等。另外,也可以接收社会捐助。在实施多渠道筹资的同时,针对不同事业单位的特点,财政投入方式也进行了改革和调整。至 20 世纪 80 年代后期,逐步形成了三种不同财政支持形式的事业单位,即全额拨款事业单位、差额拨款事业单位和自收自支事业单位。全额拨款事业单位的活动经费全部由政府财政支付;差额拨款事业单位的经费一部分来自自身的创收,一部分来自政府财政拨款;自收自支事业单位的各种活动经费全部自筹。由于许多全额拨款事业单位有能力自己获得收入,从 2000 年开始,又对上述分类方式进行了调整,取消了全额拨款事业单位与差额拨款事业单位的区分,将二者全部改为政府财政支持事业单位,当然,考虑到不同事业单位自身创收能力的差异,财政支持强度有所区别。在经费支持方式改革的同时,对事业单位经费与资产管理方式也进行了较大调整,事业单位的财务自主权、资产处置权大幅度提高。

通过这些改革,事业单位的运行方式的确发生了非常大的变化。但从另一角度看,计划经济体制下形成的事业单位基本组织体制多数还都被延续着。比如,事业单位仍都是政府所属机构,资产还都属"国有",包括基本发展目标的确定、编制审批、单位主要领导任免、人事政策等重大问题仍由政府决定;单位仍普遍具有行政级别,内部组织方式也普遍具有行政性特点,相当多人员仍然具有干部身份;多数事业单位的经费仍主要来自政府财政拨款;等等。简单来说,前些年对事业单位的体制改革,基本是在不改变其与政府基本关系模式和自身基本组织方式的条件下,改革其微观运行方式。有关目标和措施与早期以"放权让利"为核心的国有企业改革非常相似。

第二,调整行政管理体制。20世纪80年代中期后,社会事业特别是事业单位的行政管理体制出现了较大变动。过去过分分散于各个部门的事业单位逐步调整为由综合性部门管理;许多过去隶属于企业的事业机构也逐步交给所在地政府部门统一管理;中央与地方的职能关系也进行了部分调整,相当一部分过去隶属中央政府有关部门的事业机构下放给了地方政府。需要说明的是,有关行政管理体制调整并非是针对事业体制本身的问题而进行的,更多的是其他体制改革产生的结果。比如,部分事业机构逐步交给综合性部门管理,主要是政府机构改革中撤并专业行政部门的结果;许多隶属企业的事业机构划归所在地政府管理,则是出于企业改革的需要;部分上级政府所属事业机构下放给下级政府,在很大程度上是行政性分权及财政体制改革的产物。

第三,把部分过去由政府承担的事务交给市场,对相关事业单位实施企业化改革。由于改革前社会事业的边界不清,一些不属于社会事业的活动也按照事业体制进行组织。在单位体制上表现为:一部分直接从事生产经营活动,其产品和服务可以通过市场交易行为换取收入,且不具有社会公益性的机构也列为事业单位进行管理。这不仅混淆了政府与市场的职能,也带来了诸如政府财政压力过大等一系列问题。随着经济体制改革的推进和对政府与市场职能关系认识的深入,社会各界逐步意识到应将有关事务交给市场组织。早期的改革主要是给予此类机构以经营权力并参照企业化模式进行组织和管理,但这些机构的"身份"仍为事业单位。20世纪90年代中期以后,有关改革又推进了一步,开始进行企业化改制,将有关机构的"身份"直接改为企业,并将其推向市场,使其成为按照市场原则进行组织和运作的营利性市场主体。企业化改制进展较快的主要是科技领域的技术开发类事业单位。如仅在中央政府有关部委直属的技术开发类研究机构中,2000年—2002年就有370余家确定改制为企业。地方政府所属此类机构的改制数量更多。除科研领域外,医疗、文化等其他领域也都有一些事业单位进行了企业化改制,但数量不等。

第四，在社会事业发展中引入民间和社会力量①。在理论和实践上都不难证明：社会事业发展可以引入社会力量，发挥市场机制的作用。按照这一原则，近年来进行了如下改革：一是继续鼓励民间和社会力量参与社会事业发展，各种民办教育机构、科研机构、文化机构和卫生机构继续稳步发展。二是在部分公共服务领域，探索购买服务。如一些地区在义务教育、职业教育领域购买民办学校的服务；在公共卫生领域购买民办医疗卫生机构的服务；等等。三是在一些领域，对公立机构探索实施内部合同等方式。四是对公立社会事业组织和运行的特定领域推进市场化，如在人事制度方面的基本目标是形成人员能进能出、职务能上能下、待遇能升能降，人才结构合理，优秀人才能够脱颖而出，充满生机与活力的人事管理机制。事实上，社会事业组织在引入市场化后已经基本形成了在"入口"方面双向自主选择的格局，但在"出口"问题上因受多方面体制因素的影响，尚存在"流不出"的问题。

第五，坚持分类改革②。由于社会事业和事业单位类型复杂，运行规律和目标各不相同，分类组织、分类管理和分类改革十分必要。从近些年的改革探索看，无论是中央政府有关部门出台的改革意见还是地方政府的改革探索，都特别强调和重视分类。比如一些地方把事业单位分为行政执法类、公益类和生产经营类；有些地方则进一步将公益类分为"纯公益"类和"准公益"类等。对不同类型单位，在改革和组织运行的各个方面，都实施了不同的做法。

总之，针对中国社会事业体制的改革持续深入，党的十六大报告、十七大报告、十八大报告等重要文献，已经指明了方向。同时，我国的改革措施与做法，也充分汲取了前期改革探索的经验、教训，目标更加明确，改革更有针对性。

（三）当前中国社会事业发展中存在的难题及其发展趋势

党的十六届六中全会讨论通过了《中共中央关于构建社会主义和谐社会若干重大问题的决定》，决定中提出了要"更加注重解决发展不平衡问题，更加注重发展社会事业，推动经济社会协调发展"的要求，为我国社

---

① 丁宁宁，葛延风. 构建和谐社会——30 年社会政策聚焦［M］. 北京：中国发展出版社，2008：269-270.

② 丁宁宁，葛延风. 构建和谐社会——30 年社会政策聚焦［M］. 北京：中国发展出版社，2008：270-271.

会事业发展指明了方向,同时也凸显了社会事业发展的重要性①②。十八届三中全会通过的《中共中央关于全面深化改革若干重大问题的决定》也指出:实现发展成果更多更公平惠及全体人民,必须加快社会事业改革,解决好人民最关心最直接最现实的利益问题,努力为社会提供多样化服务,更好满足人民需求。为了更好地服务于社会,改变传统计划经济体制下我国社会事业发展中存在的问题,政府进行了较为深入的改革,并取得了不容置疑的成效。但与改革开放30多年来我国经济建设取得的巨大成就相比,我国社会事业发展速度相对落后,改革还不够深入彻底,还面临不少突出的矛盾和问题③④:一是社会事业发展总体水平低;二是公共服务供给相对不足;三是各地发展不平衡,且公共服务供给机制的发展也存在不平衡;四是在不同区域、不同群体、不同行业之间还存在公共服务的资源配置的不合理、不公平现象;五是社会公共服务的整体数量和质量还有待提高;六是与经济体制改革相比,社会事业体制改革还有待进一步推进,尤其是人事制度、管理体制等。

这些摆在我们面前的重要而紧迫的任务需要我们在当前和今后一段时期将着力点放在以下几个方面⑤:一是着力发展基本公共服务,切实改善民生,提高社会建设水平;二是大力发展科技事业,提高科技对经济社会发展的贡献率;三是统筹推进社会事业协调发展,努力实现基本公共服务均等化;四是深化社会事业体制改革,完善社会事业发展的体制机制,促进社会事业健康发展。

---

① 洪大用. 关于加快社会事业发展若干问题的思考[J]. 教学与研究,2006(12):5-11.
② 刘洁. 推进社会事业改革创新　实现发展成果惠及全体人民[J]. 理论学习,2013(12):68-71.
③ 王勇. 当前我国社会事业发展存在的突出问题及对策[J].理论界,2011(5):177-179.
④ 汪阳红.加快推进区域间基本公共服务均等化步伐[J].中国发展观察,2010(8):24-26.
⑤ 王勇. 当前我国社会事业发展存在的突出问题及对策[J].理论界,2011(5):177-179.

三、社会事业发展的基本原则①

社会事业发展以"三个代表"重要思想和科学发展观为指导,按照"五个统筹"构建社会主义和谐社会的要求,努力遵循以下几个基本原则:

第一,坚持以民为先原则。发展社会事业要以提高人民生活水平和科学文化素质为出发点和落脚点,以群众呼声为第一信号,以群众利益为第一追求,以群众满意为第一标准,不断解决关系人民疾苦的问题和促进人的全面发展。要把解决民生问题放在发展社会事业的突出位置,在经济发展的基础上,不断提高人民群众的物质文化生活水平和健康水平,尊重和保障人权,这包括公民接受教育、医疗、体育健身、文化、生态等权利。同时,要创造人们平等发展、充分发挥聪明才智的社会环境。

第二,坚持统筹与协调发展原则。坚持统筹与协调发展原则,就是要统筹城乡发展、统筹区域发展、统筹经济社会发展、统筹人与自然和谐发展、统筹国内发展和对外开放,推进社会事业各个环节和各个方面相协调。毛泽东同志曾经指出:无论是粮食问题、灾荒问题、就业问题、教育问题、知识分子问题、各种爱国力量的统一战线问题、少数民族问题,以及其他各项问题,都要从对全体人民的统筹兼顾这个观点出发,就当时当地的实际可能条件,紧紧依靠人民群众同各方面的人协商,做出各种适当安排。发展社会事业,应坚持从实际出发,因地制宜,分类指导,促进各项社会事业协调发展,促进区域、城乡、群体、阶层、行业之间的协调发展。社会事业的公益性在本质上要求社会事业改革与创新要坚持统筹与协调发展。

第三,坚持政府主导和社会参与原则。社会事业主要包括公共财政支持的公共产品和公共服务领域,它具有公益、准公益和营利的性质。因此,面对人们对公共产品和服务不断扩大和提升的需求,社会事业要坚持政府主导和社会参与的原则,加强政府在推进社会事业发展中的主导地位,强化政府对社会事业工作的宏观调控。同时,政府应在保证公益性设施完善的基础上,积极引入市场机制,实现政府与市场的合理分工,发挥各类社会组织和社会成员的作用,调动企业、个人、社会的积极性,逐步形成政府、社会共同推动社会事业发展的新机制,以"治理"理念构建新型社会事业制度。

---

① 屠凤娜. 和谐社会建设中的社会事业发展思路与对策[J]. 天津大学学报:社会科学版,2007(7):339-342.

第四讲　社会沟通

沟通是处理、协调社会关系的有效方式之一,既是社会管理的重要手段和方式之一,也是社会管理实践的具体体现之一。

第一节　社会沟通概述

这一节主要解释沟通的概念,社会沟通的概念、目的和作用等与社会沟通相关的基本问题。

一、沟通的概念

沟通即沟通联络(Communication),又称信息交流,简单地说就是交流观点、信息和看法,寻求共识,消除隔阂,谋求一致——将某一信息(或意思)传递给客体或对象,以期取得客体或对象做出相应反应的过程。不难发现,沟通具有如下几层意思:

首先,沟通是一种双方行为,而且还需要有中介。既然是进行交流,没有双方之间的信息与意义的传递,也就无所谓沟通。当然,这里的"双方"既可以是"人",也可以是"机器"。这样,沟通过程就有了三种表现形式:一是人与人之间的沟通。这是一种最为常见的沟通方式。例如主管人员(或下属)发出信息,通过联络人员进行组织编排、整理,然后传递给下属(或主管人员)。二是人与机器之间的沟通。这种沟通方式在计算机技术日益发达的今天,已是越来越普遍。例如,各种情况通过人或其他手段,将人的语言转变为机器的语言,使机器接收并执行,如自控车床。三是机器与机器之间的沟通。例如电传打字机等。在三种沟通形式中,我们需要关注的是人与人之间的信息交流,即通过两个或更多人之间进行事实、思想、意见与情感等方面的交流,来取得相互之间的了解和理解,进而建立人与人之间的良好关系,形成共享观念和社会秩序。

其次,沟通是一个循环往复、不断反馈的过程。著名传播学家施拉姆在 1955 年提出了信息交流的三种模式。在第三种模式中,施拉姆指出,人类信息交流的两个个体之间存在相互作用。交流双方都必须将想要表达的信息制成代码传递给对方,同时又要将对方传递来的信息译码并做出解释以产生意义。也就是说,信息沟通并不完全是信息发出者单向地向接收者传递信息,而是一个互动的双向过程。因此,完整的信息沟通过程应包括六个环节:发送者—编码—渠道—解码—接收—反馈。在这个过程中,沟通主体——信息的发出者——把所要表达的意图或想法、信息等通过一定形式生成编码信息,通过编码产生的信息经过一定的媒介(传递渠道)传递给接收者,在信息被接收之前,接收者须先将其转化为自己可以理解的语言,即进行解码。最后通过反馈,使信息的发送者能够了解接收者是否正确理解了信息。需要注意的是,整个沟通过程还会受到噪声和背景因素的干扰,从而影响信息交流的质量。

最后,编码、译码和沟通渠道是沟通过程能否取得成效的关键环节。编码的过程就是发送者把自己的想法、意见和信息用语言、文字及其他符号表达出来的过程。信息表达是否清楚、用词恰当与否、句子的结构合适与否等都直接影响着信息表达的质量好坏。任何的沟通渠道都有可能受到噪声的干扰而使被传递的信息发生扭曲或失真。接收者在接收信息之前,还有一个译码的过程,也就是把发送者发出的信息转化为自己可以理解的形式。转化的质量受到接收者的技能、知识、态度和价值观等方面的影响,进而影响沟通的效果。用语言、文字表达的信息,往往含有"字里行间"和"言外之意"的内容,甚至还会造成"言者无意,听者有心"的结果。

二、社会沟通的概念

社会沟通(Social Communication),简单地说,就是不同社会主体之间进行的沟通,这里的社会主体是指处于一定社会关系中从事实践活动的人、群体或组织。确切地说,社会沟通是指在不同的社会主体间进行信息交流和互通情报,从而对彼此行为产生作用和影响的过程。社会中的每一个人、群体乃至组织时刻都在发送和接收大量的信息,即社会沟通行为是一种普遍性、常态化的社会行为,是人类社会生活的一种方式。可以说,社会沟通无处不在,任何两个社会主体之间都存在社会沟通的可能,同时由社会沟通引起的情感波动和行为影响以及环境变迁也是随处可见的。犹如帕金森所讲"因为未能沟通而造成的真空,将很快充满谣言、误解、废话与毒药",同样,因为社会主体之间有效的社会沟通,人们也能够和平共处,社会可以达到和谐的状态。甚至可以这么认为,良好的社会沟通对于社会管理来说足以产生"翻江倒海""斗转星移"的正能量。

三、社会沟通的目的与作用①②

从社会管理的角度来看,社会沟通的主要目的是协调社会系统内各个部分之间的关系,增进社会的和谐、稳定;调动社会主体的积极性、创造性和参与意识,充分有效地发挥社会管理的各种职能;获得有用的信息与情报,调整社会主体自身的行为,促进各社会主体稳定有序地向前发展;等等③。

社会系统中的各个部分认识到社会沟通的目的是非常重要的。社会沟通不仅仅是高阶层发出信息,其他人接收信息;也不仅仅是低阶层发出信息,上层听取信息。事实上,社会中的每个成员既是信息的发出者,又是信息的接收者。也就是说,社会中的任何人都需要知道传递的是什么信息、向谁传递、何时传递,以及传递信息的有效方法。从这个角度来看,社会管理的各个主体都需要掌握社会沟通的技能。

沟通在人们的日常生活、工作和学习过程中都起到非常重要的作用。对于社会建设和社会管理以及社会事业的发展尤为关键,沟通能够起到沟通思想、联络感情、稳定情绪、统一行动的重要作用。

首先,沟通有助于人们掌握情报、信息,认清形势和把握未来。任何社会主体在做出明智的决定并行动之前,都应该搜集有价值的情报和信息。对于个体而言,一个人要想使自己的工作取得成效,他首先要充分把握工作本身和工作环境有关的信息;一个人要想与他人融洽相处,甚至亲密交往,就应当充分了解交往对象的相关信息。对于群体和组织而言,通过社会沟通,掌握情报信息,认清形势,把握机会就显得更为重要了。在

---

① 斯蒂芬·P·罗宾斯,玛丽·库尔特. 管理学[M]. 11 版. 李原,孙健敏,黄小勇,译. 北京:中国人民大学出版社,2012:399-423.

② 里基·W·格里芬. 管理学[M]. 9 版. 刘伟,译. 北京:中国市场出版社,2008:427-449.

③ 风笑天,张小山,周清平. 社会管理学概论[M]. 武汉:华中科技大学出版社,1999:81.

群体与组织目标的确定过程中,管理者需要通过沟通来掌握大量的内外情报,综合分析优势与不足,才有可能确定科学合理的目标,制定有效的行动方案。在管理过程中,群体与组织的管理者还需要通过沟通,使组织中的成员认清形势。包括使新成员认清形势,以及在组织目标推进过程中使下级人员不断地认清形势,领会管理者的意图,认识和明确自己的工作;明确组织的内外环境,更好地为实现组织目标而努力;等等。

其次,社会沟通是管理决策的基础。现代社会是一个"有组织"的社会,而组织的存在是有其目的的。组织为了实现其目的,就需要通过沟通来获取达到目的的各种限定性的条件与信息。因此,可以说组织的决策过程,也就是信息情报转变为行动的过程。准确、及时、可靠地收集、处理、传递和使用情报信息是所有决策的基础。缺少信息的决策,无异于无源之水和无根之木。决策管理中的信息传递是与组织的管理层级有关的,一般来说,首先是自下而上的信息传递过程,即最低一层的相关人员,把了解到的或搜集到的信息向其直接上级传递。这些基层管理者通过汇总分析,再向上一级领导汇报,中层管理者也会根据信息的价值程度向其直接上司汇报,最后把信息传递到最高决策者那里。最高决策部门对收到的信息进行处理、总结、归纳,并进行决策。当然,决策信息的来源仅仅限于组织内部是不够的,还需要大量组织外部的信息,这些信息可以通过各种渠道来获得,如建立参谋部门来收集相关的信息等,也可以是最高领导层通过个人的途径来获得。

决策过程中,也需要进行自上而下的信息传递,如了解下属对于某一方案的支持程度等。这时就需要考虑信息传递的时间、范围和方法。在什么时候进行传递、在什么范围内传递,使用什么样的方法,这些都需要领导者的智慧。

再次,社会沟通是协调和处理不同社会主体利益和矛盾的重要途径,是构建稳定、和谐、有序社会的基础和保证。只有通过社会沟通,才能及时发现并科学分析社会发展过程中出现的不同利益诉求、不平衡现象、不协调问题。也只有通过社会沟通,才能使人们相互尊重、互相理解、增进情感、化解矛盾、相互合作。这主要表现在五个方面:

一是社会沟通有助于及时发现异常现象并及时进行有效处理。在社会发展过程中,不可避免地会产生一些不平衡或相互矛盾的现象或异常情况,它们一开始的时候可能并不太严重,很容易被忽略。如果我们能够在异常事件一出现便采取正确的方法进行处理的话,就可以收到事半功倍的效果。因此,及时地通过社会沟通,发现存在的问题并加以解决就显得非常重要。

二是社会沟通有助于增进人们的理解,化解矛盾。很多时候,社会主体之间的矛盾是由思想认识不同或者理解上的差异造成的。而社会沟通则可以扮演"润滑剂"的作用。

三是社会沟通能营造良好的人际关系。人际交往可以分成四个层次:第一层次,礼仪交往。多半是礼仪上的,如问候、寒暄之类的交往。善于沟通的人,就会给人留下良好的印象,为以后进一步的交往奠定基础。第二层次,功利交往。多数是公对公的公务关系,涉及功利问题。会沟通,事情就办得很顺当。相反,不善于沟通,事情就很难办好,甚至会使问题变糟。第三层次,感情交往。在社交过程中,人们相互交流,互相关心,彼此体贴,就会产生感情,成为真正的朋友,为社会资本的积累奠定基础。第四层次,思想交往。真正的深交,互相能从思想上理解对方,达到心心相印、肝胆相照,为深层次的社会合作、共同学习、协同行动奠定基础。从人际交往这四个由浅入深的层次来看,都和有效的沟通密不可分。因此,善于沟通、懂得沟通技巧有助于营造良好的人际关系。

四是社会沟通保证了社会系统的良性运行。社会沟通,可以使广大社会活动主体对各种社会规范(如法律、纪律、道德、习俗等)有更加清楚的认识。如了解哪些行为是社会系统所允许的,哪些是社会系统所禁止的;哪些行为会得到奖赏,哪些行为会受到惩罚;哪些行为可以不做,哪些行为必须做;等等。从而使广大的社会主体在日常的生活和工作中更加自觉地遵守各种社会规范,保证社会系统的良性运行。

五是社会沟通可以使我们了解其他社会主体的需要、意图,进而在理解的基础上展开有效的合作。从人的行为产生的基本机制来看,当人产生需要而又未能得到满足时,会产生一种紧张不安的心理状态,当遇到能够满足需要的目标时,这种紧张不安的心理状态就会转化为动机,并在动机的推动下向目标前进。因此,当我们需要他人的合作时,首先要了解对方的需要是什么,进而去设置相应的需要,从而来引导对方的行为以有助于自己目标的实现。在整个行为引导的过程中,没有沟通,就无法了解对方的需要,也无法让对方知道我们可以提供什么样的需要,进而也就无法实现合作①。

最后,社会沟通是提高社会系统工作效率的前提和保障,也是社会系统提高效率的重要方式。表现在三个方面:第一,社会沟通是保证社会系统成员做好工作的前提。社会沟通能够让社会系统成员正视自己的角色定位、明确自己的权责范围、领会自己的工作目标、激发自己的工作激情、规范自己的工作方法、懂得自己的社会地位和价值等,这是做好工作的前提准备。第二,社会沟通是社会系统中的成员做好工作的重要保障。只有通过沟通,组织系统的管理者才能准确、及时地把握成员的工作进展、工作难题,并及时为成员工作中遇到的难题的解决提供支持和帮助。这就有助于系统成员按要求及时、高质量、有效率地完成工作,进而保障整个单位、部门乃至整个社会系统的协调运行。第三,社会沟通是激发社会系统成员主动性、积极性和创造性的重要方式。管理者经常与系统成员针对工作问题甚至生活问题进行沟通。一方面,可以让系统成员充分认识到其工作对系统发展的重要性,让其了解到自己对系统的贡献是不可或缺的,使其感受到尊重和重视,从而以更加充足的干劲投入工作;另一方面,可以让系统成员知道管理者不只是想获得系统成员的劳动力所创造的价值,还希望系统成员自身生活幸福、工作舒心,达到系统成员与整个系统的协同发展,从而让系统成员有很强的归属感,让其意识到为系统努力工作也是为自己努力工作,进而有效调动系统成员工作的主动性、积极性以及创造性。

总而言之,社会沟通能让各社会主体之间增进情感、和睦相处、团结互助、提高效率、共同发展。

第二节　社会沟通模式

模式,就是事物的标准样式。具体来说,模式是指从反复出现的事物中发现和抽象出解决该类问题的一般方法,并上升到理论层面,形成方法论,这就形成了解决某类问题的模式。因此,模式的出现是某类事件反复出现并被人们反复关注和研究的结果,模式一旦形成,就为人们解决某类问题提供了一种参考性的指导方略。几乎每个领域当中都存在模式,如

---

① 韩平川.大连海关公务员激励机制研究[D].大连:大连理工大学,2007.

管理模式,产品设计模式,等等。在社会沟通领域中,人们为了揭示社会沟通的过程、结构、要素关系和联结方式,不断地对社会沟通模式进行探索,提出一系列有关社会沟通模式理论①②。本节介绍学界常用的几种社会沟通模式。

一、亚里士多德模式

最早的社会沟通模式可以追溯到公元前 4 世纪的亚里士多德模式。在该模式中,亚里士多德提出了影响讲演沟通的四个基本要素:讲演者、讲演内容、听众和场合。亚里士多德强调,要使讲演达到预期的效果,首先,讲演者得是一个"值得信任的"人。他说,因为"我们越觉得一个人诚实,就会越快地相信他"。其次,要进行感情的交流,所演讲的内容要能与听众产生共鸣。最后,在了解听众的基础上,用"逻辑的证明"或"其他的手段"向听众"显示"某种论点是真理③。

从以上几点可以看出,要想沟通取得预期的效果,发送者的素质是第一位的。发送者具有良好的道德素质,能取得接收者的信任,在接收者心目中树立良好的形象,是进行良好沟通的前提。同时,沟通的内容必须能为接收者所理解,能在思想上、情感上与接收者产生共鸣。另外,还得讲究沟通的方式和方法。合适、科学的沟通方法能够达到事半功倍的效果。

二、拉斯韦尔"5W"模式

1948 年,美国政治学家拉斯韦尔在其论文《传播在社会中的结构与功能》中,开篇就提出描述传播、沟通行为的一个简便方法——回答下面五个问题:谁(Who)→说什么(Says What)→通过什么渠道(In Which Channel)→对谁(To Whom)→取得什么效果(With What Effects)。这就是著名的拉斯韦尔公式或"5W"模式。

拉斯韦尔"5W"模式以单向传递形式简明扼要地描述了大众传播的过程,奠定了传播学研究和沟通模式分析的基本框架,即控制分析、内容

---

① 斯蒂芬·P·罗宾斯,玛丽·库尔特.管理学[M].11 版.李原,孙健敏,黄小勇,译.北京:中国人民大学出版社,2012:399-423.

② 里基·W·格里芬.管理学[M].9 版.刘伟,译.北京:中国市场出版社,2008:427-449.

③ 映星.亚里斯多德传播模式的启发[J].视听界,1986(3):30-31.

分析、媒介分析、受众分析和效果分析,对后来传播学研究和沟通模式分析的发展产生了极大的影响。其缺陷是只关注信息的单向流动,高估了传播的效果,忽略了反馈的作用。

三、申农－维纳模式

1948 年,美国贝尔电话公司实验室的申农发表了一篇论文——《通讯的数学理论》,提出了一个通信系统的模型。1949 年,他又发表了《在噪声中通讯》一文,对原来的模型进行了深化和优化,使之更加完善,由此开创了信息论研究的"新纪元"。几乎与此同时,美国的数学家维纳也独立地提出了与申农相同的信息量数学公式,两者的理论不谋而合,为通信领域的信息理论研究奠定了基本的模式。

该模式把复杂的通信系统简化为由信源、编码、信道、噪声、译码及信宿等要素组成的信息系统。信息在传递过程中,首先是信源(即信息发送者)发出信息,通过发射器(即某种机制)转换成信号,信号在信道(即信息传递机制或途径)中传输会受到噪声的干扰,所以接收器(也是某种机制)接收到的信号实际上是"信号＋噪声",最后通过接收器把信号还原成信息,传递给信宿(即接收者)。由此我们可以发现,在信息传递过程中,由于存在可能的噪声干扰,信源发出的信号与信宿接收到的信号之间会产生这样或那样的差别。也就是说,由信源发出的信息与信宿接收的信息两者的含义可能是不同的。

申农－维纳模式,不仅适用于技术系统,而且可以推广到生命和社会系统,具有相对普遍的推广和运用价值。

四、奥斯古德－施拉姆模式

1954 年,美国心理语言学家奥斯古德在认识到申农－维纳模式的单向、直线、无反馈这些缺陷后,提出了一个传播的双行为模式。他认为,在传播活动中,每个人既是信息的发送者,又是信息的接收者,即编码和译码是一种双重行为。著名的传播学家施拉姆受到奥斯古德的启发,于1954 年发表了《传播是怎样运行的》一文,提出了传播和沟通的循环模式。因该模式的许多观点是建立在奥斯古德思想的基础之上的,因此有人将循环模式归入他们两人的名下,称之为"奥斯古德－施拉姆模式"。

奥斯古德－施拉姆模式强调了人类传播行为的互动性。在这个模式中,没有传播者和受传者的概念,传播双方都是传播行为的主体。在整个传播过程中,每一方在不同的阶段都依次扮演编码者、释码者和译码者的角色,并持续不断地相互交替。奥斯古德－施拉姆模式的出现,意味着同拉斯韦尔单向线型模式的彻底"决裂",是一种超越。

奥斯古德－施拉姆模式也有其自身的缺陷。一方面,该模式把传播各方"描述成平等的参与者,行使着相同的功能"。这与社会传播的现实情况不符,就传播的资源、权力和时间等元素而言,传播往往是相当不平等的①。另一方面,该模式对于解释人际传播的过程非常有用,但对于解释那些"匮乏或甚少反馈"的传播现象就很难说得通,大众传播就是突出的例子。因此,施拉姆后来对此模式做了一些改进,以使之适用于大众传播。

五、德弗勒模式

美国传播学家梅尔文·德弗勒于 1966 年撰写了《大众传播理论》一书,书中论述了发出与收到信息的含义之间的一致性问题,对单向或线型传播模式进行了改进,提出了传播的环形互动模式。在闭路循环传播系统中,受传者既是信息的接收者,也是信息的传送者,噪音可以出现于传播过程中的各个环节。此模式突出双向性,被认为是描绘大众传播过程的一个比较完整的模式。

六、丹斯模式

1967 年,弗兰克·丹斯在论述直线型传播模式与循环型传播模式时指出,循环模式认为"传播会经过一个完全的循环,不折不扣地回到它的原来的出发点。这种循环比喻显然是错误的……"②。丹斯强调,沟通过程是不断向前发展的,这种发展呈现为螺旋上升的过程,而不是直线型的。

与所有的社会过程一样,沟通过程也包含了各种不断变化的要素、关系和环境。在沟通过程中,沟通双方的"认知场"和"信息场"总是不断累积、扩大的,此刻的沟通内容将会影响此后的传播结构和内容。丹斯模式

---

① 丹尼斯·麦奎尔,斯文·温德尔.大众传播模式论[M].祝建华,译.上海:上海译文出版社,2008:18-19.

② 丹尼斯·麦奎尔,斯文·温德尔.大众传播模式论[M].祝建华,译.上海:上海译文出版社,2008:20.

使我们认识到,沟通过程是一个不断深化的复杂动态过程,既具有继承性,又包含主动性和创造性,显示出人类社会的知识创造与更新现象是一个不断螺旋上升的过程。

七、社会系统模式

沟通过程是整个社会运行机制的一个重要组成部分,因此,要想对沟通过程进行综合考察,就需要把沟通过程放在整个社会宏观系统中来进行研究,从整体与全局、系统与要素、要素与要素、结构与功能、系统与环境的关系中对沟通过程进行考察,才能更好地解释社会沟通的过程。在这个方面做出突出贡献的有美国的赖利夫妇和德国的心理学家、传播学者马莱茨克。

(一)赖利夫妇的社会系统模式

1959 年,从事社会学研究的赖利夫妇发表了《大众传播与社会系统》一文,把沟通过程放到整个社会系统中进行考察,提出了沟通过程的社会系统模式。

该模式的基本观点是,沟通过程是处于社会系统中并受其影响的一个子系统,所有的沟通过程都可以看作是一个系统的活动。沟通系统既与社会中其他系统相联系,又具有自身相对的独立性。为此,他们提出了三个相互关联的重要概念:基本群体(如家庭、邻里和亲朋好友等)、更大的社会结构(如工作单位、社区组织和学校团体等)、社会系统(如民族、国家甚至世界等)。无论个人是否置身某一系统或特定系统之中,这些概念均有重要的作用。如果个人置身于某一系统,那么该系统可以作为个人参与社会沟通的大环境来运作;如果个人不在某一系统或特定系统,那么该系统也可以作为个人参与社会沟通的参照系而存在。事实上,该模式告诉我们,在沟通过程中,任何个体都担任着"传"和"受"两种基本角色,这两种角色在单个人身上的转换可以被看作是一个个体系统,主要的活动就是人内传播;个体系统之间的交往沟通又构成人际传播;个体系统所在的不同群体之间的沟通往来形成了群体传播;这些人内传播、人际传播和群体传播的交叉组合又构成了更大的沟通系统,并且这一更大的沟通系统在与其他传播个体、传播群体、传播系统的相互作用中不断变化,参与整个社会的运作。

从赖利夫妇这一模式中我们可以看到,社会沟通系统的各种类型,包括微观、中观和宏观的系统,既具有相对的独立性,又与其他系统存在着普遍联系和相互作用。每一种沟通活动,每一个沟通过程,除了受到其内在机制的影响,还受到外部环境和条件的广泛影响。这种结构的多重性和联系的广泛性表明社会个体存在于一个复杂而有机的综合系统之中,沟通受到综合系统的影响。

(二)马莱茨克模式

1963年,德国学者马莱茨克受赖利夫妇模式的启发和影响,在《大众传播心理学》一书中提出了一个新的系统模式。这一模式从社会心理学角度入手,应用了"场论"的研究思想,首先说明社会沟通系统中各种因素及其相互之间的复杂关系并将之细化,把各种显性的社会影响力和潜在的社会心理因素置于相互作用的"场域"中,来考察其对社会沟通的影响,从而建构一个各方面因素相互交织、相互集结的社会沟通系统。

马莱茨克模式是在继承了前人研究成果的基础上进一步发展起来的,继承了前人对沟通结构的认识,同时精心勾画了影响沟通过程的各个要素之间的复杂互动关系。他指出沟通是一种复杂的社会行为,是一个多变量的社会互动过程。这种互动并不仅仅是有形的变量——各种社会作用力之间的互动,也是无形的变量——各种社会心理因素之间的互动。

马莱茨克还进一步探讨了影响传播者、接收者行为的有关具体因素及其他相关因素。

第一,影响传播者行为的相关因素。马莱茨克认为,大众沟通过程中的传播者手中所拥有的资料和潜在信息的数量要远远超过他将要传播的内容。因此,在决定如何组织和制作信息时,传播者只能根据某种标准从大量的材料中选取一部分。制约传播者对材料选择的因素包括[1][2]:一是来自信息本身的"压力"或"约束"。传播者必须根据要沟通的内容种类来决定信息的形式。二是来自媒介组织的约束。各种大众媒介组织的宗旨、所有制形式、规模、方针和政策不同,对传播者采集、加工制作信息的影响也不同。如官方媒体强调与政府的方针政策保持一致,民间媒体着重于问题的突出、视角的新颖以及形式的多样化;全国性的大媒体往往从

---

① 斯蒂芬·P·罗宾斯,玛丽·库尔特.管理学[M].11版.李原,孙健敏,黄小勇,译.北京:中国人民大学出版社,2012:399-423.

② 里基·W·格里芬.管理学[M].9版.刘伟,译.北京:中国市场出版社,2008:427-449.

更宽广的视域传递信息,地区性的小媒体通常关注地区性的问题报道。三是来自传播者的个性结构和自我形象的约束。传播者都有自己的人格意识和个性结构,要考虑自己的行为在公众中的形象。传播者对自己的角色定位如记者、学者、社会活动家、官员等的不同,直接决定其信息传播的重点和效果;传播者的个性、理想观念或现实意识等也会对沟通的内容、方式以及效果产生较大影响。四是来自工作群体的约束。大众传播者总是在一定的群体中工作的,他的自由在某种程度上受到工作群体的规范和价值观的制约。五是来自社会环境的约束。社会道德规范、社会文化规范和法律对传播者起着控制和制约的作用,如不得发表违反法律的言论等。六是来自媒体的约束。每一种媒体向传播者提出了特定的传播规范。比如在报道同一事件时,报刊记者与他们的电视台同行遵循不同的条件。

　　第二,影响和制约接收者接收信息的相关因素。一是接收者心目中的媒体形象。媒体的知名度与可信度是媒体形象的重要组成部分。接收者一般会选择知名度高与可信度强的媒体作为自己信息的来源。媒体形象还会影响接收者对媒体内容的期望,并可能会影响接收者对内容的体验方式或反应方式。二是接收者的个人因素——包括"自我印象"与"人格结构"。研究发现,自我印象构成了人们接收信息的预存立场。通常情况下,接收者会拒绝那些和自己价值观念相悖的信息,如爱国主义者很难接受敌对势力的宣传。人格个性方面的特征也会影响人们对于信息的接收。社会心理学的研究表明,自卑感强的人不怎么主动接触信息,但容易被说服。三是媒介的压力。媒介本身的一些特征会对接收者接收信息产生影响,如接收者文化水平比较低,不识字,则很难接触报纸、杂志等传播媒介。电视、电脑网络的使用需要具备一定的网络接收条件或经济条件等。四是接收者的社会环境——包括接收者所处的社区、群体或与之交往的其他个人。接收者总是处于一定的环境之中的,他(她)对于信息的接收很显然会受到环境的影响与制约。研究传播过程的一些学者已经证明了群体的重要性,某人越是承认自己是一个群体的成员,那么他(她)的态度就越不可能受到与该群体价值相悖的信息的影响①。

---

① 丹尼斯·麦奎尔,斯文·温德尔.大众传播模式论[M].祝建华,译.上海:上海译文出版社,2008:44.

除了以上的因素,马莱茨克还向我们展示了影响与制约媒介与信息的其他因素。这些因素主要来自两个方面:一方面是接收者与传播者互相在对方心目中的形象。研究沟通的学者常常强调,传播者要根据接收者的具体情况来制作信息。而对于接收者而言,通常会选择接收知名度和可信度较高的媒介的传播内容。另一方面,来自接收者的自发反馈也会影响和制约媒介信息的选择与加工。

综上所述,马莱茨克描述的大众传播参与者的形象是非常复杂的,传播者与接收者的行为都受到了多种因素的影响与制约。这正是大众传播研究始终未能成功地解释和预测大众传播过程的重要原因。

第三节 社会沟通的形式、方法与原则[1][2][3][4][5]

社会沟通表现为不同的形式,拥有不同的沟通方法,提高社会沟通的效果还需要遵循一定的科学性原则。

一、社会沟通的形式

社会沟通的形式也就是社会沟通的方式或者说是种类。社会沟通的形式是多样的,按照不同的标准,可以把社会沟通分成以下不同的形式。

(一)正式沟通与非正式沟通

按组织系统或信息沟通的渠道来分,可以把社会沟通的形式分为正式沟通与非正式沟通。

正式沟通是指通过组织明文规定的渠道与原则进行的信息传递和交流。例如组织规定的汇报制度、定期与不定期的会议制度、组织内部的文件传达、上下级之间的定期情报交换等。

根据古典管理理论,沟通应遵循指挥或层级系统进行。严格地说,越级报告或命令,或不同部门人员间彼此进行沟通,都是不允许的。因此,

① 周三多. 管理学[M]. 2 版. 北京:高等教育出版社,2005:53-268.
② 于显洋. 组织社会学[M]. 2 版. 北京:中国人民大学出版社,2009:280-300.
③ 李景平. 现代管理学[M]. 西安:西安交通大学出版社,2001:244-254.
④ 井森,周颖,吕彦儒. 管理学原理[M]. 北京:北京师范大学出版社,2007:271-280.
⑤ 斯蒂芬·P·罗宾斯,玛丽·库尔特. 管理学[M]. 11 版. 李原,孙健敏,黄小勇,译. 北京:中国人民大学出版社,2012:399-423.

在组织内只有垂直(纵向)的沟通流向,很少有同一水平的横向沟通流向。实际上,按照这种模式进行沟通,不但是不可能的,而且不符合组织的需要。因此,产生了委员会,或公文抄报之类的措施,以便在同级之间进行横向沟通,但这仍然属于组织正式结构所安排的路线,仍属正式沟通性质。

正式沟通的优点是,沟通整体效果好,比较严肃规范,约束力强,易于保密,可以使信息沟通保持权威性。重要的信息和文件的传达、组织的决策等,一般都采用这种沟通方式。其缺点是,由于依靠组织系统层层传递,较刻板,沟通速度相对较慢。此外,还存在信息失真或扭曲的可能。

非正式沟通是在正式沟通渠道之外进行信息传递与交流的沟通方式。非正式沟通不受组织系统监督,自由选择沟通渠道、沟通方法和沟通范围。例如,团体成员私下交换意见,熟人之间的闲谈,传播小道消息等都属于非正式沟通。非正式沟通是正式沟通的有效补充。许多社会系统进行决策和信息传递时,所利用的很多情报是由非正式信息系统传递的。与正式沟通相比,非正式沟通具有较大的弹性,它可以是横向传递,也可以是斜向传递,而且都比较迅速,省略了许多繁琐的程序,效率较高;由于非正式沟通一般以口头方式传递,不留"证据",不需要对有关信息传递负有特定责任(当然,恶意谣言、恶语中伤等非法的信息沟通除外),许多不愿通过正式渠道传递的信息,都可以在非正式沟通中透露。需要指出:过分依赖非正式沟通途径有很大的风险,因为这种信息遭到歪曲或发生错误的可能性相对较大,而且无从查证、无以规范。非正式沟通中关于不实信息、谣言信息等的散布,对社会系统往往造成较大的困扰,甚至会造成社会失序,也可能会对某些个体、群体造成损害。

概言之,非正式沟通的优点是,沟通形式不拘一格,直接明了,速度较快,容易及时了解正式沟通难以提供的相关信息。其缺点表现在,非正式沟通难以控制,传递的信息不确切,易于失真、被曲解。而且,它可能导致小集团、小圈子等产生,影响人心稳定和社会系统的凝聚力,易于扩大社会张力,造成社会罅隙①。

---

① 杨文士,焦叔斌,张雁. 管理学原理[M]. 2 版. 北京:中国人民大学出版社,2004:258.

（二）下向沟通、上向沟通、横向沟通、斜向沟通与外向沟通

按照沟通的方向来划分,可以把社会沟通的类型分为下向沟通、上向沟通、横向沟通、斜向沟通和外向沟通。

第一,下向沟通。社会系统内自上向下地传递信息与沟通都可称为下向沟通。这是社会系统内最主要的信息沟通流向。一般以命令方式传达上级所决定的政策、计划、规定之类的信息。下向沟通在明确传达上级的政策、方针、意图等方面起重要作用,有助于明确下属的目标、职责和权力;上级把工作中的问题与要求传达给下属,与下属协商,能增强下属的归属感;下向沟通还有助于协调系统内各层次的关系,增强各层次之间的联系。当然下向沟通也存在一些不足,如信息经过多个层次转达,往往使下向信息发生搁置、歪曲,甚至遗失,影响沟通效果;长期使用下向沟通也会造成下级对上级的依赖,从而使下属丧失工作的积极性与创造性等。

第二,上向沟通。与下向沟通相反,上向沟通就是社会系统内自下而上地传递信息与沟通。如下属定期或不定期向上级汇报工作,进行问题或情况的反映、报告,等等。上向沟通的优点是:上级向下属征求意见、询问情况,能增强下属的参与感,激发下属的满足感;通过上向沟通,使上级了解组织内部存在的问题,从而做出符合实际的决策。但是据研究,这种沟通也存在一些问题,由于上下级之间地位、职务的不同而存在一定的心理距离和障碍,导致沟通信息可能发生与事实不符或压缩的情形;同时下属可能由于担心上级的打击报复或处罚等,而不愿反映真实情况,甚至会出现"报喜不报忧"的情况。

第三,横向沟通。横向沟通主要是为了谋求相互之间的理解和工作中的配合,从而在不同层次、不同业务部门之间进行的沟通。横向沟通对于协调不同业务部门的关系,增强各职能部门之间的了解,消除它们之间的隔阂,增进团结与协作,培养集体主义精神,提高办事效率等都有着重要的作用。我国现行的很多社会机构中条块分割、职能交叉、本位主义、相互扯皮和相互掣肘等现象的出现,正是由于缺乏横向沟通与联系。

第四,斜向沟通。斜向沟通又称越级沟通或交叉沟通,是指组织内不同层级又无直接隶属关系的组织、部门或个人之间的沟通,它时常发生在职能部门和直线部门之间。一般而言,斜向沟通是为了工作中的配合和

加快信息传递。斜向沟通有助于增强不同层级的群体、个人之间的交流与协作。当然斜向沟通也存在一定的风险，如对其他部门了解不够，造成武断或作风生硬、信息歪曲等弊病。

第五，外向沟通。外向沟通是指某社会系统成员旨在向系统外部收集信息和表现形象的沟通活动。任何系统都是一个开放的社会系统，时刻与环境保持物质、能量与信息的交换。社会系统通过外向沟通，与外界保持持续的交往，建立工作关系网络和新的形象。从目前来看，社会系统的外向沟通主要包括三种途径：第一种是公共关系沟通。它通常是社会系统与其关系单位之间的沟通活动。通过公共关系活动，创造和维持认同感，并通过增强社会系统对于环境的预测力，提高本系统效能。第二种是"市场广告"沟通。这种沟通主要集中于有关具体产品或服务的信息交流。第三种是民意调查沟通。在很多情况下，对公众的民意调查是社会系统沟通的重要形式，可以提供更充分的有关外部环境特征的信息，从而为制订社会系统的战略规划提供重要依据。

（三）口头沟通、书面沟通、非语言沟通与电子媒介沟通

按沟通的方法或沟通过程中利用的媒介类型，可以将社会沟通分为口头沟通、书面沟通、非语言沟通和电子媒介沟通。

第一，口头沟通。口头沟通是指人们用言谈来进行信息交流，这是一种最常用的沟通方法。口头沟通的效果在很大程度上取决于信息发送者的特质。一般而言，进行口头沟通要求发送者具备正确编码，以有组织、有系统的方式传送信息。口头沟通最大的优点是快速、简便和即时反馈。采用这种沟通方式时，信息能直截了当地快速传递并当场得到对方的反应，若有疑问或曲解，当场可以澄清。此外，口头沟通还可以辅以表情、手势等体态语言或声调、语气等副语言，加强沟通的效果。口头沟通的不足也比较明显，当信息以口头方式经过多个层次传递后，信息衰减和失真会较严重。口头沟通的范围也相对有限。

第二，书面沟通。书面沟通是比较正式的沟通方式，是以书面文字、图表或符号进行信息传递的一种沟通方式。书面沟通有形有据、可长期保存、可核对、能反复阅读领会。同时，书面语言在正式发表之前，可以反复推敲修改，一般比较周密、逻辑性强，能较好地表达作者所要表达的信息。书面沟通也有自己的缺陷，如书面信息表达不清楚或存在歧义，读者往往很难领会其中表达的真实意思；而且接收书面信息耗费的时间较多，同时有问题或不清楚的地方,不能即时进行反馈。

第三,非语言沟通。非语言沟通是指人们在沟通过程中,不采用语言作为表达信息的工具,而运用其他非语言的方式传递信息。非语言的具体方式包括几种:一是标记语言,如交警的指挥手势、裁判的手势、军队中的旗语、人们惯用的一些表意手势、特定组织或物品的标识等都属于标记语言。二是肢体语言,如面部表情、肢体姿势、体态体型等均可以表达出丰富的含义,不同的面部表情透露出人的态度、倾向甚至价值观念,不同的肢体姿势在不同的场合会产生形象化的理解,不同的体态和体型可以展现出个人的生活环境和身份背景。三是动作语言,如吃相、坐相、走相折射出人的修养与雅兴。四是副语言,主要是指说话的声调、语气、语调、快慢以及哭笑等直观表达情绪的方式。除了以上四种基本的非语言表达方式以外,还有空间语言,如利用座位的布置、谈话的距离等来表达信息;时间语言,人们对时间的理解,包括迟到或早退等;物体语言,如家具的摆设、办公室的布置、整洁度、所穿衣服的质地等所透露出来的信息。

第四,电子媒介沟通。电子媒介沟通是一种借助于电子仪器或电子设备进行的沟通形式。它依托于传真机、计算机网络、视频连线、电子邮件等,能够即时传递文本、图片、动画等信息,同时传递信息的内容量大,传递成本低、效率高,这些优点是传统信息传递方式无法比拟的。然而,由于过于依赖电子符号和无法面对面接触,对对方的真实情感不能够很好地把握,容易造成信息失真或丢失。

(四)单向沟通与双向沟通

按沟通过程中信息发送者与接收者地位是否变化或是否进行反馈,可把社会沟通分为单向沟通与双向沟通。

第一,单向沟通。单向沟通是指信息发送者和接收者两者地位始终不变,一方只发送信息,另一方只接收信息。单向沟通的优点是速度快,信息发送者的压力较小。但是信息接收者没有反馈意见的机会,不能产生平等参与感,不利于提高接收者的自信心、责任心和增进情感。

第二,双向沟通。在双向沟通中,信息发送者与接收者的地位不断变换,而且发送者以协商和讨论的姿态面对接收者,信息发出以后还需及时听取反馈意见,必要时双方可进行多次协商,直到双方共同明确和满意为止。双向沟通的优点是沟通信息的准确性较高,接受信息的人对自己的判断比较有信心,能产生平等和参与感,有助于建立、增进沟通双方的感情。但双向沟通传达信息速度慢,发送者心理压力较大,传递过程易受到干扰,并缺乏条理性。

社会沟通的种类是多种多样的,除了以上我们提到的几种分类方式外,还可以用其他标准来进行划分,如:按信息传递的范围,可以将社会沟通分为内部沟通与外部沟通;按社会沟通的内容可分为信息沟通和情感沟通;等等。不同的社会沟通方式有不同的特点,有不同的适用情境。限于篇幅,这里不再一一赘述。

二、社会沟通的方法

社会沟通的方法也是多种多样的,在具体的沟通过程中,我们需要根据社会沟通的性质,参与社会沟通的主体的特点等选择相应的方法,因人因地因时因势而定。这里简单介绍一些常见的社会沟通方法。

(一)发布指示

指示作为社会沟通的一个方法,可理解为上级的训令,它要求下级在一定的环境下工作或停止工作,以达到社会系统的目标,具有强制性。隐含有从上到下的直线指挥人员之间的关系,这种关系是不能反过来的,如果下属拒绝或不恰当地执行了指示,而上级又不能对此进行制裁的话,那么他今后的指示就会失去作用。

指示的方式有许多种,上级在向下属发布指示时,需要根据具体情况选择恰当的指示方式[1][2]:

一是一般指示与具体指示。在向下属发布指示时,采用一般指示还是具体指示,取决于上级人员根据其对周围环境的预见能力以及下级的响应程度。对授权持严格、谨慎观点的上级倾向于发布具体指示,而在对实施指示的所有周围环境不可能预见的情况下,或者对下级人员的主动性、理性持肯定观点的情况下,大多采用一般指示。

二是书面指示与口头指示。在决定指示是书面的还是口头的时候,应考虑的问题主要有:上下级之间关系的持久性、信任程度等。如果上下

---

[1] 斯蒂芬·P·罗宾斯,玛丽·库尔特.管理学[M].11 版.李原,孙健敏,黄小勇,译.北京:中国人民大学出版社,2012:399-423.

[2] 里基·W·格里芬.管理学[M].9 版.刘伟,译.北京:中国市场出版社,2008:427-449.

级之间的关系长期维持,信任程度较高,则可以运用口头指示。如果为了防止命令的重复和司法上的争执,为了对所有有关人员宣布一项特定的任务,尤其是不平常的非程序性的任务时,则往往选择书面指示的方式。

三是正式指示与非正式指示。对每一个下级准确地选择正式或非正式的方式发布指示是一种艺术。对有些下属可以采用非正式指示的方式来启发,如"让我们做这个""是不是这样进行下去"。而对具有其他特征的下属用正式的书面或口述的命令方式可能更好些。

(二)会 议

会议是人与人之间沟通思想、交流情感、收集意见,以最佳方式处理有关问题的方法。我们发现,全球每天都有数百万次的会议。人们为什么要开这么多的会议呢? 这和会议的意义相关。

第一,会议是一个集思广益的渠道。通过会议使不同的人、不同的思想和观点汇聚一堂,相互碰撞、相互启发产生"金点子",很多高水准的决策创意就是人们在开会期间不同观念相互碰撞、相互启发的产物。

第二,会议显示了一个社会系统或单位的存在,是整个社会系统活动的一个重要反映。没有不开会的组织或部门,一个组织或部门不召开会议,它的存在感可能会受到质疑。

第三,会议是一种群体沟通的方式。会议很少是一对一的沟通,绝大多数情况下是一种群体沟通。随着科技的发展,人们沟通的方式越来越多,包括 E-mail、多媒体等新的沟通方式。但是,会议这种沟通方式是任何其他沟通方式都无法替代的。因为它是最直接、最直观、最符合人类原本的沟通习惯的沟通方式。

虽然会议是人们进行沟通的重要方法,但决不能完全依赖这种方法。而且,会议要有充分准备,民主气氛浓厚,讲求实效,切忌"文山会海"的形式主义。

(三)个别交谈

个别交谈就是指上级领导者用正式或非正式的形式,在社会系统内外,同下属或同级人员进行个别交谈,征询谈话对象对社会系统中存在的问题和缺陷的看法,对别人或对别的上级,包括对自己的意见和建议。这种沟通方式大部分都是建立在相互信任的基础上,无拘无束地进行的。只有在建立在这样的基础之上的个别交谈中,人们才会愿意表露真实思想,提出不便在会议场合提出的问题,从而使上级领导者能掌握谈话对象的思想动态、价值偏好和意见建议,并且在认识、见解、信心诸方面取得一致,实现预期的信息沟通效果。

(四) 倾　听

倾听与听见不同。听见是一个生理过程,取决于耳朵对声音震动做出反应。我们可能听见了却没有意识到这是事实,或者不能在事后回忆起我们当时听到了什么。相反,倾听是一个集中注意力于所听见的声音的有意识的沟通行动,是用真心、用眼睛、用耳朵、用智慧去听。真正的倾听使人暂时忘记了自己的思想、期待、成见和愿望,全神贯注地理解讲话者的内容,和讲话者一起云亲身感悟、经历整个过程。

第一,体现了对别人的尊重。倾听可以给对方满足感,让对方感受到自己是一个值得别人重视的人,自己所说的话、所表达的意见很重要,从而进一步激发其说的欲望。在尊重他人的过程中,还可以让自己获得对方的信任和友谊。

第二,充分获取信息。倾听是获取信息最直接、最有效的方法。一般而言,人们在表达信息时,有的人开门见山,我们容易从他的言谈中迅速找到需要的信息;有的人则说了半天也说不到正题,如有时个体的心情不好,看什么都不顺眼,抓到什么就拿什么说事;或者有的人表达信息时非常隐晦、含混;等等。这些都需要我们用心去倾听,才能尽可能多地掌握信息,以便处理和解决问题。

第三,倾听的同时,可以静心地观察对方的肢体语言及表情。有时肢体语言和表情可以表达出比说话内容更真实的信息。

第四,倾听是一种说服对方的方式。积极的倾听可以防止破坏性的对话方式,通过倾听来掩盖对话过程中的情绪,从而使讨论更容易进行和把握。

倾听不仅仅是听,而且要全身心投入。没有一定的技巧是很难实现的。倾听过程中的技巧主要有:一是附和,常用语有"是的""嗯""很好"等肯定词。二是重复,比如"你说你昨天去上海了""你儿子今年考上清华了呀"。三是归纳,如"我明白了,我现在要做的事是……"。四是适当的提问,提问是对说话者的奖励,可以刺激对方有兴趣讲下去,听的人也可以得到更多的信息。五是面带微笑,身体处于一种适度的偏紧状态,保持视线的接触。

(五)谈　判

谈判是有关方面就共同关心的问题相互磋商,交换意见,寻求解决的途径和达成协议的过程。这个概念包含三层意思:首先,谈判是以某种利益的满足为目标的,是建立在人们相互需要的基础上的,这是人们进行谈判的动机,也是谈判产生的原因。其次,谈判是两方以上的交际活动,只有一方是无法进行谈判活动的。因此至少有两方参与是进行谈判的先决条件。最后,谈判是一种沟通协调行为。谈判的开始意味着某种需求希望得到满足、某个问题需要解决或某方面的社会关系需要协调。但由于参与谈判的各方的利益、思维及行为方式各不相同,存在着差异和冲突,因而谈判的过程实际上就是一个寻找共同点的过程,是一种通过信息沟通进而协调行为的过程①。

一般而言,谈判可以分为三个阶段:

第一,开局阶段。是指从谈判各方见面到进入具体实质性谈判之前的过程,在这个阶段中,谈判各方主要要做三件事。一是建立谈判气氛。谈判气氛是在谈判的一开始,由谈判各方人员的相互介绍、寒暄形成的,当然随着谈判的进展也会发生一定变化,并对谈判的全过程及结果产生相应的作用与影响。因此在开局阶段,谈判人员的任务之一就是要为谈判建立一个合适的气氛,为以后各阶段的谈判打下良好的基础。二是交换意见。主要是谈判各方简要地陈述自己一方的基本想法、意图、目的,以求为其他各方所了解。各方能否很好地交换意见,不仅影响已经建立起来的谈判气氛,还决定后续的谈判能否顺利进行。三是开场陈述方案策略。根据各方表述的意见,尤其是相互存异或疑问处,各方此时进一步明确各自的立场、观点和诉求。

第二,实质性阶段。谈判各方依据所提出的条件进行广泛的磋商。在磋商的过程中,有交锋,也有妥协——各方相互交锋、彼此争论、紧张交涉、讨价还价,逐渐寻求对方的底牌。交锋结束,或者出现相互让步、达成妥协、达成共识的结果;或者出现无法调和、冲突严重、难以一致的结果。如果出现第一种结果,谈判则会进入第三阶段。如果出现第二种结果,要么谈判就此结束,要么谈判各方调适各自的偏好,并在此基础上重新进行

---

① 斯蒂芬·P·罗宾斯,玛丽·库尔特.管理学[M].11版.李原,孙健敏,黄小勇,译.北京:中国人民大学出版社,2012:399-423.

实质性的谈判。

第三，签约阶段。如上所述，谈判结果有两种可能，一种是谈判破裂，一种是达成协议，握手言欢。当谈判破裂时，需要为下一步谈判做各种准备。当谈判成交时，各方及时对所有达成一致的问题加以疏理，以防遗漏。最后形成文件，进行签署，以文字方式明确谈判结果和各方权利和义务。

（六）演　讲

演讲又叫讲演或演说，是指在公众场合，以有声的语言为主要手段，以体态语言为辅助，针对某个具体的问题，鲜明、完整地发表自己的见解和主张，阐明事理或抒发情感，进行宣传鼓动的一种双向沟通活动。

美国演讲理论家约翰·哈斯灵指出：公众演讲有一个很重要的优点：在短暂的时间内，它使一个人与一群人一起分享其占有的观点与信息①。因此，演讲可以使我们与人沟通的范围由一个人扩大到一群人。成功的演讲可以有效地传达信息，鼓舞群众，沟通情感，坚定信念。历史上的卓越的领导者都是演讲高手。

演讲如此重要，我们怎样才能做到有效演讲呢？一般而言，成功的演讲需要尽量使用听众觉得与众不同的词语，如古诗、名句、名言或者网络、社会中的新词；尽量使用排比句和循环句，可以得到事半功倍的效果；尽量使用首尾呼应的方法，突出重点，注重效果；整个演讲要讲究思维的逻辑性，由浅入深、有条有理地把论点论据讲明白；事先要进行准备，包括背诵，不带稿纸的演讲要比带上草稿的效果好得多；内心要有一个预案，考虑演讲中听众可能有的异议、提问，万一一时回答不了的也可以用"没听明白，请再讲一遍好吗？"延长自己思考回复的时间；懂得托物起兴，有一个好的开头很重要；结尾也要有力而精炼，令人回味无穷；随时了解听众动态，懂得适可而止和趁热打铁；等等。

总之，社会沟通的方法是多种多样的。每个社会系统都可能有自己特殊的沟通网络，上层领导者应自觉地研究和建立本系统中的沟通网络，改进薄弱环节，保证整个系统上下左右的信息能够得到顺利的沟通。

---

① 约翰·哈斯灵.演讲入门——信息·演讲者·听众[M].杨高潮，译.上海：上海人民出版社，1985:18.

三、社会沟通的原则

为使社会沟通更加有效,社会沟通主体除了要知晓各种沟通方法及优缺点以外,还必须掌握社会沟通的基本原则。

(一)明确性原则

社会沟通的目的是要接收者准确理解发送者传递的信息。而只有当信息发送者所用的语言和传递方式能被接收者理解时,社会沟通才会发挥它应有的作用,这也是信息发送者发出信息的目的之所在。人们在沟通过程中,很多时候会遇到这样的一个问题,即发言者讲了一句话,自以为已经讲得明白了,但对方居然没听明白或没听清楚。因此,在沟通中,问题有没有表达清楚,是由接收者说了算的。这就要求信息的发出者有较高的语言和文字能力,熟悉接收者的语言习惯,并尽可能用接收者容易理解的方式传递信息。这就是社会沟通要求的明确性原则,只有坚持这个原则,才能真正实现沟通的目标、达到预期效果。

(二)完整性原则

社会沟通的完整性原则强调的是沟通过程的完整无缺。每个社会系统在设置沟通模式时,都必须考虑使每个沟通行为过程的要素齐全、环节齐全,尤其是不能缺少必要的反馈过程。只有确保沟通的过程完整无缺,信息的流动才能畅通无阻、沟通的作用才能充分实现。在社会沟通过程中,沟通过程不完整的现象是经常出现的,如没有信息发送者,或信息发送者不明确、不固定;没有规定信息传递的渠道,或者传递渠道不固定,随意性很强;接收者没有明确传递方向;没有设定具体的沟通方式;缺乏反馈;等等。概言之,沟通过程的任一环节的缺乏都会使沟通受阻,因此需要坚持信息沟通的完整性原则。

(三)言行一致原则

沟通的关键不在于你说了什么,而在于做了什么,在于你的言行是否一致。言行一致在社会沟通过程中的力量是很大的。朱熹认为"信是言行相顾之谓",也就是说言行一致是一个人诚信的体现。如果一个人言行不一,就是自食其言、阳是阴非、面诺背违,就没有人会再相信你所说的话。相反如果一个人言行完全一致,那么这个人与他人的沟通就非常简单,他的影响也会非常大。所以,在社会沟通中,做比说的作用更大,需要通过言行一致的方式提高社会沟通各方之间的互信程度,这是提高社会沟通效果的关键要素之一。

(四)及时性原则

在社会沟通中,及时进行信息传递是非常重要的。由于信息的利用效果是与时间内在地联系在一起的,信息的有用性是有一定期限的。因此,及时的信息可能产生积极的效果,而过时的信息则可能酿成灾难。在实际工作中,有很多信息属于瞬时信息和短时信息,对这些信息如果不能及时进行处理和传递的话,其作用很快就会消失,甚至给社会系统造成巨大的损失。当然,及时沟通也并不是单纯地追求传递的速度,而是速度与质量并重,甚至信息的质量在某种程度上是第一位的。如组织决策过程中需要的高层次的信息,需要进行深入调查、仔细研究、反复论证,找到事物发展内在、本质的规律性,从而为决策提供高质量的信息。而对于重大的突发性事件,执行政策过程中出现的新情况、新问题,社会动态,则社会沟通进行得越快越好。

(五)策略性运用非正式群体的原则

在社会沟通过程中,一些信息不适合由正式群体来传递,或者正式群体的沟通渠道不够畅通,在这种情况下,正式群体的领导者可以使用非正式群体来补充正式群体在沟通过程中的不足,从而达到最佳的沟通效果。当然,非正式渠道传递的消息,对完成组织目标有不利的一面,所以需要策略性地运用这一渠道,利用其有利一面而规避其不利一面。

第四节　社会沟通效率[①]

在社会沟通过程中,各种因素的干扰和影响常常使沟通受到阻碍,造成信息的失真,这就是社会沟通障碍。要想提高社会沟通的效率,首先就应该找到造成信息失真的影响因素,进而才有可能找到针对性的解决办法。

一、社会沟通的障碍

社会沟通是不同社会主体之间进行的信息传递与理解,所以社会沟

---

① 斯蒂芬·P·罗宾斯,玛丽·库尔特.管理学[M].11 版.李原,孙健敏,黄小勇,译.北京:中国人民大学出版社 2012.

通的障碍也产生于信息的理解和传递环节。这两个环节中,理解是基础,传递是手段。只有对信息资料有正确的理解,才有可能传递出正确的信息;信息的接收也与理解密切相关,发送者发送的信息可能是正确的、真实的,但如果接收者进行了错误的理解,社会沟通本有的目标就难以实现。当然,手段、方法的不正确,也会对社会沟通的效果产生负面的影响。

在信息的理解环节中,导致信息失真的主要因素有语言、文化背景、知识与经验以及与心理现象相关的因素等。心理因素对社会沟通过程中信息的理解有非常重要的影响。我们知道,人的心理现象主要包括两个基本的方面:一是心理过程,即心理活动的过程,包括认识、情绪情感和意志三个过程;二是个性心理,是一个人在生活实践中经常表现出来的、比较稳定的、带有一定倾向性的个体心理特征的总和。个性心理主要包括个性倾向性和个性心理特征两个方面。

(一)心理过程

心理过程——知(即认知)、情(即情绪情感)、意(即意志)——是人类心理活动的基本形式,是人们认识世界的主观意识过程。既然是主观的意识过程,就有可能与客观事实不一致,如果把与客观事实不一致的信息资料传播出去,就造成了信息资料的失真。下面我们就心理过程的三个阶段来进行分析。

第一,认知阶段。认知的目的在于解决"是什么"或"什么事实"的问题。人们只有了解了事物的外在特征(或外部联系)和内在规律(内在本质),即了解了事物"是什么东西",才有可能对它进行深入了解。在认知阶段,对社会沟通产生阻碍的因素包括知觉、记忆、思维与想象的障碍。

首先,知觉的选择性障碍造成对信息资料理解的失真。知觉的过程就是一个对相关信息资料的理解、选择的过程,正是根据对信息资料的理解,发送者或接收者分析哪些信息是重要的、有价值的,哪些是不重要的、无需关注的。从社会沟通障碍角度来看,导致沟通信息失真和发送者或接收者对信息资料的知觉选择性障碍紧密相关。这里既有主观因素的影响,也有客观因素的影响。主观因素主要和个人心理品质有关。在发送或接收信息时,人们总是从适合自己的需要、经验、知识等角度去理解相关的信息,并对信息做相应的解释。客观因素主要和信息资料本身的特征密切相关。如组成信息的各个部分的强度不同、对比度不同、组合方式不同等,都会使一部分信息容易引起人们的注意而被人们接受,另一部分则被忽略。

其次，是个体记忆不佳所造成的障碍。在社会沟通过程中，信息传递往往是依据系统层级分层次逐级传递的。按系统层级传递同一条信息时往往会受到个体记忆力强弱的影响，从而降低了社会沟通的效率。

再次，思维与想象对社会沟通信息的失真影响是突出的。思维是人脑（主观）对客观现实概括的、间接的反映，揭露事物内在的、本质的规律性，以内隐的或外显的语言或动作表现出来。也就是说，思维是用主观的语言来反映客观的事物，把客观的事物转换成语言信息，因此，思维过程是思维主体利用已知的知识为媒介的。很显然，思维不能如实地、客观地反映客观事实的现象是经常发生的。思维主体的已知的知识体系是有限的，他（她）的思维不可能如实地反映所有的客观事物。思维过程是一个包括分析、综合、比较、抽象、概括、判断和推理的基本过程。这样一个复杂的过程，不仅会受到已有的知识体系的限制，还会受到心智技能、动机、情绪、刺激呈现的模式、思维定势、个性特点等因素的制约。例如某一事物呈现在思维主体面前时，总会涉及特定的空间位置、距离、时间的先后顺序、当时所表现的特定功能，所有这些具体特点及时空关系就构成了特定的刺激模式。如果刺激模式直接提供了适合思考问题的线索，就易于反映客观事实；如果刺激模式掩盖或干扰了思考问题的线索，就会增加如实反映客观事实的困难，甚至会使思维误入歧途。

最后，思维障碍因素也会影响人们能否进行正常的思维。想象是一种特殊的思维形式，是人在头脑中对已有的表象进行加工改造形成新的形象的心理过程。在社会沟通过程中，人们经常使用一些非语言沟通，因为非语言沟通不仅可以在特定的情境下代替有声的语言，而且在许多场合还能起到强化有声语言信息的效果，但这是以接收者想象力的发挥为前提的。而想象力的发挥是以接收者头脑中已有的表象为基础的，因此非语言的社会沟通能否起到应有的效果，和接收者头脑中有没有相应的非语言沟通表象有关，还和信息发送者与接收者对相同表象所表达的意义是否一致密切相关。如果信息的发送者利用某种非语言的方式表达了一定的信息，但接收者头脑中没有相应的非语言沟通表象，就无法想象出发送者要表达何种意思；如果发送者与接收者对某种非语言沟通表象的意义理解不一致，就很难收到应有的社会沟通效果。在这里，非语言社会沟通的跨文化差异影响显著。比如大拇指和食指组成一个圆这样一个手势,在美国人看来是"OK"的意思,在法国南部是"不好"的意思,在日本是"给我一点钱"的意思。再比如摇头在很多国家都是"不"的意思,但在保加利亚和印度南部则成了"是"。

第二,评价阶段。评价的目的在于解决"有何用"或"有什么价值"的问题。人们只有了解了事物"对我有何价值"或"有什么用处",才能对它采取正确的处理措施。在评价阶段,对社会沟通产生阻碍的因素主要是不良的情绪与情感。一个人在高兴或痛苦的时候,会对同一信息做出截然不同的解释。极端的情绪更可能阻碍有效的沟通①。极端的情绪状态往往使我们无法进行正常、理性的思维活动,代之以情绪性的判断。感情对信息资料的理解也具有阻碍作用。人是感情的动物,感情的存在会导致人们不能进行客观的、理性的判断。所谓"爱屋及乌",就是这种现象的典型反映。

第三,意志(决策)阶段。目的在于解决"怎么办"或"实施什么行为"的问题。就是根据事物的品质特性对于个体的价值,个体选择一种最合适的行为,以便充分有效地利用事物的价值特性。因此,意志是以对事物的品质特性的认知和评价为基础的。当然,一定的意志也会决定人们对事物品质特性的认知和评价。意志素质的高低影响人们能否形成创造性的设想、准确的判断、果断的决策、周密的计划、灵活的方案、有效的措施和坚定的行为。因此,在社会沟通过程中,较低的意志素质成了社会沟通的障碍。如意志素质较低的人,很难对事物形成准确的判断,做出准确的决策,也就谈不上传递准确的信息。

(二)个 性

个性是一个人稳定的特性和倾向系列,它决定人们的心理和行为(思想、情感、行为)的共同性与差异性,并具有时间上的持续性②。个性一旦形成,具有稳定性与时间上的持续性,不能轻易改变,对一个人的心理与行为有决定性的影响。个性是由个性倾向性与个性心理特征两部分有机结合而成的,其中个性倾向性主要表现在心理活动对客观事物的选择性、不同态度以及行为方式上,是人们进行各种社会活动的基本动力;个性心

---

① 斯蒂芬·P·罗宾斯,玛丽·库尔特. 管理学[M]. 11 版. 李原,孙健敏,黄小勇,译. 北京:中国人民大学出版社,2012.

② MADDI S R. Personality Theories:A Comparative Analysis[M]. 5th ed. Homewood: Dorsey, 1989:10.

理特征是人的个性中比较稳定的、经常的、具有决定意义的部分,决定着人的心理活动方式和行为方式。因此,个性对社会沟通过程中的信息的理解与传递都有决定性的影响。

个性倾向性会影响人们在社会沟通过程中对信息资料的选择,对信息的态度与社会沟通的行为。

首先,个性倾向性影响人们对信息资料的选择,造成信息歪曲或不全面。个体往往根据自己的需要过滤信息资料。在发送或接收信息时,符合自己需要的、与自己有切身利害关系的,很容易听进去,而对自己不利的、有可能损害自身利益的,则不容易听进去。为了得到上级的肯定或避免受到惩罚,向上级管理者汇报的都是上级管理者想听的信息或是对下级自己有利的信息①。基于个人兴趣和价值偏好进行的信息认识也会造成社会沟通中信息的过滤现象。凡此种种,都会导致信息歪曲或不全面,影响社会沟通的效果。

其次,对信息的消极态度造成的障碍。态度作为一种心理倾向,包含了三个部分,即认知成分、情感成分与行为倾向成分。在社会沟通过程中,对社会沟通产生阻碍的因素是前两个部分,进而造成了消极社会沟通行为:一是认知差异。在社会沟通活动中,忽视信息的作用的现象还很普遍,不少人不重视环境、事物发生的种种变化,不重视信息的收集、加工、处理和传输,这就为正常的信息沟通造成了很大的阻碍。二是情感认同。不同的社会主体对信息有不同的看法,形成不同的评价。有很多人只关心与自己利益相关的信息,而不关心群体或组织的目标、决策方面的信息,更不用说传递或接收与自己利益无关的信息了。

最后,个性倾向性直接影响社会沟通的行为,造成社会沟通的障碍。价值观是一个人对周围客观事物的意义、重要性的总评价和总看法。对个人来说,如果他(她)认为社会沟通不重要,没有意义,就不会或不主动进行社会沟通。个人对社会沟通的兴趣也会成为社会沟通的阻碍,如某些人对社会沟通、社会交往不感兴趣,不愿意与他人进行沟通。

个性心理特征决定社会沟通的效率和社会沟通的行为方式,进而影响社会沟通的效果。一方面,气质表现为人的心理活动的动力,对社会沟

---

① 斯蒂芬·P·罗宾斯,玛丽·库尔特.管理学[M].11版.李原,孙健敏,黄小勇,译.
　北京:中国人民大学出版社,2012.

通的效率和社会沟通的方式有重要的影响。我们知道,现代社会是一个高速发展、变化的社会,社会上的各种事物瞬息万变,尤其是在某些特殊的环境中,需要具备某些特殊的气质的人才能够正确地感知和采集信息,并及时将信息进行处理和传输。如现代化工作中的中央控制室,其仪表、信号和操纵器有成百上千个,操纵者反应稍有疏忽,就会酿成重大事故。一般说来,具备多血质和胆汁质的人比较适合从事这一类工作。如果在工作安排中,没有认识到特殊社会沟通情境对气质类型的要求,就有可能造成工作效率的下降,甚至酿成重大事故。气质还对人们的社会沟通方式产生一定的影响,多血质和胆汁质的人在社会沟通中较为主动,而黏液质与抑郁质的人社会沟通较为被动。所以,在工作安排中,如果是沟通较多的工作岗位,应该安排有多血质和胆汁质的气质特征的人来做,否则就有可能阻碍社会沟通,成为社会沟通的障碍。另一方面,能力是指一个人顺利地完成某项活动所必需的并直接影响活动效率的个性心理特征[1]。社会沟通作为一种社会活动,人们要想顺利完成,应该具备社会沟通的能力,比如较强的语言表达能力、人际交往能力等。因此,加强对社会沟通能力的培养是顺利完成和胜任社会沟通活动的前提与基础,否则社会沟通的效率就得不到保证。

(三)语　言

语言及文化背景的差异是造成社会沟通中理解障碍的重要因素之一。同样的词汇,对不同的人来说,含义是不一样的[2]。年龄、工作、成长环境、教育和文化背景等因素,对一个人的语言风格以及他对词汇的理解、界定产生重要的影响。

不同年代成长起来的人,由于社会环境存在差异,成长道路不同,对同样的语汇的理解与界定也会不同。"先生""太太""夫人""小姐"等称谓在我国的语义变化,充分地说明了时代对语用意义的影响。

每个人的成长环境不同,所形成的语言习惯也会有很大的差异。不同职业的工作人员,有他们各自的专业术语或技术语言。受教育水平的差异,也导致人们在社会沟通过程中所用语言的不同。凡此种种,导致人

---

① 陈国权. 组织行为学[M]. 北京:清华大学出版社,2006:111.
② 斯蒂芬·P·罗宾斯,玛丽·库尔特. 管理学[M]. 11版. 李原,孙健敏,黄小勇,译. 北京:中国人民大学出版社,2012.

们在描述相同的事物时，使用不同的词语，从而导致沟通上的困难。

文化差异对社会沟通中的语义理解的影响尤其突出。比如狗在汉语中带有贬义色彩。而从英美国家人民的文化心理角度来看，狗通常被视为可爱的同伴、人类最好的朋友。反映在语言里，狗总是带有褒义的色彩，如"You are a lucky dog（你是个幸运儿）"①等。

在社会沟通中，语境或语义的氛围对语义的理解也有重要的影响。社会沟通总是发生于特定的时空条件下，因此社会沟通的语义氛围也是随沟通情况的演变而不断变化的。如有一对父子走在路上交谈，当儿子告诉父亲最近一次的考试情况后，父亲脱口而出："真有出息！"这句话可以是肯定、赞许，也可能是批评、责骂。具体应该如何理解，这是由社会沟通过程中所营造的语义氛围来确定的。如果不去确定社会沟通中特定的语义氛围，就有可能造成沟通障碍。

（四）知识、经验与所接受的教育水平

知识、经验与所接受的教育水平的差异导致的社会沟通障碍。过去的经验和学习所获得的知识会以信息的形式储存于人们的大脑当中，影响人们对信息资料的知觉选择和组合。如果沟通双方的知识、经验水平差距过大，就会在面对同样的信息资料时，做出完全不同的反应，造成社会沟通的障碍。比如，面对同一台发动机，物理学家关注的是发动机的工作原理，画家关注的是发动机的形状和线条，这正是他们不同的知识结构所导致的。在社会沟通的过程中也存在这样的情形。因此，分析社会沟通、加强社会沟通的效果等都需要注意沟通各方在知识、经验以及受教育水平等方面的差异。

（五）其　他

社会沟通中的障碍，除了信息的发送者错误理解信息资料导致信息失真影响沟通效果，以及接收者没有正确理解发送者发出的信息导致信息歪曲外，还包括信息的传递方式、方法不当等。这些因素主要有：

第一，组织缺陷造成的社会沟通障碍。由于社会沟通大部分是发生在一定的组织系统中的，如果组织设置不合理，也会导致沟通困难。社会沟通不畅和组织有关的因素有：一是组织的结构层次不合理造成的沟通障碍。在各种社会系统中，合理的层次结构有利于信息的沟通。但如果

---

① 李富乐. 从语义差异看中西文化差异[J]. 时代文学（下半月），2008（5）:59.

机构过于庞大,难免会增加信息沟通的层次,导致信息失真。信息在组织层次的依次传递中,各层次的主管人员都会第一时间对接收到的信息进行甄别,层层过滤,导致许多有价值信息的丧失。甚至有的主管人员在信息传递中,断章取义,按照本单位或自己的需要、利益去理解、解释相关的信息,造成信息在传递过程中发生了歪曲。此外,信息组织机构的层层传递过程中还会浪费大量的时间,降低了沟通的效率。二是职责划分不明确造成的沟通障碍。组织的职能分工不明确,职责划分不清,容易导致沟通混乱。一方面,职责划分重叠,容易导致下属在遇到问题时,不知应该向谁汇报工作,造成沟通失灵;另一方面,职责不清,会使各部门在工作上相互推诿,无人负责,致使信息搜集、发出和接收主体不明确,进而导致沟通障碍。三是组织氛围较差造成的沟通障碍。组织中的管理者对下属人员提意见所持有的态度,会影响组织的沟通气氛。如果管理层对下属的不同意见都认定是负面的,或下属提出不同意见管理层就显露出不愉快情绪或没有肯定,就会导致很多人不敢对上层提不同意见。事实上,不同的意见可以使我们多角度地看待问题,起到集思广益的作用,有助于改善决策。甚至有的时候,管理者还应该鼓励这种不同意见之间发生争论,从而在争论中使问题越辩越明。然而很多管理者很难容忍下属人员的不同意见,甚至把下属发表不同看法看成是对自己的冒犯,导致下属有意见不愿说、不敢说。久而久之,就会使相关信息的沟通障碍加大。四是沟通渠道不畅或不完整造成的沟通障碍。组织结构的设计中没有充分考虑有效沟通问题,沟通的渠道不明确。如有的职位有明确的职责和任务,但对自己需要哪些信息和获得信息的渠道不明确,导致信息的沟通处于一种自发的状态,沟通的效率就很差。

第二,沟通媒介的选择不当或冲突造成的社会沟通障碍。社会沟通中,媒介的选择对沟通的效果有重要的影响。一般而言,重要的、避免重复发生的或需要通过某种形式来确定双方责任的事件,应该通过书面沟通的方式来进行。因为口头沟通,接收者会认为"随便说说""口说无凭"而不加重视。我们在进行社会沟通时,很多时候同时用几种媒介来传达信息。当几种信息的传达形式不协调或相互冲突时,接收者就难以理解传递信息的内容。如领导批评下属时面带微笑,不严肃甚至嘻嘻哈哈,就不能起到批评的效果。

第三,信息超载造成的社会沟通障碍。信息超载是指接收者所接收到的信息量超过了个人的处理能力。随着计算机的发明,尤其是互联网兴起后,人们接触到的信息泛滥成灾。有统计数据表明,在商务活动中,电子邮件使用者平均每天使用电子邮件的时间是 107 分钟,这大概是一个工作日的四分之一。而其他的统计数据表明,员工平均每天要发送和接收 204 封电子邮件[①]。除了电子邮件,还有大量的电话、传真以及参加不完的会议和要学习的专业知识,形成了巨大的信息量,以至于人们没有足够的时间、精力、能力去处理、加工和传输这些信息。当一个人所得到的信息超过了个人能处理、加工和传输的量时,他最可能的处理办法就是忽略、轻视或筛选某些信息,甚至干脆放弃所有的信息。因此,信息超载带来的是信息的缺失,会严重损害沟通的效果。在社会沟通过程中一定要注意信息适量以及信息处理能力与信息量适配的问题,否则就会造成沟通障碍。

第四,噪音造成的社会沟通障碍。噪音存在于社会沟通过程的各个环节,造成社会沟通中信息的损耗或失真。典型的噪音主要有发送噪音、传递噪音、接收噪音、代码噪音、环境噪音、背景噪音和数量噪音。

发送噪音是在信息的发送环节产生的。信息的发送噪音与信息编码有关,因此发送噪音又称编码噪音。导致编码噪音的原因主要有两个方面:一是信息发送者编码能力不足,如词不达意、逻辑混乱或用词晦涩难懂,导致编码错误或与接收者的接收能力不符。二是发送者对应该全部进行编码传输的信息进行了知觉性选择,即对信息进行了过滤,影响了信息的完整性和准确性。

传递噪音是指存在于信息传递过程中的噪音。信息经过编码以后,就需要选择一定的渠道或媒介将信息传送给接收者。这里的渠道或媒介有可能存在噪音。如电话沟通中可能由于线路或信号原因,对方无法听清,邮件、文档在传送过程中丢失,打印件或复印件不清晰,看不清楚,请人带话,带话者修改了信息的内容或词不达意等,都属于传递噪音,即沟通渠道中产生的噪音。

接收噪音是在信息接收环节产生的噪音,接收过程是一个信息解码的过程,因此也称解码噪音。信息在解码环节失真的原因大致有二:一是

---

① 斯蒂芬·P·罗宾斯,玛丽·库尔特. 管理学[M]. 11 版. 李原,孙健敏,黄小勇,译.
北京:中国人民大学出版社,2012.

接收者个体心理因素所导致的对信息的知觉选择,即信息过滤。二是个人解码能力不足,受个体的智力、经验、思想等的局限无法准确地理解传输过来的信息。

代码噪音,又称符号噪音,是指社会沟通中,由沟通的信息代码差异或缺陷引起的沟通障碍。在社会沟通过程中,我们都必须借助一种双方都熟悉或能理解的信息代码系统,才能顺利地进行沟通。如果双方沟通所用的符号系统有差异,就会出现沟通障碍。这种障碍主要有两种形式:一是平行噪音,即双方所用的沟通符号没有交集,是完全不同的。如一个完全不懂英语的人看英语文件,哑巴和不懂手语的人打手势。双方都无法对对方传递的信息进行解码,也就谈不上顺畅的沟通。另一种是差异噪音,即双方所用的符号系统基本一致,但由于人的个体差异——智力差异、能力差异、专业差异、个性差异——导致人们内在的信息符号系统不完全相同,因而产生了对同一信息符号系统的不同理解。

环境噪音是指影响社会沟通效果的一切外在客观环境的干扰因素,是阻碍人们进行顺畅沟通的物理因素。如人声沸腾、马达轰鸣会成为语言沟通的障碍,大风、大雾或光线不足会成为旗语沟通的障碍,等等。

背景噪音是指在社会沟通过程中,沟通双方的社会关系、文化差异和心理情境等背景因素对社会沟通的影响。社会关系是指沟通双方的社会角色关系——同学、父子、师生、领导与群众等,不同的角色关系对应不同的沟通模式和期望。进行沟通时,应根据双方特定的角色关系来选择对应的沟通模式与方法,否则就会导致沟通不畅。文化差异对社会沟通的阻碍是非常明显的,文化差异导致人们价值观、思维模式和心理结构的差异,从而给人们之间的沟通带来了困难。心理情境对社会沟通的影响也非常突出,这里的心理情境主要是指沟通时双方的情绪状态、沟通态度。如果沟通双方的情绪状态、沟通态度存在偏差,就会造成沟通障碍。

数量噪音是指在沟通过程中,传递的信息量过大,使对方无法及时处理或充分把握,或信息量过小而缺乏必要的沟通内容和意义,影响社会沟通的效果。

第五,拒绝倾听造成的社会沟通障碍。社会沟通应该是一个有说有听、有来有往的互动过程。而倾听是一个把物质、情感和智力整合,以寻找意义和理解的程序①。倾听不仅是用耳听,还是一个用眼观察,用嘴提问,用脑思考,用心灵感受的积极主动的搜寻信息的过程。拒绝倾听,往往会对接收到的信息一知半解,发现不了表面信息的深层次内涵,产生误解。

第六,沟通双方心理不相容造成的社会沟通障碍。沟通双方的心理相容性是指参与社会沟通的双方之间相互感知、信任和理解以及在情趣、志向等方面能互为对方所接受,从而引起相互肯定的反应。如果参与沟通的双方在心理上互不接受,或一方不能接受而引起否定的反应,或者沟通双方之间利益、价值取向严重不一致,则为心理不相容。心理不相容,则双方相互不信任、相互不能理解、不能从内心去感知对方所表达的信息,甚至会对信息存有成见,不予重视,从而不利于双方的有效沟通。

除了上述的因素以外,社会沟通中的时间因素(如时间紧迫,来不及进行全面的沟通)、准备不充分等因素也会造成社会沟通障碍。

二、提高社会沟通有效性的方法②③④

前面我们对社会沟通过程中的阻碍因素进行了分析,针对这些沟通中的障碍,我们应该如何来克服呢? 下面就此问题进行探讨,以求找到提高社会沟通效果的基本方法。

(一)重视社会沟通的作用

社会沟通的目的在于准确地传递信息,并让对方理解信息。我们每天都在以各种方式进行社会沟通,我们交流思想、感情,分享喜悦、快乐,诉说苦闷、痛苦等。不论是简单的或复杂的,有意的或无意的,有计划的或特别的,积极的或消极的,沟通是实现我们的目标,满足我们的需要,实现我们的抱负的重要工具之一⑤。可以说,没有社会沟通就没有人们的

① D·赫尔雷格尔,J·W·斯洛克姆,R·W·伍德曼. 组织行为学[M]. 9 版. 俞文钊,丁彪,等译. 上海:华东师范大学出版社,2001:633.

② D·赫尔雷格尔,J·W·斯洛克姆,R·W·伍德曼. 组织行为学[M]. 9 版. 俞文钊,丁彪,等译. 上海:华东师范大学出版社,2001:600-635.

③ 克里斯·科尔. 沟通的技巧[M]. 刘永俊,李均洋,译. 北京:中央编译出版社,1998.

④ 斯蒂芬·P·罗宾斯,玛丽·库尔特. 管理学[M]. 11 版. 李原,孙健敏,黄小勇,译. 北京:中国人民大学出版社,2012.

⑤ 克里斯·科尔. 沟通的技巧[M]. 刘永俊,李均洋,译. 北京:中央编译出版社,1998:5.

正常生活,也没有不同主体、群体之间的相互理解。

社会沟通对于事业的成功尤为重要。没有沟通,群体就缺乏凝聚力和向心力;没有沟通,成员之间就无法合作;没有沟通,就不会形成团队。另外,社会沟通对社会的稳定、发展起着非常重要的作用。社会沟通可以化解社会矛盾,解决社会问题,解放人们的思想,创造社会财富,推进社会发展。因此,社会沟通是联络感情的纽带,是和谐社会的基石。所以社会沟通是非常重要的,社会中的每个人只有认识到了社会沟通的重要作用,才会重视社会沟通,才会有意识地确保社会沟通的有效性。

(二)提高社会沟通的能力

社会沟通能力是指一个人与他人有效地进行信息沟通的能力,是一个人胜任沟通工作的主观条件,主要有信息收集能力、信息表达能力、说服能力等。从表面上看,社会沟通能力是一种外在的东西。实际上,它是外在技巧与内在动因的结合,是一个人知识、能力、品德等素质的重要体现①。因此,要提高人们的社会沟通能力,不仅要提高人们的沟通的专业技巧,还必须提高其思想道德素质。具体说来,一方面,要提高人们的思想道德素质,积极引导人们树立正确的世界观、人生观与价值观。只有以正确的世界观、人生观和价值观为指导,才能正确地看待社会沟通的作用,正确地处理沟通双方之间的关系,为社会的发展做贡献。另一方面,有针对性地进行社会沟通能力的培训和自我培训,提高社会沟通、协调的能力。信息收集是进行社会沟通的前提,因此要提高社会沟通能力,首先就要提高信息收集的能力。要培养全局的观念,力求在收集信息时注意信息的完整性,注意信息的时效性。信息收集的关键在于真实可靠,准确无误,所以培养人们的求实观念及实事求是精神非常重要。信息收集起来以后,要进行加工处理及准确地表达和传递相应的信息,因此还要对信息的表达、传递能力进行培养。措辞要清晰、明确,表达意思要准确,信息内容应条理清晰,方能有效地传递信息。同时注意配合非语言的表达方式,准确、有效地传送信息,实现沟通的目的。

(三)了解社会沟通的对象,分析沟通的背景

社会沟通的目的是要让接收者接受并理解信息,所以沟通就应该以

---

① 毛远芳. 有效沟通:社会和谐的基石——由群体性突发事件得到的启示[J]. 黑河学刊,2010(8):154-156.

接收者为导向。在社会沟通之前,应该了解接收者的情况,他们是谁? 他们对什么感兴趣? 他们了解什么以及想了解什么? 怎样引导他们? 通过对这些情况的了解与掌握,来确定如何传递信息,传递什么信息等,从而达到有效沟通的目的。

很多时候,我们要求进行社会沟通的双方在地位、身份、实力、资历等方面具有对等性,甚至把对象对等看成是平等协商、沟通的基础。如国与国之间的谈判、沟通;企业与企业之间的沟通协调;群体与群体之间的沟通协调;等等。

任何的社会沟通都是在特定的环境当中存在和发生的,因此需要分析社会沟通发生的特定的环境条件。这里的环境分析既包括内部环境分析,也包括外部环境分析。要特别注意对社会沟通过程发生影响的环境因素,这些因素有:一是心境背景。参与社会沟通的双方都要培养良好稳定的情绪,避免把坏的、消极的情绪带到社会沟通过程中来。每个人都要学会用公正的态度去对待和理解所得到的信息,避免因个人的偏见和好恶影响社会沟通,造成沟道障碍。二是物理背景,即社会沟通发生的特定场所。特定的场所能营造特殊的沟通氛围,避免外界的干扰。进行社会沟通时,一般要选择相对安静的环境。一方面,可以避免嘈杂的环境对个人心境的影响;另一方面,可以避免物理噪音对信息沟通的干扰。在社会沟通过程中,我们还需要根据沟通的一些具体情况来选择场所。如和关系要好的朋友聊天,一般选择在会客室或办公室的沙发上、咖啡馆或室外,而不可能选择在会议室或隔着办公桌面对面坐着。三是社会背景。它是指社会沟通主体双方的社会角色关系,与对社会沟通间接发生影响的其他个体或人群关系。要善于根据不同的社会角色,选择恰当的社会沟通方式与模式。人们对于每一种社会角色关系,都有特定的社会沟通方式预期,只有所选择的社会沟通方式符合这种预期,人们才会接纳这种沟通。四是文化背景。社会沟通主体的文化差异是影响沟通效果的主要因素。文化差异导致人们在社会沟通过程中的思维方式、表达习惯、价值观念等都有很大的不同。如拒绝别人的要求时,美国人会直接说"不",而中国人通常会说"让我考虑考虑"。如果美国人不了解中国人的说话方式,过两天说不定又会来问中国人:"你考虑得怎么样啦?"可见文化差异可能会造成社会沟通过程中的信息误解和冲突。因此跨文化沟通中,最重要的是要正确理解他文化与自文化的差异,在沟通中求同存异;进入对方的文化情境中理解对方,选择合适的沟通方式。

(四)理顺社会沟通渠道

沟通渠道是指由信息发出者选择和确立的传递信息的媒介物,即传递信息的途径。要理顺社会沟通的渠道,一是增加社会沟通渠道的数量,建立多种沟通途径。有效的沟通需要有相应的制度保障,沟通渠道的建设也应有相应的制度性措施,如建立定期的例会制度、领导接待日制度、热线电话制度、访谈制度等。在确保正式沟通渠道畅通的基础上,还可以有控制地使用直接传递与非正式渠道。直接传递就是通常所说的越级沟通,即撇开正式的信息管理系统,使非直接管辖的上下级之间直接对话。越级沟通可以提高信息沟通的时效性,有助于迅速处理一些突发的重大问题。但越级沟通也破坏了组织系统的完整性,所以要控制使用。非正式渠道可以使信息迅速传播,传递正式渠道不愿传递的信息,具有正式沟通渠道的辅助性功能。所以在社会沟通中,也可以让非正式沟通适当发挥它对正式沟通渠道的辅助作用。

二是确保正式沟通渠道层级最少,减少信息在系统层次的逐级传递中的消耗,采用最短的路径进行沟通。能面谈的尽量面谈,不能面谈的可以采用现代化的沟通手段——电话、网络、电子邮件——进行直接沟通,以取代信息通过中间层级进行传递,减少信息在传递过程中被过滤或失真。

三是确保信息反馈机制的畅通。信息反馈是提升信息准确性的可靠途径,因此沟通渠道中应建立反馈制度。信息反馈制度不仅能提高信息沟通的准确性,而且可以加强信息发送者和接收者之间的心理沟通。

(五)形成良好的有利于沟通的氛围

社会沟通过程中,只有沟通双方都把对方放在同等的位置上,才能"推心置腹",做到"开诚布公",以"同理心"促成相互理解。否则就会产生心理障碍,阻碍社会沟通的进行,影响社会沟通的效果。要把对方看成和自己平等的一员,需要个体具有良好的心理相容性。心理相容性是一个人在心理上容纳他人或自我的程度,以及顺应时势变迁的程度。心理相容性大的人心胸开阔,能容忍他人不同的看法、态度和行为,还能审时度势,把握时势地发展调整自己的想法、态度。相反,心理相容性小的人,很难容得下他人不同的观点,自我中心倾向明显,看问题缺乏变通思维,好走极端,和别人难以建立起良好的人际关系。因此,拓展个体的心理相容性,培养宽容大度的心态,养成顺应现实的生活态度,有助于形成和谐的人际关系,培育良好的沟通氛围。

在社会沟通中,良好的心理相容性体现为沟通者良好的沟通心态,即通常所说的"五心"沟通——平等心、欣赏心、包容心、合作心和分享心。

平等心,即在社会沟通时,保持与对方平等的心态。一方面,社会地位较高的人,在社会沟通中要放低姿态,以平等、谦和的态度赢得更多的信任与尊重,降低沟通双方的距离感。另一方面,社会地位较低的人,在社会沟通中要自信、自尊、自爱,避免因敬畏或自卑而不敢发表自己真实的想法,错过沟通的机会。

欣赏心,即要用欣赏的眼光看待他人,发现他人身上的闪光点,并表达自己的赏识,使他人受到鼓励。当一个人感受到被尊重和欣赏时,他就会更愿意与你进行沟通,倾听你的意见和建议。

包容心,即要有宽大和开放的胸怀,对不同的意见能做到包容,进行心平气和的讨论。甚至在对方冒犯自己时,也能以合适的方式来面对,以包容的心态去理解。

合作心,即人与人之间要有合作的意识。有了合作的意识,才能在发现问题时及时、积极主动地进行沟通;才能在出现矛盾和争执时多做换位思考,这样沟通才能更顺畅,更容易达到相互理解的状态。

分享心,即共同享受、共同学习、共同发展的意识。在社会沟通中,真诚地与他人分享知识、信息、感悟,分享一切值得分享的东西,可以让沟通各方收获更多的信息和价值。

(六)选择正确的社会沟通方法

社会沟通需要借助一定的媒介(包括口头、书面和非语言的方式)和渠道(正式、非正式)来传递信息,这就是沟通方法。一般而言,沟通方法的选择主要以方便为原则。需要注意的是,没有哪一种方法是绝对有效的,也没有哪一种方法可以适用于一切情况。在具体运用时,可以参考以下几个方面的因素:

第一,根据沟通内容的重要程度,选择合适的沟通方法。一般而言,沟通所涉及的内容比较重要,一般采用正式沟通和书面沟通;如果沟通所涉事项重要性较低,可以采用非正式沟通和口头沟通。

第二,根据沟通双方的关系和行为方式的特点选择恰当的沟通方法。如果沟通的双方关系密切,互相信任,长期合作,则可以采用非正式的沟通和口头沟通。相反,如果沟通双方比较陌生,是初次合作,双方没有建立起互相信任的关系,为了避免矛盾和法律上的纠纷,则宜采用书面沟通和正式沟通。另外,如果沟通双方是制度化的关系,那么沟通更应该采用正式的方式或书面的方式。

第三,根据沟通内容的紧急程度和能使用的资源选择合适的沟通方法。各种沟通方法本身所具有的特点不同,导致各种沟通方法在传递速度、耗费的资源等方面存在差异。如非正式沟通与口头沟通,信息传递的速度较快,且耗费的资源比较少。而正式沟通与书面沟通,信息传递的速度比较慢,且要耗费更多的资源。

第四,根据沟通过程的互动性选择合适的沟通方法。一般而言,口头沟通主要用于即时的互动性沟通,富有感情色彩。而书面沟通的互动性、反馈性较差。因此,如果社会沟通需要及时互动,那么宜采用口头沟通;如果社会沟通对于互动和反馈的要求不那么紧急,则可以采用其他的沟通方法。

(七)掌握社会沟通的技巧

要提高社会沟通的效果,掌握一些必要的沟通技巧是非常重要的。大致需要把握如下三个方面的沟通技巧:

第一,同理心。同理心是一个心理学概念,简单地说就是站在对方的立场来思考问题。具体来说,就是在沟通时把自己当成沟通对象,站在对方的角度看待问题。不仅要理解对方的处境、思维水平和知识素养,而且还要维持对方的自尊,加强对方的自信。同理心是人际交往的基础,也是进行沟通的基石(在社会工作实务中尤其要注意拥有同理心)。有同理心的人更容易获得他人的信任,这种信任不是对个人能力、专业水平的信任,而是对人格、价值观和态度的信任。所以有了同理心,就可以有效促成真心交流、顺畅沟通。要将同理心用在沟通上,一般要做到"两同步",即心理情绪同步和身体状态同步。心理情绪同步,就是在沟通时与对方保持相同的心理、情绪,对方高兴你也快乐,对方难过你也悲伤。要做到心理情绪同步,也要分两步走:一是进行换位思考,揣摩对方的心理感受;二是说出你的这种心理感受,并与对方积极探讨。如有人跟你说:"我家的小猫死了!"这时你揣测他的心情应该是难过、悲伤。接下来,你应该表达你的这种感受:"我想你一定非常难过。"身体状态同步也很重要。身体状态同步主要是指双方所用的语言文字、语调语速和肢体语言上的同步。即双方有共同的语言和说话的习惯,说话的语调语速比较接近,肢体语言与对方保持一致。如果双方在这些方面同步,就有共同的话题、相似的行为习惯,沟通的效果就相对较好。

第二,积极倾听。倾听是较有效的沟通手段。然而很多时候,我们只是在"听",而没有做到"倾听"。"听"是我们与生俱来的听见声音的能力,是人的感觉器官对声音的生理反应。而"倾听"是指不带先入为主的判断或解释的对信息完整意义的接受,因而它要求听者全神贯注。"倾听"是一个将声音转换为意义的过程。社会沟通不仅仅是信息的传递,更为重要的是接收者对信息的理解,而倾听的过程就是一个将传递的声音信息转换为意义的过程。因此,没有倾听就没有沟通,缺乏倾听是沟通所面临的主要障碍因素之一。倾听不仅可以使沟通各方获得必要的信息,而且可以使沟通各方获得友谊、信任和尊重。心理学研究表明,人的内心深处,都有一种得到别人尊重的愿望。在社会沟通中,耐心地倾听对方的谈话,就等于告诉对方"你是一个值得我倾听的人",无形中提高了对方的自尊心,加深了彼此之间的感情。这无疑能够提高沟通的效果。

怎样才能提高倾听的效果呢? 需要注意如下几个方面:一是集中注意力,全神贯注地听。二是不要随便打断对方。三是接受、尊重谈话者的观点。四是适时回应,注意反馈。在倾听的过程中,可以采用一些非语言的方式给予谈话者明确的反馈,如点头、手势等。或以适当的提问、重复对方的重点的方式做出回应。五是要听出言外之意。不能满足于谈话的表层意思,而是要从谈话者的言语、语速、语情、语势等非语言的表达中演绎出暗含的信息,把握谈话者的真实意图,掌握真实信息。六是把握沟通的逻辑结构,引导沟通过程朝主题方向发展。善于倾听的人总是能分辨出沟通的关键内容,并抓住事实背后的主要意思。当沟通脱离主题时,能机智地把话题引回到主题上来。

第三,简化用语。语言可能成为沟通的最大障碍,因此在社会沟通过程中,选择好措辞,用简洁清晰的语言来表达,信息才易于被接收者理解,社会沟通的目的才能真正实现。具体来说,简化语言要做到:一是突出重点。简化语言的关键是突出重点。任何事情都有其重点,都可以用几句话来加以概括。对重点的强调、突出等易于提升沟通效果,使沟通各方的相互理解程度加深。二是使用听众能理解的语言。有效的沟通不仅需要信息被接收,而且需要信息被理解。所以在社会沟通中,还要考虑信息所指向的听众,以确保所用的语言适合该类信息的接受者。不同的听众,由于存在经验、专业知识、文化水平、成长环境的差异,对相同语言、词汇的理解能力有很大不同。所以在社会沟通中，需要根据听众的具体情况，选择使用他们熟悉的语言，以增进理解，提高信息的接受程度。三是擅用比喻。有很多问题非常复杂，非专业的人员很难理解，但即使再复杂的问题，也可以用简单的比喻说出来。比喻，简单地说就是举例子，例子因为生动、形象，接近生活，非常容易使人触动，使人一听就明白。四是主动反馈。一个完整的社会沟通过程应该是这样的，首先是信息的发出者简洁清晰地"表达"信息，其次是接收者通过"倾听"接收信息，最后是接收者在信息的接收过程中或之后，及时地做出回应，以澄清"表达"和"倾听"过程中可能的误解或理解不准确。因此，运用反馈，可以减少信息失真现象的发生，提升沟通效果。

（八）克服噪音的干扰

一切妨碍有效沟通的因素都称之为噪音，不同噪音对沟通产生不同影响，这里仅就如何克服传递噪音进行探讨。传递噪音基本上属于物理噪音，分为设备噪音和人为噪音。设备噪音如电话中的吱吱声、汽车发动机的轰鸣声、扩音器发出的噪音等；人为噪音如人们走动发出的声音，人们大声喧哗声，挪动椅子、开关门发出的声音等。为了克服物理噪音对社会沟通的影响，首先是在进行沟通之前，选择相对安静的环境，避开嘈杂场所；其次，规定沟通环境的纪律，减少人为的噪音，如组织规定开会的纪律，避免迟到、早退；最后，加强对沟通环境中的设备的维护和保管，如会议室的扩音器要定期维护，防止在使用过程中发出噪音。

（九）控制信息的数量，防止信息过载

我们每天都会不断地遇到各种各样的新信息，甚至被信息过量"压得喘不过气来"。那么，如何来控制源源不断地闯入身边的信息呢？

首先，对信息进行过滤和整理，只传递必要的信息。比如向组织上层传递的信息是那些属于"例外"的情况，而不是例行的指令信息，由下级按照正式渠道向上沟通，而组织上级只将那些必须让下级了解的信息向下传递①。

其次，建立一套吸收信息的模式与习惯。接触到某些信息时，应该界定信息的优先级。可以将信息按其与工作或生活的关联程度分为"核心

---

① 风笑天,张小山,周清平.社会管理学概论[M].武汉:华中理工大学出版社,1999:
97.

信息""辅助信息"和"其他信息"。"核心信息"是与工作或生活联系密切,能立即产生重要影响的信息,这些信息应优先投入时间、精力去理解、思考,并与此前所接触的信息联结。"辅助信息"属于和工作或生活有关联,但不能产生即刻影响的信息。和这两者都不关联的,则列为"其他信息"。要养成信息吸收"宁精勿多"的习惯。因为存在"贪多嚼不烂"的现象,在前一个"核心信息"没有充分理解之前,切勿匆忙去接收和传递新的信息。

最后,控制信息使用的范围。在信息传递时,适用范围有限的信息要力求保密。防止信息大面积扩散、泛滥,给成员造成不必要的心理负担,影响团队士气和群体凝聚力;防止那些敏感信息、不实信息等无节制传递,给社会秩序造成影响。

第五讲　公共安全管理

　　心理学家、管理学家马斯洛曾经指出：随着人类进化发展，产生了低级需求向高级需求阶梯式逐级递升的状况，从生理需求、安全需求、社会需求到尊重需求、自我实现需求这五种层次，是构成低级到高级的五个阶梯①。随着社会经济迅速发展，民众生活质量日益提升，生理需求基本得以满足，这就激励着民众对自身安全直至社会公共安全的进一步追求，保障自我身心、财产事业安全及社会和谐稳定免受风险。

　　然而，工业社会的来临给民众带来舒适安逸的生存环境的同时，也带来了诸多不确定性，如核危机、生态危机、信任危机等就有足以毁灭全人类的风险②。自20世纪中期以来全球社会开始发生微妙变化，某一国家的某一项决策就可能毁灭地球上的所有生命，对其他国家产生致命影响，这说明当今时代与人类历史上的任何时代都有着根本的区别，已经呈现出从工业社会向风险社会过渡的迹象③。全球风险社会的到来，无疑会对社会公共安全产生巨大挑战，更是会影响整个社会的良性稳定运行以及和谐有序发展④。

　　同时，权利与财富在风险社会中被风险与不确定性置换，财富分享较多的地区将风险转移到落后地区，落后地区又因经济薄弱而在面临灾难

---

① 亚伯拉罕·马斯洛.动机与人格[M].3 版.许金声,等译.北京:中国人民大学出版社,2007:4.
② 乌尔里希·贝克.风险社会[M].何博闻,译.南京:译林出版社,2004:7.
③ 陈庆刚.城市公共安全管理中政府主导的多元参与研究[D].天津:天津师范大学,2010:56.
④ 弗兰克·费舍尔.乌尔里希·贝克和风险社会政治学评析[J].孟庆艳,编译.马克思主义与现实,2005(3):47-49.

打击时显得更为脆弱①。相对于发达国家来说，中国的现代化更具有情境分离性和急速性，在面临全球安全风险时更容易受到影响。另外，我国城乡发展的二元格局下，差距依然存在，农村较于城市面临更多由风险社会带来的安全威胁。因此，对公共安全管理的关注，在当今中国更加突显。

综上所述，公共安全是社会建设的重要目标之一，保障公共安全、减少公共风险是社会管理的重要内容之一。

第一节 公共安全管理概述

对公共安全的追求一直是人类社会共同的话题，无论是原始社会开发使用各类工具抵御自然风险，还是当今对各种公共安全风险的规避，都体现出人类对公共安全的强烈需求。那么，什么是公共安全？ 什么是公共安全管理？ 公共安全管理需要遵循哪些原则？ 这是本节要回答的问题。

一、公共安全的概念辨析

全球各国面临着越来越多的公共安全问题，诸如自然灾害，艾滋病、禽流感、埃博拉等疾病传播，食品污染、添加剂导致的食品安全问题等，都引起了民众对公共安全的高度重视。

在国际上，公共安全的概念一般有广义和狭义两种划分。广义的公共安全即不特定多数人的生命、健康、重大公私财产安全以及公共生产、工作生活安全等。它囊括了社会生活的方方面面，既有积极意义上的公共安全，即主动地通过国防、环保、社会保障等各种措施保障整个民族和国家的人民的安全；又有消极意义上的公共安全，即免除受到犯罪侵害、受到天灾人祸的威胁的安全。狭义的公共安全可以概括为三个重要方面，即自然灾害、治安事故和犯罪侵害等引起的公共安全。

国内学界也从不同视角对此进行了阐释，如有学者从当今的国家安全视角出发，认为以国家为主体，军事、政治安全占重心的传统安全受到

---

① 祝天智. 论风险社会的挑战与农村公共安全管理的创新[J]. 湖北社会科学，2011（2）：30-34.

来自经济、疾病、食品以及环境等"非传统"领域危机的挑战,这些异于传统安全的且以人权和公共利益为主要内容的范畴也毋庸置疑地属于公共安全。还有从安全科学角度出发,认为这是从传统以生产领域为主的技术安全扩展到生存安全领域的转变,它不仅仅保护劳动者,更关注全体民众的生存与生活。也有学者从法学角度指出,《中华人民共和国刑法》明文规定,危害公共安全罪,是指故意或者过失地实施危害不特定多数人的生命、健康和重大公私财产安全及公共生产、生活安全的行为。另有学者认为法律视角虽然能明确保障民众的生命、健康、财产、生产和生活安全,但也存在能否有效解决公共安全的问题,诸如能否找到准确负责的主体。并且,随着食品、环境等问题逐渐走入公共安全领域,民众开始更多关注于普遍伤害的潜在可能性,而不仅仅是伤害的结果以及具体的责任主体,这些都是目前的法律体系难以有效解决的①。还有学者从社会学视角界定公共安全,认为公共安全是一种认知性的存在,强调的是各类主体间的安全风险,认为需要通过相应社会结构的构建来减少社会风险,形成安全的社会情境②。

可见,公共安全是构建和谐社会、实现经济繁荣发展必须重视的问题,也是实现对全体民众身体健康、财产、生产和生活安全的保障。

二、公共安全管理的内涵

不同国家对公共安全管理有不同定义与称谓。公共安全管理在美国和澳大利亚等国家被称为"紧急事态管理"。美国联邦紧急事务管理署将其定义为:通过一系列的政策规划实施、可利用资源的调配以及人员的组织安排实现对灾难的预防准备、应对克服和恢复重建。美国的紧急事态管理包含公共安全和紧急状态两个方面,前者强调在社会基本有序情况下的维稳,后者更强调非程序化的决策。澳大利亚给出的定义是处理社区及环境危险的一系列措施,既包括前期的机构设置、人员安排和政策预案,也包括处理危险的行动过程、行动目标等具体环节。

我国学者将公共安全管理界定为:国家行政机关为了维护社会的公

① 战俊红.公共安全的多学科解析[J].河南理工大学学报:社会科学版,2006,7(2):114-119.
② 祝昌鸿.社会学视野中的公共安全分析[J].华北科技学院学报,2008,5(1):98-101.

共安全和秩序,保障民众的合法权益,以及社会各项活动的正常进行而做出的各种公共行政活动综合①。笔者认为国内学者的界定更全面,也更契合我国的实践情境。

三、公共安全管理的原则

实施公共安全管理,需要遵循一定的原则。一般而言,需要遵循如下原则:

(一)系统性原则

公共安全问题不仅具有明显的溢出效应,而且具有整体性和系统性特征。我们要摒除"碎片化"公共安全理念,树立整体性公共安全理念,遵循公共安全管理的系统性原则。努力把各种公共安全危机作为一个整体系统进行研究和应对,揭示各种公共安全风险和危机之间的联系和作用机理,并以系统的原则来处理和应对。当前,公共安全是由公安机关、卫生行政部门、安全生产监督机构、社会治安综合治理办公室(常常被称为"综治办")、应急管理机关等多个机构分别管理的。这种"分类管理、分级负责,条块结合、属地管理为主"的原则设置,既导致管理力量和资源的分散化,各部门各自为政,各立门户,重上轻下和条块分割,不利于迅捷应对安全威胁,又容易产生各机构间推诿、摩擦和"争利"现象。因此,要创新公共安全管理,必须调整公共安全管理机构,在整体性政府的理念下,按照"大部制"的思路,整合各机构的人员和力量,建立一个既能够统一应对各类风险和危机,又能够涵盖预测、预防、决策、处置和善后各个环节的综合性公共安全管理机构。比如地方政府和中央政府的协调、不同部门之间的协调、企业和社会的沟通、城乡协同、企业联动等,这样才能把我国的公共安全管理视为一个整体去对待,摒弃条块化、属地化、分级化和分类化管理的弊端,统筹利用和整合各种资源和力量,实现公共安全的系统化管理②。

---

① 张晓峰.浅析我国的公共安全管理与秩序行政[J].浙江公安高等专科学校学报,2005(5):56-57.
② 祝天智.论风险社会的挑战与农村公共安全管理的创新[J].湖北社会科学,2011(2):30-34.

(二) 服务性原则

公共安全管理不是"以管为本"的单纯管理,更不仅仅是政府对民众的管制,而是需要从"以人为本"的服务理念出发,以保护民众的生命、财产、健康、生产和生活为核心内容,由政府、社会组织、社区、企业、家庭和公民个人共同协作、协同治理。这就需要在具体的公共安全管理过程中,摒弃原先以对社会秩序的控制为最高追求,定位在以民众"安居乐业"为目标,即以民生为核心内容,以人们的生产和生活质量为旨归;放弃以管制作为主要手段,强调以服务为主;放弃政府单边控制,由政府单一管理格局转变发展为多元合作治理体系。

(三) 动态化原则

传统的单一事后管理不足以应付目前频率高、速度快和危害大的公共安全危机,危机管理亟须过程化和动态化。这就要求公共安全管理必须以动态化为基本原则。公共安全管理重点不在于对危机的善后处理,而在于尽可能地避免或降低危机发生的概率(即以防范为主,以风险的消除为主),同时降低由不可抗力导致危机的破坏性,尽可能保护公民的生命、财产和健康安全。这就要求管理者立足民众切身利益,将公共安全管理的工作切入点转换到事前防范上,将管理的进程从危机处置扩展到公共安全问题的预测、预防、救援与处置、善后与恢复等阶段[①]:预测阶段,主要包括信息收集、信息加工、信息处理、信息报告、建立信息监测网络和系统、预警发布等;预防阶段,主要包括编制应急预案、进行隐患调查与监控、储备应急资源、开展应急管理培训、调整城乡规划制度、增强风险防范与应对意识等;救援与处置阶段,主要包括应急响应、应急协调、采取有效应急行动等;善后与恢复阶段,主要包括公共安全秩序恢复和管理反馈、评估等。

(四) 均等化原则

很多公共危机事件都是由社会不公的长久积累而引起,不公正感也是促使公共危机事件爆发的主要因素之一。为此,在社会建设和公共安全管理过程中,要注意均等化原则。通过均等化原则的实施来实现公平、公正,减少诱发不公正感出现的因素,使社会张力减小,罅隙"收窄"。对

---

① 张海波. 社区在公共安全管理中的角色整合与能力建设[J]. 江苏社会科学,2011
(6):66-71.

于我国目前而言,重点要统筹好农村各种公共安全危机和风险,构筑农村公共安全的屏障;要解决弱势群体、不发达地区、小微企业等公共安全管理难题;坚持以制度促公平,以公平保和谐,以和谐求安全的基本原则,从根本上预防或减少公共安全威胁因素的产生。当然,要坚持社会公平正义的原则,就要切实落实中央近年来关于"三农"的政策和措施,促进农业加快发展,农民持续增收,农村健康发展,发展普惠性福利体系;保障弱势群体的基本权利,提高弱势群体的生活福利和保障水平;健全金融担保机制,促进小微企业快速发展;尽快扭转城乡差距、阶层分化和企业间差异不断拉大的趋势,促进社会发展均等化;等等。这些都是预防公共安全问题的根本之则。

(五)及时性原则

公共危机事件"瞬息万变",如果能够及时化解,既可以减少损失,又可以避免事态的扩大化和严重化。为此,需要遵循及时性原则。比如,尽快解决一些濒临破产企业的财政困难和债务;及时发现政府组织软弱涣散问题;妥善处理征地拆迁和补偿问题;处理好干群紧张关系;及时化解民众对基层官员的信任缺失问题;建立健全应急管理机制、响应机制,完善公共安全管理责任机制,储备公共安全所需资源,以使公共安全事件发生后,能够在第一时间以最快的速度、最得力的手段予以应对等。总之,及时预防和快速化解公共安全危机和风险事件是预防公共安全威胁、开展公共安全管理的关键,遵循及时性原则的公共安全管理可以取得事半功倍的效果。

(六)信息化原则

任何管理都是对"信息"的搜集、分析和处理过程,公共安全管理自然也不例外。并且,及时性原则也要求信息的及时、准确和全面传递,否则公共安全管理的举措可能就是"无的放矢"。在管理预测和预防预测阶段,更需要加强信息化建设,及时通过信息沟通,了解危机和风险信息,以提升应对效果;也可以通过信息的澄清来避免恐慌,促进理解,化解危机。同时,要大力完善地方人民代表大会制度,信访制度,申诉、控告和监督制度,司法和调解制度,政治协商制度等各种利益表达和利益综合渠道,真正保证人民的知情权、参与权、表达权和监督权。做到尽量减少矛盾,防止已产生矛盾的激化,杜绝激化矛盾的爆发①。

(七)社会参与原则

西方公共安全管理的经验和国内外的理论研究都无一例外地证实,公民、社区和社会组织共同参与公共安全管理,既是必需的,也是可行的。目前,我国在逐步改变政府单独负责的做法,为企业、个人和社会组织参与公共安全管理开辟渠道。如江苏在农村社会治安管理方面采取"十户联组,警铃入户"的办法,即每十户编为一组,一户按响警铃,九户可以及时提供帮助,并且实现农户警铃、村警务室、镇监控中心的三级联网互通②。汶川地震发生后,社会各界的参与也证明了社会参与原则对于公共安全管理的重要性和必要性。社会参与原则的实施在根本上提高了处理公共危机的力量,可以为应对危机积聚更多、更广的人力、财力和物力资源。在这个意义上讲,公共安全管理必须以"多元治理"为根本指导原则,发挥各种力量的作用。

第二节 公共安全管理存在的主要问题

当前,我国存在很多公共安全方面的问题,诱发公共安全问题发生的因素也很多。这是公共安全管理必须要认识到的。

一、公共安全的影响因素

影响公共安全的因素有很多,可以分为:自然因素、卫生因素、社会因素等。这些因素在特定的情况下都可能引发一定的公共安全问题,或者说,它们都可能在特定的情况下由常态要素转化为风险要素③。

(一)自然因素

自然因素包括地震、泥石流、雪灾、洪涝、干旱、沙尘暴、冰雹、飓风以及海啸等,这些因素导致的自然灾害给公共安全带来巨大破坏。比如,2008年5月12日14时28分04秒,四川汶川发生里氏8.0级地震,此次

---

① 祝天智.论风险社会的挑战与农村公共安全管理的创新[J].湖北社会科学,2011(2):30-34.

② 王兆廷,王珊.小警铃护卫大平安[EB/OL].(2009-09-15).http://www.zgts.gov.cn/zwgk/pafz/2009/09/15105141143.html.

③ 刘铁.公共安全与公共管理[J].学习与探索,2004(5):79-84.

地震为新中国成立以来国内破坏性最强、波及范围最广、总伤亡人数最多的地震之一,被称为"汶川大地震"。民政部、国家减灾委员会办公室对2013年4月全国自然灾害情况进行了会商分析,经核定显示,我国自然灾害以地震灾害为主,洪涝、风雹、低温冷冻、干旱、山体崩塌、滑坡、沙尘暴、森林草原火灾等灾害均有不同程度发生,灾情较近年同期明显偏重。2013年4月,我国各类自然灾害共造成5 270.2万人次受灾,268人死亡,21人失踪,94.2万人次紧急转移安置。这些自然灾害对人民的财产以及人身安全产生了巨大伤害,影响稳定的公共秩序①。

自然因素产生的灾害具有不可抗拒性及难以预测性,因而其产生的危害力是极大的。同时,自然因素产生的破坏结果也是多方面的,不仅威胁着民众的生命及财物安全,更重要的是容易对民众的心理产生创伤,随之产生的焦虑感、恐慌感使民众对公共安全的信任度也大大降低。有时自然因素产生的灾害后果还具有一定的延时性,受损状况难以准确统计。

(二)卫生因素

卫生因素包括人体卫生安全、各类传染疾病、食品添加剂以及药品安全等对人体健康产生影响的因素。

食品药品安全卫生问题关乎整体国民的安全,危害极大。各类食品药品安全问题导致企业信誉和产品形象在消费者心目中的颠覆,消费者对整个食品药品行业的不信任,这是目前食品药品行业面临的最大危机因素。这些也揭示出目前各类企业在食品种植、养殖、生产、加工、销售、消费以及药品原材料采购、生产、流通和监管等环节存在一定问题,外部监管亟待加强②。

(三)社会因素

社会因素包括刑事犯罪和社会动乱,如打砸、抢劫、杀烧、暴乱、恐怖袭击等,这些因素导致的社会不稳定给公共安全带来巨大破坏。近年来我国综合实力大幅上升,经济繁荣发展,尤其是城市发展迅速,城市数量及规模不断扩大,城市人口比重也在不断增多。越来越多的城市通过举办大型活动和赛事以提高自身的知名度,促进城市资源的使用;吸引全国

---

① 民政部国家减灾中心.全国自然灾害基本情况分析(2013年4月)[J].中国减灾, 2013(11):63.
② 郭露.浅议我国食品安全监管问题[J].法制与社会,2009(14):256.

其他地区甚至世界的目光,扩大资本投资力度;加快城市设施建设,完善城市人才结构,实现城市整体的转型升级。2008 年北京举办了第 29 届奥运会,吸引了世界的目光,在向世界人民展示我国实力的同时,也促进相关产业的发展;2010 年上海举办了第 41 届世界博览会,庞大的游客量产生的高额消费加速上海相关产业的发展,也为其吸引了大量人才。大型城市活动的举行确实能为城市发展带来一系列有利的资源,为本地经济社会发展带来契机,但也带来挑战,社会政策及执行措施上存在的空白点使城市成为社会不稳定的薄弱环节。

有学者以 2010 年广州亚运会为例,指出 2010 年亚运会意义重大,广州亚运会充分发挥了其对城市发展的助推作用,实现城市产业结构及空间结构的优化,提升了广州的城市地位与国际影响力,但也有些社会因素给其公共安全管理带来问题。诸如:虽然在亚运会过程中出台了不少相关的临时法律法规,但缺少基本的公共安全管理法,不利于协调管理;亚运会期间虽动用海陆空三大安保系统,但彼此在预案制定以及具体实施中缺乏交流沟通,进而影响事件处理结果;亚运会公共安全管理要求整个广东省自上而下全面配合,但一些基层组织在应对突发紧急事件时仍缺乏完善的管理机制,处理能力不强,"心有余而力不足";为应对突发紧急事件而安排的专业救援队伍数量有限,实际操作水平不高,无论是装备设置还是专业水平都与理想预期有着巨大差距;对群众的自救互救知识的培训引导不够深入,没有与实际操练相联系,一旦发生突发事件,难以有效完成自救互救工作,心理状态欠佳;无论是群众还是公共安全管理者都缺乏基本的公共安全管理知识和能力,致使群众在面临突发事件时易惊慌失措,而管理人员若处理不当,会加剧国家和人民的损失;等等①。

以大型社会活动事件为代表的公共活动潜在的安全威胁根源主要在于公共活动的参与者自身。一般而言,参与公共活动的人数量较多时,他们是风险的承担者,当活动中的潜在威胁被人为或环境因素所激发时,在高度有机的统一体中会迅速地由点及面爆发出来形成危机,破坏社会组织系统的稳定性及公共秩序。一般而言,大型社会公共活动中存在四类影响公共安全的风险因素,分别为人身、健康、财产和情绪风险因素。大

---

① 蒋勇光.重大城市事件对公共安全管理的影响研究——以广州亚运会为例[D].
兰州:兰州大学,2011.

型社会活动中的踩踏事件、火灾、交通拥挤事故等对参与活动的人的生命安全产生直接威胁,公共活动中流行疾病的传播、有害物质泄露等对人的健康状况产生不利影响,公共活动的大规模参与者极易产生情绪传递,受外部环境影响易产生不信任、恐慌的情绪,并且潜在的抢劫、诈骗、偷窃等现象威胁固定财产的安全①。

还需要指出,诱发公共安全危机和风险的社会因素还可能因社会发展不均衡、邪教诱导等产生。

二、公共安全管理的问题分析

"非典"事件爆发以来,我国在公共安全管理体制、管理教育等各个方面有了很多突破。但是,也存在一些不容忽视的问题。

(一)各类公共安全管理事件频发

第一,食品药品安全事件。当前食品药品安全管理中仍有薄弱环节,如相关监管部门缺乏食品药品安全风险监测和风险评估机制,相关信息发布不及时;缺乏针对各类食品药品安全设立的统一标准及对食品添加剂的安全使用量及类别统一方面的规定;没能做到事前预防和事后处理的统一;等等②。与食品药品生产销售商相比,消费者明显处于信息弱势地位。食品药品是特殊商品,民众在购买前对它们的认知仅停留在生产商提供的信息上,是真是假难以辨别,消费者亲自购买后才能了解食品药品的口感、味道、真假、优劣等部分信息,而对于食品药品是否对身体安全产生潜在影响和威胁,消费者在短时间内无从得知。消费者听任生产销售商的宣传,对食品药品具体生产过程中的相关信息尤其是食品添加剂的信息知之甚少,加上自身专业水平、能力受限,着实处于信息链条的弱势环节。这更加要求公共管理部门的外部监管机制和食品药品生产部门的内部自律机制等双重推进。遗憾的是,我国目前在这两方面的相关机制还都有待完善。

第二,生产安全事件。当前安全生产监管仍有待加强:一是政府监管部门机构职能交叉重叠,政出多头,缺乏统筹;二是企业监管机制落后,人

---

① 容志,蔡辉明.基于风险的大型公共活动安全管理——分析框架与对策研究[J].中共中央党校学报,2012,16(1):98-101.

② 饶朝龙,刘书文.论新形势下的食品添加剂安全管理[J].中国卫生事业管理,2012(1):70-71.

员难以聚拢,监管乏力;三是监管方法单调,成本高,成效差;四是监督绩效考核不到位,奖惩机制流于形式,反馈机制隔靴搔痒,难以触动根本,严重减弱了监管效果。近年来,虽然一些地区建立了相关监管机制,并进行了不同程度上的创新,但是囿于早已形成的监管习惯和不良监管作风,监管效果还不够理想。如缺乏预测预防方案、忽视危机前的训导、忙于事故中的"奔跑"、处理形式"花里胡哨"、应付上级不顾长期成效等。对于生产安全事件,总给人一种"野火烧不尽,春风吹又生"的印象①。许多企业向各类社区转移,导致社区安全监管执法人员少、任务重,"小马拉大车",引起监管不到位、行为不规范、方法不合理、工作不重视的现象产生,从而出现部分单位安全意识淡薄、责任心差,安全事故频繁发生等②。安全生产事故发生后的"反馈"管理,常常对于监管过程中监管人员的表现、企业单位的安全生产管理状况没有明确的分析及处置结果,或处罚较轻不能够引起相关人员的重视,导致监管工作未发挥出应有成效③④。

第三,社会治安事件。社会治安管理的范畴广,涵盖着犯罪、违法乱纪、无责任或责任不清的不安全情形以及事故事件等⑤。但整个管理体制和机制仍需加强,目前我国警察人数不到万分之十的人口比例,而西方发达国家警力普遍高于万分之二十的人口比例。同时,许多案件由于警力不足得不到及时的侦破与处理,使治安管理往往处于被动应付的局面。在现有的警务体制下,由于基层派出所的警力不足与警力配置不当,基层民警往往一警多能、一警多职,再加上众多的非警务事务的干扰,使警力配置紧缺,警员职业倦怠。以基层派出所为例,有统计数据表明,派出所20%的工作是打击犯罪,30%是基层基础工作(户口、档案、身份证),

① 陈国华,王新华.经济转型期安全生产监管机制研究[J].中国安全生产科学技术,2012,8(7):185-189.

② 彭国坚.现阶段乡镇安全生产工作的状况和对策[J].安全生产与监督,2011(3):44-45.

③ 俞红政.探索危化品生产储存企业监管路径[J].现代职业安全,2011(1):68-71.

④ 陈国华,王新华.经济转型期安全生产监管机制研究[J].中国安全生产科学技术,2012,8(7):185-189.

⑤ 金其高.社会治安学[M].北京:中国政法大学出版社,1992:97.

50%是其他琐碎事务①②。另外,反思当前的社会治安管理体系中最突出的问题就是社会力量的整合和动员不够,特别是民众参与度不高。长期以来,社会治安管理一直强调犯罪的预防和治理,突出各级党委政府的管理,依托各级公安机关发挥职能作用,通过采取加大政府性投入的方式,构筑人防和物防相结合的社会全面治安防控网络来落实。因此,民众长期形成依赖心理,有事没事找公安,认为治安防范是政府的完全责任和绝对义务,只要发生了案件,受到了侵害,都是政府和公安机关的责任。其实,在社会治安管理过程中,民众的预防十分重要,应引导民众提高自防意识,加大个人安全消费投入,增强自我防卫能力,以此减少社会治安事件的发生概率③。

第四,公共卫生事件。在某种程度上可以说,公共安全事件的危害性在本质上是对人们生命的威胁和危害。与社会治安事件、食品安全事件等相比,公共卫生事件具有较大的"延伸性",使一个地区乃至一个国家、多个国家的人受到威胁。比如"非典""禽流感""埃博拉"等。2003年以来,我国应对公共卫生事件的经验得到积累,相关体制机制也得到发展。但是仍然存在一些问题:城市和农村发展不统一,农村在应对公共卫生事件方面的能力还较弱;公共卫生事业发展相对滞后,公共卫生体系不完善,与现代化的卫生事业体系还有一些差距;突发公共事件应急机制尚待改进,处理和管理突发公共事件能力有待提升;一些地方和部门缺乏应对突发公共事件的准备和能力④。

另外,自然灾害事件的频发也是我国面临的重要问题之一。诸如地震、洪涝、旱灾、风灾、雹灾等,给人们的生命财产、生产生活带来较大威胁。

(二)公共安全管理机制的问题

我国的公共安全管理机制得到了一定的发展,也取得了相当的成效。但是,管理主体不明确、法制政策建设不完善、组织运行机制不统一、专业

① 干方洲. 城市社会治安防控体系建设问题初探[J],江东论坛,2011(3):14-18.
② 陈伟. 城市社会治安防控体系建设存在的问题及对策研究——社会治安防控体系建设研究[J]. 法制与经济,2010(10):106-107,110.
③ 刘建华. 犯罪预防体系与预防被害策略——兼论社会治安防控网络体系建设[J]. 公安研究,2012(7):28-33.
④ 全国防治非典工作会议在京举行[N]. 人民日报,2003-07-29.

化管理水平不高、公共安全意识欠缺等问题仍困扰着当前我国公共安全管理。

第一,管理主体不明确。政府必须在公共安全政策以及管理机制的制定过程中发挥主导作用。具体来说,这有三个衡量指标:完备的有效法律体系;整合的、高效的管理部门;明确的各级政府职责。就目前我国情况而言,三个指标的达成状况并不理想①。在很大程度上可以认为,经济调节与市场监管逐渐成为政府的主要职能,而社会公共安全则处于被边缘化的地位。我国政府各机构之间缺乏一个统一的、具有权威性的常设公共安全处理协调机构,各职能部门之间交叉重叠、多头管理,不能形成危机处理的整体合力。因此,公共安全管理的"多龙治水"现象亟待改观②。同时,公共安全管理不仅仅是政府的责任,还需要民众个人为公共安全负责任,社会力量必须有效参与公共安全管理环节。目前,参与公共安全管理的社会组织有限、类别不多;民众个体参与的积极性也不高,多是在政府及社区的动员下被动参与管理;民间力量参与公共安全管理的渠道也不健全,参与的制度化程度不高。

第二,法制政策建设不完善。虽然我国近年来先后出台了《国家突发公共事件总体应急预案》《国家自然灾害救助应急预案》《中华人民共和国突发事件应对法》《中华人民共和国政府信息公开条例》《中华人民共和国食品安全法》等一系列法律,可以说在处理各种公共安全危机时能够有法可依,但在很多领域缺乏相关条文约束,尤其是应对突发事件的相关条例不够明确,不同法律、规定之间的衔接存在问题,部分法律的具体执行力可操作性不强,很多管理依据、强制标准(如食品药品方面的标准)也亟待完善。当务之急是要尽快制定出《中华人民共和国突发事件应对法》的实施条例及其他配套法规与规章制度;要适时制定出相关法律法规;针对一些问题易发行业、事关人民群众安全的行业,制定明晰、科学的标准,使具体的公共安全管理"有法可依";要按照现代应急法治的要求,认真清理现行的法律规范和制度规定③。

---

① 彭彦强. 中国公共安全管理:问题、国际经验与对策[J]. 中州学刊,2009(3):9-13.

② 殷献茹. 中国社会转型中的公共安全管理问题:产生、国际经验与对策[J]. 行政与法,2012(5):13-16.

③ 刘助仁. 中国社会转型中的公共安全问题与应对[J]. 郑州航空工业管理学院学报,2009,27(3):117-123.

　　第三,组织运行机制不统一。不同职能部门在公共安全管理时各自为政,协调机制不健全,部门间的纵向联系较强,横向沟通则明显不足。因为部门责任不明确,在防范处理危机突发事件时还会出现相互推诿的现象,常常出现重大安全事故无人问责,责任制没有落到实处①。值得关注的是,西方国家的公共安全管理往往由一级政府首脑挂帅,担任危机处理的最高领导者和指挥者统一协调各方,进行"全危险"应对、全部门协调、全过程跟踪、全资源统筹,高效处置公共安全突发事件②。西方国家这一相对全面的公共安全管理模式值得我们学习和借鉴。

　　第四,专业化管理水平不高。我国目前公共安全管理水平远不及发达国家,技术层面上有所欠缺,不能有效运用具体学科知识和方法来进行决策和组织安排。防灾、救灾等方面的专业化水平较低,与发达国家相比存在明显差距。另外,没有形成完备的公共安全信息系统,以备信息查询、传送。信息化建设在社会公共安全管理的预测、预警阶段十分重要,通过对相关安全信息的收集、加工、处理和报告,才能建立起有效的信息监测与预警信息发布的网络和系统等。

　　第五,公共安全意识欠缺。公共安全管理重在防患于未然。要彻底解决公共安全问题,必须在全社会开展公共安全教育,提高公共安全风险防范意识。公共安全教育实质是终身教育,需要"从娃娃开始抓起",并一直贯穿于各类、各级教育当中。但据教育部《幼儿园、中小学生安全教育管理调查报告》显示,我国中小学安全教育资源普遍缺乏。安全教育落后也导致安全知识缺乏。有调查数据显示,7～10岁的学龄儿童中有80%的孩子回答不了"什么叫生存";在回答"如果你遇到洪水、火灾或地震,爸妈又不在身边怎么办"时,"拼命跑""喊救命"是孩子们普遍的回答③。由此可以看出,政府对民众的公共安全教育和培训还不能适应现代化发展的要求。对于民众日常生活安全知识的普及力度不够,没能充分利用公益广告、新闻媒体、网络等手段。社区缺乏定期开展公共安全宣

① 刘星.中国公共安全管理机制:问题与对策[J].经济社会体制比较,2009(5):145-151.
② 殷献茹.中国社会转型中的公共安全管理问题:产生、国际经验与对策[J].行政与法,2012(5):13-16.
③ 闫钟.社会转型期的城市公共安全分析[J].山西大学学报:哲学社会科学版,2009,32(5):20-23.

传教育活动机制,与民众生活密切相关的安全文化教育也流于形式。因此,民众公共安全防范意识淡薄,没有从思想上重视公共安全事件,认为这种小概率事件一般不会碰上,存在侥幸心理,不会专门进行自我保护、自救互救知识的学习,也不会积极参加防灾演练,等等。据统计表明,火灾是较常见的安全事故之一,其中许多火灾是因违章用火、用电、用气和违章操作等人为因素引起的①。可见,只有公共安全教育内容与民众日常生活、行为习惯密切联系,才能激发和促进民众对公共安全的思考,并使他们真正地融入并参与公共安全管理。

第三节　公共安全管理问题的解决机制

公共安全管理问题,需要我们分门别类地予以解决。大致包括如下几个方面:

一、健全食品药品三方监管机制

食品药品安全的监管必须从食品药品安全存在的问题出发,借鉴国外先进的监管经验,并结合我国实际情况,建立企业、政府以及包括消费者、媒体、第三方认证机构、行业协会在内的第三方监管的"三位一体"的监管模式,明确企业的第一责任人意识,加强政府的主导作用,并且重视第三方的监管,更好地应对我国食品药品安全问题。

(一)强化企业社会责任

企业的经营理念是影响企业经营决策以及发展方向的关键因素,也体现出企业实施具体行为的价值观。传统的经营理念认为企业生存发展的唯一使命和动力是获取利润,但在激烈的竞争市场环境中,食品药品企业的经营者如果仅仅以眼前短暂的利益为最大目标,不顾消费者的身体健康和生命安全,就有可能会引发危机,因此培育积极正确的经营理念是企业履行其社会责任的前提。诚信是食品药品行业的生命,也是其社会责任的最基本表现。

---

① 林美萍.论城市危机管理中公众参与体系的构建[J].湖南医科大学学报:社会科学版,2008,10(3):223-225.

(二)加强政府的主导①

借鉴国外相关实践的经验,合理设置监管机构,使各机构分工明确、职责明确、各司其职,为食品药品安全提供强有力的组织保障,在国家食品药品安全委员会的监督管理下形成综合、有效、完善的食品药品安全管理体系,对食品药品从生产到销售的各个环节实行严格的管理,以确保从"田间地头"到"老百姓的餐桌",从胶囊采购到药品生产全程有着严格高效的监管网络,使消费者享受到安全卫生的食品药品。

严格依照法律法规是国家开展食品药品安全监督执法的基础和依据。法律法规的完整性和协调性稍有欠缺,便可能会酿成执法监督空隙,导致负面效应。应对食品药品安全问题,国家应该加快食品药品安全法律、法规和标准体系的建设。

在加强法制建设的同时,又要做到严格执法。执法力度的强弱关系到法律法规的执行效果。目前,食品药品安全执法往往伴随全国性的食品药品专项整治活动而进行,缺少常态化的监管行为,这在某种程度上降低了执法力度。为此,政府应该充分整合各个部门的资源,强化专门的食品药品安全执法部门及其执法行为,使食品药品安全执法工作系统化、常态化和完备化,避免部门之间相互推诿、相互扯皮现象的发生,杜绝执法不严、违法不究现象的出现②。

(三)推动第三方监管

食品药品的第三方监管主体包括四个:

一是消费者。消费者是食品药品消费中的主体,其自身的安全意识对信任观念的形成具有决定性的作用。食品药品安全问题,使消费者深受其害,对食品药品行业丧失信心。政府应该通过各种渠道提高消费者的安全意识,鼓励消费者维护自身的合法权益,对违法机构和行为进行检举,消费者自身也要加强食品药品安全方面的知识,购买绿色有机食品和放心药品。这是一种最直接且群众基础最雄厚的监督力量。

二是媒体。媒体监督具有传播迅速广泛的优势,能够迅速聚焦公众注意力,形成社会压力,虽没有强制性,却极具影响力,因此被称为"第四

① 王伟伟.三管齐下,应对我国的食品安全信任危机[C]//第二届国际食品安全高峰论坛论文集.北京:[出版者不详]2009:143-145.
② 臧立新.我国食品安全监管问题及对策研究[D].长春:吉林大学,2009.

种权力",在当前各类监督中都有不可替代的作用。因此,一方面,政府应该鼓励媒体进行公开客观的舆论监督;另一方面,要充分发挥媒体的信息宣传优势,提升服务于全社会的食品药品安全意识、科学素养,进而壮大食品安全监督的"社会力量"①。

三是第三方认证机构。第三方认证机构,是指具有可靠的执行认证制度的必要能力,并在认证过程中能够客观、公正、独立地从事认证活动的机构。对于第三方认证机构,一方面要通过合适的方式大力发展,以增强专业监督的力量。另一方面,专业第三方认证机构的优势在于其独立、客观和公正,因此必须通过法律、相互监督、政府监管等确保其"廉洁",防止第三方认证机构与企业"同流合污"。所以,第三方认证机构从业人员要提高素质,做到公平公正②。

四是行业协会。行业协会作为政府与食品药品企业之外的第三方,对提高食品药品安全水平,促进食品药品产业快速发展发挥了重要作用。行业协会作为资源整合者和行业"枢纽",有能力集中该行业的专家、管理人才以及各类相关人才,可以在帮助会员企业解决生产难题、承担质量监管、资质审查、标准制订、保护企业合法权益、维护公平竞争的市场秩序、确保生产质量等方面做很多工作③。

二、健全安全生产的动态监管机制

安全生产工作关系民众的生命财产安全和社会稳定和谐。健全安全监管长效机制,重在构建动态安全生产管理体系。安全管理工作是一项庞大的系统工程,必须坚持系统论和动态的观点和方法,综合考虑影响安全生产的自然因素、技术因素、人为因素和社会因素。安全管理学认为,安全事故的发生是以下因素综合作用的结果:人的不安全行为,物的不稳定状态和管理上的缺陷。因此,各级政府、各级安全生产监管部门以及生产部门自身要立足于此构建动态安全生产管理体系,形成动态监管

---

① 廖婕,章喜为.社会责任视角下的食品安全问题[J].中国集体经济,2010(31):193-194.

② 张锐.第三方认证机构在我国的发展[J].北方经济,2008(4):89-90.

③ 莫勇师.构建食品安全第三方监管的研究[D].长春:吉林大学,2009.

机制①。

(一)政府分级监管领导系统

领导系统是安全生产监管机制的中枢,起着指挥、协调、组织和推动作用。分级监管机制是落实政府监管责任和企业安全生产责任的有效方法,根据各企业单位的危险程度或风险大小将其分为 ABC 三个不同类别,然后根据各类企业的实际情况制定监管方案,不同类别企业的监管频次、监管力量配备、监管手段方法等各有不同。对于 A 类企业实行自行管理为主,监管部门低频次抽查的方式监管;B 类企业属于中等安全管理水平,监管部门对其采取抽查和定期检查的方式监管;C 类企业安全管理条件差,实行重点监管,最好进行每月一次甚至是每周一次的现场检查、督导②③。分级监管可以有效配置监管资源,集中力量改善高风险场所,以最少的监管投入获取最大的监管效益,提高监管效果和效率,全面提高地区整体安全生产水平。同时,这又是一种不断循环的动态监管方法,在监管行动结束后,根据整改结果和生产状况对企业单位重新进行分类和监管,进而重新依据 ABC 类别开展下一周期的监督管理过程。

(二)企业的安全生产管理系统

企业的安全生产管理系统构成了安全生产管理的核心,包括企业内部为实现安全生产而进行的一系列组织、计划、指挥、控制和协调等活动。企业安全生产管理是一项政策性、法规性、科学性都很强的工作,必须采取一切可以采取的管理措施,保证生产顺利进行,消除企业的安全隐患对企业工人人身安全的威胁④。

企业应根据中央和地方各级政府安全监管机构的指导和当地安全生产实际需要,设立企业安全监管部等,直接实施企业监管工作。同时,还要加强企业安全生产监管队伍和人员建设,一方面需要扩充监管人员数

① 郭惠.建立安全监管长效机制重在构建安全生产管理体系[J].科技情报开发与经济,2009,19(11):204-205.

② 何川,刘功智,任智刚,等.企业安全生产分级监管模型研究[J].中国安全生产科学技术,2011,7(2):84-90.

③ 陈国华,王新华.经济转型期安全生产监管机制研究[J].中国安全生产科学技术,2012,8(7):185-189.

④ 郭惠.建立安全监管长效机制重在构建安全生产管理体系[J].科技情报开发与经济,2009,19(11):204-205.

量和提高监管专业素质,另一方面还需要配备先进设备和技术①。

(三)动态安全生产监管奖惩系统

动态安全生产监管奖惩系统是在安全生产监管工作过程中,监督检查行动结束后对监管对象的安全状况和监管人员的执法效果进行奖励和惩罚②。监管的奖惩机制是指对监管行为、监管过程、监管结果进行的调查与评估,依据其合法与否、敬业程度、成效如何等进行奖励或惩罚的一种举措。它是净化监管队伍、强化监管制约、激发监管动力、提升监管能力、促进监管合规、落实监管责任的重要手段③。

(四)事故应急救援系统

安全生产过程中的事故应急救援系统应充分发挥事后补救和应急作用,以此控制事故的影响范围和危害程度,最大限度减少财产损失和人员伤亡。企业生产作业环境复杂,尤其是煤矿工人在生产过程中往往受到瓦斯煤尘爆炸、火灾、水灾等灾害的威胁。当事故发生后,如何安全、迅速、有效地抢救伤员和受困者,保护设备,控制和缩小事故影响范围和危害程度,最大限度减少人员伤亡和财产损失,根据《中华人民共和国安全生产法》《国务院关于特大安全事故行政责任追究的规定》及有关法律、法规要求,建立安全事故应急救援系统。安全生产管理体系由各个管理系统组成,各系统相互联系、相互作用、相互制约、相互促进,形成了一个完整的网络体系。另外,安全检查是安全生产管理体系中的一项重要内容,是发现安全生产过程中不安全状态和不安全行为的有效途径,是消除事故隐患、落实整改措施、防止事故发生、改善劳动条件的重要手段。企业需要专门的执法检查队伍和职能部门科室重点针对企业安全生产基本条件进行检查和监督④。

---

① 刘晓宇,刘功智,周建新. 安全生产执法监察探讨[J]. 中国安全生产科学技术,2008,4(1):143-146.

② 刘燕,顾海娟,李振明. 乡镇安监机构设置存在的问题分析[J]. 安全,2010(8):1-3.

③ 陈国华,王新华. 经济转型期安全生产监管机制研究[J]. 中国安全生产科学技术,2012,8(7):185-189.

④ 郭惠. 建立安全监管长效机制重在构建安全生产管理体系[J]. 科技情报开发与经济,2009,19(11):204-205.

三、完善社会治安的多元防控体系

完善社会治安的多元防控体系需要从如下几个方面着手：

(一)政府预防犯罪职能

预防犯罪是政府的一项基本公共服务职能，也是政府履行公共管理职能的需要和巩固执政地位的手段。因此，预防犯罪具有政府主导性、行政强制性，应能充分满足社会公众最基本的安全需求，确保社会稳定，保障公众安居乐业。

在犯罪预防过程中，政府及其职能部门应该充分利用其社会地位优势，动员一切相关资源，强力实施犯罪预防，全方位压缩犯罪活动空间，包括科技手段、司法资源、体制资源、政策资源、社会资源和财力资源等。

(二)民众自我防卫能力

自我防卫能力是一种公民个体自我防护以求免受伤害的能力，它的强弱关系到个人维护身体免受伤害和保全自我存在的水平。当公共安全防护机构没能迅速出现在破坏安全的事件现场时，个人自我防卫以求生存就显得尤为重要，这一方面可以尽最大努力保全自己，另一方面也可以阻止破坏范围的扩大。事实上，由于社会的广容性与个人的流动性，公共安全机构很难甚至说不可能随时随地保护每一个个人，更多的时候需要个人自保。因此，自保就具有了自发性、自主性、随意性和随机性等特征，这既可以使其充当公共安全机构维护公共安全的有益补充，同时也减小了公共安全管理的难度①。

随着社会转型和经济发展，提高民众自防意识，坚实民众个体自我防卫能力成为完善社会治安防控体系的发展方向。为此我们可以尝试树立以下原则：一是公民义务原则。即个体自我防卫不仅仅是个体安全生存和发展的需要，更是履行公民义务、维护社会稳定的需要。二是合理需求原则。即根据自身社会经济地位和生活质量需求，确定其重点是注重经济权益、物质利益维护，还是个人及家庭成员人身安全。三是经济投入原则。即个体在实施自我防卫时要给予充足的经济投入力度，这直接影响

---

① 刘建华. 犯罪预防体系与预防被害策略——兼论社会治安防控网络体系建设[J].
公安研究,2012(7):28-33.

个体防卫的实现可能。四是持续性原则。安全需求影响个人生活和发展的稳定性,并伴随着整个人生过程,因此与自我防卫策略实施的程度及个体安全意识的持续性、牢固性有直接关联,必须始终坚持,稍有松懈就可能成为侵害的目标和对象。五是协同性原则。既要注意在和其他社会成员互动中实现共同防卫,更要注意和政府主导的社会治安防控网络体系的协同配合。

(三)广覆盖和及时性的社会治安防控

社会治安问题的突发性和破坏性要求建立统筹兼顾、整体联动、有效化解、即时处理的社会治安防控体系。为了快速建构行之有效而又成本低廉的治安防控体系,必须充分利用现存的组织架构、资源配置、队伍建设、制度保障,形成政府主导、公安攻坚、社会组织为侧翼、人民群众参与的多元合作格局。为此,社会治安防控体系应该是这样的:以公安机关为主力、群防群治设施为支撑、人民群众参与为基础、社会组织为补充、政府为统筹的治安防控联动机制。

一旦治安事件突发,公安机关立即赶赴现场,一方面向政府主管部门汇报事件情况及处理进程,另一方面发动社会组织和群众提供线索,协助处理。突发事件的发生概率会因为治安防控体系的完善和有效实施而大大降低。这就要求:第一,优化巡逻机制。一方面更新巡逻设备,提高巡逻的技术水平;另一方面,加强各警种之间的配合与协调,规避巡逻漏洞和相互推诿行为,从而扩大巡逻控制面和提升巡逻质量。第二,完善监控体系。既要在关键路口设置"天眼"和报警点,也要在诸如出租、公交车、地铁等公共移动工具上布设报警器,与治安报警系统联网,有效实现对于治安事件的全面布防。第三,加快出警速度。通过片区负责、无间断巡逻、监控网络、报警系统、出警设备等的整合与优化来提升出警效率。此外,在某些偏远地区,可以通过社会组织、基层干部的有效配合来阻止治安事件的扩大或控制相关涉案人员的活动范围,为公安机关的处理赢得更多时间,提供更多便利。

(四)整合和联动警力资源

促进警力资源的合理和充分配置。目前,增加警员编制既不能保证社会治安事件发生概率的降低,又增加了财政负担,更容易造成各警种之间的各自为政和相互推诿。整合现有警力资源不失为明智之策。一方面,需要打破警种之间的严格界限,对于有明确分工的警种,要建立相互沟通、协调合作的联动机制;对于职能重合过高的警种可以合并,塑造"一警多能"的复合型警员。同时,建立各警种的交叉工作、分区分时段负责的无间断的巡逻机制和职能配合、多元打击的处警机制,从而更全面、更高效地打击违法犯罪行为,实现现有警力效用的最大化。另一方面,促进警力的联动和整合离不开科技的支持,"科技强警"应该作为一项战略贯穿于警务工作的始终。一是升级110报警系统和警务指挥中心的技术和设备,并与巡逻网络、"天眼工程"、治安点等实现一体化,提高保障接警的精确度、出警的速度和效率。二是加大刑侦技术的更新力度,利用高科技加快案件的侦破速度。三是配备更有针对性的、使用便捷而又功能多样的警械,提升基层警员抗暴治暴的力量。四是加强信息网络系统共享平台建设,把犯罪嫌疑分子和有前科的人员的资料入网,发动各警种、各地区的警员锁定目标,让嫌疑分子无处可逃,从而形成极大的威慑力①。

(五)突破社会治安方面的关键问题

社会转型时期,人口流动日益成为突出的社会现象之一。有研究表明,当前社会大量的违法犯罪现象和治安问题与我国的人口管理有着直接或间接的关系,人口的盲目、无序流动直接影响到社会公共安全。因此,社会治安防控特别需要加大对于人口密集和人口流动多的地方的关注。在对待人口流动上,应掌握流动人口规律,实行科学的管理对策,进行有效的管理。具体而言,公安机关在加强流动人口管理方面,首先,要通过对流动人口信息的采集、甄别,充分掌握流动人口的情况,在此基础上改善户籍管理制度,做好流动人口的登记、服务与管理工作。其次,还要加强对外来流动人口的暂住集聚地和落脚点的检查管理,及时发现打击藏匿其中的流动犯罪分子。再次,加大社区对流动人口的服务、管理能力,防患于未然。最后,重点排查流动人口中的高危犯罪人群,根据他们的具体情况实施帮教和监控,从而减少治安隐患。

---

① 陈伟. 城市社会治安防控体系建设存在的问题及对策研究——社会治安防控体系建设研究[J]. 法律与经济,2010(10):106-107,110.

四、完善应急防灾管理机制①

我国经历过"非典"、雨雪冰冻灾害和汶川大地震等特别重大的突发公共事件,应对突发公共事件的应急预案、运行机制、管理体制和法制建设等不断得到推进,逐渐构建起"一案三制"的核心框架②。

(一)夯实应急防灾管理的预案

预案是紧急事务处置的预测性方案,它是根据以往类似事件的处理经验编制而成,可以在同类事件再次发生时为应急指挥人员和救援人员指明工作的方向、应对的重点、可借助的力量、进程的掌控、举措和方法的采用等,从而降低由于事件的突发性和不确定性而带来的恐惧和混乱,使各方力量可以迅速进入救援角色,进而占据救援和处理事件的主动地位和有利条件③。制定防灾管理预案实质上就是总结历史上灾害事件的规律和经验,形成有约束力的制度性条文。目前,预案编制工作可参考"纵向到底、横向到边"原则,加快向社区、农村和各类企事业单位深入推进,并有序开展社会力量共同参与的应急演练。

(二)完善应急防灾管理的体制

应急防灾管理体制主要包括应急指挥机构、社会动员体系、领导责任制度、专业救援队伍和专家咨询队伍等。我国应急管理体制按照统一领导、综合协调、分类管理、分级负责、属地管理为主的原则建立④。目前要做的是,发挥防灾应急指挥机构和志愿者制度的效用,整合中央政府及有关部门、地方各级政府、社会组织和人民群众等多方力量⑤。

(三)构建完善应急防灾管理的机制

应急防灾管理机制是为积极发挥体制作用服务的,两者相辅相成。

---

① 高小平.中国特色应急管理体系建设的成就和发展[J].中国行政管理,2008(11):18-24.
② 高小平.中国特色应急管理体系建设的成就和发展[J].中国行政管理,2008(11):18-24.
③ 高小平.中国特色应急管理体系建设的成就和发展[J].中国行政管理,2008(11):18-24.
④ 高小平.综合化:政府应急管理体制改革的方向[J].行政论坛,2007(2):24-30.
⑤ 国务院办公厅.华建敏在贯彻实施突发事件应对法会议上的讲话[EB/OL].(2007-11-21).http://www.gov.cnldhd/2007-11/21/content_811934.htm.

目前,我国已经建立了包括监测预警机制、应急协调与决策机制、信息公开与沟通机制、社会动员与参与机制、分级负责与上下沟通机制、政府与公众联动机制、应急资源征用机制、城乡统筹机制、责任评估与奖惩机制、国际协调应急机制等在内的一系列应急管理机制①。在某种意义上可以说,机制的种类相对完善、健全。当然,还需要进一步完善相关主体整合机制、责任落实机制、日常演练与动态促进机制等。

(四)加速应急防灾管理的法制建设

法制建设是应对突发灾害事件最基本、最主要的手段,以此明确政府和民众在突发灾害事件中的权利和义务,以法律法规的方式明确权责范围,实现应急防灾管理的规范化、制度化和法制化②。目前,我国应有效执行 2007 年 11 月 1 日起正式实行的《中华人民共和国突发公共事件应对法》,不断总结应急防灾管理经验,促进法律、法规和规章的不断完善,使相关体制机制的操作性更强,运行效率更高。

第四节　中西方公共安全管理的动态

通过比较,可以更清楚地辨别事物的特征。因此,这一节旨在比较分析中国和西方国家在公共安全管理方面的实践,以更好地认识并促进我国公共安全管理体制改革。

一、西方成熟的典范案例

这里选取美国、英国等相对成熟、值得借鉴的公共安全管理案例予以简单说明。

(一)美国全方位的公共安全管理系统

全球公共安全管理经历了前公共安全管理时期、公共安全管理雏形期、民防时期以及公共安全管理成熟期。几个时期公共安全管理水平依次提高,由孤立、临时、缺乏明确政府及相关管理机构实施的安全管理行为,发展到二战时西方国家出于对敌方破坏行为的担心而建立民防组织,

---

① 高小平,刘一弘.我国应急管理研究述评(上)[J].中国行政管理,2009(8):29-33.
② 高小平.中国特色应急管理体系建设的成就和发展[J].中国行政管理,2008(11):18-24.

对危险进行预防和相应管理,再到成熟时期各国构建了相对完善的公共安全管理理论、机制和体制。

美国的公共安全管理体系的健全离不开对各种公共安全问题的经历,自然灾害方面如龙卷风、飓风的袭击,军事政治上如冷战时期的核威胁,卫生安全方面如艾滋病的广泛传播,尤其是"9·11"恐怖事件带来的巨大损失及恶劣影响,都是美国公共安全管理理论体系健全的重要推力。

美国的公共安全管理体系大致可以分为四个方面:首先,是立法方面。美国自20世纪30年代就开始出台相应的危机管理条例,50年代颁布了具有里程碑意义的《灾难救济法》,公共安全管理立法日臻成熟、全面,公共安全管理的法制化水平也因此而提高。其次,是财政支持方面。减轻政府应对灾难的财政支出,适当将灾难救助的负担转移给保险公司,发挥保险业在社会救助等方面的作用。再次,是管理理念方面。实现由"应对性管理"向"预防性准备"的转变,加强社区抗击灾难的能力建设,将风险预计、评估、应对纳入社区日常决策考量要素当中。最后,是管理主体方面。实现管理主体的政治化和社会化,政府承担不可推卸的重要责任,同时社会组织等民间主体也发挥积极作用,实现公共安全管理方面的"协同"行动,建构多元主体共存的公共安全治理格局①。

(二)西方国家发达的食品安全监管体系

第一,英国食品安全监管体系。其特点包括三个方面:一是法律体系完善,立法与监管双管齐下。英国是较早重视食品安全并制定相关法律的国家之一,其体系完善,法律责任严格,监管职责明确,措施具体,形成了立法与监管双管齐下的管理体系。英国从1984年开始分别制定了《食品法》《食品安全法》《食品标准法》和《食品卫生法》等,同时还出台许多专门规定,如《甜品规定》《食品标签规定》《肉类制品规定》《饲料卫生规定》和《食品添加剂规定》②。在英国,责任主体违法,不仅要承担对受害者的民事赔偿责任,还要根据违法程度和具体情况承受相应的行政处罚乃至刑事制裁③。二是监管机构设置合理。食品安全监管由联邦政府、

---

① 张芳山.美国公共安全管理模式及其启示[J].云南行政学院学报,2010(1):121-123.

② 潘振华.英美等国的食品安全法规[J].观察与思考,2009(7):25-27.

③ 朱其太,李正高,刘天鸿.实施食品召回制度确保人类健康安全[J].中国动物保健,2008(10):105-112,114.

地方主管当局以及多种组织共同承担。例如,食品安全质量由卫生部等机构负责;肉类的安全、屠宰场的卫生及巡查由肉类卫生服务局管理;而超市、餐馆及食品零售店的检查则由地方管理当局管辖①。三是食品追溯和召回制度严格。食品追溯制度是为了实现对食品从农田到餐桌整个过程的有效控制、保证食品质量安全而实施的对食品质量的全程监控制度。监管机关如发现食品存在问题,可以通过电脑记录很快查到食品的来源,通过追溯来实现责任追究、保障食品安全等。

第二,美国食品安全监管体系②。其特点有:一是法律框架完善。美国食品安全法律是美国食品安全监管体制存在的基石,它决定着美国各食品安全监管机构的职能划分和执法范围,在制度上保障了美国食品安全。美国关于食品安全的法律法规很多,既有《联邦食品、药物和化妆品法》《食品质量保护法》等综合性的法律,也有《联邦肉类检查法》等具体性法规。同时为了提高肉禽制品的安全程度,1996 年美国还颁布了《美国肉禽屠宰加工厂食品安全管理新法则》,建立了以"风险分析和关键控制点体系"(HACCP)为基础的加工控制系统和微生物检测规范等③。二是监督网络健全。美国整个食品安全监管体系分为联邦、州和地方三个层次,而且建有与联邦、州和地方政府既相互独立又相互协作的"食品安全监督管理网络",其中许多监管部门都聘请流行疾病、微生物、药理以及食品等领域的研究专家担任检查和监管主角,入驻饲养场、加工厂、销售市场等,实现对原料、生产、销售、流通、消费等各个环节进行全方位跟踪,从而形成专业化程度和监管实效很高的立体化监管网络④。

(三)西方国家成功典范的经验借鉴

综上所述,西方国家在公共安全管理方面的经验有:

第一,完善的法律法规体系,统一规范管理。严格依靠法律、法规是

---

① 朱其太,李正高,刘天鸿. 实施食品召回制度确保人类健康安全[J]. 中国动物保健,2008(10):105-112,114.

② 苗建萍. 美国食品安全监管体系对我国的启示和借鉴[J]. 学术论坛,2012(1):253-254.

③ 苗建萍. 美国食品安全监管体系对我国的启示和借鉴[J]. 学术论坛,2012(1):253-254.

④ 郭小平. 中国食品安全面临的突出问题及其影响[EB/OL]. http://www.doc88.com/p-9405492421744.html.

西方国家公共安全管理的基础和依据。法律法规的完整性和协调性稍有欠缺,就有可能酿成各项公共安全问题监督空隙,导致负面效应出现。应对各项公共安全问题,西方国家已完成各法规和标准体系的建设,在加强法制建设的同时,又做到严格执法。这是值得借鉴的重要内容之一。

第二,以科学的风险分析为基础,最大限度地防止危害。西方国家把风险分析作为构建公共安全监管体系的基础,以风险评估结果为依据,对可能发生的各种公共安全危害尽可能早发现、早预警、早处置,从而最大限度地减少危害。例如,食品安全保证系统中"风险分析和关键控制点体系"(HACCP)就是目前世界公认行之有效的,并在欧美等国家和地区的食品加工企业中得到广泛使用。HACCP明确标示了危害分析和关键控制的基本点,确保食品在生产、加工、制造、准备和食用等过程中的安全,在危害识别、评价和控制方面是一种科学、合理和系统的方法。

第三,明确各相关者的职能,合理设置机构。设置监管机构,使各机构分工明确、职责明确、各司其职,为公共安全管理提供了强有力的组织保障,在国家安全委员会的监督管理下形成综合有效完善的安全管理体系。以美国联邦紧急事务管理署为代表的西方公共安全管理体制,逐渐向"整体性机构"发展,将分散的管理部门集中合并到一个正式机构,面对可能发生的自然、技术、人为灾难以及恐怖主义威胁,采取完备的预防、应对以及恢复措施,形成"全危险方法"。澳大利亚的做法是为对付所有紧急事态和灾难而促成联邦、州和领地以及各级地方政府、法定权力部门、志愿者和社区组织的积极合作、协同行动。两国都强调不同部门、组织之间的协调合作以共同应对灾难,实现了联邦、州、地方等政府的合作,整合规划各政府的决策与行动体系。

第四,加强政府监控,引导社会参与。在西方发达国家,政府都十分积极鼓励民众参与监督管理,鼓励媒体等进行公开客观的舆论监督,充分发挥媒体的信息宣传优势,提高全社会的公共安全意识。同时,充分发挥社区的监管作用。澳大利亚虽然将政府确定为公共安全管理的主导部门,但十分注重社区在基层的动员、整合作用。强调社区在面对公共安全风险时不能完全依赖于政府。因为政府"远离"社区和基层,使公共安全救援和管理存在时间差,所以政府应该对社区的相关安全管理建设进行引导和建议,重视对社区自身及成员个体防范能力的培养,依靠社区自身力量及时地防范公共安全风险,解决公共安全问题。另外,澳大利亚还提出,社区志愿者组织也是重要的公共安全管理力量,因此通过多种渠道和制度化举措来发挥志愿组织的作用①。

第五,"全危险方法",实现公共安全管理的低成本、高效益。西方发达国家在公共安全管理体制建设的系列探索中逐渐建立起"全危险方法",最初具有公共安全管理性质的民防组织,主要应用于军事防御和对自然灾害的抵抗,改革原有民防机构及在此基础上建立相应管理的专职机构。"全危险方法"是一个具备完整方案的系统,在经济上可以确保合理低水平的公共安全管理成本,有效满足公共安全管理的基本需要,实现对危险灾难的统一高效指挥与运作。

第六,公共安全的生命周期化管理,阶段系统性运行。西方发达国家采用生命周期法进行公共安全的管理,依据公共安全灾害发生的周期将管理政策和项目分为:减除期、准备期、应对期和恢复期四个阶段。这四个阶段相互衔接构成一个系统,彼此联系且相互渗透。减除期通过立法和相关预防措施减轻风险带来的危害后果;准备期完善相应物质资源供给,做好防灾的宣传教育工作,使社区民众具备良好的应对素质;应对期从前期预警系统、监管部门的建设,撤离预案的制定及援助措施的实施等;恢复期重建基础设施,为社区民众进行心理疏导,保障公共医疗卫生,加强财政投入以恢复灾区经济发展和社会秩序等。

二、西方公共安全管理理论研究

当前发达国家的公共安全管理从理论到实践都已经比较成熟,从理论研究来看,主要代表人物有诺曼·奥古斯丁,他认为每一次危机的本身既包含导致失败的根源,也孕育着成功的种子,发现、培育以便收获这个潜在的成功机会就是公共安全管理的精髓②。劳伦斯·巴顿则主要强调:公共安全管理预防第一,应对已发生危机时要以人为本,及时沟通有关信息,关爱危机中的受伤群体③。罗伯特·希斯将其实践经验与管理

---

① 夏保成.西方国家公共安全管理的理论与原则刍议[J].河南理工大学学报:社会科学版,2006,7(1):1-6.

② 诺曼·R·奥古斯丁,等.危机管理[M].北京新华信商业风险管理有限责任公司,译校.北京:中国人民大学出版社,2001:17-19.

③ 劳伦斯·巴顿.组织危机管理[M].2版.符彩霞,译.北京:清华大学出版社,2002:10.

理论有机结合,从危机管理的范围示意图到管理系统结构的建设,对公共安全管理进行了全程性的探讨,提出了缩减、准备、响应、恢复四个阶段的危机管理模型,并系统分析了贯穿其中的公共安全管理的实用管理技能①。还有学者专门研究了政治稳定与冲突管理的内在关系,对政治稳定的条件、政治控制权能、政权合法性以及政治危机等相关问题进行了深入探讨。可以说,西方学者主要基于政治与社会的关系来研究公共安全管理,这也与其传统的社会科学研究旨归和研究视角相一致,为公共安全管理实践提供了理论支持和行动指向②。

20世纪60—80年代,西方公共安全管理的研究出现了一次高潮,研究领域从政治领域向经济、社会领域扩展,从自然灾害领域向社会性公共危机管理领域扩展。公共危机管理研究的代表人物有罗森塔尔、罗伯特·希斯等,国际上公共安全管理领域最具影响力的理论著作主要有劳伦斯·巴顿的《组织危机管理》、罗伯特·希斯的《危机管理》、罗森塔尔的《危机管理:应对灾害、暴乱与恐怖主义》及威廉·沃的《应对危机四伏的生活:突发事件管理导论》等。西方关于公共安全管理的研究不仅仅限于上述纯理论的层面,还注重对政府的公共安全应急管理政策进行研究,主要集中在国家政治体制与突发事件应急管理的政策和立法、应急管理政策效果的研究、应急管理技术性政策等三个方面。

三、中国公共安全管理研究

当前,我国的公共安全管理研究得到了长足的发展,理论观点缤彩纷呈。概括起来主要有以下几种:一是舆论威慑论,通过媒体、网络、通讯工具、口号标识以及公众传播等向社会摆出公共安全管理实力,威慑正在预谋的破坏分子以使其放弃破坏计划,震慑正在犯罪的危险分子以阻止其进一步的破坏行为,从而把风险以及风险损失降到最低水平。二是复合结构论,即认为政府不是也难以成为公共安全维护的唯一主体,社会的广延性和社会内容的复杂性要求加强政府、市场主体、社会组织以及公民的

① 罗伯特·希斯.危机管理[M].王成,宋炳辉,金瑛,译.北京:中信出版社,2001:373-379.
② 朱毅.基于典型案例分析的突发公共事件应急管理比较研究[D].西安:西安理工大学,2011.

合作,以协调统一、沟通畅通的合作机制来降低公共安全风险。三是双重防范论,也叫"护城河论",即强调中心城区与周边地区的联动防范,让危险分子不管是从周边地区往中心城区做出危险行为,还是从中心城区往周边地区逃窜,均要经过中心城区和周边地区的双重"过滤式"排查,从而提高公共安全管理的布控能力。四是分区负责论,也叫"网格管理论",即把相关活动区域化成若干网格,按照"谁主管、谁负责,谁使用、谁负责"的原则进行管理,让公共安全管理覆盖每个角度,压缩管理真空,消除管理盲区。五是科技支持论,主张以高科技装备公共安全力量能有效提升公共安全系数①。

在公共安全管理方面,关注的热点问题有:

(一)公共安全管理与和谐社会心态建设

现阶段,随着公共安全事件的频发,民众的心理或多或少都会受到相应的冲击,甚至存在少数民众出现恐慌、产生悲观消极情绪的情况。公共安全管理需要有针对性地疏导民众的恐慌心理,培养民众正确的群体认知与态度,以此构建和谐社会心态。社会心态,是反映特定环境中民众的某种利益或要求并对社会生活有广泛影响的思想趋势或倾向,它揭示的是特定社会中民众的心理状态。通常情况下,社会舆论就是社会心态的重要表现形式。具体而言,可从以下四个方面入手:

第一,要及时修正消极、恐慌的从众心理,建立积极的社会认知。民众面对重大公共事件的不理智行为虽然值得我们反思,但也同样提示我们可以对这种人与人之间的相互影响现象加以利用来为疏导民众心理服务。"从众"可以看成是民众形成社会认知并付诸行动的过程。所谓的社会认知是个体在与他人的交往过程中,观察、了解他人并形成判断的一种心理活动,具有选择性、互动性和防御性等特征。就其选择性而言,刺激物的作用强度会影响到民众的认知选择,而刺激强度又对认知选择行为有着更深层次的影响。一般而言,刺激量越大越容易引起认知者的注意,微弱的刺激作用则可能使人毫无知觉。因此,政府管理部门应该利用这一点,通过多方渠道及时将重大公共事件的信息、情况的预测以及民众所应采取的相应措施等公之于众,让民众完全熟悉情况,并设立民众之间

---

① 容志,蔡辉明.基于风险的大型公共活动安全管理——分析框架与对策研究[J].
中共中央党校学报,2012,16(1):98-101.

的沟通机制,让民众形成正确的社会认知并能够做出正确的反应。

第二,注重利用网络平台,创造有效沟通的社会环境。在高度信息化的年代,作为一种特殊的大众传播媒介——网络(因特网)以其特有的方式与丰富的内容向民众展示出一个全新的虚拟世界。网络所特有的广泛性、开放性与即时性对民众的教育、生活方式与价值观念产生了深刻的影响。同时,当今民众通过网络获得有关重大公共事件的信息,以及通过网络发表对重大公共事件的观点和态度的比重已明显高于其他途径和手段。因此,政府管理部门应当重视网络平台,建立发布消息、让民众知情的畅通平台,同时也更应该是向所有民众开放和交流的平台,国家政府和社会如果合理有效地利用这一途径,能够更好地传播正确的态度、认知,潜移默化地起到疏导民众的作用。

第三,树立起对专家的信任,促使民众态度质和量的改变。态度改变指的是个体已经形成的或原先持有的态度发生改变,这种变化包括方向上的变化,即质的变化,也包括程度上的变化。公共安全事件发生后,专家学者们应当以传播者的身份,运用宣讲、科学实验等方法,将正确的认知与态度传递给民众,一方面是要使持有错误观点、消极情绪的民众的态度发生质的改变,另一方面是要降低乃至消除那些轻微消极的民众态度。只有这样才能赢得民众的信任,正确的观点才能被接受,才能真正起到疏导民众、完成社会心理建设的目标。

第四,普及法律法规知识,有效缓解社会紧张度。要想从根本上解决民众对于重大公共事件的群体认知、态度问题,就必须普及相应的法律法规及应对措施等常识、知识和技能,以此来缓解民众的社会紧张度,让他们知晓应对手段之后必定能够从一定意义上消除内心的恐惧,处变不惊。以此培养起民众自身面对公共安全事件的正确认知与态度。作为民众,要积极主动地去了解社会上发生的重大公共安全事件,事件发生后要冷静,不能无故恐慌、无端盲从,积极配合政府相关部门的安排,更要相信科学,遵守法律,不随意听信小道消息,不传播谣言,以积极的心态和科学的素养来面对公共安全风险。

(二)城乡公共安全管理协同发展

目前来看,风险社会给我国农村地区的公共安全带来的挑战更多:既必须面对日益增多的非传统风险,又必须承受城市和发达地区转移的风险。而与此同时,农村公共安全管理较之发达的城市公共安全管理而言,又有明显缺陷,诸如物质基础匮乏、管理理念落后、管理手段单一和管理过程残缺等。因此,我国公共安全管理的最终完善需要农村公共安全管理创新和城乡公共安全管理的协同发展。

我国目前工业风险已逐渐取代传统风险成为农村公共安全的主要威胁,并渗透到农村生产和生活的各个环节。诸如转基因粮食安全问题,动物饲料的滥用导致的禽肉、兽肉不合格问题,过分施肥致使的环境污染,等等。因此,与传统风险相比,非传统的风险不仅更加复杂、危害更大,而且对于不发达的农村而言,更难以被预防和应对。不仅如此,农村还需承受城市和发达地区转移的公共安全风险。随着发达地区产业转移,乡镇在招商引资中获得投资,但也引来了对其不利的环境污染问题,不得不接受城市和发达地区淘汰的规模较小、技术和管理落后、安全隐患较多的企业。近年来,工业生产带来的环境破坏、生产事故在农村日益增多就证明了这一点①②。

面对转型期农村各类风险,近年来在国家的高度重视和有力领导下,各地农村基层政府也日趋重视公共安全管理。但相对城市而言,差距犹存。首先,农村公共安全管理的物质基础仍然十分薄弱。城乡间经济发展仍存在较大差距,虽然近年来农村居民人均收入涨幅较城市明显,但农村民众人均纯收入不到城镇民众可支配收入的三分之一。这导致农村公共安全管理在人力、物力、财力和技术保证方面都与城市有巨大的差距。以治安管理为例,无论是每万人的警察数量、技术设备,还是办案经费保障方面,农村都根本无法与城市相比。城市社区不仅自身都有较好的围墙、防盗门、监控、报警等警卫设施,而且多数小区物业公司都聘请专人全天候的值守管理,而农村的警卫设施基本为零③。再以火灾防控为例,中国近70%的火灾和60%的火灾死亡人员发生在农村。可是现在农村对火灾几乎处于不设防状态。村里没有专业消防队,火灾发生后只能借助

---

① 祝天智.论风险社会的挑战与农村公共安全管理的创新[J].湖北社会科学,2011(2):30-34.

② 陈道银.风险社会的公共安全治理[J].学术论坛,2007(4):44-47,174.

③ 祝天智.论风险社会的挑战与农村公共安全管理的创新[J].湖北社会科学,2011(2):30-34.

从县城赶来的消防队①。其次,农村公共安全管理的体系落后,难以适应现实需求。农村基层干部由于日常工作繁重,对公共安全现代手段了解较少,仍停留在传统的管理方式上;管理主体继续维持政府主导,忽视整合农民个人、非政府组织、农村基层组织等社会力量;日常管理仍停留在以"管"为主的阶段,尚未协调好"管理与服务"的关系;公共安全不仅仅是农村稳定的基本,同时也是农民基本的权利,而农村政府在实际工作中对待农民难免作风专断,重压制,轻疏导,多管制而少服务,这样不但没有解决潜在的公共安全隐患,反而可能激化矛盾。再次,农村公共安全管理过程灵活性和完整性不够。公共安全事件的发生有酝酿、发生、发展、爆发和消退的过程,与此相对应,公共安全管理是包括预测、预防、处置和善后等完整过程。而当前农村的管理过程只重危机处置而轻预测、预防、善后和恢复等环节。这导致公共安全管理过程缺乏主动性和系统性,始终处于被动应付的局面。最后,农村公共安全管理缺乏科学技术和理论的支持。在管理手段方面仍主要运用人海战术,现代科技和科学决策手段的应用较少。现在城市已经开始推广的诸如数字化管理系统、信息采集、电子警察设备等先进科技在农村公共安全管理中的运用尚未起步。同时,由于农村公共安全管理主体大多没有受过现代管理知识教育,又缺乏必要的现代公共安全管理技能培训,管理决策基本以经验决策为主,科学性难以保证②。

针对农村社会出现的多元公共安全风险,面对目前农村公共安全管理的问题,我们还需加快农村经济社会发展,不断更新公共安全理念,重塑公共安全管理体制,动员社会力量参与,走农村公共安全管理的创新之路,协同城乡公共安全管理。首先,加速城乡经济社会一体化,夯实农村公共安全管理创新发展的物质基础,加大对"三农"的支持力度,加快农村经济社会发展。其次,注重农村社会各类矛盾的预防和化解。再次,打造农村公共安全管理的系统性和动态化。最后,也是最关键的,重塑全新的管理体制,实现各种机构、人员分工明确而又密切配合,各种资源合理配置而又充分整合,决策科学、执行顺畅、信息通畅、保障有力、参与有序

① 陈泽伟.面对公共安全高标准[J].瞭望,2007(4):19-21.
② 祝天智.论风险社会的挑战与农村公共安全管理的创新[J].湖北社会科学,2011(2):30-34.

的创新体系。

(三)以社区作为平台推进公共安全管理①

以社区作为平台推进整合性公共安全管理模式是符合我国现实国情的。目前,政府层面的整合性管理推进缓慢。在我国当前的应急管理体制中,设有国家减灾委员会、国家安全委员会、中央维稳办公室等机构,在公共卫生领域则设有多个领导小组,他们的权威都高于作为综合协调机构的应急办公室,同时设在各级政府的应急办公室也缺少必要的人力和专业知识,使整合性应急管理难以落到实处,因此需要推进整合。社区则具有开展整合性安全管理的先天优势。虽然我国在法律上将社区明确为自治体,但同时也明确了社区在党委和政府的领导下开展工作,因此在现实中,社区仍然承担了大量由上级党委和政府部门交付的工作,"上面千条线、下面一根针"是社区工作的真实写照,这本身就意味着社区是一个整合性的设置。同时,社区开展整合性公共安全管理有利于节省资源,避免重复建设。在我国,推进社区建设的部门众多,例如,"安全社区"的推进者为安监部门,"减灾社区"的推进者为民政部门,"平安社区"由政法系统主导,"和谐社区"由地方人民政府推行,"绿色社区"的推进者是环保部门,"文明社区"的提出者则是中央精神文明建设指导委员会,等等。这些不同的部门都有不同的标准和要求,必然在一定程度上既重复建设,又难以形成合力。

(四)网络社会与公共安全管理②

随着信息社会的来临,网络犯罪和网络污染增多。一些网络公关公司组织"网络水军"恶意攻击商业对手,破坏权威评选的公平公正性;一些地方,网上药店、钓鱼网站、骗子网站欺骗消费者、坑害消费者的案件更是数不胜数,黄、赌、毒等违法网站神出鬼没,打击不尽,关闭不绝,危害青少年的身心健康;一些场合,计算机病毒严重地扰乱了网络虚拟社会中的正常生活秩序,对不少网民也造成了难以弥补的损失。概言之,网络虚拟社会管理的无序性十分值得我们重视:一些别有用心的人和组织利用互

---

① 张海波.社区在公共安全管理中的角色整合与能力建设[J].江苏社会科学,2011(6):66-71.

② 崔征.当代网络虚拟社会管理困境及对策[J].河北公安警察职业学院学报,2013,13(4):53-56,60.

联网传播淫秽色情、赌博、暴力、邪教等不良信息和西方资本主义的意识形态,对网络社会稳定造成威胁;一些国家利用他们在互联网上的主导地位,对我国进行渗透,宣扬其价值观念和意识形态,对我国的思想、观念、政治、伦理道德等产生冲击;一些网民在现实社会和网络虚拟社会中呈现出双重道德人格,在互联网上肆意发布虚假信息,随意造谣诽谤,扰乱社会秩序,破坏社会稳定;一些敌对势力以互联网为媒介,通过网上炒作、煽动、组织串联,争夺舆论阵地①。

　　网络的开放性特征使社会公共安全危害的蔓延速度极快,针对这些问题,我们首先应该重在预防。对网络社会,要重视而不忽视,要善待而不压制,要规范而不放任。建立网络社会安全教育培训机制,要加强对相关管理人员以及广大网民的培训和教育,尤其是广大青少年网民的互动教育,以此实现网络自律和社会监督的结合。其次是对于网络的引导。互联网发展趋势将是社会思想文化信息的"集散地"和社会舆论的"放大器",成为传播社会主义先进文化的前沿阵地、提供公共文化服务的有效平台、促进民众精神生活健康发展的广阔空间,为此需要营造出网络优秀文化氛围。最后是充分发挥网络的社会治理作用。建立良性的民意表达渠道,让网络能畅通民意,让社会健康有活力。倾听网络民意,促进政府和民众鱼水关系的形成。及时回应民意,增强政府和民众的沟通②。

---

① 孟宪平. 网络虚拟社会管理问题及对策分析[J]. 学习与实践,2011(8):110-116.
② 孟宪平. 网络虚拟社会管理问题及对策分析[J]. 学习与实践,2011(8):110-116.

第六讲　社会文明创建

社会文明创建是社会管理的主要内容之一。本章主要包括：社会文明概述；社会文明的运行机制；社会文明创建的本质与原则；社会文明创建的内容；社会文明研究的理论范式及其发展；等等。

第一节　社会文明概述

科学界定社会文明的含义，厘清社会文明的内涵，是创建社会文明实践的重要前提。

一、文明的概念与内涵

对于文明的理解和定义，具有多种看法，总体上可以分为"广义"和"狭义"两大类型。从狭义上讲，即从每个历史阶段的静态角度看，文明就是人类社会创造的一切进步成果，主要包括生态文明、经济文明、政治文明和精神文明等。本章的研究内容主要是围绕"狭义"的文明展开，但为了避免研究和认识上的误会，将"广义"的文明也做简单的阐述。

于建荣在其博士论文《中国特色社会主义社会文明研究》中考察分析了中外关于文明的35种定义，发现其中主要包含48个构成要素：人类、国家、地区、民族、社会、社会生活、社会秩序、社会类型、社会结构、社会组织、社会模式、生活方式、文化、文理、文采、美术、进步、光明、开化、发展、先进、发达、较高阶段、新内容、现代、成果、财富、产物、过程、发展史、逐步前进、进化过程、历史过程、范畴、独立概念、宗教概念、历史范畴、精神文明、世界观、道德品质、道德环境、德智、习俗、科学、实业、协调、凝聚力、木乃伊等[①]。他按照其密切程度进一步把这48种要素归纳为16种

---

① 于建荣.中国特色社会主义社会文明研究[D].北京:中共中央党校,2007:25-26.

类型,并且明确统计出每一种类型的定义所占的比重。综合各种不同的文明理论和不同的文明定义,特别是恩格斯关于文明的说法,于建荣给文明下了一个简明的定义:所谓文明,是一个历史范畴,是人类社会的进步状态,是社会规律作用的过程和结果,是文明行为、文明过程和文明成果的有机整体。因此,从广义上讲,也就是从生产力发展的动态角度来看,文明是人类社会不断进化发展的过程。这个定义包含历史、范畴、社会、进步、规律、行为、过程、结果、整体等9个要素,占上述文明要素的80%。如果进一步分析这9个要素,整体可以包含协调、凝聚力等要素,社会、进步等可以包含精神文明、文化、实业等要素,行为可以包含主体等要素,规律可以包含科学等要素。这样,这个定义基本上包含了目前人们对文明定义的全部要素①。

(一)文明是人类实践活动的产物

文明是人类实践活动的产物,主要包括两个方面涵义:一方面,文明是人类实践的结果。人类自产生以来,为了实现各种需求,创造了很多事物,而这些都是自然界本身无法创造出来的,如报纸、电车、房屋、衣服、锅碗、电脑、电视等,从而使人类自身摆脱了愚昧与无知,走向了现代文明。另一方面,文明也是人类实践过程的体现,可以体现和反映人类具体行为方式的进步和发展程度。不同时代和不同社会的人们在进行实践活动时,所实施的实践形式反映了其所处的文明程度。因此,对人类文明的研究必然离不开对人类实践活动和具体实践行为的研究②。

(二)文明是一种社会品质

文明具备社会属性,是人在社会中的产物,每一个人类历史发展阶段都有自身的文明。而正是因为人具备社会性,才使文明具备社会性。马克思说过:"人是最名副其实的政治动物,不仅是一种合群的动物,而且是只有在社会中才能独立的动物。孤立的一个人在社会之外进行生产——这是罕见的事,在已经内在地具有社会力量的文明人偶然落到荒野时,可能会发生这种事情——就像许多个人不在一起生活和彼此交谈而竟有语言发展一样,是不可思议的。"③因此,只有在人类社会中才能产生文明。

---

① 于建荣. 中国特色社会主义社会文明研究[D]. 北京:中共中央党校,2007:28.
② 虞崇胜. 政治文明论[M]. 武汉:武汉大学出版社,2003:51.
③ 中共中央马克思恩格斯列宁斯大林著作编译局. 马克思恩格斯全集(第四十六卷上册)[M]. 北京:人民出版社,1979:21.

文明是人类社会活动的产物,脱离了人类社会,就不会有文明的产生和发展。

同时,文明的产生也是人类进入文明社会的标志。弗洛伊德指出,文明具有一种特性,就是约束和指导社会成员的行为,进而调节和缓解人际关系与社会利益冲突。而这种文明的产生是由群体性的生活方式诱发的,这时个体就拥有了超越个人的力量,可以对其他社会个体、社会团体、社会群体等具有强制的可能性。也只有这样,人类的共同生活才能继续和发展。从这个角度来看,社会力量代替个人力量是文明发展的决定性的头等大事和关键一环①。

(三)文明是人类社会的进步状态

文明是人类社会进步的表现,这一点毋庸置疑。但是随着人类社会的发展,不文明的现象时有发生。正是基于此,卢梭认为人类文明的发展应该受到一定的"批评"和"谴责",是需要时刻予以反思的。这是对人类社会文明所持有的一种否定态度。但是,大多数学者对于人类文明的发展是持肯定态度的。比如伏尔泰是这样认为的:在人类的文明社会中,人类的生活状态要比原始社会中的人要"好"得多,为人自身的全面发展也提供了可能。基佐也认为,文明是人类社会进步的表现。而毛泽东在谈到文明史时也认同文明是人类进步的表现②。福泽谕吉明确说道:"文明是一个相对的词,其范围之大是无边无际的,因此只能说它是摆脱野蛮状态而逐步前进的东西。"③而弗洛伊德在面对提倡人类文明应回到原始社会这一说法时,明确指出:"我称这种观点令人惊异,是因为我们无论以什么方式给文明的概念下定义,伴随着我们寻求避免来自痛苦根源的威胁的一切事物都是文明的一部分,这是不争的事实。"④

综上,文明是人类历史进步的表现是学界的共识,而这种文明所表现出的人类进步主要体现在两个方面:第一,文明成果的形式是进步的,这是文明的外在表现。第二,文明的内在是发展的、与时俱进的,这是文明

① 弗洛伊德. 论文明[M]. 徐洋,何桂全,张敦福,译. 北京:国际文化出版公司,2000:93-94.
② 中共中央文献研究室. 毛泽东文集(第三卷)[M]. 北京:人民出版社,1996:288.
③ 福泽谕吉. 文明论概略[M]. 北京编译社,译. 北京:商务印书馆,1959:30.
④ 弗洛伊德. 论文明[M]. 徐洋,何桂全,张敦福,译. 北京:国际文化出版公司,2000:86.

的内在要求。

（四）文明是社会整体的进步

从历史唯物主义的视角来看，人类对自然环境进行改造和物质资料生产，从中获取人类所需，使人类的生活得到了改善，这属于人类物质文明的发展过程。可以说，人类文明的发展也正起步于物质文明的发展。

然而，人类在追求物质文明、改造自然世界的同时，通过实践活动也改造着自身的精神世界。换句话说，在改造客观世界的同时，主观世界、精神世界也得到了改造。具体表现为社会行为规范、法律、道德、习俗、科学文化、知识等方面的更新和发展。马克思在谈到人类精神文明时，将"科学首先看成是历史的有力杠杆"；又将文学、艺术称为"文明中间一切精致的东西"；还将哲学说成"是文明的活的灵魂"，"任何真正的哲学都是自己时代精神的精华"。由此可见，物质与精神文明的发展是一个统一的、整体的过程。"由于最重要的是不使文明的果实（已经获得的生产力）被剥夺，所以必须粉碎生产力在其中产生的那些传统形式。"①这就是说，生产力的发展必然要突破传统的政治形式，要求政治形式的文明化。可见，文明的发展不是单一的物质、精神或者政治的文明的发展历程，而是一个"多种文明"共同协调发展的历程，是由物质、精神、政治共同构成的有机整体的发展历程。只有当物质、精神和政治文明三者共同发展、协调进步时（当然，还包括生态文明），人类文明才能得到整体性的发展。只发展其中一个或两个，都无法称得上是人类文明的发展。当然，并不是说三者的发展必须完全同步，可以有所侧重，但从整体性的角度看，必须是大体相协调的。从历史的角度，我们也可以看到每一个国家的发展历程都是物质、精神和政治文明的协调发展，没有一个国家的文明发展历程是单一的。这充分说明了文明发展的协调性、相关性与整体性。

（五）文明是一个不断进化发展的过程

文明是不断发展的，也是有缺陷的、不完善的。弗洛伊德认为，文明是人类社会的产物，是人类社会进步的表现，但并不是说文明自产生之初就已经完美了，不需要完善和发展了。文明也是需要随着人类社会的进

---

① 中共中央马克思恩格斯列宁斯大林著作编译局. 马克思恩格斯全集（第四卷）
[M].北京：人民出版社,1958:155.

步而不断发展的①。

　　同时,人类文明的进步状态是一个不断发展的过程,也是一个永无止境的发展历程。除非,人类社会停止了自身的进步和发展,否则人类文明就会不断地进步和发展下去。福泽谕吉指出,有人认为目前的世界文明已经登峰造极,而不了解文明是指正在不断前进的过程。今天的文明还没有达到路程的一半,岂能遽然要求它尽善尽美,所以对现代社会,要求文明达到登峰造极,犹如在社会上寻求一个十足健康的人一样,从病理上来说,一般人纵然似乎很健康,充其量只能说是带病的健康,国家也像人一样,纵然称为文明,也绝不会毫无缺点的②。概言之,文明是一个不断发展的文明,也是一个不断完善自身、不断进化的文明过程。

(六)文明是社会规律作用的过程和结果

　　人类社会的发展遵循自身的规律,是不以人的意志为转移的。而产生于人类社会的文明也遵循人类社会自身的发展规律。马克思在《哲学的贫困》一书中指出:当文明一开始的时候,生产就开始建立在级别、等级和阶级的对抗上,最后建立在积累的劳动和直接的劳动的对抗上。没有对抗就没有进步,这是文明直到今天所遵循的规律。到目前为止,生产力就是由于这种阶级对抗的规律而发展起来的③。由此可见,文明的发展并不是毫无根据的、没有方向的发展,必须符合社会生产力的发展规律,当然也只有从社会发展的角度才能理解文明的内涵,才能实现社会的真正进步和实质进步。

(七)文明是文明行为、文明过程和文明结果的有机统一

　　文明是由文明行为、过程和结果构成的相互影响、相互促进的有机整体。其中,文明行为是指文明的社会行为主体的行为符合社会行为规范,其行为是文明的、符合道德标准的。这包含了两层意思:一是不文明行为主体的不文明行为,不属于文明行为的范畴;二是文明的行为主体发生不文明行为,也不属于文明行为的范畴。文明过程是指文明的社会行为主体与对象之间发生作用、发生关系的一种过程。文明结果是指文明的社

---

① 弗洛伊德.论文明[M].徐洋,何桂全,张敦福,译.北京:国际文化出版公司,2000:95.

② 福泽谕吉.文明论概略[M].北京编译社,译.北京:商务印书馆,1959:33.

③ 中共中央马克思恩格斯列宁斯大林著作编译局.马克思恩格斯全集(第四卷)[M].北京:人民出版社,1958:104.

会行为主体与对象之间发生作用、发生关系而产生的结果,对对象产生的某种影响。在某种意义上可以说,文明的发展离不开文明行为、文明主体与文明客体的协同发展。

(八)文明是可以学习和借鉴的

毋庸置疑,文明是人类社会实践的积极产物,而人又是自觉能动性的人,富有创造性和进取性。因而,文明也是具有创造性的,这也是文明的特点之一。汤因比也认为世界上任何一个社会的文明都具备创造性①。正因为文明的创造性,文明也就具备交流、学习和借鉴的可能。语言学家吕叔湘先生曾举例说:"'转借'(borrowing)实为文化史中的重要因子。欧洲的拼音字母的始创者是尼罗河上的埃及人,经过了菲尼基人的手传到希腊,希腊人加了一番改造又传给了罗马人,罗马人又稍稍修改,才成为现代西欧通行的一式。现在举世通行的数字系统的发明者是印度人,而把它传进欧洲的却是中世纪的阿拉伯人;在这以前,连那聪明的希腊人也'没有零的符号,也不用定位法记数……'"②

二、社会文明的内涵与特征

(一)社会文明的内涵

人类文明是人类实践的产物,是具有积极一面的产物。不同的实践观形成了不同的文明观和不同的文明内涵与特征。因此,一个科学的实践观对我们理解人类文明具有重要意义。

马克思的实践观是科学辩证的,这一点已经被历史证明。马克思认为,实践是由物质的生产与再生产、人类的自身生产、社会意识与社会关系等五个方面组成的,是相互联系、相互影响、相互促进的有机整体。在此基础上,马克思从客体和主体的关系角度出发揭示实践的本质。马克思指出,实践活动是主体和客体之间的对象性活动,正是通过对象性活动,主体的对象化才能得以实现。生产不仅为主体生产对象,而且也为对象生产主体,在生产中,人客体化,在消费中,物主体化③。同时,马克思

---

① 1968 年 9 月 12 日汤因比给日本"汤因比市民之会"成立的贺信。
② 罗伯特·路威. 文明与野蛮[M]. 吕叔湘,译. 北京:生活·读书·新知三联书店,1984:译者序 5.
③ 中共中央马克思恩格斯列宁斯大林著作编译局. 马克思恩格斯全集(第四十六卷)[M]. 北京:人民出版社,1979:26.

进一步指出,人的本质力量在于实践活动,而且是对活动对象的一种能动的、创造性的实践活动,即人本质力量的对象化。从中我们可以看出,在马克思的实践观中,实践是人类的一种对象性活动,但这种对象性活动是充满能动性和创造性的活动,是将活动对象通过人的创造力,从而实现创造性结果的实践活动,只有实现对活动对象的创造性活动才能称为对象化活动。因此,马克思科学实践观指出实践的本质在于能动的对象化活动①。这就是马克思科学实践观的基本内容。而在对文明的内涵和本质进行阐述时,马克思开创性地将文明与人类实践活动、社会发展水平、生产方式以及由此产生的阶级方式结合起来进行考察。

第一,文明是实践的产物,具备实践性。能动性、创造性的实践活动是人的本质属性,也正因为有了实践活动,人才之所以为人,人类社会和人类文明才得以产生。随着实践活动的发展,人类社会和人类文明才得以不断向前发展,取得进步。在人类进行的实践活动中,逐渐出现客体主体化和主体客体化的双重作用。客体主体化是指实践中的人类主体在满足自身需求和改造自然环境的过程中,原本自存的自然变成了"人化自然"。而主体客体化是指在改造自然世界的同时,使自然界中具有了人类实践活动的痕迹。正是在这种实践活动中,主体与客体之间相互影响、相互改造——在改造自然界的同时,人类也在改造着自身的精神世界,实现人类物质世界与精神世界的双重进步。

第二,文明也是"一种品质",具备社会性和历史性。一方面,文明的社会性指文明是依存于整个社会的,并不是依附于个人而存在的,是不属于个人范畴的。另一方面,文明的历史性指文明是社会的,而社会是属于历史范畴的。因而,文明具有历史性。一个"文明时代"就是指一个特定的历史时期,就是在人类社会发展的一个阶段呈现出来的文明状态。所以说,整个人类历史就是一部"文明史",人类社会的发展和进步就是"文明发展史"。恩格斯说:"文明时代是学会对天然产物进一步加工的时期,是真正的工业和艺术的时期。"②因而,文明产生的起点只能在奴隶社会,人类也是从奴隶社会开始"走到文明时代的门槛了"。这其中的关键

---

① 迟超波.论马克思的实践观[J].马克思主义与现实,2002(3):27-30.
② 中共中央马克思恩格斯列宁斯大林著作编译局.马克思恩格斯选集(第四卷)[M].北京:人民出版社,1972:23.

因素是生产力的发展以及由此带来的手工业、农业以及国家的出现和诞生。当然,奴隶社会、封建社会、资本主义社会和社会主义社会都给人类历史带来了璀璨的文明,这一点是毋庸置疑的。

马克思在阐述文明社会性和历史性的同时,也指出了文明的发展规律。他指出:当文明一开始的时候,生产就开始建立在级别、等级和阶级的对抗上,最后建立在积累的劳动和直接的劳动的对抗上。没有对抗就没有进步。这是文明直到今天所遵循的规律①。除此之外,他还指出文明的另一条发展规律就是从低级到高级的发展趋势。从奴隶社会到封建社会到资本主义社会到社会主义社会再到共产主义社会,人类的文明发展就是一部从低级到高级的文明发展史。正如恩格斯所言:文明能够逐步发展到共产主义②。

第三,马克思和恩格斯指出物质生产力、科学技术、文学艺术以及哲学是文明的基本要素。其中物质生产力是文明的果实,科学技术是文明发展的杠杆,文学艺术则是文明的精制品,而哲学是其灵魂③。

由此可见,在人类社会的发展中,文明有着丰富的内涵和本质。首先,文明是一个人文的概念。文明是人类实践活动的积极产物,是与人相联系的活动产物,因此必然具备社会属性、实践属性和历史属性。同时,作为人类实践活动产物的文明也在规定和塑造着人类,从而在实践与文明的作用与反作用的过程中,人类最终实现了现代文明的生活方式。其次,文明是一个价值概念。文明作为人类实践活动的积极产物,符合人类的基本需求,反映了社会进步,体现了人的价值,是对人类生存和发展的一种积极的肯定。再次,文明是一个时空的概念。文明是历史性与地域性的统一。一方面,不同的历史发展阶段有其鲜明的文明特征,另一方面,不同地域也有不同的社会和文化类型,因而也有不同的文明属性。因此,文明的时空性决定了文明是一个相对的概念,不同的社会,不同的历史发展阶段,都有各自不同的文明特征和属性。最后,文明是一个生活的概念。一方面,人类通过实践创造文明。只有与人类和实践相结合,文明

---

① 中共中央马克思恩格斯列宁斯大林著作编译局. 马克思恩格斯全集(第四卷)[M]. 北京:人民出版社,1958:104.

② 中共中央马克思恩格斯列宁斯大林著作编译局. 马克思恩格斯选集(第二十七卷)[M]. 北京:人民出版社,1972:52.

③ 罗浩波. 构建社会文明学的思考[J]. 浙江社会科学,2006(1):153-158.

才具备意义,否则文明便无从谈起。另一方面,文明规定并塑造了人类生活。作为人类实践的积极产物,文明逐渐成为一定时空条件下人类的生活方式,规定人类生活的规范、习俗、条件、内容、关系等,体现并促进人类生活的质量和社会的发展①。

综上所述,我们可以对"社会文明"进行简单界定。其中,"社会"包含两层涵义:一是狭义的社会概念,这是一种"静态"的社会概念,是指在一定历史发展阶段中,一个社会所包含的政治、经济、文化等社会领域的综合;二是广义的社会概念,这是一种"动态"的社会概念。从人类历史发展的角度来看,随着生产力的不断进步和发展,人类政治和精神文明以及整个"静态"社会都处于不断发展和进步中。所以,"社会文明"也包括两层涵义:一是"狭义"的社会文明。这是一种"静态"的社会文明,是指与一定时期生产力相对应的,相对稳定、静止的政治、经济、社会、生态等文明的总和②。二是"广义"的社会文明。这是一种将人类社会文明与人类社会不断发展的生产力相联系的社会文明观。它是人类社会进步和发展程度的标准之一,以及在生产力不断发展的基础上所形成的社会方式、行为规范、价值标准以及所有物质和精神文明的综合,即政治、经济、社会和生态等文明的有机统一。

本章就狭义的社会文明展开研究,即研究社会经济文明、社会政治文明、社会精神文明、社会生态文明等,以及如何创建社会文明等一系列问题。

(二)社会文明的特征

社会文明的狭义内涵决定了其具有以下几个方面的主要特征:

第一,社会文明具有实践性。文明是全人类共同创造的,也是全人类共同继承的。任何一个民族和任何一个时代的文明,一方面,是全体社会成员在前人的基础上,改造自然、社会和自身所取得的积极成果的结晶;另一方面,也是本民族吸收、融合、发展其他民族的文明而形成的。文明成果特别是经济文明成果,以及一部分直接反映人类认识和改造世界的共同成果的精神文明成果,其本身并不具有绝对的民族性,而是具有

---

① 曹顺仙. 世界文明史[M]. 北京:北京理工大学出版社,2012:5.
② 萧君和. 一种非常重要的文明——关于"社会文明"的思考[J]. 贵州社会科学,2004(6):46-50.

融通性的。因此,不同民族的文明之间可以互相影响、互相渗透、互相借鉴。

第二,社会文明具有客观性。社会文明衡量并体现人类社会的进步程度,而人类社会的发展则是客观存在的、有自身发展规律的、不以人的意志为转移的。因此,人类社会的客观性决定了社会文明的客观性。具体来说,文明是人类实践活动的积极产物,是被创造出来的客观实在。譬如,经济文明主要表现为科学技术、信息通讯工具、交通工具以及机器等的发展与运用,即物质财富和生产力的发展,这些都是客观存在的。相对而言,精神文明则是产生于人类改造自然和人类社会历史的发展中,是指在社会的发展中所产生的道德、艺术、科学、理论、知识以及有益于人类社会发展和个人发展的精神现象的综合。精神文明总是通过一定的物质形态表现出来,虽说其形式是主观的,但是其反映的内容是客观的。

第三,社会文明具有开放性。文明是人类实践活动的积极产物,是衡量社会发展程度的标准之一。而推动人类文明发展的归根结底还是具有能动性主体的人的创造性实践活动。马克斯·舍勒曾说过,从本质上来看,人可以无限制地扩大自己的作用范围——尽其所能。人的实践活动是不断发展的,人的认识也是不断发展的,因此社会文明也是不断进步和发展的。具体来说,从人类社会形态的发展历程来看,我们经历了奴隶社会文明、封建社会文明,再到现在的资本主义与社会主义并存的社会文明。不难发现,人类的社会文明具有开放性,是不断向前发展的①。当然,这也是社会文明历史性的一种体现,取决于社会文明的实践性和客观性。

三、社会文明的结构

社会文明是一个总体性概念,它具有相对稳定的结构,包含诸多方面。马克思与恩格斯都曾指出,社会文明的内在要素应包括经济、政治、精神和生态。在人类历史发展的任何一个阶段、任何一个地域、任何一个国家和民族,社会文明的构成都应该包含上述四种基本要素。这更是一个优秀的民族、一个进步的文明以及一个强大的国家应该具备的"文明基础"。

---

① 张凤莲. 文明是社会进步的综合尺度[J]. 齐鲁学刊,1996(1):115-118.

（一）经济文明

可以说，人类文明的发展是一部经济文明发展的历史。人类自出现以来，第一个需求就是满足自身生存和发展的需求，即"活下去"的需求。这需要最起码的衣食住行等物质资料，因此，就产生了物质资料的生产过程。

人类通过物质资料的生产过程所创造出来的成果就是经济成果，即经济文明。主要有三个方面：一是物质财富和生产力的进步与发展，主要体现为生产工具、生产条件、科学技术等的进步与发展；二是人们自身生活状况的改善和发展程度，主要是指富裕和自由的程度；三是上层建筑的发展程度，如所有制、分配制度的发展程度等。

（二）政治文明

政治文明是制度文明的基本要素。制度文明是指人类在不断生产和再生产物质文明的同时，不断地生产出适合物质生产力和人类自身生产力的，体现生产关系和社会关系的各种社会制度。在社会制度中占核心地位的就是政治文明。马克思认为政治文明是指人们在参与政治生活的过程中所表现出来的政治行为以及政治文明规范的程度，主要包括政治制度、政治意识、政治行为文明，是人类政治实践的积极产物，也是人类政治实践经验的总和。

（三）精神文明

人类在改造自然界的同时也在改造自身的主观世界，而改造主观世界的所有积极成果的总和就是精神文明。它能衡量一个社会在精神方面的发展程度。马克思曾写道："蒲鲁东先生了解，人们生产呢子、麻布、丝绸……可是，蒲鲁东先生不了解，人们还适应自己的生产力而生产出他们在其中生产呢子和麻布的社会关系。蒲鲁东先生更不了解，适应自己的物质生产水平而生产出社会关系的人，也生产出各种观念、范畴，即这些社会关系的抽象的、观念的表现。"①这里所讲的"生产出各种观念、范畴"，就是人类在生产实践中产生的各种精神产品，即精神成果，也就是精神文明②。

---

① 中共中央马克思恩格斯列宁斯大林著作编译局. 马克思恩格斯选集（第四卷）[M]. 北京：人民出版社，1972：327.

② 罗浩波. 马克思主义文明哲学的深层理论构架[J]. 天府新论，2008（5）：13-18，143.

(四)生态文明

生态文明是指"人类为使人与自然和谐相处,自然与社会协调发展,在改造客观世界的同时,积极改善和优化人与自然的关系,建设有序的生态机制和良好的生态环境所取得的各方面成果的总和"①。马克思主义认为,自然界的存在与发展是物质资料以及人的生产和再生产的前提,因为人是自然界长期发展的产物,没有自然界就没有人本身。生产力虽然是社会发展的根本动力,但离开了自然环境的生产力发展就是无源之水和无本之木②。马克思说:"没有自然界、没有外部的感性世界,劳动者就什么也不能创造。自然界、外部的感性世界是劳动者用来实现他的劳动,在其中展开他的劳动活动,用它并借助于它来进行生产的材料。"③由此可见,生态文明是社会文明中必不可少的一环,是社会文明不可缺少的一部分。生态文明与经济、政治和精神文明共同构成了社会文明的有机整体。

第二节　社会文明的运行机制

"机制"一词是指构成复杂整体的各个子系统、要素相互作用、相互联系、相互促进,从而共同实现整体目标的一种运行方式。因此,所谓社会文明的运行机制,是指社会文明各部分、各要素、各环节之间及其内部既独立发挥作用,又通过相互配合、功能互补共同实现社会文明的和谐发展。社会文明系统的运行机制以生态文明为前提、以经济文明为基础、以政治文明为保证、以精神文明为动力,通过人的实践活动,把社会文明的各个组成部分、各种要素和环节有机地结合起来、协调起来。当然,在不同的人类历史发展阶段中,对社会文明中的不同要素有所偏重。

社会文明的具体运行机制主要分为两个方面:一是构成社会文明有机整体的各个子系统,主要是政治、经济、精神和生态文明的运行机制情况。二是实现各个子系统相互联系、相互作用、相互协调,共同实现社会文明发展的运行机制。这对社会文明的发展、和谐社会的建设具有重要意义。

---

① 杨文圣,焦存朝.论生态文明与人的全面发展[J].理论探索,2006(4):23-26.
② 罗浩波.马克思主义文明哲学的深层理论构架[J].天府新论,2008(5):13-18,143.
③ 马克思.1844年经济学—哲学手稿[M].刘丕坤,译.北京:人民出版社,1979:45.

一、生态文明的运行机制

生态保护作为一种思想很早就出现了,但是生态文明却是一种崭新的文明形态,它与政治、经济和精神一同构成了社会文明的有机系统。现如今,离开生态文明去谈其他文明建设或者去谈整个社会文明的建设,是不恰当的、不完整的,也是无法实现的。历史事实表明生态文明与人类文明的发展是息息相关的。例如,古巴比伦、楼兰王国等历史史实都能说明,忽视生态文明的社会实践是"致命"的自负。因此,现代社会要注重建设生态文明,树立科学的文明观,实现人与自然的和谐发展。

(一)生态文明是经济文明的保证

经济文明要得以发展就必须从自然界中获取一定的物质资源。但是经济的发展不能毫无顾忌地从自然界中获取资源,因为自然资源是有限的。因此,要实现经济文明的发展,必须注重生态文明的保护,这是经济社会可持续发展的前提。

第一,生态文明为经济文明的发展提供了前提。经济文明的发展离不开人与生产资料的有效结合,而生产资料的极大丰富和占有是经济强大和快速发展的前提之一。因此,在生态环境中,物质资料的丰富与否,对自然界的控制和利用程度如何,是经济发展的影响因素。

第二,生态文明为经济文明的演化提供了基础。人与生产资料的结合程度的高低是生产力是否得以快速发展的前提。人与生产资料的结合程度越高,自然资源越丰富,才能创造更多的物质财富,经济与社会才能更好地发展。当今社会,劳动生产率的提高是以自然资源的消耗为代价的,这导致很多资源的大量消耗,如煤炭、土地、水等自然资源开始变得缺乏,从而限制了生产率的提高,成为社会发展的制约因素。

第三,生态文明为经济文明的发展提供了生态方向。自然资源的有限性在一定程度上限制了人类社会的进步,因此,为了保证物质生产的可持续发展,经济的发展必须与生态文明相适应。如绿色经济、循环经济、低碳经济等经济发展方式的提出,都在谋求经济发展与生态发展、人类发展与自然保护的统一,都致力于实现人类社会的可持续发展,这是生态文明的基本表现①。

---

① 林玉春.从人与自然的辩证关系解读生态文明[D].福州:福建师范大学,2008.

第四,生态文明影响经济发展的诸多方面,尤其是生产力的发展。生态文明为经济发展提供了坚实的物质基础,也为人类的生存和繁衍提供了栖息之地。可以说,生态文明的发展状况不仅是人类文明存在和发展的前提,也在一定程度上规定了经济发展的方向和内容。一方面,自然资源分布情况和自然条件直接影响某地域的产业性质、产业结构、部门分布以及未来经济发展的趋势。另一方面,经济发展状况也逐渐影响自身所需劳动力的水平、数量、质量以及分布情况等。

第五,生态文明为经济发展设定了新的目标。随着生产力不断发展,世界环境日益恶化,人们逐渐认识到经济文明的发展远远不能等同于人类文明的发展,不能简单地用物质财富来代表人类发展的水平。于是,提倡保护环境,实现人与自然和谐相处,将生态文明列入人类整体文明发展的体系就应运而生了。当然,生态文明建设并不是简单地保护自然环境,而是实现生态发展与经济社会发展的动态平衡,通过改变经济发展结构、经济发展理念,试图在改造自然环境的同时,实现人类社会的可持续发展。

(二)生态文明是政治文明的体现

生态文明的发展与人类生活水平和质量息息相关,与政治文明的发展息息相关。生态文明的发展程度与水平体现了政治文明的发展程度,对政治文明的发展具有重要作用。

第一,生态文明为政治文明提供生态前提。一个国家的成立,其必要的条件之一就是一定的地域范围和资源条件。因此,国家的产生需要以一定的生态条件为基础。

第二,生态文明是政治文明的重要议题。一方面,自然资源制约生产力发展和社会进步,尤其是国土要素,既是人们赖以生存的条件,也是一国综合国力的反映。因此,关于生态环境保护的公共政策的制定、出台等都是现代政治生活的主要议题之一。另一方面,在国际上,关于稀缺资源的保护和争夺,也是国际政治纷争的原因之一,进而成为政治建设的主要议题。

第三,生态文明建设对政府行为提出了要求,尤其重视和强调了政府保护环境的责任。在现代社会,保护环境是每个社会成员不可推卸的责任,而政府更加拥有保护环境的责任。因为,追求长期利益,实现长远发展,并不是每个人都能做到的。而且,在短期利益的诱导下,很多社会成员偏向于过度消耗自然资源,追求眼前利益。因此,政府在保护环境方面负有不可推卸的责任,能对自然环境的发展起决定性的作用。既要发挥政府在生态文明建设中的引导作用,也要发挥政府在生态文明建设中的监督和管理作用。这两方面共同构成了政府在生态文明建设中的政治责任和行为指向。

第四,生态法规的建设促进了政治制度文明的发展。当前,生态文明的发展已经成为综合国力的影响因素之一,关系到国家安全与稳定。为了实现生态文明的发展,必须实现生态文明的顶层设计,即关于生态保护的法律制度的完善。同时,法律体系的健全和完善是政治现代化的内在要求。因此,生态环境保护等法律法规的建立与完善是实现政治现代化的条件之一。

第五,生态文明建设促进政治意识文明的发展。公民参与政治事务,体现公民意志是现代政治文明的特征。当前,生态环境的恶化使生态环境问题成了一种政治问题,而公民通过政治选举、环境宣传等方式表达自身意愿,促使政府的决策更加科学化和民主化,从而实现生态环境的保护与发展,这无疑具备了政治意义①。

(三)生态文明是精神文明的依托

人类在改造自然的实践活动中,也在改造自身的主观世界,使精神生活得到了极大的丰富。生态文明的出现对人类传统的发展观、思维方式、生活方式、社会行为规范等都具有重要的影响。

第一,生态文明是精神文明的主要内容之一。作为人类实践产物的精神文明在反映人类实践成果的同时,也在反映生态文明。其主要反映和体现了人类生活的水平、人的价值观以及关于未来的愿望和要求等。因此,生活环境保护、生活质量提高等是精神文明的内容之一。

第二,生态文明影响精神生产的分工以及精神文明的表达形式。作为人类实践活动产物的精神文明,因劳动分工的不同而不同,而劳动分工不同的基础之一在于生态文明的丰富、多元。因而不同的劳动分工使精神文明更加丰富和多元,同时,也为精神文明的反映和表达提供了不同的内容。

第三,生态文明影响精神文明发展的生态方向。当前,生态环境恶

---

① 林玉春. 从人与自然的辩证关系解读生态文明[D]. 福州:福建师范大学,2008.

化日益成为全球性话题,因此,诸如生态意识、生态审美、可持续发展等有关生态文明保护的精神文明开始愈发凸显其重要性。可见,生态文明为精神文明的发展提供了现实基础,产生了"生态化"的精神文明,从而在加强生态文明与精神文明统一的同时,也促进了人与自然和谐相处①。

第四,生态文明推动精神文明的发展。生态文明不仅仅在于保护环境理念的提出,更在于建构一种生活和生产的文明状态,进而演化为一种生活方式以及精神理念的扩展。譬如,现代社会提出的可持续发展战略,就要求改高消费、高享受的生活观念为生态消费观念,提倡人类社会的发展应和自然保护相适应,进而实现人与自然的和谐统一,变过去的"GDP"为"绿色 GDP"等②。

当然,精神文明与生态文明是相辅相成的,生态文明是精神文明的依托,而精神文明则为生态文明指引了方向,提供了精神动力和智力支持。生态环境恶化的最终结果由人类自身来承担,因此,加强教育、积极进行环境保护的宣传,提高人类的环境保护意识,是应对生态危机的基本方式之一。除此之外,在发展生产力的同时应注意生态环境的保护,注重长远利益、整体利益,摒弃急功近利观念,避免只追求短期利益、局部利益;通过科学技术的发展减少环境损耗,运用高新科技修复生态破损等。

二、经济文明的运行机制

经济文明的运行机制包括许多内容,最重要、最基本的是剩余产品的积累机制。人类社会文明发展的基础在于剩余产品的不断积累,通过剩余产品的不断积累促进生产的再扩大以及劳动分工和社会管理分化的出现,进而促使科学、文化、艺术等文明的产生和发展。

(一)生活资料的生产和再生产是人类生存的物质基础

经济文明的运行是通过人类的自然本能和社会本能的相互促进逐渐发展的,主要以人类与生俱来的自然本能为基础,如物质交换、生存等,从而推动人类社会本能的发展,如文化的需求、精神的追求等。社会本能的

① 林玉春. 从人与自然的辩证关系解读生态文明[D]. 福州:福建师范大学,2008.
② 周岩. 可持续发展视野下的生态文明建设[J]. 中国集体经济,2009(7):191-192.

发展反过来会促进人类生产活动的进步,从而使生产活动成为一种永恒性的活动。人类满足自身利益的欲望在社会需求和生产力发展的互动中,表现为对剩余产品的占有需求,从而形成了与一定生产力发展水平相适应的剩余产品积累方式。当然,剩余产品的积累也为社会发展提供了一定的基础。

其实,看似自发、自觉的经济活动都是在人类有意识的自控系统之下有序进行的。同时,这些自觉的经济活动是作为实现自控系统的条件,并以其为中心而存在运行的。因此,自觉的经济活动作为自控系统的组成部分,为人类自控的实现提供基础和条件。换句话说,人类的经济活动的产生和发展是以剩余产品的积累、占有和分配为出发点和落脚点的。人类也相应地发展了一套保护剩余产品积累、占有和分配的保护机制,即政治活动和公共管理行为。

(二)剩余产品的积累、占有和分配在人们的利益对抗中实现

剩余产品的积累、占有和分配在人们的利益对抗中得以实现,并逐步形成一定的制度和规范。在对抗中,人类开始出现分化并形成不同的价值观念,也形成不同的阶级——统治阶级和被统治阶级。作为剩余产品占有者的统治阶级认为现有的有关剩余产品的占有和分配制度是合法、合理的。而对于被统治阶级来说,可能并不赞同这种观点。于是,在涉及人类生存和发展的问题上,尤其是被统治阶级的剩余产品被剥夺时,人们便从意识形态的斗争进入意识与行为的共同斗争,这就是社会阶级斗争。在某种意义上可以说,这种斗争贯穿于人类社会发展的始终,影响着每一个人。只不过,有时这种斗争比较激烈、外显,有时则比较缓和、内隐。当然,剩余产品的积累有其内在的规律性,有自身发展的方式,并不完全处于阶级斗争的左右之下。只有当生产力发展到一定阶段,剩余产品积累方式发生转变的时候,阶级斗争才能发挥其推动作用。因为各自的立场不同,所以双方在关于剩余产品的分配方面似乎各持“真理”。而关于如何进行剩余产品的占有和分配似乎也成了“无解之题”。这里,主要有两种标准:其一,多数原则。历史上,统治阶级总是处于数量上的少数,而被统治阶级则处于多数,随着近代关于“天赋人权”“民主”“共和”等思想的传播与发展,将多数人的幸福与立场作为评判的标准变得愈发深入人心,这是现代社会政策发展的主要特征之一。其二,人类社会发展趋势。从人类历史发展的过程来看,从低级走向高级、从愚昧走向文明是人类社会的发展趋势。而关于剩余产品的占有和分配制度也体现了从低级走向高级的发展状态。也就是说,人类社会的发展是一个不断从自然和社会的压迫中解放自身的过程。因此,人类从动物式的自然竞争走向真正的人类社会,与摆脱压迫和剥削,实现自身解放是一脉相承的①。

三、政治文明的运行机制

政治文明的运行表现在微观和宏观两个方面。

(一)政治文明的微观运行机制

任何文明都是由各不相同但相互关联的系统要素构成的有机整体,政治文明也不例外。任何政治文明的产生都需要以政治实践活动的发生为条件,同时政治权力的运作和政治目的的实现都必须依靠政治实践。然而,政治权力的有效运作,需要一定的制度和理念为保障。否则,就会出现政治权力的无序运作,无法有效地实现政治秩序和经济目标,从而阻碍社会发展。因此,政治文明发展的目标并不仅仅是政治制度的发展,而应该是政治制度、意识和行为的全面发展,也只有这样才能共同推动政治文明建设。

政治意识文明、政治制度文明以及政治行为文明的有机结合是政治文明发展的关键。在这一整体中,各要素通过遵循一定的秩序和规则,发挥各自的作用,从而相互影响、相互促进,实现政治文明的有序发展。其中,政治意识文明是政治文明的观念形态,政治制度文明是其规范要求,而政治行为文明则是其外在表现②。当然,在人类历史发展的一定阶段,人们会对其中的个别要素有所看重,因此它们的发展程度各不相同,并非完全同步发展。但是,从人类历史发展的角度看,三个要素应该协调发展,不能顾此失彼。

政治意识文明是指政治意识方面的发展和进步的程度。政治意识与政治制度、政治行为关系密切。它为政治制度提供坚实的理论基础,为政治行为提供行动指南。相对于整个政治文明来说,政治意识文明处于关键位置,其发展程度可以在一定程度上代表政治文明的发展程度和前进

---

① 中共中央马克思恩格斯列宁斯大林著作编译局. 马克思恩格斯选集(第三卷)[M]. 2 版. 北京:人民出版社,1995:441.

② 田启波. 当代中国政治文明运行机制与路径选择[J]. 求索,2004(6):68-70.

方向,也是其他政治文明要素得以运行和发展的精神动力。它主要包括:政治理论、政治观念、政治理想、政治道德、政治伦理以及政治心理等方面,前三个方面占据政治意识文明的主导地位,对政治意识文明的发展具有基础性的作用。美国政治学家拉斯韦尔指出:一个能平稳运行的政治制度几乎没有必要去考虑在它自己的社会成员中进行宣传。一种意识形态一旦被人们接受之后便会以非凡的活力永久存在下去。在这个国家里出生的人们会把他们的一些爱投向支持这个制度的各种象征:共同的名称、共同的英雄、共同的使命、共同的需要。……不满情绪,不论是怎样引起的,都会使占统治地位的象征与实际措施受到削弱①。由此可见,政治意识的培养不能一蹴而就,需要一个漫长的过程。因此,政治意识文明的培养往往是长期的、潜移默化的。

政治制度文明在政治文明建设中处于核心位置,它是指一个社会中法治规范与法治程序的发展程度,主要由一个国家的根本政治制度、政治体制以及相关具体行为规范所构成。

政治行为文明则是上述两种文明发展和运行的基础,是一国社会成员、社会团体或社会群体以及政党等参与政治生活的文明程度。一般而言,政治参与的程序和规范越完整,社会成员、社会团体或社会群体以及政党的政治行为文明程度就会越高。反之,则越低。一个国家的公共管理者法治意识越高,其公共管理行为、政治行为越廉洁、越高效、越能回应民众的需求,其政治行为的文明程度就越高。反之,则越低②。

(二)政治文明的宏观运行机制

马克思的唯物史观科学地指出:实践是一切人类发展的基础,因而对任何人类文明发展的探讨,都不能离开对人类实践层面的研究与探讨。只有这样,对人类文明的分析才能建立在科学的基础之上。人类社会文明的发展需要的是人类各个文明发展的相互影响、相互促进。只有这样,人类整体文明才能共同进步。从宏观的角度来看,人类整体文明需要政治、经济、社会和生态的整体协调发展。政治文明从而不可避免地要与其他文明系统进行沟通与协调。所以,政治文明发展的宏观机制就是在与

① 哈罗德·D·拉斯韦尔.政治学 谁得到什么? 何时和如何得到? [M].杨昌裕, 译.北京:商务印书馆,1992:138-139.
② 田启波.当代中国政治文明运行机制与路径选择[J].求索,2004(6):68-70.

其他文明的和谐互动中,共同推进人类文明的发展。

第一,政治文明的发展需要经济文明的协同。经济文明的发展状况从根本上制约政治文明的发展。一方面,随着生产力和经济的不断发展,物质财富得到了极大的增长,从而给政治文明的发展提供了坚实的物质基础。另一方面,市场经济的自由发展带来了"平等""民主""法治"等政治理念和意识,在破除封建意识和种种特权的同时,也为现代化政治文明的发展创造了条件。

第二,政治文明的发展需要精神文明的协同。精神文明给其他一切文明的发展提供了智力支持、精神动力以及共同的价值标准和行为准则,即精神文明为人们共享观念的形成奠定了基础,进而为政治共识、政治一致以及政治秩序的达成提供前提。比如,在一国之内,精神文明通过传统习俗、社会舆论等方式,引导和规范社会成员的行为,调解和缓和社会关系与利益冲突,进而促进社会的和谐发展。这有利于政治文明的建设。

第三,政治文明的发展需要生态文明的协同。人类文明的产生需要一定的生态文明为基础。同时"人本身是自然界的产物,是在他们的环境中并且和这个环境一起发展起来的"①。因此,保护环境也就等于保护人类自身。当前,自然生态环境的恶化已经成为"全球性话题"甚至是"全球性难题",引起各国的广泛关注。若让环境恶化的行为持续下去,人类也必将走向发展的困境②。在这一"困境"中,政治文明是无法很好地推进的。也可以说,生态文明的缺失是政治文明进程中的主要障碍。

综上所述,一方面,在宏观上,政治文明与经济、精神和生态文明协同发展,共同促进人类文明的前进;另一方面,在微观上,政治文明的发展离不开其内部的各个子系统——政治意识文明、政治制度文明、政治行为文明——的协同发展。因此,只有以科学的实践观为指导,将政治文明的宏观运行机制与微观运行机制有机结合起来,构建社会文明的发展战略,才能实现政治文明的快速发展。

---

① 中共中央马克思恩格斯列宁斯大林著作编译局. 马克思恩格斯全集(第二十卷)[M].北京:人民出版社,1971:38-39.
② 田启波.当代中国政治文明运行机制与路径选择[J].求索,2004(6):68-70.

四、精神文明的运行机制

精神文明的运行机制是指在精神文明系统内部不同主体在社会实践的过程中以交往活动为中心进行互动联系的一种相互作用、相互影响、相互制约的运行方式。主要包括两种方式：一是"互主体性"的互动方式，指主体间通过直接互动进行联接的互动方式。二是"间主体性"的互动方式，指主体间通过中介来进行互动的方式。当然，精神文明的运行不仅仅在于内部要素的互动，还在于与其他文明要素协同发展。正是因为与其他文明要素的互动交流，产生了一系列与精神文明相对应的社会运行机制。譬如，科学技术的发展与价值观、思想道德的互动，个人权利与义务的结合等，都是精神文明内部与外部之间的互动方式。

概言之，精神文明的运行在内部和外部的双重联接方式中实现自身的发展。其中，每个要素的存在与发展互为前提，通过不同的功能形式、目标，实现精神文明整体的运行发展。具体来说，主要包括三个方面。

第一，精神文明运行的反馈机制。由于精神文明活动的主体、手段、对象各自相对独立，主体的目的不可能一下子就得到完美的实现。这时就需要相关主体做出某种调整。但如果没有第一次活动结果以及行为信息的反馈，这种调整就可能是盲目的、没有根据的。因此，只有借助一定的反馈，才能对目的、手段等做出适当的修正，使结果越来越接近预定目标。

第二，精神文明运行的整体协同过程。精神文明内部与外部的运行机制作用是相互联系、促进、影响和制约的。即精神文明的发展在促进其他文明要素发展的同时，其他文明要素的发展也能促进精神文明的发展。正是这种良性的互动使精神文明与社会整体文明一同不断地向前发展。当这种积极作用不断积累到某个临界点时精神文明内部某些要素会出现质变，从而引起一系列的连锁反应，最终会出现一种崭新的内部联接方式，推动精神文明的发展。

第三，精神文明系统的分化与整合具有整体适应性。精神文明具备自我发展和完善的动力，这就使精神文明的发展能依据人类生产力发展而自我调整。一方面，面对生产力发展、劳动分工不断出现的情况，精神文明系统内部也相应地产生分化,从而与生产力发展相适应。另一方面,面对精神文明内部不断发展分化的同时,力图通过制度的整合,使精神文明的运行与外部其他文明要素、社会整体文明实现共同发展。

第三节　社会文明创建的本质与原则

只有遵循科学的原则才能更好地促进社会文明创建,而社会文明创建的本质规定了社会文明创建的原则。因此,这一节主要阐释社会文明创建的本质和原则。

一、社会文明创建的本质

可持续发展观作为社会文明创建最深刻、最全面的体现,能够反映社会文明创建的本质。可持续发展观是一种发展观更是一种文明观,代表人类认识自身、认识人与自然、认识经济与生态等关系的最新成果。因此可以说,可持续发展是社会文明创建的核心和底蕴。

第一,可持续发展观首次将生态文明建设作为影响人类生存与社会发展的基本因素,从而开创了经济、政治、文化、社会、生态并重的"五位一体"发展模式的新时期。这一点,也逐渐变为全球发展的共识,必将对人类发展产生巨大影响。

第二,可持续发展观体现并内在地规定着人类实践的发展方向。因为,人类要发展就必须利用自然资源,但自然资源并不是无限的,总有枯竭的一天。但是,随着生产力的发展、科学技术水平的提高、环境保护思想的发展,人类实践活动的可持续就有了可能性。譬如,可持续发展观的提出就是实现人类实践活动可持续的方案之一,其以高科技为基础,以资源循环利用、生态环境保护等为方式,致力于实现人类社会的可持续发展。换句话说,科学技术水平的提高、劳动者质量和数量的优化、劳动对象的改变以及人类生存和发展理念的变化,共同为人类社会和人类实践活动的可持续发展贡献力量①。

第三,可持续发展观是一种自主的、自觉的人类实践活动,能够改善

---

① 陈忠.可持续发展的实践反思[J].中国社会科学,1997(5):4-13.

人类的精神状态,实现人类生活方式的转换。当前,人类社会伴随着物质财富增长的同时生态环境受到破坏,所以可持续发展观的提出意义重大。它通过人们发展理念的变化、生活方式和消费方式的变化,在实现人与自然的和谐共处中促进人的全面发展。

（一）可持续发展开拓了社会文明的新视野

可持续发展的核心是"发展",它反映了当今世界的历史潮流,也体现了全人类的根本利益——发展是现代文明的本质所在,也是现代文明的实在内容。而社会的发展程度代表了人类发展的水平,更与人类的生活质量息息相关。所以,发展是当今世界的主题之一。正如邓小平同志所言:"当前世界上主要有两个问题,一个是和平问题,一个是发展问题。和平是有希望的,发展问题还没有得到解决。"①社会发展问题越来越成为国际社会广泛关注的时代课题,成为当代文明的主旋律。

当然,可持续发展是一种科学辩证的发展观。对传统的发展观并不是全面否定,而是用批判的眼光去看待。它认为传统的发展观是一种片面的观念,传统的发展观将发展仅仅定义为经济的发展或将经济的发展简单地等同于社会的发展、人类的发展,追求的是国民生产总值、生产效率、物质财富的增加,将国民生产总值、生产效率等作为发展的目标。可持续发展观在继承与吸收传统观点的同时,提出了新的、科学的发展观。它认为,发展不仅仅包括经济的发展,还应该包括与经济相联系的社会、自然方面的发展,是经济与社会各个领域协调发展的一种整体性进步,包括人与自然、人与社会、社会与自然、经济与自然等方面的协调发展。在可持续发展观看来,衡量发展的标准不能简单地使用经济发展的指标,而应该是一种人、社会、经济、自然等各方面的综合性指标。综上可见,可持续发展观是一种整体性的发展观点,注重的是人与自然、社会的长远发展、协调发展。正如联合国教科文组织总干事马约尔所说:"在今天,发展的概念本身被看成是一个更加完整的和具有多种联系的过程,它包括着人类生活的几乎所有方面,以及他们与外部世界的联系和他们对自己的认识。"因此,"发展应该被看成是复杂的、多元化的、经济的、社会的、科

---

① 邓小平.邓小平文选(第三卷)[M].北京:人民出版社,1993:281.

学的、文化的……它必须具有一种综合的特点"①。

更为重要的是,可持续发展观将人的全面发展放在关键的位置上。1994年9月在埃及首都开罗召开的世界人口与发展大会明确提出:"可持续发展的中心是人。"我国政府发布的《中国21世纪议程》白皮书和《中国社会发展报告》,也强调"可持续发展以人为本位"是"以人为核心的社会发展"。

"以人为本""以人为核心"就是指将发展的中心从经济转为人的全面发展,将人的生活质量、个人素质、生活环境、生活条件等的提高作为整个发展的目标。"以人为中心"不仅仅重视物质层面的发展,更为重要的是将人的物质发展与人的精神层面发展统一起来,实现人在物质和精神上的双重追求,以图达成人的全方位发展;强调人的全面发展,把人的素质放在首位,要求致力于发展科学文化和教育事业,提高社会成员的文化、科学技术水平,改变价值观,提高道德修养;等等。

由此可见,可持续发展观是人类理性思维的产物,既充分体现了现代文明的特点和要求,也开拓了现代社会文明发展的新视野。从注重经济的、片面的发展观转为以人为中心、注重人与自然、经济与生态的整体性的发展观;从单一的注重人类生存物质条件的道路转为注重物质条件与精神条件协调发展的道路;从盲目地追求单一的发展目标转向对发展的科学评价上,使人类走向更完善、更健康的发展之路。有学者将之升华为"可持续的现代化"。

(二)可持续发展促进了人与自然矛盾的合理解决

人与自然的对立统一问题是可持续发展观的基本问题。一方面,人是自然的产物,为了维持人类的生存和发展必须同自然界发生一定的物质交换,从而也就必然要受到自然环境的制约。另一方面,人又是具有主观能动性的人,会自觉要求摆脱自然条件的约束,实现自由的创造性活动②。在传统的以农业为主的时代,人类从自然界获取物质资料的能力有限,生产力不发达,因而这种冲突并不是很明显。但是到了现代以工业为主的时代,人类获取自然资源的能力大幅度提高,甚至掠夺式地获取自然资源,从而导致了20世纪末的能源危机、资源破坏、环境恶化,以及接

---

① 张华金. 文明与社会进步[M]. 上海:上海社会科学院出版社,1998:15.
② 顾乃忠. 人的全面发展的基本内涵[J]. 学海,1996(5):17-18.

连不断的各类自然灾害等。正是因为自然环境的恶化,人与自然的矛盾才引起了全球性的关注,成为"全球性难题"。

可持续发展作为一种发展思想和战略,它针对的基本问题就是人与自然的矛盾尖锐化,并试图为此寻找一条合理的解决途径,其目的就是寻求人类社会的可持续发展。基本观点是:一方面,人在面对社会发展与自然的关系中,始终面临人类社会发展的无限性和自然资源的有限性之间的矛盾。另一方面,人无法离开自然界而单独存在。这就要求我们在实现经济发展、社会发展的同时必须保护自然环境,要防止自然资源的枯竭和生物资源的灭绝等,防止以牺牲自然资源为代价来发展经济,进而实现人与自然、经济与生态的和谐发展,从而给人类子孙后代留下一定的发展空间。显而易见,可持续发展观深刻揭示了人与自然是辩证统一的关系。

在当代的社会里,人与自然和谐共处已经成为人类的共识了。可持续发展观也在很多国家得以践行(当然,践行的程度有差别,践行的效果也有差别)。在实现传统发展观转变为以人为中心的发展观时,需要注意"两个观念转变"和"三个原则"。

两个观念上的转变:一是征服自然、人是自然的主人的"强权"观念,转变为一种平等共处、和谐发展的伙伴式观念,主张在保护自然的同时实现人的全面发展。二是必须转变自然资源无限的观点,这种观点滋生了人类无限制掠夺资源的心理。要树立有限的自然资源观,认识到资源有限、资源有度。

在开发利用自然资源时,必须尊重三个基本原则:一是开采资源的"适度"原则,人类所拥有的自然资源是有限的,人们在开发、利用自然资源时不能为所欲为,对于非再生资源应有序、适度和合理开采。二是物质生产所必需的自然资源,必须以节约和再生为原则,尽量减少对自然资源的消耗量,主张资源的再利用和循环利用,实现物尽其用。这样就能提高资源的利用率,给自然资源一定的生长和更新的时间。三是在利用自然的过程中,坚持人的目的性和自然的规律性统一的原则,既要以人的目的性为立足点,又要以遵循自然规律为前提,将人类的需要与自然的可能相统一。

可持续发展观是人类探索人与自然关系的积极产物。它并没有将人与自然割裂开来,而是在承认人与自然统一的基础上,提出人的发展与自然的发展的协调性,充分考虑了人的主观能动性,并没有在自然资源有限的基础上去压制人的能动性和主观作用。正是因为人具备主观能动性,才应在人与自然和谐发展中更加注重人的首创精神。自然资源是有限的,而人的资源是无限的,人类打破了自然生态平衡,也必将以自己的聪明才智恢复自然的生态平衡。可持续发展理论对人与自然相互关系的科学揭示和对两者矛盾的合理解决,可以说是20世纪人类思想史上最伟大的思想成就之一。可持续发展观的提出是人类对于自身、对于自然界认识的一大突破,标志着人类社会的文明程度,预示着人类社会的发展进入一个新的阶段。

(三)可持续发展弘扬了公平发展和道德消费新理念

可持续发展作为人类社会文明的表现,它不只是科学技术概念、社会经济概念,还是一个精神文明概念。这一战略的实施,要求有强大的人类精神文明支撑,要求人类把自身的精神境界提升到一个前所未有的高度。

可持续发展观蕴含着深刻的伦理准则,它要求人们的实践活动应以"义利兼顾""利人利己"为行动准则,使人们具备保护环境的高度使命感,从而为后代的发展留下充分的空间和资源①。而它的最终目标也是在保护环境的基础上,促使人们走上富裕之路,实现人类生活质量的提高。

事实上,当前自然环境恶化的原因是多方面的。而人类本身对人与自然关系的错误认识是其中之一。除此之外,对人与人、人与社会之间的错误认识也是生态环境恶化的原因之一。具体来说,以经济发展为中心的传统观念并没有考虑下一代的发展空间,可以说是一种眼前的、短期的利益需求。在传统的发展观中,人与人之间以互相竞争的方式和心态掠夺自然资源,而可持续发展将会改变这一发展理念,提倡一种科学的生活和消费观念。

1. 公平发展要求

第一,提倡注重人类社会的持续发展,重视人类代际平等。人类的发展不能只顾及自己这一代,而应该考虑人类未来的发展。所以,在改造和利用自然时,不能无所顾忌地获取自然资源,应该给子孙后代留下发展空间。其实质是指:既保证当代人的发展需求,又不以损害后代人发展利益为代价;既注重眼前利益,又考虑长远利益;既考虑局部利益,也考虑整体

---

① 沈立珺.以人的现代化推进经济社会现代化[J].时代潮,2001(23):22-23.

利益,从而实现人类社会的长远发展。

第二,在当前的发展过程中,重视人类代内平等。当前的发展应该是惠及全体社会成员的发展,应该做到在当代社会,人与人之间公平地享有自然资源的权利。同时还强调,人的发展不是指少数人或少数国家的一部分人的发展,而是指所有的各国人民,不论是发达国家还是发展中国家,都应该得到公平发展。所以,可持续发展要求,任何国家,在制定社会发展战略时,要有全球意识,要考虑全球、全人类的利益,为全球的文明发展共同承担责任,尤其是一些发达国家更应以全人类的利益为重,不仅不能利用自己的资本,把公害转嫁给不发达国家,而且应该以可持续发展这个共同利益目标为指导,以共同负责的方式协调矛盾,使资源得到公正、公平分配,使贫困者的生存需要优先得到满足,保证他们正常的生存权和发展权。具体来说,就是在人类发展过程中,不仅仅要注重效率的提升,也要注重社会公平。在传统发展观中,人们很少注意社会贫苦者的生存权,只注意少数人的经济增长。1998 年诺贝尔经济学奖获得者阿马蒂亚·森认为,国民生产总值忽略了一个事实,这就是许多人一贫如洗。美国经济学协会前会长埃斯纳表示,世界上的贫穷和饥饿以及收入分配问题,长期以来被经济学家们严重忽略,他们的研究成果虽然最终能够派上用场,但是往往同人民群众面临的问题没有很大关系。为此,在里约热内卢举行的"联合国环境与发展大会"发表的《里约热内卢宣言》中就提出 27 条原则,号召各国政府和人民开辟新的合作层面,建立一种新的、公平的全球伙伴关系。

2.道德消费要求

要实现可持续发展,还要提倡"多节制"理性发展原则。人类生存以需求为动力,人类文明发展、科学进步,需求会越来越多、越来越高,人类满足需求的手段也越来越丰富。然而,人类的需求并不都是合理的,如地球的资源有限,而人类对资源的消耗永无节制,这一矛盾似乎永远无法解决。据不列颠哥伦比亚大学一个研究组估计,普通北美人每人每年消耗的资源相当于 12 英亩农田和林地提供的可再生资源,若全世界的人都按照这一速度消费,需要拥有相当于 4 个地球的生产用地。如果全世界的人都按照北美人的速度向空中排放污染物,那么,我们至少还缺 9 个地球大气层,才能安全地吸收由此产生的温室气体①。可持续发展就是要求人们必须走"多节制"的发展道路。

可持续发展提倡长远、整体的发展路线,更加强调人类在面对自然限制时的主观能动性。在这其中,精神文明能起到重要的作用。它能在社会中创造一种良好的发展氛围,形成行为准则,进而调节和缓和人与人、人与社会、人与自然之间的矛盾和冲突,树立代内公平和代际公平的发展理念,进而实现人类社会的可持续发展。当然,可持续发展的着力点和落脚点在于人类自身素质的提升,尤其是人类思想道德境界的升华,也只有通过人类自身素质的提升,可持续发展才能得以实现②。

二、社会文明创建的原则

社会文明创建的可持续发展本质,深刻地揭示了社会整体文明协调发展的内在规律,为我们在实践中探索社会文明的创建原则和有效方法提供了理论指导。我们可以将社会文明的创建原则总结如下:

一是整体联动。即社会文明的发展绝不是一个或两个文明的单独发展,而是包括政治、经济、社会、精神和生态在内的整体性的发展。因此,社会文明的发展应从全局考虑,注重各个文明要素之间相互联系、相互促进、相互制约的关系,进而实现社会文明的整体性发展。

二是兼顾协调。人类文明的向前发展,并不是一条毫无险阻的道路,中间充满了困难与曲折。在面对这些困难和曲折时,我们需要注重把握人类文明发展的主要矛盾和次要矛盾,着力解决主要矛盾和矛盾的主要方面,力求实现可持续发展。

三是可持续发展。改变传统的以经济为中心的发展之路,实现以人为中心,注重人与自然和谐的发展之路。更加注重代内发展与代际发展之间的平衡与协调,从而实现社会文明的长久发展。

四是动力强化。人类文明的发展是一个永无止境的过程。其不断发展的动力就在于人类社会实践的无限可能性,在于人类生产力的不断进步以及在此基础上形成的上层建筑。这也是人类其他文明发展的基础。

---

① 赵玲. 政府与现代环境文化建构[J]. 云南行政学院学报,2001(4):35-39.
② 曹俭. 浅析可持续发展的文明内涵[J]. 广西大学学报:哲学社会科学版,1999,21(4):49-52.

因此,人类整体文明会随着生产力的不断进步和解放而发展。

五是实现自反馈。即制定社会整体文明发展战略的主体,根据一定的程序、规则和手段收集战略实施的效果和信息,进而进行战略的规划和调整等,力图达成社会整体文明的良性发展。

六是开放交流。当前是全球化发展的时代,一国整体文明的发展更加离不开其他国家文明的影响。因此,整体文明的发展应该注重与其他文明进行交流,取其精华,去其糟粕。在全球化的条件下,实现自身与其他文明的共同发展。这需要以开放交流原则为基础。

第四节　社会文明创建的内容

这一节主要从两个方面讨论创建社会文明的具体内容指向。

一、保证社会文明主体的全面发展

社会文明是一个人文概念。一方面,它是人类社会实践的产物,展现人类的本质力量。另一方面,在创造社会文明的同时,人类逐步改善和塑造人类自身,实现人全面的发展。这也是社会文明的终极目标所在。

实现人的全面发展,是几千年来人类在社会实践中所总结出来的,最符合现今人类社会发展的趋势,也最符合人类社会的本质属性。马克思认为人的全面发展,是人以一种全面的方式,也就是说,作为一个完整的人,占有自己的全面本质①。这就是人类发展的终极目标。而在谈到关于人全面发展的内涵时,马克思认为,主要包括劳动活动、劳动能力、社会关系、自由个性和人类整体发展等几个方面。

第一,人的劳动活动的全面发展。马克思在《1844 年经济学—哲学手稿》一书中指出,人类的特性是人自由且自觉地进行实践活动。当然这也是人类的本质反映,是人之所以为人的本质所在。同时人只有在劳动实践活动中才能得以发展,人类历史的发展其实也是人类实践过程的发展,人自我本身的发展是在劳动实践基础和水平上的发展。正是因为有了劳动的分工,人类才有了分工;也正是因为人类劳动水平的发展,人类

---

① 中共中央马克思恩格斯列宁斯大林著作编译局.马克思恩格斯全集(第四十二卷)
[M].北京:人民出版社,1979:123.

的物质水平才能得以发展。因此,人的全面发展离不开人的劳动活动的全面发展。

第二,人的劳动能力的全面发展。人类是劳动实践的产物,只有通过实践活动,人才能得以生存和发展,也只有通过劳动实践,人的本质力量才能得以体现。然而,要全方位地体现人的本质力量,就需要加强人类劳动素质的全面发展。也就是加强人的劳动能力的全面发展,主要包括:体力和智力;现实和潜在能力;开拓和创新能力;实现社会交往、适应和驾驭的能力;以及生产技术能力和进行精神活动、精神生产的能力;等等。人类劳动素质的全面发展关键在于体力和智力的发展,这也是其他劳动能力全面发展的前提和基础。

第三,人的社会关系的全面发展。人是社会中的人,是在一定社会关系中才能存在和发展下去的社会存在物。因此,人类是社会关系的"拥有者",也是"占有者"。马克思说:"个人的全面性不是想象的或设想的全面性,而是他的现实关系和观念关系的全面性。"①人的"现实关系的全面性"就是人在实践中建立的自然与社会的关系的全面性。人类通过不断改造自然,从而不断与自然形成新的关系。更为重要的是,人类通过带有目的性的实践活动将自然界逐步改造为符合人类需求的自然界;同时,在改造自然的过程中,人类也在不断地改造自身,将自然的丰富性转化为自身的丰富性。由此可见,人与自然、人与社会、社会与自然这三者联系密切,是不可分割的。"社会不是由个人构成的,而是表示这些个人彼此发生的那些联系和关系的总和"②,只有在这种关系中,人类的发展才是全面的,才是完整的。"社会关系实际上决定着一个人能够发展到什么程度"③,个人的全面性,就是"他的现实关系和观念关系的全面性"④。从这点来说,人的全面发展就意味着要实现社会关系的全面发展、系统

---

① 中共中央马克思恩格斯列宁斯大林著作编译局. 马克思恩格斯全集(第四十六卷下)[M]. 北京:人民出版社,1980:36.

② 中共中央马克思恩格斯列宁斯大林著作编译局. 马克思恩格斯全集(第四十六卷下)[M]. 北京:人民出版社,1980:36.

③ 中共中央马克思恩格斯列宁斯大林著作编译局. 马克思恩格斯全集(第三卷)[M]. 北京:人民出版社,1960:295.

④ 中共中央马克思恩格斯列宁斯大林著作编译局. 马克思恩格斯全集(第四十六卷下)[M]. 北京:人民出版社,1980:36.

创新。

第四，人的自由个性的全面发展。个性是指人们在日常生活和生产实践中所展现出来的精神状态、心理倾向以及行为特征等的总和，可以说是一个人的风格特征，它体现了人们发展的差异性和多样性。而自觉能动性、独立性和创造性则是衡量个性程度的标准。在这其中，自觉能动性是人个性发展的关键因素。如果一个人仅仅将自己束缚在"社会性"当中，那么他不是一个具备现代性的人。而现代性的人是生活于社会中、担负社会责任的人，更是自由发展的人。

第五，人类整体的全面发展。马克思指出，人类个体的全面发展与人类整体的全面发展是相互促进、相互影响的。一方面，人类整体是由个体组成的，若每个个体都能得到全面的发展，人类整体自然也就能得到全面发展。另一方面，个人的全面发展并不是独立的、脱离社会关系的发展，其必须通过人类整体的全面发展才能得到真正的全面发展。因为，一个人的发展取决于和他直接或间接进行交往的其他一切人的发展①。所以，人的全面发展不仅仅是一个人的事，也不是一部分群体、阶级或者团体的人所面对的事，而是整个社会成员都必须面对的问题，只有这样才能实现人的个体与整体发展的统一。

二、促进中西传统和谐社会文明的整合与创新

和谐问题是历代先贤们所探讨的一个恒久的话题。无论东方还是西方，无论古代还是现代，很多学者都或直接或间接地对社会和谐的问题进行探究。可以这样说，在探求和谐问题的历史长河中，东方和西方作为对和谐问题探求的两大思想汇聚地，就像两颗交相辉映的明星，指引和"照耀"着不同的社会文明发展之路。但是，在全球化的时代背景下，面对种种冲突所带来的危机和动荡不安的局势，构建一个整合东方和西方和谐文明观的期待是愈发强烈了。因此，有一种状态十分值得我们期待——实现东西方和谐文明观的交流与整合，吸收各自的精华，进而构建出符合全球化背景下需要的现代和谐文明观，以此指导人类的实践活动，实现全世界的和谐发展。

---

① 中共中央马克思恩格斯列宁斯大林著作编译局. 马克思恩格斯全集（第二十卷）[M]. 北京：人民出版社，1971：318.

（一）整合中西传统和谐文明观的必要性

中国传统的和谐文明观是具有自身民族特色的,体现了几千年来中国社会发展的独特历史轨迹,也为现代中国社会主义核心价值观的构成提供了一定的基础。概括起来,中国传统和谐文明观有三大特征:

第一,重视与他人、社会的和谐。中国的历代先贤们不仅重视人与自然的和谐统一,同时也重视人与人、人与社会的和谐,即社会人伦的和谐统一。例如,从君臣关系角度出发,侧重人与人之间和谐关系的晏婴,提出"和而不同"的和谐思想;从与他人和社会和谐关系角度出发的孔子,侧重伦理和政治的和谐思想。传统的和谐思想的优秀部分一直是现代和谐思想的源泉之一,如"以礼待人""诚实守信"等。

第二,重视柔顺、静态的和谐价值观。中国古代先贤重视静态的和谐价值观。如遵从"无为而治"的老子,就非常崇尚静态的价值观。而柔顺的价值观,主要是由"父慈子孝""相敬如宾"等家庭的和谐观,进而延伸为人与人、人与社会之间的和谐观,如"尊老爱幼""老吾老以及人之老,幼吾幼以及人之幼""实现大同"等和谐观。

第三,注重无为而治、与世无争、己所不欲勿施于人的致和道路。例如,老子认为事物的和谐并不是通过相互的斗争达到一种和谐的状态,而是通过对矛盾、冲突的"避让""顺势"而实现和谐的,注重用柔顺、退守的原则来处理人际关系、人与自然的关系;孔子则提倡通过调和的方式实现人与社会、人与自然的和谐统一,如过犹不及、"执两用中"的中庸思想。

西方的和谐观是以人与自然、外部世界的和谐为主要内容的。从中我们可以看出西方社会文明追求和遵从自由开放的信念和传统①。概括起来,西方传统和谐观也具有三大特征:

第一,重视人与自然的和谐统一。其中,柏拉图和亚里士多德阐述了人与人、人与社会之间的和谐。但是古希腊很多学者倾向于从数学和美学的角度去阐述自然界的和谐。毕达哥斯拉通过数学的计算,得出了天体的运行是遵循一定规律的,进而提出了"天体和谐"论,并认为整个自然界都有一定的规律。他说:"整个的天就是一个和谐,一个数

---

① 罗浩波.中西传统和谐观的整合创新及其时代价值[J].西北民族大学学报:哲学社会科学版,2006(3):15-21.

目。"赫拉克利特也认为:"自然是由联合对立物造成最初的和谐,而不是由联合同类的东西。艺术也是这样造成最初的和谐,显然是由于模仿自然。"①

第二,注重动态的和谐。古希腊侧重于动态的、运动的、冲突的和谐观。被誉为"辩证法的奠基人"的赫拉克利特就持有这样的观点,如:"人不能两次踏进同一条河""一切皆流,无物常住"。从中可以看出,他所认为的和谐就是一种动态的、变化的和谐。或者说,他认为和谐的美丽就在于一个事物对立面之间的冲突、斗争和转化②。

第三,主动追求、积极进取的致和之道。古希腊的和谐之路并不是消极地等待,不是顺其自然的和谐之路,而是一种要充分发挥个人的主观能动性的和谐之路。赫拉克利特是这样认为的,这个世界中有不和谐的存在就有和谐的存在,而和谐是要靠自身争取、努力才能达到的一种状态。因为,和谐并不是生来就有,而是在互相对抗中、斗争中产生的。所以,赫拉克利特崇尚冲突和对抗,甚至认为战争在特定的历史状态下有一定的合理性。他说:"应当知道,战争是普遍的,正义就是斗争,一切都是通过斗争和必然性而产生的……战争是万物之父,也是万物之王。"③

综上所述,中西方的传统文化都对和谐价值观做了自身的理解。从中我们可以看出东西方文化的差别,中国传统文化在对和谐观进行理解时,更多侧重于从内部世界进行的精神整合与自然和谐;而西方传统文化则侧重于从自身理性与对自然世界的实践活动来阐述和谐观。正因为东西方和谐观的差异性,二者才有了借鉴、交流和整合的必要性和可能性。当然,这也有利于符合全球化时代的和谐观的产生④。

(二)中西传统和谐文明观整合创新的基本思路

东西方文化的和谐思想是全人类的共同财富,为全球的和谐共处提

---

① 北京大学哲学系/外国哲学史教研室.古希腊罗马哲学[M].北京:生活·读书·新知三联书店,1982:19,29,37.

② 北京大学哲学系/外国哲学史教研室.古希腊罗马哲学[M].北京:生活·读书·新知三联书店,1982:17,27.

③ 北京大学哲学系/外国哲学史教研室.古希腊罗马哲学[M].北京:生活·读书·新知三联书店,1982:23,26.

④ 罗浩波.中西传统和谐观的整合创新及其时代价值[J].西北民族大学学报:哲学社会科学版,2006(3):15-21.

供了一定的相融基础。关于中西传统和谐文明观的整合创新,陈力祥博士提出如下基本原则①:

第一,以马克思的辩证和谐思想为指导。马克思和恩格斯关于和谐观点的阐述是建立在科学的世界观和方法论的基础上的,能够为我们构建符合全球化背景下的现代和谐文明观提供科学的指导和理论基础。然而,目前国内理论界从马克思主义哲学范畴对和谐问题的研究,主要局限于对和谐概念的界定和意义的研究,而对和谐的性质、标准、适用范围等应有内涵并未涉及。这一点需要我们注意。

第二,树立三大理念:一是海纳百川,多元共存。只有这样的和谐文明观才是符合每个国家、每个地区的和谐文明观,有助于减少冲突和对立。二是相互促进,互利双赢。在现代和谐文明观中,实现和谐世界、和谐社会应该是其最终目标,追求和谐世界、和谐社会的过程,能够促使个体提升自身素质,从而实现个体层面的和谐。反过来,个体层面的和谐也能促进整体和谐的发展。这就要求在实现现代和谐文明的过程中,注重开创个体层面与整体层面共同和谐的双赢局面。三是和谐共处,持续发展。树立可持续发展的理念,实现人与自然的和谐共处,进而缓解、调和人与人之间(主要是代与代之间)、人与自然之间的矛盾和冲突,以图达成全人类的可持续发展。

第三,注重实践路径的发展。其一,树立一种相对公正、可行的行为规范,进而能对所有成员进行一定的行为约束和指导。其二,构建关于"和谐世界"价值理念,其作用就是得到人类的肯定与认同,加强人类自身对"和谐世界"的道德认同感和主体的责任意识,进而促使人类自觉地为世界和谐和全人类可持续发展而行动。

第五节　社会文明的范式及其发展

社会文明的范式就是一定地域内的群体经过长期共同生活所形成的行为规范、价值标准和信仰等文化的总体结构,其对人们的思维和实践方向发挥着重要作用。随着生产力的不断进步,社会的不断进步,社会文明

① 陈力祥. 和谐问题的哲学反思——全球化时代马克思主义哲学视野中的和谐观 [J]. 探求,2004(1):19-22.

的范式也将不断地发生改变。社会文明范式的改变及其发展与中华民族的伟大复兴是息息相关的,二者相互联系、相互影响、相互促进。

一、社会文明范式的特征与构架

新的社会文明范式是一种创新精神和实践活动相结合的"新范式",是以新科学技术、文化艺术以及哲学的"总体革命"为总动力,以美学和哲学"革命"为方法,将知识的单一发展上升为科学与智慧的统一发展,将人的片面发展上升为人的全面发展,从而形成一种以"智、艺、健"人格发展动力为核心,以实践观和生命观为内涵的新的发展范式①。

首先,这种社会文明范式框架包含当代科学技术革命、文化艺术革命、哲学美学革命三大动力系统及其发展模式。新的科学技术革命是指实现人文与科学相结合的一种科学理念,努力实现多学科、跨学科和大系统学科的发展,促进生命科学与时空科学的发展,进而构建一种有关宇宙的大一统理论和相应的大科学实践。而新的文化艺术革命是指坚持传统、现代和后现代的辩证统一,致力于在社会发展过程中完整地实现人的主体地位,实现人的全面发展,最终实现传统文化、现代文化和后现代文化的结合。新的哲学美学革命是指摒弃工具性知识的路线,侧重于人的本身价值的优先路线,同时将历史唯物主义、辩证的自然观与马克思主义所强调的"美的规律"相结合,实现哲学指导人类社会发展和实践中的美学品格形成的作用,进而揭示美学在人类发展中的作用,实现哲学与美学对科学技术、文化艺术的指导功能②。

其次,新的社会文明范式框架的核心是以"智、艺、健"为人格发展动力的,目的在于实现人类自身发展的转变与突破。毋庸置疑,从人类历史发展的角度看,知识在人类历史上发挥着重要的作用,促进了人类文明向前发展。因此,将智力、智慧、知识等作为社会文明范式框架中的要素是符合历史发展规律的,也是值得我们强调的。

最后,树立"适者生存,美者优存"的新生命观与新实践观。"适者生存,美者优存"的实质是体现了人类的追求从低级到高级、从"适"到

---

① 张涵.从文明范式看人类文明转型与中华文明复兴[J].郑州大学学报:哲学社会科学版,2005,38(6):101-107.

② 习培尊.感悟文明时代脉搏　追寻人类教育走势[J].教育文化论坛,2009(1):5-14.

"美"的层级变化。达尔文认为"物竞天择,适者生存",这无疑是符合人类的生物学特征的,但是人不仅仅是生物学层面上的,更是社会层面上的。正因为处于一定的社会关系之中,所以人类在追求自身发展的过程中,不能仅仅追求"适",同时还要追求"美",这也是驱动人类向前发展的促动力。由追求"适"到追求"美"的转变,体现了一种从低级到高级的发展之路。换句话说,人类发展的真正本质在于追求一种"美"的状态,而这个"美"的状态是会随着人类社会的不断发展而不断改变和提升的。概言之,"适者生存,美者优存"是人类生命形态和社会形态不断发展的趋势之一①。

当前,科学技术的飞速发展带来了物质财富的极大增长,促进了人类社会的飞速发展。因此,人们期待科学技术能够在满足人类精神需求方面做出重大贡献。这也正是当前现实所需要的——科学和人文的统一与融合。换句话说,当前科学技术给人类生活带来极大便利的同时,还需要在"适者生存"走向"美者优存"的过程中,做出更为卓越的贡献。

二、中华文明范式的复兴与创新

究其根源来说,中华文明范式来自中国古代《易经》一书中所倡导的天、地、人相结合,相统一的文明范式,这也是当前新时期社会文明范式的重要内容。

中华民族的伟大复兴与人类社会文明范式的发展是一脉相承、不可分割的,同时也是具有中国特色的文明发展之路。概括而言,中华文明的伟大复兴在人类社会文明的发展范式中,以古代天、地、人结合的思想为起点,进而吸取和发展现代优秀的文明内核,同时以科学发展观为指导,以构建和谐社会为理想,以"智、艺、健"为核心的人格发展以及推动哲学、美学、艺术和生命科学的发展为布局,促进社会各方面、各领域的发展,最终实现中华民族的伟大复兴。

---

① 张涵.从文明范式看人类文明转型与中华文明复兴[J].郑州大学学报:哲学社会科学版,2005,38(6):101-107.

第七讲　社会控制

　　控制(Control)具有管理、占有、操控或者影响之意,是指控制主体对控制对象的运行、发展和结果进行引导、调节和管理,进而实现某种秩序,达成特定目标,满足经济社会发展的需求。

　　控制一词最先被视为管理国家或人的艺术,之后被引入社会学领域形成了社会控制理论,进而用来分析和引导社会的运行和发展。因此,社会管理实践的行为主题之一便是社会控制①②③④⑤⑥⑦⑧⑨。

第一节　社会控制概述

　　社会控制一词由美国社会学家罗斯在 1901 年出版的《社会控制》一书中首次提出。罗斯认为,社会控制是指一种社会试图对人的动物本能的制约,期望阻止人类做出妨害社会正常秩序的种种举动。

　　社会控制理论认为,人类是天生具有同情、信赖、互助和正义感等自然情感的,这些自然情感也是人类社会在其发展的历史长河中长期维持正常运转秩序的主要因素。然而,进入现代社会以来,工业文明与现代科

---

① 安东尼·吉登斯. 社会学[M]. 4 版. 赵旭东,齐心,王兵,等译. 北京:北京大学出版社,2003.

② 戴维·波普诺. 社会学[M]. 10 版. 李强,等译. 北京:中国人民大学出版社,1999.

③ 艾伯特·K·科恩. 越轨与控制[M]. 张文宏,李文,译. 昆明:云南人民出版社,1988.

④ 童星. 现代社会学理论新编[M]. 南京:南京大学出版社,2003.

⑤ 李强. 应用社会学[M]. 2 版. 北京:中国人民大学出版社,2004.

⑥ 李芹. 社会学概论[M]. 济南:山东人民出版社,2012.

⑦ 方青,孔文. 社会学概论[M]. 合肥:安徽大学出版社,2005.

⑧ 风笑天,张小山,周清平. 社会管理学概论[M]. 武汉:华中理工大学出版社,1999.

⑨ 汪大海. 社会管理[M]. 北京:中国人民大学出版社,2013.

学技术的飞速发展,在给人们生产生活带来巨大变化的同时,也对原有社会发展秩序带来了巨大的冲击,原本依赖"同情、信赖、互助、正义"等自然情感维系的社会发展秩序正遭受极大的挑战,各类犯罪事件使人们正常的生产生活秩序受到各种因素的侵扰。因而,罗斯认为,应当有一种更为有效的机制来维持现有的、人们共同遵守的社会秩序,不仅针对个人,同时也针对某些利益集团,罗斯将这种控制机制称为"社会控制"。在罗斯看来,社会控制的方法和手段可以多样化,根据不同的社会控制需要采用适宜的方法,使社会控制的效果更为理想。例如,在社会秩序仅仅需要微调的时候,可以采用思想、舆论或者教育的方式;而在社会秩序受到强烈侵害,比如面临重大的违法犯罪事件或者恐怖事件的时候,则需要法律等更强有力的手段加以控制。罗斯的社会控制理论在 20 世纪 60 年代前后较为流行,在后来的几十年里,社会控制的相关理论得到了不断的补充与调整,有学者提出,随着社会的发展,社会控制不仅需要控制人的动物本能,更应该控制人的社会属性,这样才能有效实现对社会秩序的维持,这一观点得到很多学者的赞同。

一、社会控制的涵义

在管理学理论中,控制是实现目标的重要的一环,主要是对组织的计划执行情况进行反馈和检查,以及对执行中的问题进行纠正,从而实现组织的原定计划目标。社会控制在社会管理领域中发挥着重要的作用。任何社会都需要具备一定的调整错误、纠正偏差的机制,具有一定的控制手段,才有可能使社会系统持续、稳定、有序地发展。因此,社会控制的基本涵义可做如下概括:社会管理主体综合运用各种行为规范对社会成员的行为进行约束和指导的行为过程,主要包括奖赏、惩罚、约束、指引等方式和方法,既是一种社会机制也是一种控制系统。

社会控制思想、社会控制行为可以追溯至原始社会。但是,社会控制作为一个理论概念,则是在 20 世纪初才提出来的。罗斯认为社会控制的最大作用是对社会成员的行为进行一定的约束和指导,进而维持稳定的社会秩序。在此基础上,社会控制开始进入社会学、管理学的视野之中,渐渐成为研究的重要内容之一。近年来对于社会控制概念的研究,大体包括以下内容:

第一,社会控制是在维持现有社会秩序的基础上,建立更适合社会发展的新社会秩序。社会控制理论提出的初始目的是希望在原有维系社会秩序的纽带失去作用的时候,能够有方法和手段继续维护社会秩序以保障社会生活的正常运行。但在社会控制理论发展、演化的过程中,学者们发现,随着工业文明与科技的飞速发展,社会变革与转型的速度今非昔比,社会控制如果还仅仅停留在对原有社会秩序的维持上,显然是很难适应社会的发展速度的。因比,对社会控制效果的要求,不能仅仅限于维持社会现状,而应当与时俱进,不仅要维持现有社会秩序以保障人们生产生活的正常进行,还需要有一定的预见性,"边走边看",不断建立和完善新的社会秩序,以适应新时期经济社会发展的需要。这一点对于正处在社会转型期的当代中国,尤为重要。

第二,社会控制手段多元化。社会控制不仅需要"惩恶",更需要积极"扬善"。这里的社会控制方式有消极和积极两种。"惩恶",即对各种不符合社会规范的社会行为进行惩罚和威慑,社会控制理论认为这是一种消极的控制方式;"扬善',即对各种遵守社会规范的行为进行褒奖和鼓励,社会控制理论认为这是一种积极的控制方式,并且更提倡运用"扬善"的控制方式,认为其可以带来更好的控制效果与社会影响。毕竟社会控制的最终目的是维护社会秩序而不是惩罚社会成员,"惩恶"只是一个事后追责的处理方式,我们期望的还是一个人人遵守社会规范的社会,与此同时,不符合社会规范的各类社会行为在正常的社会中所占比例极小。因此,更有效的方法是对社会成员进行正面示范教育,使人们自觉自愿遵守社会规范。显然,这是一种成本最低的社会控制方式,也是可以随时随地、每时每刻发挥作用的社会控制方式。

第三,"自上而下"与"自下而上"的社会控制体系。"自上而下"就是指社会控制主体对社会成员、社会组织或群体进行控制、管理;而"自下而上"就是一般社会成员对社会管理主体进行的监督。社会管理的高层对一般社会成员的控制是比较容易理解的,比如政府机关的上级领导对下级办事人员的指示与安排,政府机关以发文或者其他方式对一般社会成员的行为做出规范与要求等。但是,我们需要充分认识到社会成员之间的相互作用,也是社会控制的重要方面,比如社会成员之间的批评和监督、影响和鼓励等。在现实社会中,每个人都是一个社会人,都与其他人有着或密或疏的种种社会关联。也就是说,人人都免不了生活在其他人的关注之中,同时这种关注是相互的,从而也就形成了一种隐性的互相控制与制约。这在某种意义上成为社会成员自觉遵守社会规范的因素之一。另外,社会控制也包括一般社会成员对社会管理主体组织和高层管理者的必要监督。不断完善社会控制的手段和机制,充分发挥广大一般社会成员对社会管理主体组织和高层管理者的监督作用,有助于进一步真正规范社会秩序,维持社会发展的正常运行。

第四,社会控制需要外在的强制规范,更需要内在的社会控制,二者是相辅相成的。社会学理论认为社会化是一种内在的社会控制,社会化的过程就是要使每一个社会成员自觉遵循社会规范并将社会规范加以内化。当社会秩序出现某种失范时,往往需要通过某种外在的强制规范来使失范行为回到正常轨道中来,并通过教育、引导等方法促使社会成员接受并自觉遵守某种社会规范,最终使这种社会规范成为社会成员的内在素养,也就是将其"内化"。

二、社会控制的一般特征①

社会控制从不同的视角来看有几个特征:

第一,从社会控制本质的视角来看,主要有普遍性特征与阶级性特征两个方面。社会控制是任何一个社会得以稳定和正常发展的前提条件。有学者指出:社会秩序,决不能偶然产生。既经产生,如无外力控制,亦不能维持;因个人常各寻自己私利,而盲然于社会利益②。因此,任何社会都需要一定的社会控制。社会控制的普遍性是指任何社会形态、任何历史发展阶段的社会都需要一定的社会控制系统,否则就难以维持社会的稳定发展。在人类社会发展初期,主要是靠伦理、习俗、宗法等进行社会秩序的维系。当社会生产力不断发展,人们的社会交往范围不断扩大,社会冲突也随着加剧,社会对控制手段会提出更高的要求,此时依靠伦理、习俗等控制手段变得力不从心,于是开始出现了以法律制度为主,以伦理、习俗为辅的控制方法。然而,当人类开始进入阶级社会之后,社会控制就无可避免地带上了阶级的烙印。统治阶级始终掌握社会控制系统的话语权,而社会控制系统在内容和形式上也体现了统治阶级的意志。因此可以说,阶级社会里的控制系统具备阶级压迫和阶级统治的本质属性。

---

① 郑杭生.社会学概论新修[M].3 版.北京:中国人民大学出版社,2003:401-403.
② 孙本文.社会学原理[M].北京:商务印书馆,1935:512.

　　第二,从社会控制方式的角度来看,可以分为统一性特征与强制性特征。其统一性主要包括三个方面的内容:其一,社会控制系统中各个控制子系统的统一性。换句话说,在控制系统中,各要素都被赋予了各自的职能范围和作用,其手段和方式也都不同,但是各要素都为了共同的控制目标而和谐共处、协同行动。所以,社会控制子系统之间应具备统一性,从而能协调一致、相互促进、互为补充,共同促进社会控制系统的有效运行。其二,社会控制范围的统一性。范围的统一性是指社会控制实施的范围是具有整体性的,也就是在整个社会内实行,而不是在社会中的某个部分、特定的群体内实行。因为,社会的有序发展需要社会成员的统一行动,这就需要对不同的社会成员、社会群体以及社会领域进行统一的、相应的约束,以期实现控制行为与控制目标的结合。其三,社会控制准则的统一性。准则的统一性是指对社会成员的普遍适用,不存在个别人、个别群体或团体在社会控制准则之外。简言之,"规则面前人人平等"。

　　除了上述三种特性之外,因阶级统治和统一性的需求,社会控制还表现为一定的强制性。一方面,随着人类历史的发展,人类社会进入私有制时代,统治阶级也随之产生。但是,随着社会财富的不断积累与财富分配之间的失衡,统治阶级与被统治阶级之间的矛盾和冲突也就愈发严重。因此,由统治阶级占据主导地位的社会控制就具备了政治统治属性,从而具备强制性。另一方面,社会的有序发展要求社会成员共享统一的价值观和遵循统一的行动,即统一性,这就要求警察、军队、监狱、法庭等国家的强制性力量对"反社会分子"实施一定的强制措施,只有这样才能保障社会安全,实现社会秩序的稳定。

　　第三,从控制的体系看,社会控制系统具有多重性与闭环性。多重性是指通过多种手段和方式作用于控制对象之上,从而实现控制目标。一种控制手段很难实现控制目标,因此就需要多种控制方式的相互配合,从而实现控制目标的实现。例如,就一名国家政府工作人员来说,他所受到的控制手段包括法律、纪律、社会道德、自身价值观念、社会舆论、媒体监督等,进而促使其公正廉洁、一心为民。闭环性是指控制过程的反馈系统,与管理学的控制系统相似,社会控制也需要为实现目的而进行反馈和控制进而实现控制目标。当控制的方式作用于控制对象时,根据反馈回来的控制信息对控制方式或手段进行调整,进而更好地实现社会控制目标。

第二节 社会控制的功能

社会控制的主要目的是为整体社会成员提供共同的社会价值观和符合社会目标的社会行为准则,规范和调整社会成员的行为模式,明确和规定各个社会团体、社会集团的地位、义务和权利(阶级社会表现为统治阶级和被统治阶级的地位、义务和权利),进而缓解和解决社会成员之间的利益冲突,防止大规模的社会动荡的出现,实现社会的稳定发展①。由此可见,社会控制作为社会管理的一个重要机制,具有不可或缺的正功能,也有一定的消极作用,即负功能。

一、社会控制的正功能②

社会控制的正功能有:维护社会秩序、维持政治统治和促进社会发展等。

(一)维护社会秩序

任何社会的生存和发展都需要一定社会秩序的维持,若是没有一定的社会秩序,就不会有稳定的社会环境,人们就不可能稳定地进行生产和生活,社会也就不能有序地发展。而社会控制的目的就是通过各种控制系统的相互配合,来规定、约束以及引导人们的社会关系的稳定和发展,将社会成员之间的冲突和斗争限制在一定社会秩序之内,实现社会发展的可持续性。具体来说,就是通过社会规范等控制系统来规定、约束和引导社会成员行为,对符合社会规范的行为进行倡导和奖励,而对不符合社会规范的行为予以一定的约束和惩罚,从而维护社会的正常秩序。

作为社会控制的基本内容之一的社会规范,在维持社会秩序的过程中发挥了重要的作用。所谓社会规范是指广大社会成员在进行社会活动、社会交往和处理社会关系时所遵循和依据的行为准则,是社会控制所依据的价值标准和评判标准。人类生活是一种群体性生活,因此,需要有一种共同的信念、处理事务的规则来对人们的生活、生产进行约束和引导,调整和缓和人们之间的社会关系,实现人类共同生活的和谐。这种共

---

① 郑杭生.社会学概论新修[M].3版.北京:中国人民大学出版社,2003:404.
② 风笑天.社会学导论[M].2版.武汉:华中科技大学出版社,2008:212-215.

同的信念、处理事务的准则主要包括两类:其一,在一定地域生活中的人类共同体,将历代的经验积累起来,经过一定的选择,逐渐形成一些广大社会成员都能接受和遵循的行为准则和行为范式。其二,统治阶级为了一定的社会目标和利益,按照一定的规则和程序,制定和发布一些行为准则和规范,并通过国家的强制力量要求社会成员遵守,从而使其成为社会或组织内部公认的规范,如法律、纪律等。

一般来说,只有社会中大多数成员在大多数时候遵从大多数规范时,社会才会是基本有序的,否则社会秩序就有面临混乱的可能。而社会控制机制的目的就是保证社会成员遵守社会行为规范。总的来说,社会秩序的维持是一个社会良性发展的必备条件,而社会控制则是实现社会秩序稳定的有效方法和手段。

(二)维持政治统治

随着阶级和国家的产生,社会控制在其内容规定和执行的过程中打上了阶级的烙印,并因而具有一个新的重要功能——成为统治阶级实行政治统治的手段。任何统治阶级要维护和建立自己统治下的社会秩序,都必须实行一定的社会控制。统治阶级的社会控制方式主要包括法律、军队、政权、习俗等方式,其中最主要的是促使对被统治阶级的压迫和剥削的合法化、制度化,将社会阶级冲突维持在可控制范围之内,从而维持和加强统治阶级的利益。

在人类社会的发展历史中,奴隶社会、封建社会和资本主义社会都将社会控制作为维持统治阶级的利益和秩序的工具。在奴隶社会中,社会控制的表现形式主要是奴隶主对奴隶、社会财富的完全占有和剥夺。在封建社会中,主要表现为对社会成员的思想进行规范,使用宗法、宗教和伦理等具体措施,并由此对广大农民实施控制。而在资本主义社会中,社会控制的方式和手段更加隐秘、不易被发现,其主要通过资本家对工人阶级剩余价值的剥夺,从而实现社会控制。

在社会主义社会中,社会控制也是存在的。其主要目的是对少数反对社会主义政权的敌对分子进行约束和控制。但这并不是主要的功能,它与奴隶社会、封建社会和资本主义社会的社会控制存在本质性的差别,因为其并不以统治阶级对被统治阶级的剥削为出发点和落脚点,而是为了维护广大劳动人民的根本利益,通过对少数敌对分子进行镇压实行社会控制。

（三）促进社会发展

社会管理部门通过一定的控制方式和手段,对社会行为、社会活动进行有效的控制,进而完成社会计划,实现社会目标,促进社会发展。第一,通过社会控制,维持稳定的社会秩序,从而为社会发展创造良好的社会环境。第二,社会控制为社会管理过程中的各种活动提供规范指导和行为约束,使他们不致偏离正确轨道,造成管理脱节。第三,社会控制通过社会规范的约束和引导作用,实现对社会价值观、理想、行为准则等规范的统一,从而凝聚人心,为社会发展提供巨大的动力支持。第四,社会控制通过约束、引导社会成员的思想和行为,促使社会成员奋斗的目标与社会整体发展相一致,从而实现社会的共同目标和共同理想。

当前,我国正处于社会发展的转型时期,社会矛盾多样且日益激化,不利于社会的有序转型。因此,实施社会控制对维护社会秩序的稳定,保证社会成员的安居乐业,实现社会主义社会和谐发展具有重要意义。

二、社会控制的负功能

社会控制不但有维持秩序、促进发展的积极作用,也可能会对人与社会的发展起阻碍作用,这种消极作用就是社会控制的负功能(亦可称"反功能")。

社会控制运用得过多过滥,社会控制政策运用得不合理,往往会导致人们的言行受到过多的约束,甚至出现"道路以目"的现象,那么整个社会就会丧失进一步发展的动力与活力,这样的社会控制制度是不能维护大多数人利益的,这样僵硬而强权的社会控制制度恰恰是发挥了其负功能,是不利于人们对合理目标的追求的。

一方面,人类应该在社会控制和个人自由之间实现二者的平衡。在个人自由与社会规范的关系上,合理的平衡方法能使社会规范建立在广泛认同的基础之上,避免社会控制行为"过犹不及",侵犯人们的合法权益。平衡社会控制与个人自由的关系是十分困难的,原因在于:一是人们对自由与控制的重要性看法不同;二是利益的复杂性;三是具体情况的复杂性。另一方面,社会控制与个人自由的平衡需要对社会控制行为进行合理约束,而合理约束的前提就是要为社会控制设置合理的标准与依据。当然,每个社会都有自身关于社会控制合理和适度的一个标准,并且这个标准会随着具体情境的不同而变化。

第三节　社会控制的原理与方式

社会控制具有自己内在的运行逻辑，了解其运行原理和方式是理解社会控制、改进社会控制的前提。

一、社会控制的原理

从某种意义来说，控制就是控制主体对控制对象的一种能动的作用过程，其目的就是为了使控制对象按照原定计划运行，进而实现原定的目标。

(一) 负反馈与正反馈

负反馈旨在面对偏离目标的情况时，实施控制，通过一定手段和方式的调整，以达到控制过程与控制目标的一致。所有以稳态为目的的控制都离不开负反馈，旨在为社会系统稳定、有序运行提供必要保障的社会控制。

而与负反馈相比，正反馈是指经过一定的控制手段与方式的调整，使控制过程与控制目标相偏离。以稳态为目的的控制中一旦出现正反馈，就必然导致系统失控。就社会管理而言，为实现社会目标，社会系统需要有一个稳定、有序的环境，因而社会控制主要运用负反馈机制，力求避免正反馈的发生。但是在某些情境当中，控制也需要正反馈机制。

(二) 开环控制系统与闭环控制系统

开环控制系统是指控制者依据一定的方式和手段，根据一定的控制目标，单方面对受控对象进行调整，使其达成控制目标，这是一种缺少控制信息反馈途径的控制系统。它的优点是结构简单，成本低廉，控制过程简洁明快；缺点是不了解受控者的动态反应，抗扰动能力差，只适用于控制信息简单、受控系统内外扰动较小的情形。在社会管理活动中，一般不采用此种控制形式。

闭环控制系统是指具备信息反馈途径的一种控制系统。它将受控对象的具体情况传递给控制主体，以此作为控制方式和手段调整的依据。相对于开环控制系统，闭环控制系统结构复杂、制作成本高且需要消耗一定人力物力，但是能得知受控对象的具体信息，因而控制目标能够得到较大程度的实现。

（三）控制与信息

社会管理中所说的社会控制，是一种闭环控制系统，它只有依据社会计划的执行情况和人们遵守社会规范的实际状况来进行不断调整，采取相应的手段和措施才能达到预期效果。毫无疑问，有效的社会控制离不开信息的传递与反馈。从某种意义上讲，控制系统就是信息系统。施控者发出的控制指令是信源发出的信息，受控者发出的反馈信号是信宿对信源的控制信号的反应。施控者对受控者所下达的指令正确与否关系到目标能否实现，直接影响到控制成效。比如法规、政策的制定必须合理，否则难以发挥作用。控制指令的发出是建立在施控者对所获信息分析判断基础之上的，因此，为了保证施控者获取及时、完整、精确的信息，同时为了抵御环境干扰，避免受控者接收到不失真、无扭曲的信息，就必须建立健全高质高效的控制信息系统。

基于以上负反馈与正反馈、开环控制与闭环控制原理等，可以对社会控制的方式做进一步的阐释。

二、社会控制的方式①

社会控制的方式是指社会、群体以何种方式或何种手段去预防、约束和制裁其成员可能发生或已经发生的越轨行为。罗斯在其《社会控制》一书中，论述了舆论、法律、信仰、社会暗示、教育、宗教等社会控制方式。这里从如下几个方面予以阐释：

（一）习俗及其社会控制作用

习俗是指一定地域内共同生活的人类群体，在长期的共同生活中逐渐形成并遵守的习惯、风俗的总称。习俗对一定地域内共同生活的成员具有控制、约束和指导作用，其作用主要是通过在背离习俗时，受到社会其他成员的孤立、谴责和攻击等来实现。

早在原始社会人们就已经开始通过习俗进行社会控制了，习俗可以说是最早产生的社会行为规范。而在现代社会，习俗也发挥着不可替代的作用。毋庸置疑，每个人的成长都受到一定习俗的影响。而个人背离习俗，则会受到其他社会成员的孤立、嘲笑、批判或者是舆论的谴责。因此，所有的成员都会遵守一定的习俗，或者出于自觉或者处于被迫。习俗

---

① 郑杭生.社会学概论新修[M].3版.北京:中国人民大学出版社,2003:406-408.

的约束和控制作用的范围要比法律的范围大得多。

习俗的主要特征有:第一,自发性。这是指习俗的产生并不是一种有意识的过程,并不是依靠法律规定,也不是依靠一种行政命令的执行而产生的,而是通过人们长期共同生活逐渐发展和产生的。第二,广泛性。习俗的内容可以说是涉及社会成员生产和生活的各个领域。譬如,物质生产、家庭生活、衣食住行、社会交往等,都受到习俗的广泛影响。第三,普遍性。习俗渗透到一切人类社会文明的发展中,无论任何历史阶段,无论任何地域的国家和社会。第四,地域性。习俗的产生基于一定的地域之上,而地域和经济发展的不同,自然也产生了不同的习俗风格。第五,强制性。可以说,习俗的遵循并不是依靠国家的强制力量而保证约束力量的,它是依靠习俗中共同的社会标准、共同的价值观以及社会舆论的力量来保证其约束功能的。第六,稳定性。习俗一旦形成,就具备一定的稳定性,可以存在很长时间,即使当初产生习俗的一些条件都已经发生改变,但习俗仍然可以得到流传。

习俗的控制作用主要表现为:一是激发社会凝聚力。即可以让一定地域范围的社会成员感受到一种亲近、归属和认同感,从而方便社会成员进行沟通和交流,实现社会整合。中国的传统节日如春节、端午节、中秋节等,至今对凝聚海内外的中国人仍具有不可小视的作用就是一个证明。

二是维持社会秩序。习俗一经产生,就受到一定地域人们的遵守,这就使人们的社会交往具备了一定的行为准则、标准,从而使社会成员的交往具备了一定的行为期待,可以达到协调社会关系、维护社会稳定的作用。

三是约束社会成员行为。与法律等控制方式不同的是,习俗并不是依靠强制力量得以实施约束和控制的,而主要通过舆论等方式对社会成员行为进行约束,以期实现社会的有序发展。

习俗的作用主要分为:积极的习俗、中性的习俗和消极的习俗。其中,对社会的发展有促进作用以及对人们生活和身心健康有利的习俗,我们称为积极的习俗,应提倡和普及。那些无明显益处也无特别害处的习俗,即为中性的习俗。对于它们,应注意向积极方面引导。那些与社会发展要求相矛盾,有损人们身心健康的习俗,就是消极的习俗,如"重男轻女""早婚早育"等。对于消极的习俗应加强批判,逐步改造。对于严重阻碍社会发展、残酷扼杀人性的恶习陋俗,应当坚决摒弃。

(二)道德及其社会控制作用

道德是一种社会行为规范,其主要以依靠对错、善恶、荣辱等价值观念或社会舆论等对社会成员的行为进行评价,以此来约束人们的行为,实现人与人之间、人与社会之间的和谐相处。

道德是从习俗中逐渐演化而来的,是社会行为规范的一种,是会随着人类社会的发展而变化的。换句话说,道德与一定的历史阶段相联系,具备历史性和相对性——道德内容并不是一成不变的,以前认为是不道德的,现在可能被认为是道德的;现在被认为是道德的,未来可能认为是不道德的。在以前的阶级社会里,每个阶级都有自己的道德观和道德标准,而统治阶级则将自己的道德观推广至整个社会,具有明显的阶级性。而在社会主义社会,统治阶级是广大的劳动人民。因此,道德的阶级性在减少,而社会性在增加。

道德虽说从习俗演化而来,与习俗联系紧密,但也具有其自身特点。第一,遵守道德行为标准,一般是有意识的行为选择,而习俗的影响在多数时候是无意识的行为选择。第二,习俗涉及人类生产和生活领域的各个方面,但道德并没有覆盖到整个领域,它只涉及人类生产和生活领域中的重要方面。换句话说,道德涉及社会中重要的和基本的社会关系和社会行为准则。第三,道德是一种相对系统化、规范化的理论体系,大多是成文的社会行为规范,而习俗则通常是一种不成文的、没有强制性的社会行为规范。第四,与习俗的范围和涉及的领域相比,道德所能存在和涉及的范围较窄。第五,习俗的约束力较小,违反习俗所受制裁较轻,道德的约束力相对较大,不道德的行为总为社会所不容,所受的制裁也更重。

道德与法律也是密切联系的。一方面,法律是统治阶级得以顺利统治的必备条件,是符合统治阶级需求和利益的。因此,一个社会的法律应该与其道德取向相一致,在必要的条件下,可以将道德上升为法律加以推广。另一方面,道德也在积极地支持法律的运作,即要求社会成员遵循法律。作为不同的社会控制方式,二者的区别在于:一是产生时间不同。道德产生于阶级社会之前,而法律产生于阶级社会之后。二是控制范围不同。道德的控制范围比法律要大得多。三是实施手段不同。道德依靠的是社会舆论等方式,而法律则以国家强制力为后盾保证实施。四是表现形式不同。法律是以国家文明规定的形式出现的,而道德则存在于习俗和观念之中,一般无固定的形式存在。五是存在方式不同。法律形式是以一元形式存在的,一个国家只有一个法律体系。然而,道德则不一样,每个阶级都可以有自身的道德观。

道德对社会控制具有重要作用。一方面,依靠社会的舆论压力,促使道德内化为社会成员的行为自觉,调整自身的行为规范,遵守行为准则,进而实现社会的稳定发展。另一方面,通过与法律控制的相互协作来发挥控制作用。道德的控制和约束范围要远远大于法律的范围,而且在法律无法进行有效控制时,道德可以发挥一定的作用。同时法律能否真正落到实处,也取决于一个社会的道德风尚如何。因此,道德是法律控制有效发挥的必要条件。

道德的核心内容就是有关善恶的评价标准。它对社会成员的各种思想和行为进行善与恶、对与错、正义和非正义等标准的评价,从而判定社会成员品格的优劣。它一经形成,便依靠舆论力量促使人们遵守,对背离社会道德的行为,则通过批判、谴责、孤立等方式进行控制。因此,以善恶为中心内容的道德对约束、指导和规范社会成员的行为具有重要作用。

(三)宗教及其社会控制作用

宗教是一种规范的信仰体系,起源于原始社会中图腾文化和灵魂永恒的思想观念,进而演化为一种与神秘的、神圣的力量相联系的信仰体系。在原始社会,人们无法抵御、理解自然灾害的侵袭,从而产生了对某些自然现象的畏惧心理和神秘感,并在此基础上形成了原始宗教及自然宗教。进入阶级社会,人们又受到异己的、强大的社会力量的支配,对剥削阶级所造成的巨大痛苦产生了恐惧和绝望。于是通过对超个人的自然力量和社会力量的崇拜,人们逐渐创造出更加定型、完备、成熟的高级宗教。

宗教是一种极为普遍且重要的社会现象和控制手段。其主要的控制作用有:

第一,维持现有的社会秩序。满足于现状、追求来世、逆来顺受等是大多数宗教的教规,它要求教徒接受现有制度安排,放弃现实的抗争,将希望放在来世。这在一定程度上确实有助于维护现有的统治秩序。

第二,提供心理的支柱。宗教对来世幸福或特殊体验的强调,在一定程度上减轻了人们对现世苦难的痛感,缓解了因对超个人的自然力量和社会力量的疑惑和恐惧所带来的内心压力,使人们获得较大的精神安慰。

此外,宗教明确指出了人生的终极目的和绝对价值,赋予本来可能毫无意义的宇宙以特殊的意义,使一部分人摆脱迷惘与绝望的困扰,从此拥有情感的寄托与心理的平衡。

第三,促进社会整合。宗教有着自身的礼仪与信仰,能将自身的教义通过信仰的传播,凝聚成一个精神高度统一、目标高度一致、行动高度协调的整体,这就发挥了社会的整合作用。当然,这种整合作用只有在同一宗教内才能得以实现,而不同的宗教信仰之间则很难整合。

第四,约束和指导人们的行为。宗教主要依靠宗教信仰的传播来对教徒进行约束、指导和控制。其中教义与戒条的遵守是教徒最重要的行为准则和社会规范,一经违反,将会受到宗教内部的严厉制裁。当然,这种约束和指导只会发生在同一信仰体系的宗教中,对其他宗教信仰或非信教者则不具备约束力。

我国目前施行的是宗教信仰自由政策,现存的宗教主要有佛教、道教、伊斯兰教、基督教、天主教等。之所以在社会主义中国还存在宗教,那是因为宗教存在的根源还没有消除。同时,宗教问题是信仰的问题,不能简单对其采取强制性措施,并且它还对维护社会稳定具有重要作用。当然,社会主义社会保留宗教,主要目的不是用来进行社会控制,而是用它来满足部分人的信仰的需要,社会主义社会的社会控制主要依靠法律、纪律、道德等控制方式。

综上所述,宗教主要通过信仰和教义对教徒进行约束和控制,是一种与神秘的、神圣的力量相联系的规范的信仰体系。在政教合一的国家,宗教具备极强的约束力。而在现代化国家中,随着宗教世俗化的发展,其约束力在不断减弱。

(四)舆论及其社会控制作用

社会舆论也可以称作公众的意见和态度,指社会大众对共同关注的某事、某人、某行为或某一问题的看法或态度。在现代化国家的理论中,政府合法性来源于社会公众的赋予,因而政府需要尽力实现社会公众的利益与需求。所以,由社会公众所带来的社会舆论,也是现代政府制定和执行政策的重要参考。社会舆论可以产生两种控制效果,当它代表社会正义时是一种正确意见,有积极的社会控制作用;反之,则会误导公众意见,导致社会不稳定因素的出现,此时则具有反作用。

社会舆论的形成主要分为两种途径。一是自下而上的途径。其首先是部分社会成员或群体关心和讨论的话题,逐渐成为社会公众共同关心的话题,进而成为地区性或全国性的社会舆论。二是自上而下的途径。由国家或地区政府经过合法的程序将意见、计划等公布出去,再通过媒体等进行宣传,从而在社会公众中产生社会舆论。自上而下的社会舆论形成方式具备很大的权威性且传播范围广、形成速度快。

社会舆论作为社会控制方式的一种,具备以下几个特征:其一,大众性。社会舆论是一种公共意见、公共舆论,是由社会大众就共同关心的话题进行讨论并形成态度的一种约束方式。其二,现实性。社会舆论所关心的话题必定是针对现实的,且与公众利益密切相关的、具备一定时效性的话题。其三,迅速性。舆论所涉及的都是与社会公众有密切关系的现实话题,因而能快速引起人们的关心和兴趣。尤其是在现代化媒体技术的支持下,短时间内就能形成全国性乃至全球性的舆论话题。

社会舆论的意见并不总是能对一个社会问题进行正确的评价。若是社会舆论因某些因素对一种积极的新生事物持有错误的态度,就会阻碍社会的和谐发展,这就是社会舆论的消极功能。

社会控制的要义就是把社会公认的社会规范转化为人们相应的社会行为以达到维持社会秩序的目的。而社会舆论起到一种很重要的中介作用。其以社会行为规范为依据,通过现代媒体,如广播、电视、报纸、网络等,进行宣传,从而引起人们的广泛关注,意图营造一种社会压力氛围,达成约束社会成员行为的目的。具体来说,社会舆论的控制和约束作用包括三个方面。其一,约束和指导社会成员行为,防止越轨行为的发生。主要通过对社会行为的善恶、褒贬等进行划分,进而约束和引导人们的行为取向,从而起到防止越轨行为出现的作用。其二,有利于社会整合。社会舆论能将公众的愿望、想法等进行整合,从而形成一个统一的价值诉求或公共意见,这就有利于社会的团结一致。其三,有利于监督政府。

(五)政权、法律和纪律及其社会控制作用

第一,政权及其社会控制作用。任何统治阶级都会通过政权机关来维护国家稳定。其通过各级政府的设立以及政府官员的委任实现国家的内部管理,并通过监狱、军队、警察等暴力机关对破坏统治阶级利益的敌对分子实行镇压,以此实现社会控制的目的,维护社会稳定。

第二,法律及其社会控制作用。法律是国家和社会行为规范的合法性依据之一,以成文的形式规定人们能做和不能做什么,并以国家暴力机关为后盾,实现社会控制。

第三,纪律及其社会控制作用。纪律是国家政权机关、社会组织以及社会团体内部的行为准则,其目的是约束和指导内部成员行为,从而使组织成员行为与组织目标和社会目标相统一,具有一定的约束性和一定程度的强制性。

第四节 社会控制的类型、过程及度

本节主要介绍社会控制的类型、过程及其度。

一、社会控制的类型①

按照不同的标准,可以将社会控制划分为不同的类型。以下划分方法较为普遍:

第一,以有无成文规定为标准,可将社会控制划分为正式控制与非正式控制。正式控制一般是具有成文规定的规范形式,如法律规范、程序以及政权机关、社会团体、宗教等,这都属于正式控制的范畴;而非正式控制一般是没有成文的规定和具体的规范形式,如地域习惯、地方风俗等。在现代社会中,随着规范化程度的提升,正式控制越来越多,非正式控制的重要性则相对减弱。

第二,以控制手段为标准,可将社会控制划分为积极控制和消极控制。积极控制是指对社会行为实施一定的奖励,如给予奖金、功勋、晋升等;相反,消极控制就是运用一些惩罚的手段对社会行为进行控制,如开除、社会舆论谴责、判刑等。

第三,以是否具备强制力量为标准,可将社会控制划分为硬控制和软控制。其中,硬控制是指具备行使强制性力量的控制方式,如宪法、规章制度等;而软控制是指不具备行使强制性力量的控制手段,其依靠道德、社会行为规范、价值观等方式形成社会舆论,进而实现社会控制。

第四,以是否依靠外部力量为标准,可将社会控制划分为外部控制和内部控制。其中,外部控制是指社会成员依靠外部强制力量的实施,进而对自身行为进行约束和指导,比如,法律的制定、行为规范的出台。而内

---

① 郑杭生.社会学概论新修[M].3版.北京:中国人民大学出版社,2003:403-404.

部控制是指社会成员将社会行为规范内化为自觉的行为,进而实现自我控制与社会控制的统一。当然,这二者是相辅相成、相互渗透、相互转化、相互影响的。

除以上社会控制的类型外,在处理社会冲突时,往往还会采用社会调整的方法,作为社会控制诸类型的有益补充。社会调整依据不同标准可划分为以下类型:

第一,以作用的方式和原因为标准,可将社会调整分为外部调整和内部调整。外部调整与上述的外部控制相似,均是以一定的外部力量,如法律、风俗、道德等方式使人们的行为符合社会规范;而内部调整也与内部控制相似,都是人们在社会生活和生产中,将社会行为规范内化为主体的自觉行为,从而实现社会调整。当然,内部调整与外部调整是可以相互渗透、转化的,二者柜互促进,以期实现社会调整的作用。

第二,以社会成员接受压力的方法为标准,可将社会调整分为肯定性调整与否定性调整。肯定性调整是对符合社会行为规范的具体行为进行一定的奖励,如给予奖金、进行提拔等,以图达到社会调整的目的。而否定性调整是指运用惩罚、制裁等方式对违反社会行为的社会主体进行一定的调整,如判刑、降级、拘留等。当然,一个有效的社会调整需要运用好肯定与否定两个方面,共同达成社会控制。

第三,以调整的实施是否由正式的社会组织来进行为标准,可将社会调整分为非正式调整与正式调整。其中,非正式调整并不依赖于某一个正式的社会组织来实施,其于人们日常生活的交往中产生,主要依靠道德、舆论的力量对社会行为进行一定的调整,如表扬、赞赏、孤立、谴责、嘲笑、讽刺等都属于非正式调整的范畴。而正式调整则是由正式的社会组织,依据一定的程序准则来进行调整,如暴力机关、社会组织等都属于正式调整的范畴。

第四,以是否具有普遍使用的规则为标准,可将社会调整分为个别性调整和规范性调整。其中,个别性调整是指针对具体问题、具体情况所做的单独性处理,其适用范围具备时效性,每一次问题的出现,都需要重新制订调整的方式和手段。而规范性调整是指在个别性调整中由个别调整行为的反复发生逐渐形成的一种模式化、规范化的调整方式和手段,若是以后继续出现相似的情况,则可以通过规范的手段来进行调整。当然,个别性调整和规范性调整在灵活性和制度性上各有利弊,需要结合具体情况加以综合使用。

第五,以是否由第三方干预来解决冲突为标准,可将社会调整划分为自身解决的调整模式和第三方解决的调整模式。自身解决的调整模式是指由调整双方自身通过一定的手段自主解决冲突的一种调整模式,如双方之间的争吵、谈判等都属于自身解决。而第三方解决的调整模式是指由单独的一方主体加入冲突的解决当中的一种调整模式,其中单独的一方主体必须是权威的、独立的,只有这样才能对冲突进行公正的调整。在大多数情况下,冲突的解决方式都是综合的,并不是非此即彼的,这些方式可以相互影响、相互配合,共同促进冲突的解决。

二、社会控制的过程①

社会控制的过程是指社会控制手段发挥作用的动态变化过程。社会控制的过程一般包括四个阶段,即:控制方向决策阶段、控制方法实施阶段、控制过程监督阶段以及控制效果反馈阶段。

(一)控制方向决策阶段

控制方向决策阶段可以说是社会控制的前期准备阶段,指控制者为实现一定的社会控制目标而做出有关社会控制方向和程度的决定阶段。其中控制者也就是社会管理主体,主要是指中央或地方政府,当然可以是社会团体或者社会组织。在控制方向决策阶段,社会管理主体依据控制目标和具体的社会环境,制定出约束和指导社会成员行为的规章、制度、法令等相关的社会规范。主要目的是对社会成员的思想与行为进行一定约束与指导,以达成社会控制目标。

(二)控制方法实施阶段

控制方法实施阶段是指社会管理主体在确定社会控制方向与社会控制程度后向具体控制对象实施控制手段的阶段。在这个阶段中,控制与反控制之间交互作用,充分体现了控制主体与受控对象之间的交互关系。当然,社会运行的基本态势就取决于控制与被控制之间的力量对比。因此,控制方法实施阶段往往是矛盾与冲突并存。问题的关键在于,方法的实施并不在于矛盾的消除,而在于如何有效发挥控制手段的作用,从而调节和缓和二者之间的矛盾,进而实现社会控制目标。

---

① 郑杭生.社会学概论新修[M].3版.北京:中国人民大学出版社,2003:409.

（三）控制过程监督阶段

这个过程主要是指对控制实施主体和受控对象以及实施的过程、方式和手段等进行监督和管理。具体来说，就是监督实施主体是否按照规范实施控制计划，实施的方式和手段是否符合原定的计划，若是出现违法违纪或者是出现越轨行为，则需要进行纠正和惩罚。这一阶段可以说是对控制的控制。

（四）控制效果反馈阶段

控制方向决策阶段和控制方法实施阶段中，不可能穷尽所有信息，也不可能知晓所有的控制方式和手段，并且控制实施和实现控制目标都需一定的时间，控制对象也会随着环境的变化而变化。因此，有必要对控制的实时信息进行反馈，以便调整控制方式和手段，从而实现控制目标。

三、社会控制的度

"度"在汉语中的意思是衡量事物的一个标准或者是事物的高低、大小等特征的程度。而社会控制的度是指社会管理主体通过一定的社会行为规范，从而对行为主体的行为进行限制的一种程度，其目的是实现社会目标，以达到社会的稳定和健康发展。

（一）社会控制的度的三个维度①

具体来说，社会控制的度包括控制力度、强度和密度三个维度。

第一，社会控制力度。社会控制力度是对社会成员实施控制的强弱之分，与社会成员的活动空间大小成反向关系。也就是说，社会控制实施的程度越强，社会成员的自由程度也就越低，反之，则越高。社会控制力度越大，社会成员的社会活动空间越狭小；反之，则社会活动空间越宽广。

第二，社会控制强度。社会控制强度是对背离社会行为规范所受到的惩罚和制裁的强弱之分，其一般与社会越轨行为相联系。社会控制强度越大，打击越轨行为的社会规范越严厉；社会控制强度越小，打击越轨行为的社会规范就越宽松。

第三，社会控制密度。一般而言，社会控制密度是一个社会行为规范的多少、覆盖范围的大小，体现了社会行为规范的严密程度。若一个社会

---

① 郑杭生.社会学概论新修[M]. 3 版.北京:中国人民大学出版社,2003:410.

行为规范很多、覆盖面很广,可以说这个社会控制密度很高,其社会行为所受的限制较多。反之,则愈发自由与宽松,表明该社会受到控制的社会行为较少,社会环境较为宽松。

以上就构成了社会控制的度的主要内容。在任何一个社会的发展中,这三者之间都是相互作用、相互联系、相互促进的。其中,力度和强度是社会控制主体确定的具体社会的正常活动行为的范围,超出即为越轨;强度则用来体现社会规范对越轨行为的惩罚,以儆效尤。三者相辅相成、相互补充,只有三者都适度发挥作用,才能实现整个社会的健康、有序、快速的发展。

(二)社会控制是否适度的三个角度①

社会控制是人类历史发展的产物,其手段、方式、理念都随着社会的不断发展而不断变化。所以,社会控制是具体的、历史的。因此,本书从以下几个方面对社会控制是否适度进行讨论。

第一,从人类历史发展的视角看,即社会控制是否体现和符合人类社会历史发展规律。作为上层建筑的一部分,社会控制是与其当时社会的生产力相适应的。社会控制的宽松程度是必须符合具体的生产力发展水平的,过紧和过松都不利于社会的稳定发展。

第二,从社会稳定的视角看,社会控制的目标就是为了实现社会的稳定、有序发展。因此,社会成员能否幸福生活、安居乐业是评价社会控制是否适度的标准之一。在控制不足的情况下,社会失序、法律失范、民心涣散、社会动荡,这明显不利于社会的稳定、有序发展。而在控制过紧的情况下,很可能出现一种"稳定"的社会局面,但这是在高压控制下的"万马齐喑"的虚假稳定,若高压政策继续实行,必将逐步演化为社会动荡,最终也不利于社会稳定。

第三,从社会成员发展的视角看,人类是自觉的能动性主体,摆脱束缚,追求自由,是人的本性。随着社会的不断发展,人们开始从自然和社会关系的束缚中逐步解放出来,拥有更多的自由。因此,无论是过度的社会控制或者是缺乏社会控制,都会销蚀人们的自由权利。只不过,过度的控制是因为控制太多而侵蚀自由;缺乏社会控制是因为社会失序而使人们无法享有自由。

---

① 郑杭生.社会学概论新修[M].3版.北京:中国人民大学出版社,2003:410-411.

（三）适度社会控制的意义

适度社会控制是重要的。社会控制若超过了一定的限度,则会压制社会成员的行为,使社会成员缺乏活力和创造力。因此,可以说,过严的社会控制虽然利于维护当前的社会稳定,但不利于社会的长远发展。而社会控制若是不够,则无法约束与指导社会成员的行为,也就无法维护社会秩序的稳定与发展,自然也不利于社会的长远发展。因此,只有适度的控制才能在实现人类社会稳步发展的同时,充分促进人的自由全面发展①。

第五节　当代中国转型期的社会控制

当前,中国正处于社会转型的关键时期。在这转型的关键时期,社会控制不可避免地体现转型时期的独有特点,即社会控制将变得更加复杂和艰巨,许多超过现有控制视野的社会问题、社会现象等会持续出现②。因此,社会控制对当前中国发展具有重要意义,而符合当前转型期的社会控制也是研究的重点之一。

一、转型期社会控制的"路径依赖"

鸦片战争的开始,既是中国社会从传统走向近代的开始,也是社会控制变化的一个转折点。在这期间,中国被迫接受西方文明的冲击,使社会控制发生了巨大的变化。这主要表现在:

第一,依附型社会控制向自主型社会控制转型。传统社会是以家庭控制为基础和基本运作机制的伦理社会,社会控制基本上依附于家庭控制,某一社会控制体系瓦解的重要原因往往起源于家庭控制的无力。许多贫民无法从家庭网络中获取其生活资源,必然会打破传统家庭的控制,寻求自己的生存权利。一个控制秩序稳定的社会局面的获得很大程度上取决于社会控制主体对家庭控制的引导、制约和重视程度。现代社会控制则是一种自主型的强调个体充分发展的社会控制,个体对血缘群体和地缘群体的依附性逐渐减弱。

---

① 郑杭生.社会学概论新修[M].3版.北京:中国人民大学出版社,2003:411-412.
② 郑金洲.多元文化激荡中的教育变革[J].学术月刊,2005(10):36-41,109.

第二,封闭型社会控制向开放型社会控制转型。封闭型社会控制是指以一定的地域范围为界,不与外部进行沟通和交流的一种封闭式社会控制。其依靠传统的社会价值观和人际关系、社会联系实现社会控制。当其开始与外界进行沟通和交流时,为了能持续生存和发展下去,就不可避免地与外界的社会模式、控制因素、控制方式等发生交流与转换,从而使自身控制的方式、手段和观念等适应新形势下的内部和外部需求。这就使社会控制具有开放性和适应性,也就促使封闭型社会控制向开放型社会控制转变①。

第三,强调稳定型的社会控制向强调发展型的社会控制转型。中国的传统社会是以农业为主,生产力不发达、社会关系较为简单,人们的生活节奏慢,社会发展、变化也慢。因而传统社会的控制是以稳定型为主的。而现代社会人们的生存方式和价值观念不是以守旧而是以求新为价值取向,发展是常态,而稳定也被界定为发展中的稳定,僵化的静止的稳定反而被认为是异态,是发展型社会控制的阻碍力量。

第四,非竞争型社会控制向竞争型社会控制转型。传统社会控制的非竞争并不是指人与人之间不存在竞争,而是因为整个社会处于一种封闭和僵化的状态之中,人与人之间的竞争都是为了维持一个僵化、封闭的社会而存在的。从这个意义上说,传统社会的控制是非竞争型社会控制。而竞争型社会控制是指整个社会能够通过竞争实现社会和谐。换句话说,就是强调通过强化竞争的秩序和竞争的公平性、公正性使社会冲突制度化、规范化,实现社会的稳定发展。

社会控制属于"上层建筑"的范畴,会随着经济基础的变化而变化。正因为如此,中国社会控制的转型也是由传统社会的农业经济逐步发展到现代社会的商品经济所带来的。因为经济基础的变化,在此基础上产生的生活方式、思想观念都在逐渐发生改变,传统的社会控制方式和手段也就无法满足现代社会的发展。因此,正确总结和把握近代以来社会控制转型的特点是形成新的社会控制观念和运作机制的必然要求。

---

① 刘应君,杨美新. 社会控制与全面建设小康社会[J]. 湖南农业大学学报:社会科学版,2004,5(1):65-68.

二、转型期对于社会控制的特殊需求

社会控制旨在约束和指导社会成员的行为,以期实现社会的和谐稳定。它通过对行为的约束和指导,实现社会冲突和矛盾的缓解与消除。在社会转型期间,社会控制对于实现社会主义和谐发展具有重要意义。它可以通过对社会领域的全方位控制实现社会控制目标。它既包括对人们的心理、生理方面的疏导、咨询、解惑,也包括对人际关系、新的群体关系、新的利益集团关系的协调,同时还包括人口变迁、社会流动等社会的动态管理以及预测与估计社会的发展状态等。

第一,社会控制对于实现社会公平具有重要意义。当前,我国处于社会转型时期,物质财富的三富与财富分配的不均,是当前社会发展的突出特点之一。这种不公正的现实自然会对劳动人民的积极性和创造性产生极大冲击。因此,社会控制的主要功能之一,是实现社会利益分配的合理性,重新建立符合社会发展的利益分配制度,从而形成公平的社会竞争环境。

第二,社会控制通过社会舆论或者道德评价等强化道德的约束作用,形成稳定的道德与社会秩序。一个社会的稳定发展离不开一个有效的道德评价和控制机制。在当前我国社会转型期间,主流价值文化遭到冲击,多元价值观得以流行,产生了多元的价值或道德标准,缺乏统一的、权威性的道德标准与理论,从而使道德的控制作用难以发挥效果。因此,当前我国的道德控制要擅于进行手段的创新,如通过文学、艺术和法律的结合来弘扬社会主义核心价值体系,维持社会秩序的稳定。

第三,社会控制可以通过对健康生活方式的倡导,摒弃世俗的文化消费及生活方式,形成良好的社会风气。一方面,要通过严肃法律制度、规章制度等对低俗的文化消费和生活方式进行控制。另一方面,则需要通过媒体,对文明的生活方式和风气进行宣传,对低俗的生活方式和风气进行谴责、抵制,从而形成社会舆论,形成社会压力,进而形成社会的良好风气。

第四,社会控制可以约束和指导社会成员的行为和价值观念,缓和和调节社会矛盾和利益冲突,维持社会秩序的稳定。任何社会的发展都需要以稳定作为前提和基础,社会主体之间也正是因为社会控制机制才得以顺利、有序地相互作用和影响。当然,稳定的社会秩序分为消极的稳定和积极的稳定,而理想的社会发展状态应该是积极的稳定状态。积极的稳定是指缓和和调节社会矛盾,社会关系较为融洽;而消极的稳定则是一种高压政策的稳定,是一种表面的稳定。所以,社会控制是一个巨大的工程,要掌握好一定的度,既要实现社会稳定的目的,又要保证社会成员具有一定的自由空间。只有这样,社会控制才能实现社会的长久稳定。

三、转型期社会控制的重点方向

第一,塑造社会控制目标的选择空间。社会控制带有强烈的社会性,它让国家与社会彼此沟通并有机结合起来,发挥一种协调、媒介作用,这种作用往往被表达为保障权利、权力制约和制衡等等。从深层次看,控制目标的选择空间可视为社会控制主体为缩减社会活动的复杂性和不确定性而采用的一种规范装置。控制空间的特殊性决定了目标选择的特殊性,许多社会行为经过这个规范装置过滤和施加影响后,更易获得普遍认同,更合乎规则所要求的范围。通过这个联结性装置,国家与社会、政治与社会、文化与生活在获得良好运行秩序的同时,也可以形成良性互动的机制。

第二,社会控制目标和标准的明晰化。通过法律、规定等逐渐明确社会控制的范围、边界和内容,使人们对控制产生明晰化、规范化的认识,使人们在内心深处有一个明确的杠杆和依归,不至于为所欲为。

第三,把社会控制目标的工具理性与价值理性结合起来。即控制目标的实现不仅在于工具的选择,也在于目标和工具是否得到大家的认可和接受。清末立宪改革过程中引入了西方的立法技术,制定了几部法典,但由于法治观念未能扎根,引入的"神物"也变成了"废物",因为不只是清朝统治者不肯接受,即使普通百姓也未必同意。在近代社会中,中国的社会控制存在工具理性与价值理性相分离的现象。控制中的平等、公平原则和权威因受到事实上存在的等级关系的约束而变形。例如,日本京都大学棚濑孝雄教授认为,现代日本社会实际上实行的是"没有现代的现代化",即制度形式上的变化并没有真正引起精神实质的变化,结果使日本缺乏一个统一的价值核心。因此,现代中国的社会控制不应仅仅是一种社会操作手段,还应体现一种价值、一种理想。简言之,社会控制目标及目标实现应充分关注控制的价值追求和文化心态。

第四,注重社会控制的多元参与和制度保障。社会学中存在这样一个观点,控制主体是国家等各类组织,受控对象则是普通民众。因此,个人在强大组织的社会控制面前无能为力。这就是主客二元分析方法的产物。但问题在于,现代社会控制的根源在于民众与特殊人物的共同参与。在现代社会中,公民意识的觉醒、社会事物的纷繁复杂,使单一的政府控制变得有心无力。因此,社会控制的实现应是政府控制与社会参与的有机结合,只有通过这二者相互作用才能实现社会控制目标。但要实现这二者的良性互动,就需要有一定的制度保障,将其固定化、程序化、制度化、法治化。

第五,将以问题为中心的控制与社会全面控制相结合。针对具体的社会问题,的确需要采用具体的社会控制方法,但这种以问题为中心的社会控制方式难免有"头疼医头、脚痛医脚"之嫌。实际上,任何社会问题的出现都反映出社会控制的整体现状和深层社会机理的变化,因此,建立社会全面的控制体系和问题解决的全面分析与操作机制就显得十分必要。简言之,在转型期,有必要通过"一揽子"方案,依循"大部制"理念来解决社会问题、实施社会控制。

第八讲　社会政策

社会政策(Social Policy)是社会管理实践的基本手段,具体的社会管理行为也往往以社会政策的方式呈现。因此,这一讲主要就社会政策的概念、演变、模型、领域及其比较以及社会政策的改革与治理等问题进行阐释。

第一节　社会政策的概念及其演变

社会政策近些年来很"热",成为学界探讨的焦点和热点。那么,什么是社会政策? 其实,关于社会政策概念的探讨,到目前为止学术界仍是见仁见智,莫衷一是,多少呈现出了社会政策"丛林"的味道。

一、社会政策的概念

从"学科考古学"角度讲,社会政策发端于19世纪中叶的西方国家。伴随工业化进程的加快,各种社会问题首先在这些国家尖锐地表现出来,政府亟须面对公民福祉,着手预防和矫正工业化过程所产生的弊害,在这种情况下,社会政策"应运而生"。从逻辑上讲,为了更好地考察社会政策的内涵,有必要首先分析"政策"一词的涵义。对此,社会政策学研究大师,英国学者理查德·蒂特马斯在其著作中指出:"'政策'一词可以用来表示一系列指挥行动实现既定目标的原则。这个概念表示关于手段和目标的行动,它因而含有变革的意思:改变各种处境、制度、习惯和行为。而在这里,我们应该留意,政策的概念只有在我们(社会,群体或组织)相信自己有能力促成某些变化的时候,才有意义。我们没有天气政策,因为我们对天气至今还是无能为力。不过,我们有(或者可以有)私生子政策,因为我们相信自己有力量去影响他们的生活——至于是好是坏,端视乎你的身份是决策者还是私生子。"①这个观点在西方影响很广。

就社会政策的概念而言,在社会政策诞生初期,社会政策通常是被看作与财政政策、租税政策平行的公共政策。1891年,社会政策创始人之一瓦格纳发表了《社会政策、财政政策及租税政策》一文,首次对社会政策做出定义。他认为社会政策是运用立法和行政的手段,以争取公平为目的,清除分配过程中的各种弊害的国家政策。也就是说,国家应该加强对生产、分配和消费等经济过程的干预,运用立法和行政手段来调节财产所得和劳动所得之间的分配不均问题。

著名社会政策学者马歇尔在《社会政策》一书中说,社会政策就是指关于政府行动的政策,即政府通过向市民提供服务或收入,从而对他们的福利产生直接的影响。所以,社会政策的核心内容包括社会保险、公共(国家)救助、健康和福利服务以及住房政策。在他看来,社会政策的主要研究对象就是广义的社会服务。

与此同时,学者蒂特马斯则从更广义的角度,指出社会政策应包括三个部分:一是"社会福利";二是"财政福利";三是"职业福利"。这里的社会福利就是指社会服务,它只是社会政策的"冰山一角",而财政福利和职业福利则是"社会政策冰山的水下部分"。

学者阿尔科克认为,社会政策既是指促进福祉的政策制定活动,也指对于这种行动的学术研究。学者梅志里认为,社会政策首先是指影响人们福利的实际政策和政府项目,其次是指描述、诠释和评估这些政策的学术研究领域。

国内学者杨伟民认为,社会政策有两方面的含义②:一是指实际存在的一个政策类别,二是指对这个类别的政策的学术研究。对社会政策的学术研究,包括对社会政策本身以及与社会政策有关的现象的描述、分类,并在此基础上对社会政策的本质、功能以及社会整体和各个相关部分之间的关系等进行分析和概括,给出理论解释。因为社会政策本身是在不断变化和发展的,所以社会政策研究的对象和内容也是在变化的。而

---

① 理查德·蒂特马斯.蒂特马斯社会政策十讲[M].江绍康,译.长春:吉林出版集团有限责任公司,2011:9.
② 杨伟民.社会政策导论[M].2版.北京:中国人民大学出版社,2010:1.

且研究社会政策需要利用很多学科的知识和方法,因此,西方国家的学者对这种学术研究的定位形成了不同的看法,有人认为它是一个学术研究领域,也有人认为它现在已经成为一门相对独立的学科。

岳经纶、陈泽群、韩克庆在他们主编的《中国社会政策》一书中,开篇就指出,社会政策是"一个较难描述的学科",它的定义亦难以厘清。学术界对社会政策定义的讨论由20世纪60年代开始,至今仍然缺乏一致看法。正如1999年牛津大学出版社的一本社会政策教科书所强调,现在对社会政策的定义既缺乏共识,亦没有权威性。这种现象与两个因素有关:一是社会政策是一个较新的学科,它的内容随着时间的推移在不断变化;二是社会政策是一个跨学科的科目,它容易与其他学科混为一谈,不易显出本身的特色。但是社会政策的定义直接影响教学的方向及内容。正如迈克尔·希尔所指出的,我们不要忘记,讨论定义涉及怎样去制订本科生及研究生的学习内容,以及怎样去保护一些重要的研究活动和具有价值的学术文化[1]。

关信平从另一个角度指出,社会政策是公共政策中的一个领域,在公共政策的概念框架中理解什么是社会政策,实质就是讨论如何从整个公共政策体系中划分出应该属于"社会政策"的专门领域。从这个角度看,定义社会政策概念或划分社会政策领域可以从两个不同的方面来进行:一方面,仔细分析社会政策概念中"社会"一词的含义,从而清楚地把握这一概念的内涵和外延;另一方面,考察各国政府在公共政策实战中是如何划分社会政策与其他公共政策的界限的,从政策实践中总结出我们对社会政策概念的理解。经过分析,他认为社会政策就是指政府或其他组织在一定社会价值的指导下,为了达到其社会目标而采取的各种社会性行动的总和[2]。

李迎生等人认为,中国学术界关于社会政策的界定,受西方学者的影响明显,但也具有自己的特点。他们在分析了王思斌等学者关于社会政策的定义之后,提出了自己的观点,认为"社会政策是国家和政府为解决社会问题以实现公正、福利等特定的社会目标而制定的,是各种法律、条

---

① 岳经纶,陈泽群,韩克庆.中国社会政策[M].上海:格致出版社,上海人民出版社,2009:1.

② 关信平.社会政策概论[M].北京:高等教育出版社,2004:13-15.

例、措施和办法的总称"①。

基于上述知识存量的梳理,我们对社会政策定义有了基本的了解。综上所述,我们以为,社会政策就是指通过国家立法和行政干预,解决社会问题,促进社会安全,改善社会环境,增进社会福利的一系列行动准则和规定的总称。其目标是保护和发展在市场经济条件下的公民社会权利和整个社会福祉②。

二、社会政策的演变

严格来讲,社会政策属于交叉学科,其理论基础来源于社会学、经济学、政治学、法学、哲学等现代社会科学。为了更好地理解社会政策变迁的内在逻辑(包括实践逻辑和学术逻辑),我们亟须从社会政策溯源的角度考察这一问题:即社会政策的历史是怎样演变的? 为了解答该问题,下面从两个向度分述西方社会政策和中国社会政策的历史演变图景。

(一)西方社会政策演变历史

从理论上说,"社会政策"是外来词,是英语"Social Policy"的直译。"社会政策"一词最先出现于德国。如果从宏观的视角考察,可以发现,社会政策其实是在西欧封建制解体、商品经济迅速发展、社会从传统社会转向现代社会的过程中形成的,并且在社会实现工业化、城市化的过程中得到进一步的发展。正是在民族国家兴起的同时,国家才逐渐承担起社会责任,实施社会政策。杨伟民指出,英国1601年《济贫法》的颁布可以说是社会政策的初创时期。当时,主要是因为社会经济活动发生的变化导致大面积的绝对贫困的发生,为此,英国政府逐渐探索出了应对绝对贫困的政策。而19世纪末德国的社会保险政策的颁布则标志着现代社会政策的创建。德国的社会政策主要是应对工业社会中劳动者普遍面对的生活风险的政策。此后,由于社会的政治、经济、文化等多方面的变化,国家被各种力量推动着开始承担起更多的帮助其公民适度满足基本需要的职责③。

---

① 李迎生,等. 当代中国社会政策[M].上海:复旦大学出版社,2012:3.
② 林闽钢. 中国社会政策[M].武汉:武汉大学出版社,2011:2-3.
③ 杨伟民. 社会政策导论[M].2版.北京:中国人民大学出版社,2010:140.

关于西方社会政策演变的历史,从现有文献看,可发现不同的学者会根据不同的维度或标准进行论述。但从历史演进的视角看,社会政策的演变大致上可以划分成如下三个时期①:第一个时期,从19世纪中叶到20世纪70年代,面对社会问题,需要社会政策积极介入的社会政策形成时期。第二个时期,从20世纪80年代到20世纪90年代,面对福利国家危机,需要社会政策发挥作用的社会政策发展时期。第三个时期,20世纪90年代以后,面对全球化风险,需要社会政策调适的社会政策转型时期。

第一,社会政策形成时期。严格来讲,从19世纪中叶俾斯麦时期,德国工业化的发展突飞猛进,特别是纺织、钢铁等行业的兴起,从家庭、邻里等传统生活共同体中分离出相当一部分人群,他们开始"蜗居"在城市四周,从事着建筑、生产等低薪劳动,生活非常贫困,成为从未出现过的新阶层——"贫民"。这些人群往往被城市排斥,进而成为城市中不安定的因素。再加上,一般劳动者在大工业生产重压之下,备受剥削,生活没有保障,他们的不公正感日益剧增,社会问题由此而大量产生。

可以这样讲,"社会政策"最初出现时,就是基于当时劳资关系紧张、对资本主义制度的存在构成严重威胁的现实,当时的学者特别关注劳资冲突的解决与缓和,强调劳动政策的重要性。在1872年为成立"德国社会政策学会"举行的筹备会上,会议主席休谟纳在开幕词中指出:该会的性质,不是讨论主义,而是要深入问题的中心,把握当时最重要的改良事项,例如罢工、工会、工厂法以及劳动住宅问题,以求产生实际的效果。可见其着重点在于解决当时与劳动有关的各种现实问题。赫德林、瓦塞拉普、亚蒙等人虽然认为社会政策的任务,是基于全民福利的立场,调节社会成员间一切利害冲突,而不应以国民中的某一阶层、部分的利益为对象;但又认为这样广义的社会政策的实行为时尚早,在当时仅能达成劳动阶级所要求的特殊的社会政策②。在这一时期,社会政策的提出在于确立国家对经济和社会生活的干预,而这成为19世纪德国俾斯麦政府率先建立社会保险制度的思想基础,从而促进了以社会保障制度为核心内容

---

① 林闽钢.社会政策——全球本地化视角的研究[M].北京:中国劳动社会保障出版社,2007:3-15.
② 李迎生,等.当代中国社会政策[M].上海:复旦大学出版社,2012:2.

的社会政策的发展。

1883 年,德国针对疾病保险立法;1884 年,通过了《工伤事故保险法》;1889 年又通过了《老年和残疾社会保险法》。这些政策中任何一项都不是任意的,而是作为强制性保险制定下来的。

英国作为社会政策的发源地之一,其社会政策的学术研究经历了一个典型的从实践活动到经验描述再到理论研究的发展过程。严格地讲,社会政策研究与社会服务的发展有密切的联系。社会服务首先是一种与社会福利有直接关系的社会活动,后来这种社会服务发展成为一种专业的活动,即社会工作。在西方国家的社会服务向专业化发展的过程中,一方面形成了对这种专业活动的研究,使社会工作不仅是指一种专业化的社会服务活动,而且也是指对这种专业服务活动的研究;另一方面,在社会服务活动中又分化出了对这种活动进行组织、安排、管理等行政管理性质的工作,以及对这类工作的研究,即社会行政工作和社会行政研究。此外,在民间的社会服务发展的同时,政府也通过制定社会政策承担社会福利责任。这又使社会政策既是一种社会事实,又因为有很多学者对它进行描述、分析、解释而成为一个学术研究领域或一门学科。与此同时,社会行政也包括或者说越来越趋向于如何有效地贯彻执行政府的社会政策①。

1884 年,以萧伯纳、威尔士和韦伯夫妇等人为首在伦敦成立了"费边社"。其实,费边社是英国的一个社会改良主义派别,它注重缓进的社会改良和务实的社会建设,倡导建立互助互爱的社会服务。从费边社的实践中,可以看到现代社会某些社会政策的目标和基本特征,该政策是以社会福利为核心的社会实践。英国费边社将"社会政策"简要定义为"影响社会福利的一系列的政策活动"。沃尔克尔则将社会政策界定为社会资源和社会关系(地位及权力)的再分配,认为社会政策关系到政府生产和分配的、影响社会福利的社会资源序列的原则和价值。这些社会资源序列包括收入、财产、安全、地位和权力等②。

需要指出的是,1936 年,凯恩斯提出了国家干预经济理论。凯恩斯认为资本主义国家的主要社会问题是失业,因此,社会的主要目标是创造

---

① 杨伟民. 社会政策导论[M] 2 版. 北京:中国人民大学出版社,2010:2.

② 童星. 社会转型与社会保障[M]. 北京:中国劳动社会保障出版社,2007:1-2.

和保证充分就业。而要达到目的,关键是提高社会的有效需求,通过实行赤字财政政策,实现"乘数效应"。

从二战后开始到20世纪70年代中期,被称为社会政策发展的"黄金时期"。第一次世界大战结束后,西方发达国家经历了较长时期的经济繁荣。1948年,英国首相艾德礼宣布英国已建成福利国家,即建成公民"从摇篮到坟墓"均有保障的福利国家。接着西欧、北欧、北美、大洋洲和亚洲发达国家都陆续宣布实施"普遍福利"政策。

在这一阶段,福利国家经济发展迅速,社会保障水平也不断攀升。福利国家奉行内容多、范围广、覆盖面宽的社会政策,有助于降低贫困人口比重,满足国民基本生活需求,缓和社会矛盾。这一时期社会政策的主要特点表现在四个方面:一是社会政策以充分就业政策为基础,以社会保险为主要手段,视劳动市场为解决贫穷问题的主要渠道。二是社会政策中由政府主办的社会保障项目得到了迅速发展,社会保障不再是以慈善为出发点,而是以国民有权享有社会保障、政府有责任为国民提供社会保障为前提,社会保障项目不断普及化、全民化。国家提供了一种制度化的社会保障供给机制。三是社会政策由临时性措施转变成稳定性制度,西欧各国政府都完成了相关制度的立法,设立了相关管理机构,形成了社会政策的社会行政制度体系。四是社会政策是有社会问题取向的,主要关注公民的基本需要,从政府干预角度,研究增进公民福利政策的有效执行,形成社会政策的社会行政传统①。除此之外,社会政策的价值优势是非常明显的。蒂特马斯对此作了精彩的描述和分析:当我们使用"社会政策"这个词的时候,绝不要自作多情地为它加上利他主义、关怀别人、关切平等或诸如此类的神圣光环;也不要未经思考便给出这样的结论:因为英国或其他国家订有社会政策或发展了社会服务,它们就是从实践上促进着进步的再分配、平等和社会利他主义的目标。某些群体的"福利"(Welfare)可能是其他群体的"不利"(Illfare)②。概言之,以中立的价值立场讨论社会政策是没有意义的事情。

---

① 林闽钢.社会政策——全球本地化视角的研究[M].北京:中国劳动社会保障出版社,2007:8-9.

② 理查德·蒂特马斯.蒂特马斯社会政策十讲[M].江绍康,译.长春:吉林出版集团有限责任公司,2011:12.

第二，社会政策发展时期。20 世纪 70 年代中后期，"福利病"出现，福利国家进入被动的改革时期。经济危机使全球经济形势发生了逆转，经济增长明显下降，特别是西方国家普遍进入经济"滞胀"时期。西方国家大规模推行了"新公共管理"的再造运动。总之，福利国家以及先前的社会政策开始面临危机，主要表现在三个方面：一是社会保障开支过大，政府财政面临困难；二是社会保障管理机构膨胀，效率低下；三是过高的社会保障水平助长了国民的惰性，削弱了企业及国家的竞争力。

上述困境引发了学界和实践领域对社会政策的反思和改革，进而促进了社会政策的发展。20 世纪 70 年代末 80 年代初，一大批新自由主义者表达了与传统国家干预理论不同的新思想。如萨缪尔森发表的《经济学》，加尔布雷斯发表的《经济学和公共目标》，弗里德曼夫妇发表的《自由选择》，哈耶克发表的《通向奴役的道路》，等等。他们的核心主张就是批评凯恩斯的政府干预理论，反对政府过多干预经济。这促使人们更加关注和思考社会保障的负面作用，使许多国家采取行动，对社会保障制度进行改革。

1981 年，经济合作与发展组织举办了一场名为"80 年代的社会政策"的研讨会，并将与会论文编成名为《福利国家的危机》的册子，它正式开启了对福利国家的声讨。对福利国家质疑的焦点开始集中在经济问题、政府合法性问题、政府扩张问题、财政问题以及道德问题上。为消除福利国家的消极影响，对福利国家的改革势在必行，西方国家纷纷走上改革的道路。在治理思潮上，西方福利国家推行"新公共管理"（NPM）运动。20 世纪 70 年代末的撒切尔夫人和 80 年代的美国总统里根就是典型的行动代言人。在治理措施上，西方福利国家先后在不同程度上推行了各种措施，如开征社会保障收入所得税，提高社会保障费率和纳费上限，修改社会保障支付金的调整办法，削减福利性补助，减少社会福利项目，变免费医疗为适当收费的医疗服务，等等。

概括而言，这一时期社会政策发展的特点有两个：一是 20 世纪 80 年代，社会政策被理解为决定不同社会群体的资源、地位和权力的分配，而这些分配是基于社会发展及延续的理念①。二是 20 世纪 80 年代以后，福利政策方面的争论增多，而且越来越强调社会组织、社会资本及市场组织的作用；社会行政偏向于执行而忽略研究，偏重于政府权力而忽略社会；而社会政策则可兼容研究和执行，兼容政府和社会，能够反映新的变化。

第三，社会政策转型时期。目前，社会政策处于大转型时期，全球化和全球本地化两大潮流推动各国社会政策主动或被动地变革。另外，（全球）风险社会的来临使传统的社会政策范式难以为继。在此背景下，社会政策开始转型。

在某种程度上可以说，福利国家在实现社会权利方面达到了相当高的水平，为规避社会风险提供了一把保护伞。但是，全球化的冲击使这个制度越来越难以为继，而与日益增长的新的风险之间出现了"断裂"，一方面，福利国家所遮盖的社会风险已经不符合需要，另一方面，受到保障的群体本来不应予以保护。这就引发了一个悖论：国家提供的保障越多，福利依赖发生几率反而越大，结果在加重国家福利负担的同时又孕育着新的风险。"被大多数人看成是社会民主政治之核心的福利国家如今制造出来的问题比它所解决的问题还要多。"②

进入 20 世纪 90 年代，随着全球化进程的加快，社会政策发展进入全面转型时期。特别是以美国的克林顿、意大利的普罗迪、法国的若斯潘、英国的布莱尔和德国的施罗德等为代表的左翼政党相继上台执政，他们不约而同地宣称在政治、经济和社会等方面奉行一种既不同于传统左派，又不同于右翼主流的"新中派"（The New Centre）策略。这一时期社会政策的转型主要表现在：

首先，福利国家的再理解。福利国家是在应对外部风险的过程中发展起来的保险体系，这一制度体现了自由、平等、互助的原则。但是福利国家建立初期的社会条件已发生了非常明显的改变，由于"路径依赖"，福利国家无法解决"新"制造出来的风险。从某种程度上讲，"福利国家

---

① 王卓祺,雅伦·获加.西方社会政策概念转变及对中国福利制度发展的启示[J].
社会学研究,1998(5):46-52.
② 安东尼·吉登斯.第三条道路——社会民主主义的复兴[M].郑戈,译.北京:北京
大学出版社,2000:17.

危机在很大程度上是一种风险管理危机"①。但是,改革并不意味着彻底抛弃福利国家,而是在保持福利国家制度对整个社会机体积极作用的同时克服其消极影响,使福利国家现代化。

其次,要转变社会福利观念。过去民主社会主义的社会政策基础价值观,大都强调全民福利、确保福利开支、扩大保障覆盖面、提高保障水平,较多地强调国家与集体的责任,不注重个人的义务,而新自由主义者只谈论个人的责任,忽视国家的义务。因此,应主张权利与义务的统一,提倡自律式的自由,强调有责任的权利。

最后,重视"社会投资国家"(Social Investment State)的建设。传统社会政策的治理理念亟须更新,吉登斯提出,政府应通过提供工作机会,投资人力资源,进行终身教育,创造良好环境,开展公私合作,以形成一个积极改革的福利国家。

上述的阶段演进展示了社会政策的实践逻辑和学术逻辑,换句话说,社会政策的"身份危机"基本上可以被排除掉了。但是,社会政策真的就堪称完美吗? 不是的。肯·布莱克默就指出社会政策缺乏认同的问题。社会政策的认同问题,或者更精确地说是社会政策缺乏认同的这个问题,有很多原因②:与历史学和地理学这样的传统学科相比,社会政策没有一个清晰的轮廓和形象,主要是因为它是一门相对新兴的学科。社会政策缺乏认同的另一个原因是"它是一只没有自己的窝的饶舌的斑鸠"。这个学科似乎和经济学、哲学、政治学、社会学这样的传统学科没有清晰的边界。因此,它经常被看作一个跨学科的研究主题,而不是一个拥有自己独立研究领域的学术科目。然而,后来有很多现实的案例使我们不得不将社会政策看作一个独立的学科。就像斑鸠经常使用别的鸟的窝一样,社会政策也从其他学科汲取各种营养,而且发展出了一套相对独立的观察、思考研究对象的理论和研究方法(详见表8-1)。

---

① 安东尼·吉登斯. 失控的世界[M]. 周云红,译. 南昌:江西人民出版社,2001:14.
② 肯·布莱克默. 社会政策导论[M]. 2版. 王宏亮,朱红梅,张敏,等译. 北京:中国人民大学出版社,2009:3.

表8-1　社会政策和其他学科的联系①

学　科	与社会政策的关联
人类学	关注家庭研究、家庭结构和生活安排的差异以及亲属关系,认为社会保障真正重要的目标是通过政府政策重建家庭单位
经济学	关注具体社会政策以及社会收益的成本和支出,比如儿童福利
地理学	关注社会服务的空间分布及传递,比如全国执业医师的分布、病人以及希望看医生的病人的数量
历史学	关注社会政策的发展历程:比较今天的社会服务和过去的社会服务,比如比较今天的流浪人口救助站与过去的济贫机构
哲　学	考察社会政策选择的原因和公正性,讨论各种伦理问题,比如健康权威不提供某种治疗药品或疗法的正确性
政治学	调查和研究工党、保守党、自由党等党派的社会政策的目标,分析社会政策的政治影响,比如公共住房销售对选举模式的影响
心理学	研究个人对福利服务的看法和态度,调查个体的需要和服务计划,比如研究男性对前列腺癌防治活动和广告的看法
社会学	研究影响福利制度及不同群体的关系的道德、价值观和其他社会压力,比如社会服务中出现种族不平等的原因

　　但是,从总体上讲,无论是从目前的现状抑或从未来的发展趋势考量,社会政策确实有自己独特的"内核"和"研究纲领"。毋庸讳言,虽然不同学科对社会政策有一定的研究偏好,然而,它们也仅仅是从各自擅长的领域和学术视角对社会政策进行某种程度和层面的"扫描"。毫无疑问,为了更深入、系统地研究社会政策,社会政策必须作为一个学科,拿出更优秀的答卷来保卫其身份的合法性。

(二)中国社会政策演变历史

　　关于中国社会政策的历史演变,学术界有比较多的探讨。比如有学者认为中国社会政策的发展可以分为三个阶段:第一阶段是从1949年到1979年,是以平均主义为导向的社会政策;第二阶段是从1979年到2005

---

① 肯·布莱克默.社会政策导论[M].2版.王宏亮,朱红梅,张敏,等译.北京:中国人民大学出版社,2009:5.

年,是以发展主义为导向的社会政策;第三阶段是 2006 年以来,是以民生为导向的社会政策①。

但不管怎么梳理和归纳,基本上可以把新中国成立以后社会政策的发展大致划分为如下几个阶段:初创阶段、发展完善阶段、遭受破坏阶段、恢复阶段和深化改革阶段②。

第一,初创阶段。1949 年新中国成立至 1957 年是我国社会政策的初创阶段。新中国成立后,政府除采取一系列措施处理旧社会遗留下来的问题,同时也开始着手建立社会保障制度。1950 年,劳动院颁布了《救济失业工人暂行办法》;1951 年,又颁布实施了全国统一的《中华人民共和国劳动保险条例》;1956 年,我国还颁布了《中华人民共和国女职工保护条例》;1957 年,卫生部制定了《职业病范围和职业病患者处理办法的规定》,从而构成了企业职工社会保障的框架。另外,针对国家机关、事业单位的社会保障制度也以单行法规的形式逐步建立起来。1950 年,内务部颁布了《革命工作人员伤亡褒恤暂行条例》;1952 年,颁布了《关于各级人民政府、党派、团体及所属事业单位的国家工作人员公费医疗预防的指示》《国家工作人员公费医疗预防实施办法》《关于各级人民政府工作人员在患病期间待遇暂行办法》;1955 年,又颁布了《关于女工作人员生育假期的通知》《国家机关工作人员退休处理暂行办法》《国家机关工作人员退职处理暂行办法》。这些单行法规分别对疾病、养老、生育、伤亡等项目的保险待遇做了规定。可以说,到 1957 年,我国的社会保障制度框架已基本形成。但缺点也是很明显的,有些制度不合理,管理不善,因而造成苦乐不均和严重浪费的现象。

第二,发展完善阶段。1958 年至 1966 年是我国社会政策的发展完善阶段。1958 年,国务院颁布了《关于工人、职员退职处理的暂行规定》《关于工人、职员退休处理的暂行规定》,放宽了退职、退休条件,适当提高了待遇,解决了企业和机关退休、退职办法不一致的矛盾。为了解决劳保医疗和公费医疗中存在的浪费问题,1965 年和 1966 年,我国分别颁布了《关于改进公费医疗的通知》和《关于改进企业职工劳保医疗制度几个问题的通知》。另外,为了合理解决轻工业、手工业集体所有制企业中职

---

① 林闽钢. 中国社会政策[M]. 武汉:武汉大学出版社,2011:38-46.
② 关信平. 社会政策概论[M]. 北京:高等教育出版社,2004:40-43.

工退休退职的福利待遇问题;1966 年,颁布了《关于手工业厂、社职工、社员退休福利统筹办法(试行草案)》《关于手工业厂、社职工、社员退职处理办法(试行草案)》。综上所述,这一阶段主要是根据实施中发现的问题总结经验,对社会保障框架进行细化和补充。

第三,遭受破坏阶段。1966 年至 1976 年是我国社会政策的遭受破坏阶段。由于这一阶段的特殊性,这十年我国社会政策的发展基本上处于停滞状态。在理论上,《中华人民共和国劳动保险条例》被否定,劳动保险被污蔑为"修正主义",进而导致理论上的混乱和错误认识。在实践上,劳动保险管理机构被撤销,社会保险金的征集、管理和调剂使用制度被停止,正常的退休退职工作在一些地区被迫中止,移地支付保险待遇的办法也被迫停止执行。特别是 1969 年国家发布了《关于国营企业财务工作中几项制度的改革建议(草案)》,停止提取社会保险金,取消社会保险费统筹制度,将社会保险改为企业保险。这就降低了劳动保障的社会化程度,大大削弱了劳动保险的功能和意义。

第四,恢复阶段。具体地说,1976 年至 1984 年是我国社会政策的恢复和进一步发展阶段。"文革"结束后,伴随国家重心建设的转移,我国社会政策也在逐步恢复。1980 年,国家劳动总局、中华总工会专门发出了《关于整顿与加强劳动保险工作的通知》。为了进一步改善人民的生活福利,政府先后公布了《关于调整军人、机关工作人员、参战民兵民工牺牲、病故一次抚恤金标准的通知》《关于解决部分老红军、老干部工资过低和生活困难补助问题的通知》《关于调整在职革命残废军人残废金标准的通知》《关于提高职工退休费、退职生活费的最低保证数的通知》《关于革命烈士一次抚恤标准的通知》《国务院关于发给离休退休人员生活补贴费的通知》等。此外,1978 年,国务院颁布了《关于安置老弱病残干部的暂行办法》和《关于工人退休、退职的暂行办法》。同时,亦考虑到高级知识分子的特殊情况,于 1983 年发布了《关于高级专家离休退休若干问题的暂行规定》。

第五,深化改革阶段。1984 年至今是我国社会政策的深化改革阶段。1984 年,国家开始在全民所有制企业开展退休费用社会统筹试点。1985 年,由当时的劳动人事部发出《劳动人事部保险福利局关于做好统筹退休金与退休职工服务管理工作的意见》。1991 年,国务院发布《关于企业职工养老保险制度改革的决定》。1995 年,国务院又发布了《关于深化企业职工养老保险制度改革的通知》,奠定了基本养老保险计划的体制基础。1997年,中央政府颁布了《关于建立统一的企业职工基本养老保险制度的决定》。1998年,国务院发布了《关于实行企业职工基本养老保险省级统筹和行业统筹移交地方管理有关问题的通知》。1999年,国务院发布了《社会保险费征缴暂行条例》。2000年,国务院又下发了《关于完善城镇社会保障体系的试点方案》。在医疗保险方面,1988年,经国务院批准由八个部委组建的医疗制度改革研讨小组推出《职工医疗保险制度改革设想》。1992年,正式出台的《关于试行职工大病医疗费用社会统筹的意见》确立了此项改革的基本框架。1993年,中共中央十四届三中全会《关于建立社会主义市场经济体制若干问题的决定》明确指出,要构建由单位与个人共同负担、实行统账结合的社会医疗保险制度。1994年,国务院四部委发布《关于职工医疗制度改革的试点》,推动医疗保险制度改革试点工作。1999年,国务院正式出台《国务院关于建立职工基本医疗保险制度的决定》。

特别是进入21世纪后,我国的社会政策更是取得了空前发展,引起了世界瞩目。比如我国新型农村合作医疗的"升级",我国医疗卫生体制改革的"创新",我国农村新型社会保障体系和新型养老保险制度的"完善",等等,无一不在彰显我国社会政策时代的到来。

第二节 社会政策的模型、领域及其比较

任何学科在其学术研究的历程中都会提出自己独特的模型。因而,不难想象模型对一个领域或学科的重要性。同时,社会政策学作为一门应用性学科,不同时期社会政策的内容或者其侧重点会随着国家的发展和环境的变化而改变。因此,本节主要阐释社会政策的模型、社会政策所涉及的领域及其比较等。

一、社会政策的模型

模型分析可以帮助我们更好地认识有关对象,如社会政策。下面通过几种模型来介绍社会政策。

（一）社会政策模型的比较

毫无疑问，模型在政策研究中具有非比寻常的作用，对此，美国著名学者托马斯·戴伊在其很有影响力的《理解公共政策》一书中就指出，模型可以"简化并澄清我们对政治和公共政策的思考；识别政策问题的重要方面；通过关注政治生活的主要特征，促进我们相互之间的沟通；指导我们更好地理解公共政策，鉴别重要与不重要的方面；解释公共政策并预测其结果"①。同时，戴伊总结梳理出了政策学中的八个概念模型：一是制度主义模型：政策是制度的输出。二是过程模型：政策是政治活动。三是理性主义模型：政策是社会效益的最大化。四是渐进主义模型：政策是过去政策的补充和修正。五是利益集团模型：政策是团体利益的平衡。六是精英模型：政策是精英的价值偏好。七是公共选择模型：政策是自利个人的群体选择。八是博弈论模型：政策是竞争状态下的理性选择。

上述八种概念模型在政治学著作中都能够找到，没有哪一种模型是专门为研究公共政策而建立的，但是这些模型又都提供了独特的思考公共政策的视角，甚至还能解释公共政策的一般原因和结果。需要说明的是，这些模型并不是"竞争性""排他性"的，我们不能据此就断定哪个模型是"最好"的。因为每个政策模型对政治、社会生活都有各自的关注焦点，每个模型都能帮助我们理解公共政策的不同方面。

毋庸讳言，上述八种概念模型从广义上说，对描述社会政策的决策模式也是适用的。就社会政策分析模型来讲，台湾学者李钦涌系统分析了社会政策的六种分析模型，分别是价值取向模型、人际取向模型、渐进取向模型、制度取向模型、过程取向模型和理性取向模型②③。

但是，严格地讲，在社会政策范畴内，学界一个普遍共识是：理查德·蒂特马斯的三个模型是无论如何也绕不过的模型"标杆"，其"典范"性很明显。具体来说，蒂特马斯首先对他的社会政策模型进行了简要说明，在他看来，探讨这三个对照性的社会政策模型或机能，对我们研究社会政策将会有所帮助。建构模型的目的并非出于对屋宇建筑师的崇拜，而是为了帮助我们整理经济和社会生活的某些领域里的零散和混乱的事实、系

---

① 托马斯·戴伊.理解公共政策[M].12版.谢明，译.北京：中国人民大学出版社，2010：10.

② 李钦涌.社会政策分析[M].台北：台北巨流图书公司，1994：18-19.

③ 唐钧.社会政策学导引[J].社会科学，2009（4）：71-79，189.

统和选择。接着,蒂特马斯比较和分析了这三个模型①。具体的模型探讨如下:

A模型:社会政策的剩余福利模型(The Residual Welfare Model of Social Policy)。

这个论说基于一个前提:私有市场和家庭是两个"自然的"(或社会赋予的)渠道;个人的需要可以通过它们而获得适当的满足。只有当它们崩溃的时候,社会福利设施才应该介入运作,并且只该是暂时的。皮科克教授这样说:"福利国家的真谛是教导人民如何不须依赖它生活。"这个模型的理论基础可以追溯至早年英国的《济贫法》,并可以从斯宾塞和拉德克利夫-布朗等社会学家、弗里德曼和伦敦经济事务学会的创办者及追随者等经济学家所主张的"机体—机械—生物"的社会理论里得到支持。

B模型:社会政策的工作能力—成绩模型(The Industrial Achievement-Performance Model of Social Policy)。

社会福利设施在这里被赋予显著的角色——充当经济的附属品。论者认为应该论功行赏,按照各人的优点、工作表现和生产力来满足其社会需要。它衍生自关切激励、勤奋与报酬、阶级与群体归属的形成等经济学和心理学理论。它也被称为"婢女模型"(Handmaiden Model)。

C模型:社会政策的制度性再分配模型(The Institutional Redistributive Model of Social Policy)。

这个模型将社会福利视为社会里主要的统合制度,它在市场以外,按照需要的原则,提供普及性的服务。其基础部分为关于社会变迁及经济制度之多重效果的理论,部分为社会平等的原则。基本上,这个模型统摄了"权时调用资源的各种再分配系统"(Systems of Redistribution in Command-over-resources-through-time)。

这三个模型均能展示各种有关社会政策的目的与手段的主要差异——价值系列里的终极点,也均考虑到现代社会的政策价值、工作伦理和家庭制度等问题。

① 理查德·蒂特马斯.蒂特马斯社会政策十讲[M].江绍康,译.长春:吉林出版集团有限责任公司,2011:14-16.

（二）社会政策与公共政策的关系解析

提到社会政策，多数人肯定会想到公共政策，那么，社会政策与公共政策的关系是怎样的呢？关于这个问题，学界探讨较多，一个普遍的共识大致可以描述为：公共政策是以政府为主的公共机构为确保社会朝着政治系统所确定、承诺的正确方向发展，以法令、条例、规划、计划、方案、措施、项目等形式，对社会成员的公私行为、价值、规范所做出的有选择性的约束与指引，它的范围更加广泛，几乎涵盖了政府的全部活动领域，不过其主要的部分还是社会政策，而且其发展的态势是社会政策的领域与公共政策的领域越来越趋于一致。正如唐钧所指出的那样，社会政策与公共政策"从目前的发展趋势看，二者之间呈现出趋同与合流的态势"①。

那么，政策的本质究竟是什么？学界说法不一。比如制度学派就非常看重人为制定的正式的法令、规则、程序，而行为主义学派则把政策解释为各种权力力量相互作用的过程及其结果。按照制度学派的观点，社会政策、公共政策都是一国宏观的制度安排和政策设计；按照行为主义学派的观点，社会政策、公共政策都是政府、非政府公共部门、各种利益集团之间互动、博弈的过程和结果，它们没有什么本质性的差别。近年来，越来越多的学者认为社会政策与公共政策只是用词不同，它们的发展趋向是类似的。比如，美国学者威廉·邓恩的《公共政策分析导论》以及国内许多命名为《公共政策分析》《政策科学》《社会政策》的教材中，标题都直接用"政策"或"政策分析"，而略去了"公共""社会"等字样。

杨伟民做了细致的梳理，明确指出，关于社会政策与公共政策的关系可以从三个方面来把握②：一是社会政策是公共政策的一个组成部分；二是社会政策具有一些不同于其他公共政策的特征；三是社会政策与其他公共政策的共同点。

社会政策是公共政策的一个组成部分。从政府政策、公共供给的角度看，以公共政策涉及的人类活动领域作为公共政策的分类依据，社会政策就是公共政策中的一个组成部分，所以有人又称社会政策为公共社会政策。

---

① 唐钧.社会政策学导引[J].社会科学,2009(4):71-79,189.
② 杨伟民.社会政策导论[M].2版.北京:中国人民大学出版社,2010:408-431.

无论怎样界定社会政策,人们一般都把社会保险、社会救助、对个人和社区的社会服务、公共住房、公共教育等公共政策归为社会政策。即使持广义的社会政策观点的人也视这些为社会政策的核心部分。如果将公共政策定义为国家或政府对社会经济生活的干预,或者解释为"政府选择的一切作为或不作为",那么社会政策与其他公共政策一样,也属于国家或政府对社会经济生活的干预措施。不过,社会政策一般是指国家或政府在直接维持和提高公民的福利水平方面所选择的作为。

对此,童星指出,社会政策分为狭义和广义两类:狭义的社会政策仅仅涉及劳工及贫民的生活,而广义的社会政策则包括各类社会事业政策和社会管理政策,如人口政策、劳动就业政策、社会保障政策、医疗卫生政策、环境保护政策、文化与体育事业政策、社会服务政策、教育政策、居民收入分配与消费政策、社区服务与管理政策、社会治安政策、社会行政管理政策等,但是其核心是社会保障与社会福利,其涵盖面又比社会保障与社会福利的范围要宽泛①。

社会政策与公共政策的区别可以从三个方面来认识:

第一,社会政策与公共政策提供的物品和服务具有不同的性质。公共政策主要涉及的是不具有排他性的物品或服务的公共供给,而社会政策主要涉及的是可以排他性地使用或消费的物品和服务,如私益物品和收费物品。

第二,社会政策与公共政策增进社会福利的路径不同。社会政策供给的是一部分私益物品和服务。可以说,它主要是通过满足个人的某些需要、通过增进个人福利来增进社会福利。而不包括社会政策的其他公共政策则是通过增进社会福利来增进个人福利的。

第三,决定社会政策与公共政策的大前提不同。从理论上说,哪些物品和服务需要国家或政府制定公共政策,以公共供给的方式来提供,是可以通过实证研究来确定的。通过采用各种科学的、实证的研究方法,认识到了某种物品或服务的使用或消费不具有排他性,只能在一定范围内共同使用或消费,也就证明了这种物品或服务的供给需要国家、政府或其他范围的公共权威机构制定规则,以便在相关范围内协调它们的供给和

---

① 童星. 社会转型与社会保障[M]. 北京:中国劳动社会保障出版社,2007:1-2.

消费。

关于社会政策与公共政策的共同点,主要表现在两个方面:一方面,一项具体政策的制定或者说决策常常是各种力量(政府、市场、社会三个层面)互相博弈,最终达成"均衡"的结果。另一方面,一旦政策被确定下来,其最初的方案设计以及随后的政策执行、评估都需要相关科学知识和有关技术的支持等,借此以保证政策的科学性、民主性和法治性。

二、社会政策的领域

严格地讲,社会政策作为一门应用性学科,不同时期社会政策的内容或者其侧重点会随着国家的发展和环境的变化而改变。同时,由于国情和社会发展的状况不同,各国政府的社会政策领域也有一定的差异。因此,当今学界对社会政策的分类研究分歧是比较大的。其实,不同的划分标准可以区分出不同类型的社会政策,毋庸讳言,这都有一定的参考价值。

比如,李迎生等认为社会政策大致有以下几种分类方法[①]:一是按照实施领域(对象)来分。社会政策大致可以分为社会保障政策、公共卫生政策(医疗社会政策)、公共住房政策(住房社会政策)、公共教育政策(教育社会政策)、劳动就业政策(就业社会政策)、社会福利服务政策、针对特殊人群的社会政策和其他领域的社会政策体系等。二是依据制定和实施的目标来分。社会政策可以分为剩余型社会政策、制度型社会政策和发展型社会政策。三是根据主体的不同来分。社会政策可以分为单一型社会政策和多元型社会政策。四是按照实施的目标群体来分。社会政策可以分为普遍型社会政策和选择型社会政策。五是从资金来源和运行过程来分。社会政策可以大致分为纯福利型社会政策和准市场型社会政策。六是从层次来分。社会政策可以分为总社会政策、基本社会政策和具体社会政策。

但是,一般来说,社会政策的领域主要包括以下几个方面[②]:

第一,社会保障政策。在当代绝大多数国家中,社会保障政策是政府

① 李迎生,等.当代中国社会政策[M].上海:复旦大学出版社,2012:4-5.
② 关信平.社会政策概论[M].北京:高等教育出版社,2004:16-18.

社会政策体系中最基本、最重要的组成部分之一,其开支占政府总开支的很大一部分。各国对社会保障的理解不一,狭义的社会保障通行的涵义指国家或立法保证的、旨在保证收入安全的制度安排,其核心是社会保险。广义的社会保障的概念不仅仅包含社会保险这一方面,还拓展出了其他项目,如社会成员发展权的多项内容,就业、教育、医疗保健等方面的内容。

第二,公共医疗卫生政策。健康是人类社会追求的目标之一,获得基本的医疗服务也是现代社会公民的基本权利之一。公共医疗卫生政策是为满足社会成员的卫生医疗需求,政府提供的旨在预防和控制疾病、治疗疾病,以维护和增强社会成员健康水平的一种社会政策。公共医疗卫生政策的主要内容包括政府在改善社会医疗服务状况、调控卫生服务的供求关系、对医疗服务进行筹资、促进医疗技术发展、制定医疗服务标准、监控医疗服务从业资格、进行医疗救助等相关方面的政策和措施。

第三,公共住房政策。公共住房政策是指政府或其他组织以福利性的方式为社会成员提供公共住房或住房补贴的政策。公共住房政策是现代都市环境下解决城市居民,尤其是贫困者住房困难问题的一个重要途径。因为现代都市生活中住房困难现象相当严重,所以需要政府通过福利性的方式来帮助他们解决。

第四,公共教育政策。公共教育政策是政府及其机构为了实现其教育目标而制定的、指导教育实践的准则。公共教育政策不仅包含政府在教育结构、教育规划、教学内容及学制方面的政策,还包括为保证教育公平和教育质量而采取的措施,如国家助学金制度、教师培训制度、投资基础教育设施等。

第五,劳动就业政策。劳动就业政策一般是指政府或其他组织为劳动者提供就业机会、合理地分配就业岗位、解决失业问题和保护劳动者权利而采取的各种行动的总和。20世纪中叶以来,各国政府都在不同程度上实施了劳动就业政策,因为在就业领域中被雇佣者常与资方发生冲突,且被雇佣者的基本权利和工资福利待遇等经常受到影响,所以需要政府在此领域制定相应的政策,以为劳动者提供必要的保护。

第六,社会福利服务政策。所谓社会福利服务,是指直接面向社会成员,尤其是社会中具有特殊需求的个人或群体而提供的福利性服务。社会福利服务包括的内容很多,既有针对普通居民的日常服务,也有针对某些特殊群体的专门化服务。在服务方式上,既有在社区中为居民提供的各种服务,也包括各种社工机构对某些特殊困难者的集中服务。

第七,针对专门人群的社会政策体系。尽管当代各国社会政策体系的许多内容都是面向所有社会成员的,但其中也有一些政策是专门针对某些具有特殊需要的群体的,其中重点包括针对老年人、儿童、残疾人、妇女等群体的专门化社会政策行动。这些群体或者具有比其他人更多的社会服务需要,或者在生理、经济或社会等层面上处于相对弱势的地位,因而需要更多的社会保护。

三、社会政策的比较

关于社会政策的比较问题,学者们从不同的维度、不同的领域进行了有趣且深入的研究。比如,杨伟民在其《社会政策导论》一书中,对艾斯平-安德森的福利国家体制进行了比较,并且探讨了其他学者提出的福利国家分类模式①。限于篇幅,本讲主要比较目前学界讨论比较多的四种福利体制。具体是西方国家的三种福利体制(自由主义福利体制、保守主义福利体制、社会民主主义福利体制)和东亚福利体制。

这里首先需要指出,在 1990 年,丹麦著名学者考斯塔·艾斯平-安德森在《福利资本主义的三个世界》一书中首次使用了"福利体制"(Welfare Regime)的概念,这在学界引起了广泛关注。安德森对"福利体制"内涵的考察建立在对不同"社会政策体制"的比较分析之上。他明确主张福利体制不仅是一种政治和经济发展的结果,更是一项维持、加强既有国家价值的制度;福利制度不仅与一个国家的政治、经济、社会制度有关联,而且是一种紧密的动态关系②。

从理论上讲,福利体制的分析理论实际上把福利国家理解成一种支持社会公民权的概念,并且在福利体制比较维度的选取方面,安德森主要采用了非商品化(De-commodification)和分层化(Stratification)两个特殊的范畴,而不是采用传统意义上经常被提起的福利支出规模作为测量福

---

① 杨伟民.社会政策导论[M].2 版.北京:中国人民大学出版社,2010:408-431.
② 考斯塔·艾斯平-安德森.福利资本主义的三个世界[M].郑秉文,译.北京:法律出版社,2003:1-2.

利水平和效果的依据。在此基础上,遵循这些概念逻辑扩展而来的相关分析量纲也成为其探讨的关键和特点。最后,安德森经过比较分析,梳理归纳出福利国家体制大致可以分为三大类:即北美的自由主义体制(Liberal Regime)、欧洲大陆的保守主义体制(Conservative Regime)、北欧的社会民主主义体制(Social Democratic Regime)。

虽然安德森上述三和福利体制模型分类的影响很大,但是,是否可以说他的分类就堪称完美呢? 很明显,当然不是的。因为截至目前,学术界对安德森的模型分类仍有不少异议和批评性的意见。最明显的例子就是他忽略了对东亚福利体制模式的探讨。因此,为了理论的完整性和纯粹性,这里将会分析近些年来闹得"沸沸扬扬"的东亚福利体制模式。首先我们来看西方国家的三种福利体制①。

(一)自由主义福利体制

从典型性上讲,自由主义福利体制主要代表国家有美国、加拿大和澳大利亚,即盎格鲁-撒克逊国家群组。这种体制强调个人在市场中的权利,注重寻求市场解决的方式,并且认为国家的介入愈少愈好,同时它强调以基于资产调查的救助、有限支付移转或社会保险为主要社会政策。

在这种福利体制中,居支配地位的是经济调查式的社会救助,少量"补救式的转移支付或作用有限的社会保险计划"。保障给付主要提供给那些收入较低、依靠国家救助的人。而且这种类型的国家福利资格条件十分苛刻且通常带有差辱性,给付数额也极为有限。继而,国家运用消极的和积极的两种手段促使市场机制发挥作用:消极的手段是只保证最低限度的给付,积极的手段则是对私人部门福利计划予以补贴②。总的来讲,自由主义福利体制的特征有:首先,这些国家缺乏稳定的跨阶级联盟,工人阶级权力动员对这一类型福利特征的形成具有重要的影响,强大的劳工运动是对抗自由主义福利国家商品化和分层化的坚固屏障。其次,这些国家既不鼓励人们退出劳动力市场,也不鼓励女性就业。最后,此类型体制强调国家以市场扮演为核心,家庭与政府角色均是边际性的,因此其非商品化的程度是很小的。

---

① 童星. 社会保障理论与制度[M]. 南京:江苏教育出版社,2008:168-172.

② 考斯塔·艾斯平-安德森. 福利资本主义的三个世界[M]. 郑秉文,译. 北京:法律出版社,2003:29.

（二）保守主义福利体制

传统意义上，实施保守主义福利体制的主要包括历史上的法团主义国家，以及德国俾斯麦以来的家长式威权主义国家，如意大利、德国等。该类型福利体制重点是为保守立场占优势的政府制定，以确保劳工阶级的忠诚以及中产阶级的支持。强调社会整合和国家强力介入社会政策，希望通过阶级和地位分化（包括职业地位）的社会政策来形成阶级结构，并达到对国家的忠诚。严格地讲，该体制处于一种矛盾状态：一方面国家希望取代市场成为福利的供应者，另一方面又赋予家庭承担与提供福利的责任，让家庭取代福利国家来提供各种服务。只有在家庭服务能力缺乏时，国家才提供辅助性的福利与服务，即依赖并极大化"家庭主义"的福利服务功能。

该类型的体制强调社会权利的资格以工作业绩为计算基础，即以参与劳动市场和社会保险缴费记录为前提条件，带有保险的精算性质。总的来讲，保守主义福利体制的特点如下：一方面，这种福利体制的目的，是为了国家的持续统治。它主要通过相关体制机制的安排来取得劳工阶级的忠诚以及中产阶级的支持。在社会政策的安排中，强调社会整合和国家的强力介入，希望通过阶级和地位（包括职业地位）分化的社会政策，来形成阶级结构并达到对国家的忠诚。另一方面，保守主义福利国家大力扶持劳动力退出市场、减少劳动力供给，通过税收限制女性劳动力参与就业。抽象地讲，在保守主义福利体制国家中，政府、家庭和市场三者关系如下：家庭角色最为重要；国家（政府）扮演辅助性角色；而市场只是边际性的。

（三）社会民主主义福利体制

这种福利体制非常特殊，影响很大。从某种意义上讲，该福利体制具有"社会民主福利体制"的特色。从区域上考察，它只存在于斯堪的纳维亚国家群组之中，有时候，这种福利制度也被称为"人民福利"模式，以瑞典、挪威和丹麦等国为代表。社会民主主义福利体制特别强调普遍主义和以政治力量去除对市场的依赖（即非商品化），同时它还强调非家庭化。换句话讲，就是将家庭关系的成本社会化，也使个人能拓展其独立能力。总体来看，社会民主主义福利体制的特征很明显：较高的就业率、较高的女性劳动参与率、较高的工会组织率、较大的社会支出规模、社会成员的所得不均与工资差异较低。

从理论上讲,社会民主主义福利体制要追溯到贝弗里奇的普遍公民权原则,福利资格的确认主要取决于公民资格或长期居住资格。从比较分析的角度看,与自由主义福利体制和保守主义福利体制很大的不同之处在于,社会民主主义福利体制反对工人阶级和中产阶级之间的对立僵局,试图追求平等以保证工人能够分享中产阶级所享有的权利。因此,这种制度的非商品化程度最强,社会福利项目高度制度化,给付最慷慨,分层化水平最低。人们常常称之为"福利橱窗"①。首先,这些国家中左翼劳工组织与小农广泛联盟所形成的压力,确保了政府对充分就业和全民性给付的承诺,再加上中产阶级与劳工阶级的利益,使社会主义福利政策具有明显的再分配性质。其次,在社会民主主义福利国家,年长男性劳动力市场退出率较低,女性劳动力参与率很高,就业结构是以社会福利为主导的。另外,虽然在这些国家例如瑞典,就业结构中专业化程度很高且卑微职业不断减少,但是性别和部门的就业分隔却不容忽视。最后,该类型的国家是以福利国家的角色为核心,家庭与市场角色居于边缘地位。

(四)东亚福利体制

相较于前三种福利体制而言,东亚福利体制是近些年来争论比较大的一种福利体制。总的来看,东亚福利体制国家和地区一般泛指东亚的日本、新加坡、韩国,以及中国的台湾、香港地区。从 20 世纪 70 年代,地处东北亚的日本、韩国,东南亚的新加坡,以及中国的香港、台湾地区,构成了一个比较特殊的纵贯亚洲东部的经济带,并发展成为全球最具活力的经济带之一,被人们称为"东亚奇迹"。

林闽钢对东亚福利体制进行了深入研究,指出在最近几年有关福利制度的研究中,学界普遍认为当今世界存在着一个东亚"群"(cluster),即涵盖日本、中国香港、新加坡、韩国和中国台湾的东亚地区。霍利德在安德森非商品化程度、分层化效果以及政(国家)经(市场)关系的三个向度的理论基础上,提出东亚是"生产主义的福利资本主义"(Productivist Welfare Capitalism)的概念,认为东亚福利体制是生产性的,社会政策是服务于经济发展的。也就是说,在这一体制中,经济政策目标中压倒一切的是经济增长。此外,在社会权利和社会分层化方面,在政府、市场和家庭

---

① 郑秉文."福利模式"比较研究与福利改革实证分析——政治经济学的角度[J]. 学术界,2005(3):31-46.

这三者之间的关系方面,也存在着许多不同的特征①。

关于东亚福利体制的讨论主要包括两个方面。一方面,学者们对东亚福利体制的定位和发展方向存在争论,这里所谓的定位主要集中于商品化的水平和市场与政府的关系这两方面。另一方面,学者们对东亚福利体制的形成及其原因也持不同的观点:有学者认为东亚的左翼政党及劳工运动力量薄弱是福利缓慢发展的主因;也有学者认为家庭在东亚的福利中扮演重要的角色,东亚福利国家因此被称为"家庭式的福利国家";还有学者指出,儒家文化是东亚特色之根本。其中,在东亚福利体制研究学术共同体中,有学者认为东亚福利体制的形成特性有:第一,基于国家发展的缘由,政府在福利中的主要角色为规范者,而非提供者;第二,东亚国家的福利再分配效果不明显;第三,在政治上以保守政权占优势。

第三节　社会政策的改革与治理

从全球来看,面对福利国家的危机和经济持续低迷等一系列问题,西方发达国家基本上采取了相应的社会政策改革,力图做到"更好的治理"。我国也不例外,因为从"全球化"的角度看,西方的全球性难题,中国似乎也正在面对,原因很简单:处于社会转型期的中国正面临着工业化和后工业化的双重课题。而从另外一个角度即"全球本地化"看,中国社会政策的生态环境肯定要更加复杂。

从抽象的角度讲,转型期我国面临如下复杂的公共生态:"风险社会""开放社会""多元社会"和"网络社会"的叠加和复合,其中"风险社会"是当今学界探讨的焦点和热点。基于此,本节从西方和中国社会政策改革与治理两个方面分别来解析其相应的对策取向。

一、西方社会政策的改革与治理取向

关于西方国家社会政策的改革与治理取向,学界探讨得很热烈。学者们往往从自己所理解的所谓环境变化的路径上去分析,进而探讨各自的治理对策。比如李迎生等学者认为,当今世界正在经历深刻的变革,在

———————————

① 童星.社会保障理论与制度[M].南京:江苏教育出版社,2008:172-173.

这一社会历史背景下,各国经济、政治、社会、文化等结构性因素及全球化趋势正推动着社会政策的不断发展与创新。具体而言,当代西方国家社会政策的发展取向主要有以下几点①:第一,福利国家危机及其调整深化了新自由主义对社会政策的影响。第二,全球对贫困问题及贫困治理的再认识拓展了社会政策的内涵与外延。越来越多的人认识到,基于收入指标的贫困并不能完整地反映其本质。在阿马蒂亚·森看来,仅着眼于收入上增量的政策往往是收效甚微甚至是失败的,因为它们未能从能力剥夺的角度来完整地解析"贫困"所具有的内涵②。第三,风险社会及其分配机制的植入加深了人们对公民需求的重新界定。作为一个具有客观性、动态性、双面性等特点的社会事实,风险社会势必加深了人类需求的迫切性、复杂性和多元化。第四,全球化的推拉作用加大了社会政策改革与创新的内外张力。毫无疑问,这种治理对策的分析很深刻。

但从本质上说,我们认为,不管外界环境如何变化,社会政策的治理取向如何调整,最根本的问题是应回到社会政策"发展"的轨道上来。因为,从目前甚至长远的发展趋势看,发展观已经面临"全面性、人本化、可持续性"的根本转向。那么,社会政策的改革与治理必须对此做出全面的回应。经过梳理与分析,可以发现,西方国家社会政策的改革与治理主要有以下取向:

(一)发展型社会政策取向

严格地讲,发展型社会政策理念的兴起主要得益于学者安东尼·哈尔和詹姆斯·梅志里在《发展型社会政策》一书中做出的精彩描述。哈尔和梅志里首先分析了代表性理论、解释性或分析性理论和规范性理论,接着在考察了国家主义思路、企业化思路和平民主义思路的基础上提出"混合型、整体性的社会政策模式"③。由于其理论的张力和实践绩效的优异,这一社会政策改革取向已在世界上引起了很大反响。发展型社会政策是发达国家在全球化的挑战下对社会政策的调适。传统社会政策由于自身的滞后性、消极性和被动性,其绩效并不尽如人意。而发展型社会政策则是将社会干预的重点提前到风险的形成环节,通过将社会政策重

① 李迎生,等. 当代中国社会政策[M]. 上海:复旦大学出版社,2012:6-8.

② 阿马蒂亚·森. 论社会排斥[J]. 王燕燕,摘译. 经济社会体制比较,2005(3):1-7.

③ 安东尼·哈尔,詹姆斯·梅志里. 发展型社会政策[M]. 罗敏,等译. 北京:社会科学文献出版社,2006:36-53.

点运用于对服务对象和经济增长具有投资性的项目上,促进贫困群体及个人的自立自强,提升弱势群体和个体参与社会生活的能力,实现可持续发展。

发展型社会政策不仅仅是聚焦社会发展的问题,更重要的是发挥它对经济发展的积极作用。需要注意的是,发展型社会政策的"内核"主要是通过社会政策来影响个人的竞争力,通过提升个人的竞争力而提高国家竞争力。其政策工具主要是促进人力资本的投资、通过生产性就业和自我就业促进经济参与、消除经济参与的障碍以及建立有助于发展的社会氛围等具体策略。

（二）以资产为基础的社会政策取向

美国著名学者迈克尔·谢若登在《资产与穷人———一项新的美国福利政策》一书中提出了一种新颖的社会政策路径:即以资产为基础的社会政策（Asset-based Social Policy）。谢若登认为:人们应该更多地关注储蓄、投资和资产积累,而不是像以前那样将福利政策集中在收入和消费方面。谢若登用"股本占有"来概括这一想法,它表明如果穷人要摆脱贫困———不仅仅从经济上,而且是从社会与心理上———他们必须在体制中积累一种"股本"。体制中的股本意味着以某种形式拥有资产。谢若登将这种新的观点称作"以资产为基础的社会政策"①。具体来说,以资产为基础的社会政策主要是针对以收入维持为基础的社会政策而提出的。虽然从传统意义上看,收入与消费保障了人们基本需求,但是并不能改善长期生活状况和使人获得更大的经济独立。改善长期生活状况,促进人的独立与自给自足,帮助所有人尤其是贫困者摆脱长期贫困以达到社会公平,一直是社会政策的基本目标。达到这个目标不能只依赖于维持人们的收入与消费,而需要同时促进资产的长期积累,这是以资产为基础的社会政策的内在逻辑。基于这样的逻辑,这种基础上的社会政策特别强调授权于个人,促进资产的长期积累,推动个人、家庭社区的发展,并以这种发展形势促进社会作为一个整体得以长期发展。

（三）以工作福利为导向的社会政策取向

20 世纪 80 年代兴起的全球化强调国家解除管制和经济自由化。因

---

① 迈克尔·谢若登.资产与穷人———一项新的美国福利政策[M].高鉴国,译.北京:商务印书馆,2005:8.

此,在新右派主导的全球化潮流之下,凯恩斯福利国家必须寻求新的国家形式——熊彼特式工作福利国家,即提倡创新、国际竞争力和企业家精神。其实,上述理念特别是企业家精神在某种程度上的优越性,使其成为20世纪70年代末期以来席卷全球的新公共管理(即"NPM")运动最重要的理论支撑之一。美国著名学者戴维·奥斯本和特德·盖布勒"席卷全球"的著作《改革政府:企业家精神如何改革着公共部门》①一书中提出的十大原则就是最有力的说明。

严格地讲,西方发达国家的"工作福利"(Workfare)始于美国里根政府时期。1981年美国联邦政府通过有关立法以后,工作福利才真正成为一项在各州得到实施的政策,到1986年美国已经有29个州实施了不同形式的工作福利政策。20世纪后半叶,特别是90年代以后,发达国家开始从无条件资助向强调受助者义务和条件限制的社会支持政策转变,越来越多的国家要求受益者参加工作并以此作为交换来获得社会救助。特别是自20世纪80年代以来,福利国家的转型重点在于实行工作福利国家的改革。其目的是通过提倡工作以减少福利依赖,并通过劳动市场取向的政策选择,以促进劳动市场的参与。

(四)"社会投资国家"的政策取向

与贝弗里奇早期侧重的消极方面相比,英国著名学者安东尼·吉登斯在《第三条道路——社会民主主义的复兴》一书中倡导一种积极的福利政策,进而提出一种新的社会政策取向:社会投资国家。吉登斯强调:"基本的原则是:在可能的情况下尽量在人力资本上投资,而最好不要直接提供经济资助。为了取代'福利国家'这个概念,我们应当提出'社会投资国家'(Social Investment State)这个概念,这一概念适用于一个推行积极福利政策的社会。"②抽象地说,吉登斯用"社会投资国家"来描述介于"新自由主义"模式和战后西方福利国家模式之间的"第三条道路"。在这种取向下,福利开支将不再是完全由政府来创造和分配,而是由政府与其他机构(包括企业)一起通过合作来提供。这里的福利社会不仅是国家,还延伸到国家之上和国家之下。

---

① 戴维·奥斯本,特德·盖布勒.改革政府:企业家精神如何改革着公共部门[M].周敦仁,汤国维,寿进文,等译.上海:上海译文出版社,2006:210-233.
② 安东尼·吉登斯.第三条道路——社会民主主义的复兴[M].郑戈,译.北京:北京大学出版社,2000:122.

这个观点在全球影响很大,具有很强的针对性和战略治理的属性。因为在经济全球化和知识经济的新国际环境中,竞争优势往往取决于具有高度灵活性、高技能和受到良好教育的劳动力队伍。公民缺乏知识和技能是知识经济时代的主要风险,再分配性质的社会保障还不足以真正消除这种风险,而必须通过社会投资增强其融入市场和社会的能力。在这种情况下,社会投资国家借助教育和培训来实现人力资本投资,特别重视儿童的未来机会,有明显的未来取向。

(五)反对社会排斥,提倡社会融合的社会政策取向

从理论上讲,社会融合与社会排斥两个概念所描述的政策理念基本上相反。社会排斥直到 20 世纪 80 年代之后才逐渐在国家社会政策讨论中流行起来。社会排斥的形式很多,根据沃尔夫的梳理,社会排斥有如下几类:第一,不能维持社会一般公民所具有的基本生活水平;第二,从社会服务福利保障网络中被排斥出去;第三,从消费文化中被排斥出去;第四,从政治选择中被排斥出去;第五,从公共组织和社会团结的基础上被排斥出去;第六,从信息获得网络中被排斥出去①。为打破社会排斥所带来的长远负面效应,学界提出用社会融合来消弭社会排斥。

社会融合(Social Inclusion)是一种动态历程,重点是使弱势群体不受空间限制而与社会中的其他人在教育、生活、工作等方面相互依赖,达到完全融入的目的;或者避免威胁社会稳定的巨大差异出现,保障贫穷人口享有受教育、医疗及基本生活所需,即能够参与、决策自身的生活。从本质上讲,社会融合是为达到社会的机会均等、全面参与。比如,欧盟就提出实现每个社会成员能够融入社会的标准是:教育、培训、工作、住房、社区服务和医疗照顾。

二、中国社会政策的改革与治理取向

我国改革开放以来的巨大发展成就,被不少学者称为"千年未有之大变局"。"中国模式"因此在国际上呼之欲出。在这种背景下,我国的社会政策可以说正经历其最好的发展机遇期。著名学者王绍光在《从经济政策到社会政策的历史性转变》一文中系统考察了我国的社会政策发展

---

① 林卡,陈梦雅.社会政策的理论和研究范式[M].北京:中国劳动社会保障出版社,2007:191-192.

趋向。他认为,从 1978 年开始到 20 世纪 90 年代中期,可以说中国只有经济政策,没有社会政策①。当然,他的这个判断标准似乎过高了。严格地说,从新中国成立后,我国虽然没有大张旗鼓地提"社会政策",但是国家和政府在不少社会保障领域进行了卓有成效的建设和管理。

如今,在社会政策日益成为"显学"的背景下,一个不争的事实是:中国的社会政策时代已经到来。但是同时我国社会政策也面临着改革与治理的困难期。为什么呢? 原因很简单:从内部讲,传统的政策"路径依赖"使然;从外部讲,目前的社会政策环境异常复杂,风险社会、多元社会、开放社会和网络社会叠加,处于社会转型期的中国需要更多的政策智慧。概而言之,我国社会政策的改革与治理取向表现为如下几个方面:

(一)社会政策侧重复合型目标

从理论上讲,社会政策的发展目标开始呈现出一种非线性的变化,"已经开始向强调跨部门的、整合的、全面的生计支持的方向转变"②。我国社会政策发展已呈现出复合型的目标,换言之,社会政策发展具有多面向的特点。

第一,发展层面上的整体性。詹姆斯·梅志里(又译詹姆斯·米奇利)在其著作《社会发展——社会福利视角下的发展观》中明确指出社会发展是一种规划的社会变化过程,目的是在与经济发展的动态过程的协同下增进整体人口的福祉。在梅志里看来,社会发展具有全新的内涵——社会发展过程与经济发展密切相连,呈现跨学科的特点,能唤起一种过程感并且这种过程是干预性的,更重要的是,社会发展倡导者所构想的变革过程具有进步性。从某种程度上讲,社会发展途径可以看作对残留性和制度性双重途径的扩展,它更具有整体性与战略性。从这些维度考量,我国社会政策的改革已有明显的整体性发展取向。

第二,质量建设上的整体性。在全球化背景下,社会政策不仅关注向个人提供物品或服务,更要关注社区和社会以及更广阔的社会进步和社会结构。所以,社会政策选择的重点也不再是关于缓和个体需求或寻求

---

① 王绍光. 从经济政策到社会政策的历史性转变[EB/OL].(2008-12-08). http://news. ifeng. com/history/spec al/30yearsystem/200812/1208_5154_912672. shtml.

② 安东尼·哈尔,詹姆斯·梅志里. 发展型社会政策[M]. 罗敏,等译. 北京:社会科学文献出版社,2006:9.

集体利益。相反,它是关于风险的防范和风险管理责任的配置①:一是要建构共责风险治理机制。在政府、企业和社会组织之间构筑起共同治理风险的网络联系和信任关系,充分调动一切社会力量,共对风险。保持政府、市场和市民社会之间的内在平衡,全社会都应参与对风险的界定、讨论和决策;而参与的扩大和深入,可使公众了解可行的方案。二是要发挥政府在治理体系中的领航作用和"元治理"角色,把不同层次社会组织的合作意愿整合到治理体系中。在社会转型期,我国经济社会发展面临的矛盾和问题可能更复杂、更突出。如何将目前的多元力量整合凝聚起来,做到"多中心的治理",共同抵御社会风险,关键就是要建立彼得斯所说的"弹性化的政府"。抵御社会风险是一个系统工程,需要政府、市场、公民等共同发挥作用。但是,只有政府才能通过公共政策对全社会进行有效的利益协调,使各利益主体各尽其能、各享其成、各得其所。

(二)经济政策和社会政策的良性互动

由于历史的原因,社会政策和经济政策的地位是严重不对等的。而现在亟须调整经济政策和社会政策,把经济发展和社会发展联系起来;进而从根本上实现"从经济政策到社会政策的历史性跨越",初步建立起一个"广覆盖、多层次、保基本、低水平"的社会政策体系雏形。

一方面,长期以来,社会政策一直被认为是经济政策的附庸,是负责处理经济政策带来的社会问题的,并不被当作经济战略中的一个支撑条件。社会政策通常表现为手段性、附属性和修补性。各种惨痛的教训使人们认识到,长期以来人们用经济和社会或者经济增长和社会福利的二分法来思维,忽视了经济政策和社会政策密切联系的事实,但是对待这二者,重要的是从二者何为优先的二分法的思维中摆脱出来,实现经济政策和社会政策相互依存相互促进的思维转换②。

另一方面,长期以来,在我国所有领域的政策都被视为经济政策。那些本来是属于社会政策领域的,如教育、医疗等,都被视为经济政策的一部分,国家整体发展处于"只有经济政策,没有社会政策"的过程中。我国政府汲取能力的提高再加上社会政策导向的变化,比如政府提出构建

---

① 林闽钢. 中国社会政策[M]. 武汉:武汉大学出版社,2011:244-247.
② 金容益. 韩国卢武铉政府的社会政策[M]//杨团,彭希哲. 当代社会政策研究Ⅳ. 北京:中国劳动社会保障出版社,2009:70.

和谐社会、全面建设小康社会的战略任务和重要目标,以及以人为本的执政理念等,表明我国政府治国方略从注重经济的优先发展转移到了经济和社会的协调发展。

(三)和谐社会建设的引领①

和谐社会已成为我国政府治理的良好期待,借助服务型政府治理模式的再造,使社会政策的治理力争通过改善民生和完善社会建设得以加速。

一方面,我国社会政策的治理取向要把保障和改善民生作为根本的出发点和落脚点。在我国的未来发展战略上,不再是为经济增长而增长,而是为保障和改善民生而增长;不是为经济发展而发展,而是为保障和改善民生而发展。因此,要确立社会政策的战略地位,将社会政策发展全面纳入和谐社会发展之中,使其成为推动社会发展的有效系统。另外,从路径上看,我们既要克服福利国家暴露出来的弊端,也要克服企业保障的不足,还要重视家庭作用的发挥,吸取西方福利国家注重普惠性、平等性的优点,在市场经济体制下和新的社会发展基础上,通过经济政策和社会政策的相互融合和作用,实现国家社会政策的创新,由此,引领和谐社会的建设。

另一方面,大力推进民生为本的社会建设,优化社会治理。我国经济与社会的关系、政府与市场的关系、政府和社会的关系不同于西方国家。可以说,我国的"福利社会"建设一定不会是西方福利国家的翻版,寻求可持续的"福利社会"发展道路的时代已经到来,以和谐社会发展为目标,不断推进民生为本的社会建设,是我国近期和未来一段时期内的核心战略。另外,社会管理阶段推进到社会治理阶段亟须社会政策的支持。从理论上讲,要做到良好的社会治理需要"两条腿"走路:社会自治和社会管理。无论从哪一方面看,社会政策都亟须朝着社会治理的方向展开良性互动。

(四)推进社会政策风险维度的考量

高风险社会的图景呼唤社会政策的风险治理。换句话说,社会政策决策需要有风险治理的理念。什么是"风险社会"? 对此,不同学者见仁见智。有学者归纳出三种理解:第一种是现实主义观点,以劳的"新风

---

① 林闽钢.中国社会政策[M].武汉:武汉大学出版社,2011:247.

险"理论为代表,他们认为风险社会的出现是由于出现了新的、影响更大的风险。第二种是文化意义上的观点,认为风险社会体现了人类对风险认识的加深。以范·普里特维茨的"灾难悖论"以及拉什的"风险文化"理论为代表。第三种是制度主义的观点,以贝克、吉登斯等人为代表,他们是风险社会理论的首倡者和构建者①。严格来讲,对风险社会的研究,乌尔里希·贝克、安东尼·吉登斯和斯科特·拉什三人最具代表性。贝克作为风险社会理论的开创者,关注的重点是技术与生态的风险,触及了工业化胜利、科学发展和技术创新的阴暗面。贝克认为,在现代化的进程中,生产力的指数式增长,使危险和潜在威胁的释放达到了前所未有的程度②。吉登斯作为现代性理论的集大成者,关注的是制度带来的风险。在《现代性的后果》一书中,吉登斯认为现代性的四个制度支柱——世界民族国家体系、世界资本主义经济、国际劳动分工体系和军事极权主义,都可能带来严重的风险。同时,吉登斯区分了外部风险(External Risk)和被制造出来的风险(Manufactured Risk),并指出,在工业社会直到今天,人类担心的都是来自外部的风险,但是在最近我们更多地担心后者。这标志着外部风险所占的主导地位转变成了被制造出来的风险占主要地位③。拉什则持批判态度,我们不能仅仅从自然风险方面来判断我们所面临的风险是否有所增加,而主要应该看到社会结构所面临的风险。从个人主义消长的意义上来看,从国家所面临的威胁的意义上来看,我们所面临的风险都大大增加了④。此外,皮金等人提出了风险放大框架:"风险的社会放大框架的意图不仅仅是作为一种理论定向,同时也意在提供一种改进风险评估与管理的政策工具。"⑤

　　毋庸讳言,面对这种"高风险社会"的背景,从风险治理的视角看,社

---

① 杨雪冬,等. 风险社会与秩序重建[M]. 北京:社会科学文献出版社,2006:27-29.

② BECK U. Risk Society: Towards a New Modernity[M]. London: Sage Publications, 1992:20.

③ 安东尼·吉登斯. 失控的世界[M]. 周云红,译. 南昌:江西人民出版社,2001:22-23.

④ 斯科特·拉什. 风险社会与风险文化[J]. 王武龙,编译. 马克思主义与现实,2002(4):52-63.

⑤ 尼克·皮金,罗杰·E·卡斯帕森,保罗·斯洛维奇. 风险的社会放大[M]. 谭洪宏,译. 北京:中国劳动社会保障出版社,2010:54.

会政策传统的治理模式亟须转型。童星和张海波挖掘出了社会保障同社会(公共)问题、社会风险、公共危机的关系,提出风险危机治理模型。具体而言,就是提出了从"社会(公共)问题"到"社会保障"、从"社会风险"到"社会预警"、从"公共危机"到"应急管理"是一种必然的逻辑演绎。他们认为社会(公共)问题、社会风险、公共危机是一个"连续系统",并指出健全社会保障制度对化解社会风险、预防公共危机极为重要①。从系统论角度来讲,这一框架的创新性不言而喻,这里,笔者尝试性地把上述分析框架推广到更大的范畴,具体来说,就是把"社会保障"推广到"社会政策"。那么,原有的概念分析框架就变成了如图 8 - 1 所示的概念框架。一言以蔽之,在高风险社会图景下,优化社会政策的风险治理,推行社会政策的社会稳定风险评估机制,对化解社会风险、预防公共危机具有重要的战略治理的"隐性功能",进一步讲,对实现"善治"的终极目标不无裨益。

因果

	问题	风险	危机
演绎	社会(公共)问题	社会风险	公共危机
	社会政策	社会预警	应急管理

图 8 - 1　相关概念的逻辑关系

克雷斯·德·纽伯格明确指出,当对社会政策进行风险管理时,简单二元论(即政府与市场)甚至基准三角形论(即市场、家庭和社会网络)都不够完整,应把"福利五边形"②(即市场、家庭、社会网络、会员组织和政府)作为整体性的分析框架。这些描述,也从另一个角度说明,对社会政策的风险"管理"亟须向"治理"转变。从"管理"到"治理"的转变,不仅仅是话语的变迁,更重要的是其概念背后的实践逻辑和学理逻辑的根本转换。

这是为什么呢?　因为"管理"(Management)和"治理"(Governance)

① 童星. 社会转型与社会保障[M]. 北京:中国劳动社会保障出版社,2007:62-63.

② 罗兰德·斯哥,克里斯提那·伯仁特. 地球村的社会保障——全球化和社会保障面临的挑战[M]. 华迎放,韩永江,张群星,等译. 北京:中国劳动社会保障出版社,2004:304-307.

的实际含义有非常大的差别。简单地讲,管理的主体是政府,而治理的主体是除了政府之外的其他组织和机构甚至是个人。政府管理得再好,最多只是达到了"善政"(Good Government)的层面。自从有了国家及其政府以后,"善政"便成为人们所期望的理想政治管理模式。实际上,在不同的时代和不同的社会政治制度下,"善政"有不同的内容。具体到社会政策领域而言,决策共同体的"善政"①应当具备以下八个要素:民主、责任、服务、质量、效益、专业、透明和廉洁。关于"治理"的定义,学界观点不一。著名学者比如罗西瑙、库伊曼、范·弗利埃特、罗茨和斯托克等对其都有经典界定。但全球治理委员会所下的定义有很大的代表性和权威性。具体而言,"治理"是各种公共的或私人的机构管理其共同事务的诸多方式的总和。它是使相互冲突的或不同的利益得以调和并且采取联合行动的持续的过程。这既包括有权迫使人们服从的正式制度和规则,也包括各种人们同意或以为符合其利益的非正式的制度安排。在全球治理委员会看来,"治理"有四个特征:治理不是一整套规则,也不是一种活动,而是一个过程;治理过程的基础不是控制,而是协调;治理既涉及公共部门,也包括私人部门;治理不是一种正式的制度,而是持续的互动。实际上"善政"这种传统的权威模式在 20 世纪 90 年代后受到"善治"的有力挑战;另外由于"治理危机"存在治理失效的可能,"善治"从逻辑上便进入人们的视野。俞可平认为"善治"就是指使公共利益最大化的社会管理过程。"善治"的本质特征就在于它是政府与公民对公共生活的合作管理,是政治国家与公民社会的一种新颖关系,是两者的最佳状态。"善治"的基本要素有以下几个:合法性、透明性、责任性、法治、回应、有效②。20 世纪 90 年代以来"善治"理论之所以能够产生和发展,其现实原因之一就是公民社会的日益壮大,此外,"善治"理论本身的解释张力也是其勃兴的重要原因。总之,社会政策的风险管理亟须向治理及善治转变,换言之,超越传统模式的"善治型社会政策治理模式"成为人们的期待和追求。

---

① 俞可平.增量民主与善治[M].2 版.北京:社会科学文献出版社,2005:148.

② 俞可平.治理与善治[M].北京:社会科学文献出版社,2000:7-11.

第九讲　社会管理实践

社会管理体现为具体的社会建设实践行为。实践是理论阐释的源泉,对实践的具体把握是改进社会管理方法的基本依据。因此,本讲以社会管理实践为主题,对国内外的社会管理实践进行概述并予以比较。

第一节　中国社会管理实践的发展脉络

这一节根据通常的历史分期来简单梳理我国社会管理实践的发展脉络。

一、封建社会时期中国的社会管理

封建社会在我国存在了两千多年,产生了一套适应当时社会发展情境的社会管理机制。当然,需要指出,封建社会时期的社会管理,主要是通过皇权官僚体系和宗法制度来对社会进行严密的控制,使社会处于相对稳定的状态,其目的在于维持皇权秩序。

封建社会是君主专制的中央集权制,皇帝自称"天子",位于国家权力金字塔的最顶端,掌有国家一切权力和资源,统摄天下,管理黎民百姓。但是由于管辖区域的广袤与个人精力的有限,不得不构建一定的管理体系和管理权威,由此自上而下的等级分明的中央集权管理行政体制应运而生。然而,由于基层的宗族治理传统和国家财力的短缺,集权下允许一定的自治权的存在,即乡绅自治。因此,"事在四方,要在中央"的家国同构色彩浓重的管理体系和分权制度得以形成并长期存在①。

---

① 黄锐.运动式治理再认识:上下分治的治理结构与国家治理的有效性和合法性[C]//北京大学2012政治学行政学博士论坛暨国家的治理理论与实践学术研讨会.北京:[出版者不详],2012.

更具体地说,我国古代实施的是"上下分治的治理体制"①。历史学家的研究表明,传统中国的治理结构分成上下两个部分——它的上层是中央政府,并设置了自上而下的官制系统;下层是乡村社会的自治组织,由族长、乡绅、名流等地方权威(或者说是基层权威)领导,这些地方权威实际控制着乡村社会的内部事务。有学者这样认为,此种社会管理机制是以"国权不下县,县下惟宗族,宗族皆自治,自治靠伦理,伦理造乡绅"为特征的乡村治理格局②。汉学家黄宗智把这种治理模式概括为"集权的简约治理"。以清代为例,在公共权力的实际运作上,地方官尽可能利用乡村社会的"准官员",并依赖乡村社会的纠纷解决机制进行半正式的地方治理,其目的是用最低的官僚成本来维持现存体系③。这样的治理模式也有其客观原因,我国幅员辽阔,人口众多,地区差别大,中央政府难以直接行使"治民权",只能通过任用和监督地方官员的方式来间接治民。大多数人居住在自给自足的村落里,人们重视血缘和亲情,家族观念强烈。同时,家族长通过祠堂、家谱、族权等强化家族意识,维系家族的团结稳定。

除了依靠政权的强制力量,封建社会也通过一套道德观念和伦理体系推行社会管理。在我国的传统社会,封建王权势力与儒家思想一道为人们强加了一套完整的社会规范体系。比如:维系、协调人际关系的"仁、义、礼、智、信";基于血缘关系而产生并约束人们行为的"宗法制度";以"三从四德""孝悌"为主要内容的家庭伦理;以忠君为主要内容的"职业道德";以"君权神授"来论证皇权至高无上的合法性;等等。总之,通过带有奴性思想(全然没有现代的权利意识)的规范体系将每一个人束缚在"君君、臣臣"这样的先天框架之中,压抑人们发自内心深处的反抗心理和权益诉求,进而保持社会的秩序和稳定。

同时,统治者为了自身利益,也通过实施"仁政",利用社会救助来达到社会整合、维持"江山社稷"的目的。我国实际上是较早由国家政权进行社会救助的国家,这主要与我国古代的社会思想有关。儒家思想主张"民本""仁政",提倡民间互助;墨家主张"非攻""兼爱",提倡超越社会

---

① 曹正汉.中国上下分治的治理体制及其稳定机制[J].社会学研究,2011(1):1-39.

② 秦晖.传统十论[M].上海:复旦大学出版社,2003:3.

③ 黄宗智.集权的简约治理——中国以准官员和纠纷解决为主的半正式基层行政[J].开放时代,2008(2):1-29.

地位的互助。在这些思想的影响下,同时也为了更好地维护统治者的利益,各个朝代的统治阶级大都实施过官方救助。如汉朝时的"常平仓"的仓储制度,隋朝以地方募捐为主的"义仓",南宋时期具有社会保险意义的"社仓"。这些社会救助措施在一定程度上缓和了当时的社会矛盾,避免了社会的动荡,达到了社会整合的目的①。

另外,在基层社会,一些开明士绅、宗教组织、宗族组织也在灾荒之年实施一些"社会救助"行为,可被视为一种慈善公益事业,也可被视为一种民间的互助行为。它们的确起到了一些社会救助的作用,有助于社会的稳定,防范社会失序。学者梁其姿在《施善与教化——明清的慈善组织》一书中,就从历史学的视角列举、剖析了很多种这样的"社会救助"实践②。这里需要指出,此种民间的"公益事业"在传统社会发挥的社会管理功能十分有限,并不能算作主流。只能说,在皇权体系尚未覆盖的领域,存在民间的社会管理行为。

二、新民主主义革命时期中国的社会管理

在新民主主义革命时期,中国共产党在中国局部地区和局部范围通过建立抗日民主根据地掌握政权,取得局部执政地位。面对极其复杂的社会环境,在如何加强社会管理问题上进行了初步探索,为在全国范围内执政并进行社会管理积累了宝贵经验③。在新民主主义革命时期,我国社会管理经验包括如下几个方面:

(一)建立利益协调机制

在政权上,中国共产党从抗日救国的大局出发,团结各阶级、各阶层、各党派,整合社会力量。从 1937 年 5 月起,陕甘宁边区实行不分阶级、不分党派、不分宗教信仰、男女平等、民族平等的选举制度。陕甘宁边区的抗日民主政府运用政策、法律、行政等手段,协调各方的物质利益。首先,发展边区经济,切实减轻广大农民负担。陕甘宁边区开展了大生产运动和经济建设,由于军队努力生产,增加收入,大大减轻了农民的负担。比如,1941 年陕甘宁边区农民交的公粮,占农民收获总量的 13.5%,1942 年

---

① 于景辉.全球化背景下的我国社会管理机制创新研究[D].长春:吉林大学,2011.

② 梁其姿.施善与教化——明清的慈善组织[M].石家庄:河北教育出版社,2001.

③ 白瑾.90 年来中国共产党关于社会管理的探索与实践[J].科学社会主义,2011(4):110-112.

降为 11.14%。其次,正确处理抗日根据地的土地问题,调节地主和农民之间的利益关系。在土地已经分配的区域,保证一切取得土地的农民充分享有土地的使用权和获益权,维护农民的"土地"利益;在土地未经分配的区域,实行减租减息政策,使地主的土地利益得到相当程度的维护,同时兼顾农民利益。以此来保障各个阶层的基本生存条件,维持社会秩序。最后,妥善管理特殊利益群体,确保困难群众的基本生活——这在某种程度上可被视为一种社会救助制度。当时边区难民和移民人数不少,边区政府按规定分配给他们土地、房屋和生产工具,免纳两至五年土地税或救国公粮。个别孤老不能参加生产者,则由当地群众解决其生活问题①②。

(二)建立和谐、平等的社会管理机制

在抗日政府和社会民众之间形成相互支持的依赖机制。一方面,抗日民主政府通过发展生产、维持秩序(司法秩序、社会秩序)、日常生活救助(包括贫困户、抗日军属)、生产资料分配等为民众切切实实地谋利益、办实事。比如:陕甘宁边区政府号召成立变工队、义务耕田队、互济会等群众组织;成立生产互助合作组织;改造、帮扶"二流子"。另一方面,通过社会管理机制的建立和实践行为,抗日政府的合法性大大提升,在军事情报、生产生活、兵源补给等方面都得到了民众的广泛支持。这样,就形成了一种相互学习、沟通进步的和谐、平等的社会管理机制。

(三)以法律规范政府的社会管理行为

陕甘宁边区和各抗日根据地之所以和谐稳定,主要原因是建立了一个始终把人民利益放在第一位的法制化、规范化、公信廉洁的新型政府。为推进施政的法制化、规范化,边区政府先后制定了 64 类,涵盖政治、经济、军事、文化等方面的 1 000 多个法规和条例。针对边区最为复杂的土地问题,曾先后制定了《陕甘宁边区土地条例》《陕甘宁边区土地租佃条例(草案)》等法规,为依法处理土地问题提供了依据。在权力监督方面,边区政府规定人民有检举和告发任何工作人员罪行的自由与控告任何公务人员非法行为的权利。这些法规条例的核心内容是提高边区政府社会

---

① 宋炜. 论抗战时期陕甘宁边区和谐社会的构建[J]. 理论导刊,2005(9):86-88.
② 赵小青. 和谐社会的雏形——论抗战时期陕甘宁边区的社会形态[J]. 黑河学刊,2010(8):66-67.

管理能力,把政府及其工作人员置于人民的监督之下,保证政府行为体现人民意志和施政公平。

三、1949 年至 1978 年中国的社会管理

新中国成立后,中国共产党带领全国人民迅速医治战争创伤,恢复工农业生产,开始了建设新中国的伟大征程。

(一)探索城市管理模式

新中国成立后,党的工作重心实现了由农村转向城市,党的社会管理的重心也随之转移到城市。城市,作为旧中国经济活动的中心,历经长期的战争破坏,新中国成立初期已陷入了民生凋敝、经济瘫痪、社会失序的状态。能否管理好城市,维护城市秩序和满足居民需求等问题考验着我们党的社会管理能力。在某种程度上可以说,能否实现对城市社会管理的"良善"处理,事关党能否"代表先进生产力"、能否"掌握国家经济命脉"等。或者说,城市社会管理模式的创新和加强,是当时党和政府面临的头等大事。到 1956 年党的八大召开,通过医治战争创伤和"一化三改"的社会主义改造,恢复了社会基本秩序,国民经济迅速恢复到历史发展最好时期,并基本建成了以社会主义公有制为基础的经济管理体制。

(二)探索统筹经济与社会发展的社会管理机制

1953 年至 1956 年,党带领全国人民,把社会事业发展纳入国民经济发展计划之中,制定并实施第一个五年计划。"一五"期间,重工业获得优先发展的同时,社会事业也获得了长足进步。在 427.4 亿元的基本建设投资中,城市公用事业建设占 3.7%,文化教育和卫生占 7.2%。党十分重视发展教育,一改旧中国积贫积弱的文盲问题,全国文盲率由新中国成立前的 80% 下降到 1964 年的 52.45%。医药卫生工作在工矿区和农村中逐渐普及,到 1951 年年底全国已有 91.2% 的县设立了卫生院。

(三)建立以户籍管理为基础的人口流动控制制度

1958 年,《中华人民共和国户口登记条例》颁布。城市通过普遍建立的居委会组织,各类单位、农村通过人民公社等实施社会控制、管理户籍等基层社会管理。在这种社会管理体制之下,户籍管理与孩子上学、就业安置、粮食供应、社会治安等工作联系日益密切,也逐渐演变为城乡分配各种社会福利的依据,人口在流动和分布上相对固定化。虽然这种控制机制存在某种不公平性,但其产生于当时的中国实际。并且,在重建与维

持社会秩序、促进经济生产等方面的确发挥了不容置疑的作用。

"文革"时期,社会管理在曲折中发展:一是社会管理任务混乱;二是各种社会管理机构被破坏;三是管理手段简单粗放;四是管理体制日益僵化,城乡二元管理体制形成。

四、改革开放以来中国的社会管理①②③④⑤⑥

党的十一届三中全会标志着我们党重新确立了马克思主义的思想路线、政治路线和组织路线,中国共产党带领人民在新的历史条件下开始了新的伟大革命与发展进程,尤其是更加重视社会管理,从经济建设与社会事业协调持续发展的高度认识社会管理问题。

(一)恢复社会常态化管理

粉碎"四人帮"以后,通过对党政军各级组织的整顿,恢复了正常的社会组织秩序,极大地调动了各领域社会精英参与新时期社会主义管理的热情。取消农村人民公社建制,实行家庭联产承包制,恢复了农村生产生活的正常秩序;逐步建立村民自治制度,强化了乡村居民的自我管理、自我服务和自我监督意识。通过调整工业产业结构和经济发展模式,全国人民生活水平有了较大提高。在连续遭受严重自然灾害的情况下,1979年的农业与工业产值都达到了历史最好水平。恢复了高考制度,培养了一大批社会建设人才。恢复了公检法部门的正常工作秩序,使社会管理逐渐恢复常态。

(二)以科学发展观为指导的社会管理思想逐步形成

随着改革的推进,粗放式的管理模式已不适应社会发展,经济与社会的发展不平衡、城乡发展不均衡、自然环境的保护需求与人的发展需求之

① 曾永和.当下中国社会组织的发展困境与制度重建[J].求是学刊,2013,40(3):99-106.
② 崔月琴.新时期中国社会管理组织基础的变迁[J].福建论坛:人文社会科学版,2010(11):174-178.
③ 何增科.社会管理体制改革的总体思路:走向新的社会管理模式[J].毛泽东邓小平理论研究,2007(9):58-63.
④ 侯琦,魏子扬.合作治理——中国社会管理的发展方向[J].中共中央党校学报,2012,16(1):27-30.
⑤ 肖振猛.中国社会管理理论与实践研究[D].武汉:武汉理工大学,2013.
⑥ 丁元竹.中国社会管理的理论建构[J].学术月刊,2008,40(2):26-36.

间不均衡,凸显了社会管理实践、理念及其理想与社会管理现实需求和现存问题需求之间的矛盾。2003 年,胡锦涛同志提出"坚持以人为本,树立全面、协调、可持续的发展观,促进经济社会和人的全面发展"的科学发展观。党的十六届三中全会提出"统筹经济社会发展"的要求。党的十七大顺应时代发展变革的需要,提出要推动形成"党委领导、政府负责、社会协调、公众参与"的社会管理格局,强调社会管理需要把握发展规律、创新发展理念、转变发展方式。党的十七大报告明确提出完善社会管理体系。"十二五"规划纲要提出,要"加强社会管理能力建设""创新社会管理机制"。胡锦涛同志在 2010 年省部级主要领导干部社会管理及其创新专题研讨班上指出,加强和创新社会管理,根本目的是维护社会秩序、促进社会和谐、保障人民安居乐业,为党和国家事业发展营造良好社会环境。党的十八大更是明确提出社会管理建设就是要"围绕构建中国特色社会主义社会管理体系,加快形成党委领导、政府负责、社会协同、公众参与、法治保障的社会管理体制,加快形成政府主导、覆盖城乡、可持续的基本公共服务体系,加快形成政社分开、权责明确、依法自治的现代社会组织体制,加快形成源头治理、动态管理、应急处置相结合的社会管理机制"。它立足于我国现阶段的基本国情,适应社会管理新发展的需求,必将对加强和创新社会管理产生重大而深远的影响。

(三)社会管理的手段逐步系统化,管理重点转向服务民生

党的十一届三中全会明确要求把工作重心由阶级斗争转向经济发展,做出实行改革开放的战略决策。全会指出,实现四个现代化,要求大幅度地提高生产力,也就必然要求多方面地改变同生产力发展不适应的生产关系和上层建筑,改变一切不适应的管理方式、活动方式和思想方式。改革首先从城乡二元管理体制突破。家庭联产承包制和部分农产品价格放开政策,改善了农民生活水平和生产环境。此后,中央开始强调保障和改善民生,国家用于教育、就业、社会保障、医疗卫生等方面的投入连年增长。

(四)社会管理体制机制不断创新

社会体制包括城乡体制、地区体制、户口制度、就业制度、人事制度和社会保障制度等。改革开放初期,为配合经济发展,社会管理体制做了一些局部调整,如 20 世纪 80 年代实行企业破产制度和价格双轨制。这些制度与体制的变革,提高了社会生产率和资源配置效率(当然,也产生了一些问题,如下岗、分配差距加大等)。20 世纪 90 年代后,由于城乡差距、地区差距和阶层收入差距逐步拉大,社会管理水平严重滞后于社会发展需要,党逐渐意识到经济与社会发展不平衡及其造成的后果。党中央高度重视这些问题,实施西部大开发战略,推动全国统筹城乡综合配套改革,着力缩小地区差距、城乡差距,在分配制度上的探索也在不断深入。十六大将改革初期提出的"效率优先,兼顾公平"原则,调整为"初次分配注重效率,再次分配注重公平"。党的十七大强调,"初次分配和再分配都要处理好效率和公平的关系,再分配更加注重公平"。20 世纪 90 年代末期,党中央加强城市基层社区组织建设,完善基层社区管理网络,增强社会组织的服务功能,强化社会治安治理,使城镇社会管理逐渐完善起来。政府职能也由"全能型"逐渐向公共服务职能回归,社会保障由单位体制向市场机制过渡,户籍制度改革逐步推进,农民城市化进程中衍生的子女上学与落户问题、农民工的医疗保障、社会救助、失业保险、养老保障、住房保障等也在逐步完善中,覆盖城乡各阶层的社会保障体系逐步形成。与此同时,社会组织的不断发育,选举制度的改革深化,以及新闻媒体、网络舆论、社会监督力量的日益强大,进一步促使社会管理制度不断完善,社会管理体制不断创新。随着中国特色社会主义法律体系的逐步健全完善,社会管理制度必将得到进一步规范。

特别需要指出,2013 年 11 月,党的十八届三中全会通过的《中共中央关于全面深化改革若干重大问题的决定》(简称《决定》)强调,创新社会治理,必须着眼于维护最广大人民的根本利益,最大限度增加和谐因素,增强社会发展活力,提高社会治理水平,需要做到如下几个方面:改进社会治理方式、激发社会组织活力、健全公共安全体系、创新有效预防和化解社会矛盾体制。这表明,党和政府对社会管理的认识上升了一层——不再局限于"社会管理",而是寄希望通过"治理"理念,提高社会管理的协同性、系统性,充分发挥国家与社会在社会管理方面的合力。另外,《决定》还强调,将社会治理体制创新与政府治理系统和治理能力现代化相结合。

第二节　国外社会管理实践及其启示

"国外"这一概念的外延很广,把"国外"包含的一切国家的社会管理实践都进行研究显然是不可能的,也是没有必要的。因此,这一节结合几个典型国家(如美国、德国、荷兰)的社会管理实践特点予以归纳分析。

概括而言,国外发达国家的社会管理实践有如下几个方面的突出特点:将创新社会管理与政府再造相结合;注重基层社区的作用;强调国家与社会的协同行动,以"治理"的理念构建社会管理体系;强调社会管理的"法治"手段;重视社会公平;等等。这些也是我国在加强和创新社会管理过程中所应该学习和借鉴的。

一、将创新社会管理与政府再造相结合

有一点永远不能否认,那就是政府在社会管理中的主导作用必须得到肯定。换言之,讲社会管理,就不得不讲政府。缺失了政府的社会管理注定是失败的。那么,如何发挥政府在社会管理中的作用? 如何使政府更好地行使社会管理职能? 回答这些问题是加强和创新社会管理的重要前提。在西方,无论是实务界还是学术界,都强调通过"政府再造"(也可以称为"再造政府")的方式来使政府的社会管理行动更加有效率、更加有效果、更加体现公平。

对于什么是"政府再造",学者戴维·奥斯本和彼得·普拉斯特里克指出:"我们所说的'再造',是指对公共体制和公共组织进行根本性的转型,以大幅提高组织效能、效率、适应性以及创新的能力,并通过变革组织目标、组织激励、责任机制、权力结构以及组织文化等来完成这种转型过程。"①

美国特别重视"再造"对于加强社会管理的积极作用。诸如里根政府的公共服务"民营化"、克林顿政府的"第三条道路"等。对此,学者徐珣等的表述十分精确而全面:

> 政府再造过程强调政府公共服务安排者的功能承担,并强调公共服务提供路径的多元化:里根政府民营化的过程实质上是在清晰定位政府的"服务安排"功能基础上,强调政府在服务

① 戴维·奥斯本,彼得·普拉斯特里克.再造政府[M].谭功荣,刘霞,译.北京:中国人民大学出版社,2010:10.

提供过程引入多元平等的竞争,包括让民营企业、非政府组织等介入;克林顿推行第三条道路,以强调政府形式创新,如提供特定服务的不拘泥于地方政府边界的特别区,准政府组织对地方政府服务功能的再造,政府及其部门间的协同行动等维度,强调政府服务提供的能力与方式的改进,而不再是片面强调政府规模的大或小。……同时,政府再造的过程仍然强调,以企业家的精神建构有进取心、使命感与预见性的政府,强调公共管理过程多维度的公民个体与组织化参与,使公共机构权力分散化;运用市场力量改善政府在卫生保健、职业训练、环境保护等方面公共产品与服务提供机制等。①

德国等则十分注重利用电子政务改善社会管理服务。当前,互联网的运用十分广泛,也十分便捷,在信息沟通、事务交互等方面都表现出了不俗的功能。因此,西方国家十分重视通过网络软件的开发、利用来加强管理,提高为民众服务的效率。它们的口号是"让数据而不是让公民跑路"。因此,它们大量使用电子政务平台,以此来确保公民、企业、院校、社会组织及其他机构能更方便、快捷、有效地享受政府的各种服务②。

学界将西方国家的政府再造归结为五项关键战略:一是核心战略,明确公共组织的目标,以目标来统合其他行为;二是后果战略,创设绩效后果,以绩效管理来促进行动的有效性和合理性;三是顾客战略,将顾客(即民众)置于驾驶员的位置上,以民众的需求等为导向,切实实现政府的"高回应性"和"承诺";四是控制战略,将控制从高层和中央移走,以授权、财政支持、制度保障等方式使地方政府、基层社区和社会组织有效地参与社会管理;五是文化战略,创造企业家文化,将政府视为"公共企业家",以企业家的创新精神、竞争精神、服务精神等武装政府,使之具有服

---

① 徐珣,王自亮.从美国网络化社会合作治理经验看社会管理体制创新[J].浙江社会科学,2011(6):83,88-94,158.

② 张敏杰.西方发达国家社会管理的新趋势及其启示[J].浙江社会科学,2011(6):25,84-87,158.

务民众、创新管理的内在驱动力①。戴维·奥斯本和特德·盖布勒为政府再造提出了十条原则:起催化作用的政府,掌舵而不划桨;社区拥有的政府,授权而不是服务;竞争型政府,将竞争机制注入提供服务中去;有使命感的政府,转变规则导向型政府;结果导向型政府,按结果而不是投入进行拨款;顾客驱使的政府,满足顾客而不是官僚制度的需要;企业化政府,挣钱而不是花钱;预知型政府,预防而不是医治;分权的政府,从等级制到参与和合作;市场导向型政府,通过市场力量进行变革②。

二、注重基层社区的作用

　　说到基层社区,首先要对其基本特点做些说明:一是基层社区不同于我国的城市社区。我国的城市社区专指城市的基层群众自治组织及其活动区域。而西方包括城市和农村,更多地指社会基层民众依托一定区域而形成的"共同体",在此共同体中,他们相互依赖、实施自治。二是基层社区不同于传统社会中的宗族共同体。传统社会中的宗族以血缘关系为纽带,以宗法伦理为行为法则。现代的基层社区虽然也可能与某个基层有关,依托某个宗族群体而存在,但其更具有现代性——以现代法治、自治为管理法则。三是基层社区不同于政府。政府依托权力来运行,而基层社区依托社会资本,依靠自组织的方式来运行。戴维·奥斯本和特德·盖布勒在《改革政府:企业家精神如何改革着公共部门》一书中就明确对基层社区的重要性进行感叹,并指出应把所有权从官僚机构那里夺过来送到社区去③。罗斯曾强调,社区组织能帮助居民在社区内部寻找他们所需要的资源,发展居民的合作精神,并将这种精神付诸实践④。具体而言,基层社区的重要性表现在如下几个方面:

---

① 戴维·奥斯本,彼得·普拉斯特里克.再造政府[M].谭功荣,刘霞,译.北京:中国人民大学出版社,2010:55-157.
② 戴维·奥斯本,特德·盖布勒.改革政府:企业家精神如何改革着公共部门[M].周敦仁,汤国维,寿进文,等译.上海:上海译文出版社,2006.
③ 戴维·奥斯本,特德·盖布勒.改革政府:企业家精神如何改革着公共部门[M].周敦仁,汤国维,寿进文,等译.上海:上海译文出版社,2006:23.
④ 杨贵华,等.自组织:社区能力建设的新视域——城市社区自组织能力研究[M].北京:社会科学文献出版社,2010:19-20.

第一,与民众最为接近,可以随时随地"感知"民众需求,或者自主予以回应和解决,或者代表民众向政府反映民众的需求。

第二,通过自我管理、自我教育和自我服务等方式凝聚基层资源,开展自治,将问题解决于基层,而不必依靠政府。

第三,作为基层的"行动者",参与公共决策和政府公共管理,与政府开展协同行动,相互赋权、相互依赖。

也许正是因为基层社区的重要性,美国、新西兰、英国、德国等国家十分重视基层社区在社会管理方面的功能。这里以美国和德国为例来说明:

在美国,20世纪80年代,里根政府开始大力推进"民营化"运动,基层社区被授予更多样、更广泛的行动权;1990年,时任美国总统的(老)布什签署了"国家和社区服务法";1993年,国会通过"授权社区和事业社区"法案,时任美国总统的克林顿签署"授权社区计划和社区项目法",开启克林顿政府"授权社区""重建社区""自创政府"的社会管理工程。"当下美国的社会管理体制中,社区已是内部主体充分自治,多重主体合作共治,提供多元公共产品与服务的重要平台。"①学者高新军在《美国地方政府治理案例调查与制度研究》一书中曾以西雅图社区为例说明了这一问题:

> 西雅图市政府虽然设有专门的"邻里部门"。但是,社区主要的管理责任还是交给了居民自己,实行社区自治。整个西雅图市共有13个"区理事会",由200多个基层社区和各种经济组织选出的代表组成,每个基层社区有自己的"社区理事会"。每一个"区理事会"选派1名经济组织代表和1名居民的代表,与政府相关部门的官员一起,组成"城市居民理事会"。"区理事会"起着沟通市议会与居民以及"城市居民理事会"与"社区理事会"关系的作用。②

---

① 徐珣,王自亮.从美国网络化社会合作治理经验看社会管理体制创新[J].浙江社会科学,2011(6):83,88-94,158.

② 高新军.美国地方政府治理案例调查与制度研究[M].西安:西北大学出版社,2005:89.

具体而言,美国基层社区在社会管理中发挥如下作用:建设社区学院,为成员提供必要的职业教育、技术培训,促进就业;通过多种形式向成员提供社交、娱乐、文化服务;建设各种场馆,提供具体的服务,诸如公共图书馆、公园、娱乐场所、健身场所、宠物服务;提供矛盾纠纷化解、法律咨询与救助服务;等等①。

在德国,虽然基层社区是一级政府,与上级政府的关系密切,但更为重要的是,基层社区是居民"高度自治"的自我管理和自我服务机构。其特点有:首先,"依法自治"。德国通过立法的方式明确赋予社区"高度自治"的权利,推崇其实施"依法自治"——在社区自身建设、自我创制、自我管理等方面有较高的法定权利。其次,"功能全面"。德国社区在矛盾化解、各类服务供给(文化、体育、教育等)、社会控制、社会救助、基础设施建设与服务(如水资源)、表达诉求、参与上级政府决策等方面都发挥重要的作用,是德国社会管理体系中的重要组成部分。最后,"注重协同"。因为单个社区的资源动员能力有限,并且很多公共事务具有"连带性"(如同一流域的水资源保护),所以德国基层社区之间的协同合作趋势十分明显,尤其是相邻的社区或面临相同事务的社区之间,为更好地开展社会管理,而联合组建管理联合体或服务共同体(如各种理事会)。比如,为了共同解决水资源供应、水资源保护和垃圾处理等问题,相关社区的协作行动十分常见。这不仅能够更有效地解决相关问题,而且能够促进人们的协作理念,对于更高层面上的地方政府、国家来说,就有利于其政治和社会的稳定与和谐发展②。

三、强调国家与社会的协同行动

在社会管理领域,有很多种无形或有形的服务和产品,它们的属性各不相同,适合由不同种类的组织形式来提供。社会管理及其服务涉及社会保障、社会服务、教育科研、文化体育等方方面面,事关每一个人的生活、发展需要。因此,其在数量上很大,需要由多种类型的组织形态

---

① 徐珣,王自亮. 从美国网络化社会合作治理经验看社会管理体制创新[J]. 浙江社会科学,2011(6):83,88-94,158.
② 张敏杰. 西方发达国家社会管理的新趋势及其启示[J]. 浙江社会科学,2011(6):25,84-89,158.

来提供。另外,"合力"总比单打独斗强,所以需要在社会管理领域实现多种组织机制的协同行动。萨瓦斯在其著作《民营化与公私部门的伙伴关系》中从现实压力、经济推力、意识形态、商业动力和平民主义等角度说明了国家与社会(即公私伙伴关系)协同行动的必要性。如表 9 – 1 所示:

表 9 – 1　民营化的动力因素一览表①

推动力量	目　标	理　由
现实压力	更好政府	审慎的民营化会导致成本收益比公共服务更高
经济推力	减少对政府的依赖	经济的日益富裕,人们能够自己提供各种服务,因而更乐于接受民营化
意识形态	更少政府	政府规模和权力过大,对公众生活干预过多,对民主构成了威胁。政府的政治决策较市场决策更不值得信赖。民营化可以减少政府的作用
商业动力	更多商业机会	政府开支是经济的重要组成部分,其中的更大份额应该转向私营企业
平民主义	更好的社会	公众应该拥有更多的公共服务选择权。他们应被赋予确认和满足共同需求的权力

美国也是国家—社会协同行动的典范。莱斯特·萨拉蒙在《公共服务中的伙伴——现代福利国家中政府与非营利组织的关系》一书中指出:"尽管联邦政府的责任有了大量增加,但预算却相对稳定,雇员数量也在不断减少。能够解释这一悖论的是联邦政府的行动方式发生了巨大转变。……从直接转向间接或'第三方治理'。"②也正是这种协同行动和第

---

① E·S·萨瓦斯.民营化与公私部门的伙伴关系[M].周志忍,等译.北京:中国人民大学出版社,2002:5-6.
② 莱斯特·M·萨拉蒙.公共服务中的伙伴——现代福利国家中政府与非营利组织的关系[M].田凯,译.北京:商务印书馆,2008:19.

三方治理的实践,使各类社会组织在社会管理中发挥了极其重要的作用①②③④⑤。赫茨琳杰就曾明确指出,非营利组织在提高人们的知识文化水平、提高医疗保健、资助艺术事业以及为穷人提供生活保障等方面成绩卓著,令企业和政府都望尘莫及⑥。康马杰也在这一意义上指出,美国人虽然是个人主义者,但很愿意从事合作事业或合伙经营。除了英国之外,没有哪个国家的人像美国人那样为某种共同目的而联合起来,没有哪个国家私人的联合会那样多,那样卓有成效⑦。

　　具体而言,在美国城市治理体系中,活跃着一支涵盖医疗卫生、文化体育、社区服务、养老服务、社会救助等在内的社会自组织体系,它们是美国城市治理体系的重要组成部分,促进了城市治理绩效的提升,与美国城市政府之间建构了"参与—互动"和"合作—替代"两种关系模式。在"参与—互动"的关系模式中,城市治理不仅表现为政府自上而下的权威"统治",而是更多地体现为上下的双向"互动",公民通过社会自组织参与城

---

① 需要指出,社会组织的称谓有很多,诸如社会组织(Civil Organization)、非政府组织(Non-governmental Organization,简称 NGO)、非营利组织(Non-profit Organization,简称 NPO)、非营利部门(Non-profit Sector)、第三部门(或称"第三域",the Third Sector)、公民社会(Civil Society)、公民社会组织(Civil Society Organization)、独立部门(Independent Sector)、慈善组织(Charitable Organization)、志愿者组织(Voluntary Organization)、免税组织(Tax-exempt Organization)、社会经济(Social Economy)、邻里组织(Neighborhood Organization)、社区组织(Community Organization,也可以翻译为"共同体组织")、公益团体(Commonweal Organization),草根组织(Grassroots Organization)等。这里将它们统称为"社会组织",且忽视它们之间的细微差别,认为它们有两个基本特点:一是非政府性,即它们是民间的组织,与政府不同,不是按照政府的方式来运作和开展管理的;二是公共性,即它们是公共场域中的组织,与企业不同,不是按照理性算计和经济利润的逻辑来运作和开展管理的。
② 徐彬. 探索与前行——社会组织研究论文集[M]. 芜湖:安徽师范大学出版社,2014:2.
③ 吴东民,董西明. 非营利组织管理[M]. 北京:中国人民大学出版社,2003:2.
④ 林修果. 非政府组织管理[M]. 武汉:武汉大学出版社,2010:1-2.
⑤ 康晓光. 非营利组织管理[M]. 北京:中国人民大学出版社,2011:3.
⑥ 里贾纳·E·赫茨琳杰. 有效的监督:给非营利组织理事们的建议[M]//北京新华信商风险管理有限责任公司. 非营利组织管理. 北京:中国人民大学出版社,2004:29.
⑦ 亨利·斯蒂尔·康马杰. 美国精神[M]. 杨静予,崔妙英,王绍仁,等译. 北京:光明日报出版社,1988:27.

市公共事务的治理,与城市政府平等互动,向城市政府表达诉求,协调利益分歧,影响城市决策,监督政府运作;同时,城市政府也通过社会自组织动员社会力量、整合社会个体、执行公共政策。另外,在"参与—互动"关系模式中,社会自组织与城市政府相互制衡、平等互动,强调社会自组织传导诉求信息、协调利益分歧的作用。而在"合作—替代"关系模式中,社会自组织主动地参与到城市治理之中,成为独当一面的自主行动者——提供公共服务、处理公共事务、实施自我管理①。

在社会管理与服务方面,美国形成了10种具体制度安排。如表9-2所示,合同承包、特许经营和补助等是政府和社会组织合作行动的基本方式。另外,自由市场、志愿服务、自我服务、凭单制和政府出售等制度安排主要由社会组织完成,政府承担监督管理、法律保障和资金服务等方面的职能,如:建立和完善法律和法规体系;通过免税或减税鼓励私人和公民向非营利部门捐赠;通过政府资金直接支持非营利部门;通过对使用非营利部门提供服务的个人补贴、税收返还等对非营利部门提供间接支持②。

表9-2　美国社会管理与公共服务供给的制度安排一览表③

生产者	安排者	
	公共部门	私人部门
公共部门	政府服务 政府间协议	政府出售
私人部门	合同承包 特许经营 补　助	自由市场 志愿服务 自我服务 凭单制

在某种意义上可以说,政府与社会的协同行动是和社会管理与社会服务的"民营化"密切相关的,并且各类社会组织在其间发挥了重要作

---

① 安建增,何晔.美国城市治理体系中的社会自组织[J].城市问题,2011(10):86-90.

② 丁元竹.美国社会管理体制的特点和对中国的启示[N].中国经济时报,2005-12-09.

③ E·S·萨瓦斯.民营化与公私部门的伙伴关系[M].周志忍,等译.北京:中国人民大学出版社,2002:5-6.

用。因此,这一制度模式并不是简单的制度创建,而是代表了社会管理乃至公共管理、政治生活发展的一个方向。这一方向不仅仅发生在美国,而且发生在几乎任何一个国家。萨拉蒙的研究团队对 22 个国家的实证研究表明,各类社会组织在扩大就业、资源整合以及教育、卫生、文化、体育等服务领域功能卓越,作用显著①。也正因为如此,萨拉蒙将社会组织及其在社会管理与服务方面的作用发挥视为一种"革命",其意义可以与 19 世纪后期的民族革命相媲美:

> 我们是置身于一场全球性的"社团革命"之中,历史将证明这场革命对 20 世纪后期世界的重要性丝毫不亚于民族国家兴起对于 19 世纪后期的世界的重要性。其结果是出现了一种全球性的第三部门,即数量众多的自我管理的私人组织,它们不是致力于分配利润给股东或董事,而是在正式的国家机关之外追求公共目标。这些团体的激增可能永久地改变了国家和公民的关系,它们的影响已经远远超过了它们所提供的物质服务。②

四、强调社会管理的"法治"手段

除了公共性指向之外,政府组织以及公共行动有一个特性,那就是"法不允许即为禁止"。在某种程度上可以这么认为,政府组织往往握有强制权力,如果可以肆意妄为的话,将会给社会带来灾难;公共行动如果没有任何限制的话,将会导致"多数暴力"以及"政治肥大症"。因此,凡是涉及政府行为以及公共行动的领域,都应该遵循"法不允许即为禁止"的原则。这恰恰是政府"公共性"的表现。社会管理尤其是其中的社会控制等行为更是需要遵循这一原则。所以,西方国家都比较强调社会管理"法治"手段的重要性。

对于社会管理的"法治"手段,可以有多种理解。但是有一个基本要义,那就是通过法律的方式来明确社会管理行为及其边界。当然,"法

---

① 莱斯特·M·萨拉蒙. 全球公民社会——非营利部门视界[M]. 贾西津,魏玉,孟延春,等译. 北京:社会科学文献出版社,2002.
② 莱斯特·M·萨拉蒙. 非营利部门的兴起[M]//何增科. 公民社会与第三部门. 北京:社会科学文献出版社,2000:243-244.

治"的含义要比这一要义丰富许多。但是,对于社会管理而言,这是最主要的。

比如,美国在 20 世纪 70—80 年代就开始以法律的方式明确政府购买的"目录",其中有 200 余种服务可由各类社会组织参与;同时,也以法律的方式明确哪些组织属于"社会组织",可以享有税收优惠,且参与政府购买。再如,日本、英国等国制定多部关于食品安全、儿童用品安全、学生用品安全等的法律,且制定数量众多的"标准"予以规范。可以说,这些法律的涵盖范围十分广泛。它们为社会管理及其服务提供了依据,也提高了社会管理及其服务行为的可预期性、规范性和合理性。

五、其 他

除了上述四个方面之外,西方发达国家社会管理实践的经验还有①②③:①注重和强调社会管理的结果——公平,倾向弱势群体,防范社会风险和社会张力;缩小收入差距,实现社会地位均等。②注重政府"元治理"角色的发挥,包括政策倡导、财政支持、项目设计等。③注意防范社会组织的风险,包括社会组织对抗政府、反对社会的风险,也包括社会组织腐败、低效等"失灵"的风险。④注意社会管理的项目制运作,减少"科层制"在社会管理方面的直接影响。⑤注意社会管理项目的市场化运作,以此提高管理的效率和效能。

① 徐珣,王自亮.从美国网络化社会合作治理经验看社会管理体制创新[J].浙江社会科学,2011(6):83,88-94,158.

② 丁元竹.美国社会管理体制的特点和对中国的启示[N].中国经济时报,2005-12-09.

③ 张敏杰.西方发达国家社会管理的新趋势及其启示[J].浙江社会科学,2011(6):25,84-87,158.

第十讲　社会管理创新①

社会管理创新,是多元社会主体根据政治、经济和社会发展环境,通过理念、制度、技术和机制的创新,对社会组织、社会事务和社会生活进行服务、协调、组织和控制,以实现善治和达到社会良性运行的过程。社会管理创新应该遵循法治原则、服务原则、合作原则、信息公开原则、自治原则和系统原则。在社会管理创新中,逐渐形成了几大社会管理创新理论范式:服务型社会治理模式、多中心社会治理模式、参与型社会治理模式、自治型社会治理模式等。目前,我国社会管理创新还存在以下问题:社会管理创新的理念陈旧,重视"管制"而轻"服务";社会管理的主体单一,社会组织发育不良;政府职能偏重于经济职能,忽视公共服务职能;政府社会管理手段单一,重行政手段和强制性措施;我国社会运行体制不健全,社会风险较大;社会管理法规不健全,社会政策制定过程科学化与民主化程度不高。因此,我国社会管理创新路径大致为:树立"服务"观念,以建设服务型政府为目标;培育社会组织,推进多元治理;转变政府职能,完善公共服务体系;创新社会管理手段,综合使用行政手段、法律手段、市场手段和社会自治手段等;健全社会运行体制,提高社会风险应对能力;健全社会管理法律体系,完善相关政策法律制定程序。

第一节　社会管理创新的概念分析

概念是进行学术对话的基础,然而就社会管理创新而言,现在学术界对其基本内涵还存在见仁见智、莫衷一是的现象。因此,有必要先对其概念进行梳理与分析。

---

① 本讲的主要内容发表于《社会主义研究》2012 年第 5 期、《河南社会科学》2013 年第 4 期等,特此注明。

一、概念的缘起

20 世纪 70—80 年代,人类开始了后工业化的进程。对于我国来说,则面临着双重转型:一方面,需要将传统的农业社会改造为现代工业社会;另一方面,也面临从工业社会向后工业社会的转型。社会转型给中国社会带来了巨大的变化,经济结构、社会结构、利益结构和组织结构等都发生了巨大变化;与此同时,社会矛盾和社会风险也在不断加大。因此,我们正处在一个从低度不确定性社会向高度不确定性社会和从低度复杂性社会向高度复杂性社会转变的过程。正是面对这样一种社会的变迁情境,我们不能够再按照既往的思维方式应对高度不确定性和高度复杂性条件下的社会需求了,而是需要探求在这种高度不确定性和高度复杂性条件下的管理方式①。这就需要创新社会管理,完善社会治理体系,加强社会建设,改善民生,扩大公民参与以及加强依法行政,实现经济社会的可持续发展。

目前社会管理创新已经成为全社会的共识,党和国家也出台了一系列文件,部署和加强社会管理创新。2004 年中国共产党十六届四中全会指出,要加强社会建设和管理,推进社会体制创新;2007 年党的十七大提出,需要建立健全党委领导、政府负责、社会协同、公众参与的社会管理格局;2010 年通过的《中共中央关于制定国民经济和社会发展第十二个五年规划的建议》提出,要加强社会管理能力建设,创新社会管理机制,切实维护社会和谐稳定。从上述分析可以看出,社会管理创新来源于转型时期社会管理的需要,来自党和国家治国方略的指引。社会管理创新是一项十分复杂的系统工程,既包括社会管理创新学理层面的探讨,也包括实践经验的总结。本讲主要从理论上探讨社会管理创新的概念,在此基础上分析社会管理创新概念的内涵。

二、概念的多重解读

关于社会管理创新的概念,学界有不同的看法,从不同的学科视角对社会管理创新进行了概念解读。

---

① 张康之,等.任务型组织研究[M].北京:中国人民大学出版社,2009:4.

（一）公共管理视角下的社会管理创新：基于多中心治理理论的阐述

公共管理领域的学者大多是从多中心治理理论的视角出发对社会管理创新进行概念解读。譬如，有人认为，社会管理创新是指政府和社会组织依据社会运行和发展规律，把握政治、经济和社会新的发展态势，研究并运用新的社会管理理论、知识、技术和方法等，创新社会管理理念、体制机制、方式方法，以实现社会善治的活动和过程①。有学者认为，社会管理创新是指在现有社会管理条件下，运用现有的资源和经验，依据政治、经济和社会发展态势，尤其是依据社会自身运行规律乃至社会管理的相关理念和规范，研究并运用新的社会管理理念、知识、技术、方法和机制等，对传统的管理模式及相应的管理方式和方法进行改造、改进和改革，建构新的社会管理机制和制度，以实现社会管理新目标的活动或者这些活动的过程②。

多中心治理理论是文森特·奥斯特罗姆夫妇等人创立的一种理论。该理论以自主治理为基础，强调多个权力中心的共同存在，多个主体通过有序的竞争或平等的合作提供公共服务和公共物品。多个主体的合作提高了公共事务治理的效率和决策的科学化水平。基于多中心治理理论理解社会管理创新，主要从社会管理的主体、方式、机制等方面对社会管理进行概念解读和路径分析。

首先，在主体选择上，社会管理创新需改变原来政府作为单一主体垄断社会管理的局面，引入社会组织、私营组织、社区和个人等多个治理主体，这些主体和政府一道协作、共同参与社会管理，提供公共服务和公共产品。在经济全球化和政治民主化的背景下，公民社会组织正在承担越来越多和越来越重要的公共管理职能③。新型的社会管理，不应是政府包打天下式的自上而下的单向度管理，而应是政府与社会组织相互合作实行公共管理，这已经成为现代社会的共识和社会发展的趋势。社会组织、私营组织、社区和个人等主体都有各自的优势，与政府形成优势互补，从而实现社会管理的创新。显然，社会组织、私营组织、社区和个人都能够成为社会管理的主体，从而缓解政府作为单一社会主体能力不足、合法

---

① 刘旺洪.社会管理创新：概念界定、总体思路和体系建构[J].江海学刊,2011(5)：
　137-146,239.
② 杨建顺.社会管理创新的内容、路径与价值分析[N].检查日报,2010-02-02.
③ 俞可平.政治与政治学[M].北京：社会科学文献出版社,2005：21.

性匮乏的问题。

其次,社会管理创新的机制合作与竞争共存。政府与社会组织、私营组织、社区和个人等社会管理主体之间关系是平等的,它们既要合作,又存在一定程度的竞争。根据新公共管理理论,竞争有助于实现公共物品供给的高效化,减低公共服务供给成本,因此,竞争机制是社会管理创新的重要机制之一,但单纯的竞争并不能够导致绩效的提高。因此,政府、社会组织以及社区等主体在社会管理上必须进行合作。无论是政府,还是社会组织、私营组织、社区、个人都有各自的优点和缺陷,这些是他们合作的前提,通过合作,实现社会管理的最优化。

最后,社会管理创新的目标是社会管理达到善治状态和最大限度地实现公民的多样化需求。善治是这样一种治理方式,它是政府与公民对公共生活的合作管理。善治具有五个方面的特征:合法性、透明性、责任性、法治和回应。善治实际上是一种政府与社会合作的过程。社会管理创新的目标是通过创新达到善治,进而最终使公民的需求得到最大限度的满足,而不是公民被动地接受政府提供的单一的、无差别的公共服务和公共物品。

(二)政治哲学视角下的社会管理创新:基于国家与社会的关系的认识

部分学者从国家与社会的关系,即政治哲学的视角理解社会管理创新。与公共管理的视角相比,从国家与社会的关系的视角审视社会管理创新概念存在一些差异。政治哲学对社会管理创新概念的认识,大致有三种观点:社会本位论、国家本位论以及国家社会合作论。

持社会本位论的学者认为,社会管理创新就是改变原来由国家主导社会的格局,实现社会管理的主导权从国家向社会的回归,充分发挥社会组织的主体性作用,同时弱化国家的权力和职能①。创新社会管理是维护、强化国家与社会和谐统一关系的本质要求。完善、培育公民社会体系,是加强社会管理创新的政治进路②。显然,这是基于西方多元主义、公民社会、社群主义、自主治理等理论对社会管理创新的认识,认为社会

---

① 唐文玉.当前中国社会管理创新向何处去?——基于国家与社会关系的分析视角
  [J].思想战线,2012,38(1):39-42.
② 李建华,周谨平.创新社会管理的政治哲学基础[J].马克思主义与现实,2012(3):
  170-177.

管理创新在于改变国家对社会过度控制的局面,给予社会自治的空间。但是这种理论在实践运用中并没有取得很好的效果,国家与社会零和博弈的思路非常有害,它的具体实践的确在不少国家和地区造成社会的混乱和不稳定①。因此,有学者不同意这种社会主导型的社会管理创新模式,而是主张一种国家主导下的社会管理创新,社会管理创新不是要否定或质疑国家的主导性地位,其核心是要求通过进一步的诉求合法性,使社会管理更具柔性②。

持国家本位论的学者大都认为我国社会管理创新不能照搬外国的经验,必须从中国的国情出发,坚持国家对社会的控制,在国家主导下实现对社会管理的创新。

显然,以上两种观点是截然对立的,但也有学者认为,二者实际上是可以通约的,社会管理创新既要实现国家对社会的控制,也要还社会以自治的空间。社会管理创新,在重构国家与社会关系上,可以通过中国的历史文化和社会主义制度的架构将党政因素和社会力量通约互补,实现社会管理的创新③。现代社会管理创新的核心在于保护社会权利,获得对社会的有效控制。良好积极的社会管理要保证社会主体的平等,同时要还权于民。社会管理与社会自治是社会治理的两种基本形式,是一体之两翼,对国家的长治久安和良好的社会治理而言,两者相辅相成,不可或缺④。概言之,从国家与社会的关系出发认识社会管理创新,其关注的焦点在二者的关系,认为处理好二者的关系是社会管理创新的关键,社会问题和社会风险产生的根本原因是国家与社会关系的错位,只有理顺二者的关系,社会管理才能实现和谐共治的局面。

(三)法学理论视角下的社会管理创新:基于制度规范的解读

从事法律研究的学者大都从"法治"即制度规范的角度解读社会管理创新。具体说来,从制度规范视角理解社会管理创新大致包括以下维

---

① 顾昕. 公民社会发展的法团主义之道——能促型国家与国家和社会的相互增权[J]. 浙江学刊,2004(6):64-70.

② 唐文玉. 当前中国社会管理创新向何处去?——基于国家与社会关系的分析视角[J]. 思想战线,2012,38(1):39-42.

③ 张艳娥. 是"社会本位"还是"党政本位"——对当前社会管理诸多理论分歧的思考[J]. 理论与改革,2012(2):141-144.

④ 俞可平. 社会良序更多依靠社会自治与自律[J]. 党政干部参考,2011(6):14-15.

度。第一,法律学者大都认为,社会管理创新是制度安排上要完善法制,实现"有法可依",切实实行法治。从法社会学角度论之,社会管理创新属于社会管理现代化的范畴,其本质是社会治理模式的历史性重构,其价值目标是实现社会治理的民主化和法治化①。因此,社会管理创新的关键在于完善包括宪法在内的各种法律,按照法律进行社会管理,避免出现无法可依的法律空白地带。

第二,社会管理创新是社会管理主体遵纪守法,切实履行职责达到"有法必依"。社会管理的主体(包括政府机关、各级公安政法部门),要切实严格按照法律规定,做到依法行政。社会管理创新不是行政机关任意而为的继续创作,它必须面对法治逻辑的规制限度要求②。社会风险的频发、社会矛盾加大的主要原因之一是社会管理主体没有依法行政和管理,置身于法律之外,随意侵害公民个人的利益和公共利益。社会管理创新要求管理主体严格依法行政。

第三,社会组织和个人等社会管理客体要遵纪守法,以法律为依据维护和保障自身的权利。法律是维护公民权利的主要手段。当公民权利受到不合理的侵犯时,要通过司法途径予以解决,逐步弱化信访等非法律化的纠纷解决机制。

概言之,基于"法治"解读社会管理创新,主要强调"法制",而且强调通过"法治"实现社会的善治与和谐,达到维护社会稳定和科学发展的目的;"法治"是目前我国社会管理创新的重点和关键,不遵循"法治"原则的社会管理创新,必然不能实现社会管理创新的可持续发展和社会和谐的最终目标。张康之认为,服务型治理模式是属于"德治"的社会治理模式,这种模式是"德治"与"法治"的统一。社会治理不仅仅在于强调"法治",还要强调"德治"。社会治理必须实现"法治"与"德治"两者之间的兼容和共生,把"依法治国"与"以德治国"有机结合的"德治"模式是社会管理创新的最佳选择③。显然,这是为了弥补单纯强调"法治"而对社会管理创新造成不利影响而做出的修正性定义。在此基础上,有学者认为,社会管理创新既要坚持依法创新,也要处理好社会管理创新与"法治"的

---

① 刘旺洪.社会管理创新与社会治理的法治化[J].法学,2011(10):42-46.

② 莫良元.社会管理创新的法治逻辑维度考量[J].求实,2012(6):60-62.

③ 张康之.论伦理精神[M].南京:江苏人民出版社,2010:6.

关系。社会管理创新是社会管理的经验性维度,"法治"是社会管理创新的规范性维度。社会管理创新与"法治"之间存在正关联、负关联和非关联三种关系。它们二者之间要实现良好的互动,才能实现社会管理创新。因此,要通过法治化实现理性社会管理创新,通过理性社会管理创新实现"法治"发展①。

(四)其他学科视野下的社会管理创新

除了公共管理学、政治学、法学等学科的学者从各自的学科领域对社会管理创新进行了概念分析和解读外,其他学科比如社会学、经济学等学科的学者也从各自的理论视角对社会管理创新给予了不同阐释。社会学学者大多从社会政策、社会工作、社会资本和社区建设等角度讨论社会管理创新,认为社会管理创新是通过促进政府、企业和公民社会的合作,积累了深厚的社会资本和社会价值,从而更有利于解决社会问题,化解社会矛盾,实现社会的良性运行和协调发展。有学者从社会政策的角度,认为社会管理创新是以社会政策的制定和实施为主要手段,增加社会支出,扩大公共服务,提高供给效率,保障公民基本社会权利。因而,社会管理创新要求科学制定和有效协调社会政策②。社会资本的视角也是学者们理解社会管理创新的一个维度,基于这一维度,学者们认为社会管理创新要累积社会资本,增加社会和谐因素。社会管理创新需培育"信任"社会资本以重建政治信任,积累"规范"社会资本促进法治建设,发展"参与网络"社会资本,完善利益表达机制③。社会管理创新概念应该包括这样几个要素:首先在产品或内容层面,满足人们的社会需求,特别是社会弱势群体的需求;其次提高社会弱势群体的参与度;最后是赋予人们获取资源的能力和途径,提高人们参与的能力④。也有人认为,从马克思主义社会学的视角看,社会管理创新应从器物、制度、精神三个维度实现,在器物层面以加强社会事业和民生工程为基础和出发点,在制度层面以法律法规、

① 陈柳裕,宋小海.社会管理创新与法治的内在关系及互动谱系——兼论实现社会管理创新与法治良性互动的路径[J].法学研究,2012(5):46-52.

② 岳经论,邓智平.社会管理创新的理论与行动框架——以社会政策学为视角[J].探索与争鸣,2011:48-52.

③ 张凯兰.培育社会资本:社会管理创新的非正式制度路径[J].河北学刊,2012,32(3):121-125.

④ 郑琦.国外社会创新的理论与实践[J].中国行政管理,2011(8):71-75.

机制体制、社会组织和社会结构为创新切入点,在精神层面以信仰、道德以及价值体系为创新目标①。从经济学视角审视,社会管理创新是利益相关者为了改善自身利益和社会利益而改变原定的行为方式,共同协商、参与和学习的过程。它包括四个关键因素:一是参与者;二是共同的挑战和问题;三是合作协商的过程;四是达到共同福利的社会目标②。

显然,社会管理创新是多维度的创新,包括很多方面。上述对社会管理创新的认识都是基于一定的理论视角而做出的概念解读,都有一定的合理性。概念的多样化有利于知识的传播,但也有可能导致理论的混乱,因此,有必要进一步进行理论的廓清。

三、结构化的概念和概念的再解构化

从"说文解字"的角度看,社会管理创新由社会管理和创新两个概念组成,因此有必要对二者的内涵做一番考察。

社会管理如果直译成英语是"social management"或"social administration",但这两个英语概念都不太匹配社会管理的概念。前者从字面直译最贴近社会管理,但这个词更多地指向社会关系层面,有时指社区管理,有时则指社会组织提供的社会关系和公共管理服务;后者在意义上更接近社会行政,即指将社会政策转变为社会服务的活动,它与社会管理的概念比较接近,但社会管理与社会行政是两个不同的概念,二者之间存在一定的差别。因此,社会管理翻译为"social administration"是不恰当的。社会管理翻译为英语应该是"social governance",因为"governance"的意思是治理,包含政府、社会组织、私营组织、社区和个人合作参与公共事务管理,共同提供公共服务和公共物品;同时,用这个词容易被外国学者理解,不易产生歧义,便于东西方的学术交流。

社会管理的概念分为广义定义和狭义定义两个方面。童星认为整个社会系统的管理包括四个部分:对社会经济发展的管理即经济管理;对社会政治发展的管理即政治管理;对社会思想发展的管理即思想管理;对社会发展的管理即狭义的社会管理③。陈振明认为,狭义的社会管理是政

① 石英.马克思主义社会学视野下加强和创新社会管理的三个维度[J].人文杂志,2011(4):1-4.
② 郑琦.国外社会创新的理论与实践[J].中国行政管理,2011(8):71-75.
③ 童星.社会管理学概论[M].南京:南京大学出版社,1991:3-9.

府通过制定专门的、系统的、规范的社会政策和法规,管理和规范社会组织,培育合理的现代社会结构,调整社会利益关系,回应社会诉求,化解社会矛盾,维护社会公正、社会秩序和社会稳定,孕育理性、宽容、和谐、文明的社会氛围,建立经济、社会和自然协调发展的社会环境①。显然,无论是狭义的社会管理概念界定,还是广义的社会管理内涵阐述,社会管理的主体主要是政府。基于此,有学者认为,社会管理的主体不仅包括政府,还包括社会组织、私营部门和个人等。社会管理是社会,即自治组织、非政府组织和公民等,根据相应的规章制度和道德约束,规范和制约社会和自身的行为,即社会自治管理和社会自我管理②。

创新的意思是创立和创造出新的事物或观念,它的基本意思古今没有发生大的差别。在《南史·后妃列传》中便有创新一词出现:"据《春秋》,仲子非鲁惠公元嫡,尚得考别宫。今贵妃盖天秩之崇班,理应创新。"此处的"创新"是做出新的决策的意思。在现代,创新的内涵更加丰富。对创新做出系统解释的是美籍经济学家约瑟夫·熊彼特,他在1912年出版的《经济发展概论》一书中,对"创新"和"创造"两个概念进行了区分,认为创新是建立一种新的生产函数,即生产要素的重新组合,就是要把一种从来没有的关于生产要素和生产条件的新组合引入生产中并予以实现。显然,熊彼特是从经济和生产的角度理解创新的。从社会学的角度来看,创新是发现或创造一种新颖的、有价值的新思想或新事物的过程。政治学者对创新的解释与经济学和社会学学者的理解大致相同。有学者认为,创新是崭新的行为,包括两个基本要素:新的观念及其实践。概言之,无论基于何种学科视角,创新都包括三个层面:理念或思想创新;制度创新;技术创新。

通过对社会管理和创新概念的分析,我们可以大致得出社会管理创新的定义。以前文讨论为基础,综合不同学者对社会管理创新的分析,我们尝试为社会管理创新下一个结构化的定义。所谓社会管理创新,是多元社会主体根据政治、经济和社会发展环境,通过理念、制度、技术和机制的创新,对社会组织、社会事务和社会生活进行服务、协调、组织和控制,

---

① 陈振明.健全社会管理格局,创新社会管理体系——"我国社会管理格局和管理体系构建"课题研究报告[J].甘肃行政学院学报,2008(4):7-8.

② 李屏南,叶宏.构建促进社会和谐的社会管理机制[J].湖南师范大学社会科学学报,2007(2):52-57.

以实现善治和达到社会良性运行的过程。具体来说,通过对社会管理创新概念的解构,社会管理创新具有以下内涵。

第一,社会管理创新的主体是多元的,包括政府、社会组织、私营部门和公民等。社会管理创新的主体是多元的包含两个层面的意思:一是社会管理的主体从单一走向多元化,政府不再垄断社会管理的全部事务,而是与非政府组织等多元主体共同合作进行社会管理。这是管理主体方面的创新,是社会管理创新的重要内容之一。二是社会管理创新需要政府、社会组织、私营部门和公民积极参与其中,共同合作促进管理理念、制度和机制等方面的创新。创新不仅仅是政府面临的课题,而且是全社会共同面对的问题。自从国家产生以来,政府一直是社会管理的主体,在统治行政和管理行政时期,政府甚至是唯一的社会管理主体。但进入工业社会后期,人类社会出现后工业化端倪的时候,社会生活的高度复杂性和高度不确定性使政府无法单独应对风险社会的挑战,政府必须与其他社会主体合作对社会进行管理。自20世纪70年代起,社会组织在西方国家政府改革中,扮演着公共服务提供者的角色。社会组织因其自身的独立性和公益性特征,在社会管理中日益发挥重要作用。如社会组织能够在危机管理、社区治理、公共物品提供、环境保护等领域发挥重要作用。同样,私营部门也能参与社会管理,且在实践中发挥重要作用。譬如,私营部门通过获取政府公共服务外包的合同,提供公共物品给公民,在一定程度上承担了政府的社会管理职能。公民既是社会管理的客体,也是社会管理的主体,这种双重身份使其参与社会管理创新具有一定的优势。

第二,社会管理创新包括理念创新、制度创新、技术和机制创新三个层次。社会管理创新首先是理念或观念上的创新。理念创新非常重要,社会管理的理念直接决定社会管理模式。在国家本位理念下,社会管理模式是控制导向,一切以统治秩序为最大利益,政府是唯一的、垄断性的社会管理主体;在社会本位理念下,社会管理模式是一种社会自我治理模式,社会的自我治理和自我控制是社会管理的主要方式,社会组织和公民是社会管理的主体。然而,随着后工业社会的来临,社会具有高度的不确定性和高度的复杂性,控制导向的和单一管理主体的管理模式无法应对复杂的社会现实,而且这种控制导向社会治理模式行动缓慢,反而是很多社会危机之源;社会本位的管理模式过于强调社会和公民的权利,容易导致极端个人主义和无政府状态。而且,根据我国目前的现实,完全脱离政府的社会管理是不切实际的。因此,首先要进行社会管理理念的创新。在新时期,社会管理创新要树立服务行政的理念。服务是服务型社会治理模式的普遍精神和一般原则,是最基础的核心价值,公共管理者要在公共管理的职业活动中树立服务精神,把服务精神和服务观念落实到公共管理行为中,落实到社会管理创新中①。其次,社会管理创新重在制度创新。诺斯认为,制度是社会的游戏规则,是为人们的相互关系而人为设定的。制度分为正式制度、非正式制度以及这些制度的执行机制。制度创新是对制度不断完善和检验的过程,制度创新在理论上没有终点,制度创新是社会发展的常态。因为人类社会的政治、经济、文化和科技处在不断变动的状态,所以社会管理制度创新是社会管理创新的重要主题之一。社会管理制度创新包括社会政策的创新,以及户籍制度、社会保障制度、公民参与制度、信访制度、利益分配制度、社会矛盾排解制度的创新,等等。最后是技术和机制创新。技术和机制创新实际上是制度创新的延伸,是基本制度具体化。技术和机制创新具有重要意义,它是制度创新以及社会管理创新成功的关键环节。社会管理创新在注重基本制度创新的同时,也必须注重技术和机制创新,二者互为前提,都是社会管理创新的重要条件。

第三,社会管理创新的对象是社会组织、社会事务和社会生活。社会管理创新首先要确定社会管理的范围。社会管理活动的相关范围由社会管理的领域以及社会管理的对象构成。管理领域规定社会管理主体行动的边界,管理对象规定社会管理主体行动所指向的各种客体②。管理领域相对比较宽泛,而管理对象则比较具体,社会管理创新需要在清晰界定管理领域的基础上,确定具体的管理对象。从广义上看,社会管理的领域包括政治领域、经济领域、社会领域和文化领域等。广义的社会管理领域较为全面,但由于范围过于宽泛,社会管理容易失去焦点和特色,因此,一般不从广义的角度界定社会管理的范围。狭义的社会管理领域主要是指除政治统治和经济管理之外的社会领域。社会管理领域是由民生社会、民间社会和公共事务社会组成的,这是一个正在不断发展的特定领域,而社会管理的对象则是民生社会、公民社会和公共事务社会之中存在的问

① 张康之. 论公共管理者的价值选择[J]. 中共中央党校学报,2003,7(4):12-16.
② 严强. 社会管理的范围、价值与地位[J]. 阅江学刊,2012(1):5-11.

题、利益和行为①。民生社会主要是指社会生活，公民社会是由公民个人和公民组成的社会组织组成，公共事务社会在一定意义上是指社会事务，因此，社会管理创新的对象是非政府组织、社会事务和社会生活。必须指出的是，社会组织既是社会管理的主体，也是社会管理的客体，因此，社会管理包括对社会组织的管理和社会组织的自我治理。当前，一方面需要为社会组织发展创造良好的外部条件，放宽社会组织的准入条件，允许其参与社会公共事务的管理和公共物品的提供；另一方面，则要促进社会组织健康发展，政府需完善相关法律，促使社会组织的运行更加高效、透明。

第四，社会管理创新的目标是社会达到善治状态。无论是理念创新，还是制度、技术和机制创新，它们都是社会管理创新的手段，工具性特征比较明显。社会管理创新的最终目的是使社会良性运行达到善治状态。善治是使公共利益最大化的社会管理过程和管理活动。善治的本质特征，在于它是政府与公民对公共生活的合作管理，是政治国家与公民社会的最佳关系②。善治包括四个要素：一是通过法治使公民的安全包括生命安全和财产安全等得到保障；二是政府等公共机构积极进行有效行政管理；三是政治领导人对人民负责，实行责任制；四是政治过程和行政管理要具有透明性③。善治同时是一种社会管理的状态，它不但指国家与社会处于一种良性互动状态，而且是社会公平和正义得到很好保证，社会秩序运行良好，社会利益得到均衡分配，社会矛盾得到有序解决的一种状态。社会管理创新通过多元主体的参与促使政治领导人的政治责任得到落实，也使政府得到监督，促使政府管理与运行的透明化；通过制度创新使公民的各项权利得到落实，减少了政府与公民的冲突，把社会矛盾压缩到可以控制和承受的范围内；非政府组织积极参与特殊公共物品的提供，能弥补政府供给公共物品的不足，增加了社会的和谐程度，降低了社会的风险，促进社会的可持续发展。总之，社会管理创新的目标是达到善治状态和使社会处于良性发展的态势，在这种状态下，社会秩序得到最大程度的保证。

---

① 严强. 社会管理的范围、价值与地位[J]. 阅江学刊, 2012(1): 5-11.

② 俞可平. 社会公平和善治是建设和谐社会的两大基石[J]. 中国特色社会主义研究, 2005(1): 10-15.

③ 俞可平. 全球治理引论[J]. 马克思主义与现实, 2002(1): 20-32.

第二节 社会管理创新的原则

社会管理创新是多元社会主体根据政治、经济和社会发展环境,通过理念、制度、技术和机制的创新,对社会组织、社会事务和社会生活进行服务、协调、组织和控制,以实现善治,达到社会良性运行的过程。社会管理创新是经济社会发展的产物,是我国从传统农业社会向工业社会以及后工业社会转型的需要,是从计划经济向市场经济转型的要求,也是建设和谐社会的必然选择。

社会管理创新需要政府、社会组织等多元主体解放思想,在制度和机制等领域进行创新,但必须指出的是,创新不是没有边界的,创新必须遵循一定的约束条件和原则。社会管理创新应该遵循的原则有法治原则、服务原则、合作原则、信息公开原则、自治原则和系统原则。

一、法治原则

社会管理创新要依法进行,宪法和各种法律规章制度是社会管理创新的依据和准绳。法治能确保社会管理创新符合公共利益的要求,能够保证社会管理的连续性、稳定性,同时能够保证社会管理的效率。社会管理创新要求政府、社会组织、公民等主体依法创新,创新不能脱离法律许可的边界,不能违反法律的规定。具体来说,政府作为社会管理创新的主体之一,需要依法行政。社会矛盾多发,社会风险加大,既有体制转轨和时代变迁的结果,也有因社会管理的主体没有依法行政造成的结果。社会管理创新在一定意义上要求政府改变原来的行为方式和行为特点,严格依法执行公共政策、提供公共服务和公共产品。实行法治而非人治是当前社会管理创新的重点。通过法律限制政府机构和行政人员的权力和利益冲动,严格依法进行社会管理,能避免政府与公民的矛盾激化,从而有效减少群体性事件发生的机会。社会组织作为社会管理的主体之一,在接受政府委托行使公权力的情况下,需要依法进行社会管理或提供公共服务;在开展组织活动时,也必须在法律规定的范围内行动,依法行使自身的权利和进行组织内部的管理。公民个人同样需要遵守法律,在公民或公民团体之间,或公民与政府之间发生利益冲突的情况下,司法途径是解决问题的主要方法。

　　法治作为社会管理创新的原则,强调政府、社会组织等社会管理主体要树立法治观点,改变原来"人治"和"权治"的行为模式,使政府、社会组织和公民走向依法进行社会管理创新的社会治理模式。但是,由于法律具有稳定性和时滞性的特点,而社会管理创新需要改变法律或相关制度不合时宜的局面,二者之间存在冲突的可能性。如何协调法治与社会管理创新的关系,是一个亟须研究的课题。有学者认为,社会管理创新属于经验性的维度,而法治则属于规范性的维度,二者之间的关系存在正关联、负关联以及非关联三种形式,社会管理创新需要实现二者之间的良性互动,通过法治化获得社会管理创新,通过理性社会管理创新取得法治的发展①。也有学者从改革开放以来我国的实际情况出发,提出"良性违法"的概念,即有些事件或做法虽然违背法律的规定,但符合人民的利益和历史的潮流,所以,在符合生产力发展的且符合国家和民族利益的条件下,是可以"良性违法"的②。"良性违法"在一些情况下,确实促进了社会的进步,突破了不合时宜的法律的约束,但在实践中,"良性违法"的条件并不容易识别和取得共识,而且"良性违法"容易成为拒绝依法行政的借口,从而导致有法不依、执法不严的问题,"良性违法"在实践中不能获得普遍的认可。但对于"良性违法"的问题,可以通过宪政体制的自我运作予以解决,在现实与法律出现矛盾的时候,有权机关的法律解释权可以成为变通的一种理想选择③。采用司法解释的方式,使社会管理创新维护法治原则,也使社会管理符合时代和现实的需要。

二、服务原则

　　社会管理创新要遵循服务原则,在服务价值理念的指引下进行社会管理创新。服务作为公共管理的核心价值或主导价值是人类社会治理发展的结果,体现了历史发展的必然趋势④。人类社会经历了农业社会、工业社会和即将或已经到来的后工业社会,相对应的社会治理模式是统治

---

① 陈柳裕,宋小海.社会管理创新与法治的内在关系及互动谱系——兼论实现社会管理创新与法治良性互动的路径[J].法治研究,2012(5):46-52.
② 郝铁川.论良性违宪[J].法学研究,1996,18(4):89-91.
③ 韩大元.社会变革与宪法的社会适应性——评郝、董两先生关于"良性违宪"的争论[J].法学,1997(5):14,19-20.
④ 张康之.论公共管理中的服务价值[J].中共福建省委党校学报,2003(4):2-4.

型社会治理模式、管理型社会治理模式和即将生成的服务型社会治理模式。统治行政崇尚的是权力观念,管理行政信奉的是法律观念,服务行政则以服务原则为最高原则。在农业社会和工业社会,社会的复杂性和不确定性程度较低,以权制为特征的统治行政和以法制为特征的管理行政能够进行有效的社会治理。但随着人类进入后工业化时期,社会变得高度复杂和高度不确定,管理行政的过度规制化解决思路不仅无益于问题的解决,而且使社会风险愈加增大,管理行政已经无法应对后工业化时代的挑战,必将被新的行政模式——服务行政代替。服务行政以其服务价值取向、依法治国和以德治国的有机统一而成为一种有效的社会管理模式。服务型社会治理模式是适应后工业社会的治理模式,是人类社会治理模式的创新,因此,社会管理创新要以服务型政府为目标构建一种服务型社会治理模式,服务原则是社会管理创新必须遵循的重要准则。

社会管理创新的服务原则主要体现在以下几个方面:一是要树立服务价值理念。服务价值是公共管理的终极价值,在公共管理体系中,公共管理的制度、体制、过程等都还会有服务所派生出来的次生价值,从而构成以服务为核心的价值体系①。服务价值要求社会治理的主体实现服务原则、服务精神的根本内化,在具体的社会管理过程中,自觉地应用服务价值标准进行制度、技术和机制的创新。二是创新社会服务体系。社会管理创新的本质在于通过完善社会服务体系,提高公民的生活水平。公民与政府的关系实际上是一种委托代理关系,公民以选举为媒介选举政治代理人,政治代理人必须满足公民的利益而且为公民服务。所以,社会管理创新必须通过完善社会服务体系来实现服务价值。当前要重点建设好保障民生的相关社会制度。这些社会制度包括养老、医疗保障、社会救助、义务教育和劳动就业等。通过完善这些社会制度实现社会管理创新。

三、合作原则

合作原则是社会管理创新的基本原则之一和必要条件,社会管理创新只有通过合作才能实现。合作原则是指政府、社会组织、私营部门和公民在社会管理中,为了社会管理的共同目标而进行的协作与配合,其本质

---

① 张康之.论公共管理中的服务价值[J].中共福建省委党校学报,2003(4):2-4.

上是行为主体之间的平等关系。合作原则对于社会管理创新具有重要意义。合作对于人类社会是一种重要的价值,自人类产生以来,人们为了生存的需要进行合作。美国学者帕特南认为,自愿的合作可以创造出个人无法创造的价值①。合作原则对于社会管理创新的意义还在于,通过倡导自由、团结一致和多样性达到和谐,对于所有人来说,任何地方的创新,只要能够增加社会资本、持久地回应挑战,同时又尊重共同原则,这便是一种进步②。正如前文强调的,人类社会自20世纪70—80年代进入后工业社会以来,便进入了危机频发的风险社会,在这样的状态下,合作原则是人们成功应对共同挑战的关键。

在社会管理创新中,实现合作原则需要做到以下几点:一是树立合作的理念。在社会管理创新中,人们需要形成一个"合作共同体",根据共同体的总体性体验开展工作,合作共同体的总体性会以合作文化的形式出现,或者说,是包含在合作文化中的③。合作文化实际上是一种合作的理念、合作的意识,合作文化时时处处促使行为主体主动地、自由地开展合作。二是合作的主体之间要实现事实上的平等。合作不等于协作,合作各方之间在地位上必须是平等的,这是合作的前提条件。在社会管理创新的各主体中,由于历史的惯性和资源拥有量等原因,政府是强势的社会管理主体,社会组织以及公民等则处于相对弱势的地位,因而,它们之间存在事实上的不平等。为此,需要赋予社会组织等社会管理主体合法性,鼓励社会组织参与社会事务,使其具有独立性。三是建立基于合作的规则。在树立合作的理念之外,要建立合作规则。"合作治理的社会也必然是一个有着合作规则的社会,但是合作规则不会僵化成对合作过程的创造性构成束缚"④。合作规则对于合作是必要的,但合作中规则处于从属地位,即它不应该过于繁琐而成为社会管理创新的障碍。

---

① 罗伯特·D·帕特南.使民主运转起来——现代意大利的公民传统[M].王列,赖海榕,译.南昌:江西人民出版社,2001.
② 皮埃尔·卡蓝默.破碎的民主——试论治理的革命[M].高凌瀚,译.北京:生活·读书·新知三联书店,2005:106-109.
③ 张康之.论社会治理中的协作与合作[J].社会科学研究,2008(1):49-54.
④ 张康之.论社会治理中的协作与合作[J].社会科学研究,2008(1):49-54.

四、信息公开原则

社会管理创新的信息公开原则是社会管理主体彼此之间或向社会公开其拥有的信息和履行职责的相关情况，即把政府、社会组织等社会管理主体拥有的信息予以公开。信息公开原则的政治逻辑在于公民拥有知情权。知情权是社会组织、公民及其他组织依法拥有的，要求公共机构、国家机关或者法人、社会团体等公开相关信息的权利①。政府、社会组织以及其他法人等社会主体之间彼此公开信息，其中信息公开的重点是政府等公共部门的信息公开。政府与公民、社会组织以及其他法人主体之间信息严重不对称，政府拥有的信息量远远多于公民、社会组织等其他主体，因此，信息公开的重点是及时将行政决策、行政立法、行政执法、提供公共物品和公共服务、突发事件等信息向社会公布。信息公开对于社会管理创新的意义在于，通过满足公民和社会的知情权，有效地避免社会危机的发生，从而最大限度地保持社会稳定和社会秩序。"非典事件""禽流感事件"以及"碘盐风波"就是很好的例证。政府信息公开是应对危机的最有效策略，相反，信息的不透明则是危机事件扩大的导火索。同时，信息公开原则体现了社会管理的服务功能和保障公民权利的本质。信息公开能够促使政府更有效地提供公共物品和公共服务，也是履行宪法赋予公民的政治权利。

信息公开原则要求在社会管理中，首先，要制定相关信息公开法律，积极推进《信息公开法》的立法，并在法律条文中细化信息公开的机关、事项、程序、社会申请信息公开的途径，以及相关的保障措施等内容，使其具有可操作性。通过立法切实促进政府、社会组织公开自身的信息，提高社会管理的效率。其次，要着力完善信息公开的日常工作制度，简化相关信息公开的程序。完善政府信息定期公开制度，通过网络、报刊等大众媒体，或通过其他方式公开信息，方便社会了解相关信息。最后，信息公开要求政府、行政人员、社会组织和公民树立信息公开观念。政府要有意愿公开所有需要公开的信息，这是信息公开的前提条件，因为即使在法制较为完备的情况下，政府如果刻意隐瞒一些信息，就很难实现真正的信息公开。社会组织自身的信息也要依法公开，方便政府和公民监督。公民要

---

① 刘杰.知情权与信息公开法［M］.北京:清华大学出版社,2005:44.

有监督信息公开的观念,在社会管理中切实维护自己所享有的信息公开权利。政府、社会组织、其他法人和公民都具有公开信息的观念和习惯,才能实现信息公开的良性互动。

五、自治原则

在社会管理中,社会的最大限度的自治是社会管理的目标之一,尤其是既作为社会管理主体又是社会管理对象的社会组织和公民等,更需要实现自我自主治理。张康之认为,社会自治是这样一种治理:它以服务为内容,在社会自治体系中,治理主体与治理客体之间经常会易位,治理者也是被治理者,被治理者又是活动的积极参与者。一方面,社会自治是服务型社会治理模式的基本途径;另一方面,服务型社会治理模式需要社会自治为它的到来做好实践上的准备①。在马克思看来,自治对于人类具有终极目标的价值,国家是人类社会特定阶段产生的现象,随着阶级的消失,国家也完成了它的历史使命,取而代之的是"自由人的联合体",这是人类发展到高级形态时社会自治的一种状态。社会自治最大限度地激发社会的自治力量,从而将社会的风险和不确定因素最大限度地降低。当今社会是个危机频发的社会,仅仅依靠政府的力量,无法应对频繁发生的危机,只有当社会自治将公民们的社会治理积极性调动起来的时候,才能应对风险社会的挑战。社会自治能够促进"小政府,大社会"的实现。通过社会自治,将使政府从许多能够实现社会自我治理的领域中退出来,不再无所不及地施展行政权力。最终,庞大的政府规模就会变得不那么必要②。所以,社会自治既是降低社会风险的减压阀,也是帮助政府瘦身的重要手段。

自治生成需要一个过程,按照是否受到外部力量的影响,可以将社会自治的形成分成两个方式:自发型社会自治和干预型社会自治。对于西方发达国家的社会自治来说,自治的发展经历了一个自然成长的过程,而对于一些受威权主义影响较大的国家来说,社会自治则发展得相对较为缓慢。因此,在社会管理创新实践中,培育社会自治的生成是政府的重要任务之一。在走向现代社会自治的过程中,政府是最初的推动力,政府需

---

① 张康之.论新型社会治理模式中的社会自治[J].南京社会科学,2003(9):39-44.
② 张康之.论新型社会治理模式中的社会自治[J].南京社会科学,2003(9):39-44.

要在培育社会自治精神、创设社会自治体制方面发挥作用①。培育社会自治要求政府在制度上清除阻碍社会自治的障碍,比如,取消社会组织成立的相关限制,而且在社会组织的成长过程中给予政策和资源上的支持,允许其参与社会治理过程和提供公共服务。政府对社会自治的干预同样具有两面性,既可以促进社会自治的生成,也会对社会自治产生破坏作用。所以,随着社会自治力量的形成,政府对社会自治的干预就可以逐渐地退出,放手让社会自治的实践去优化社会自治的体系②。在我国当前的社会管理创新中,基于我国社会发育的现状,政府需要着手培育社会的自治力量和自治精神,为社会组织的发展创造条件。同时,由于社会自治体的本位主义行为取向和自治能力的缺失,国家对社会自治行为有必要加以控制,既要给予自治的空间,培育社会自治精神,同时也要施加控制,这是社会管理创新中自治原则的要求,也是社会管理创新成功的关键。

六、系统原则

社会管理创新是一个复杂的系统工程,它包括民生民权服务体系、社会纠纷解决机制、安全稳定维护机制、公民社会培养机制、社会管理组织体系等。由于社会管理创新系统的复杂性,我们在社会管理创新中需要遵循系统原则。贝朗塔菲指出,我们被迫在所有知识领域里使用整体或系统的概念来处理复杂性的问题。系统原则实际上是一种复杂性方法原则,复杂性方法原则进一步细分为整体性原则和动态性原则。整体性原则或者说联系原则,表达了这样一种思想,世界是关系的集合体,不是实物的组合,系统作为整体具有部分或部分之和所不具备的性质。整体性原则要求,从非线性的普遍性出发,从整体出发,通过整体之间、部分与整体之间、环境与系统之间的相互作用,力图实现对对象整体的把握。因此社会管理创新要具有整体观,创新不是局部的修修补补,而是一个系统工程,需要从观念、体制、机制等多层次进行创新。从整体性原则出发,社会管理创新要从社会管理的单因素分析发展到多因素分析。比如,群体性事件从直接原因看,可能是个别的利益没有得到补偿,但深层次的原因则是体制、机制出了问题。动态性原则是指一切系统都与外部环境有着复

---

① 张康之.论新型社会治理模式中的社会自治[J].南京社会科学,2003(9):39-44.
② 张康之.论新型社会治理模式中的社会自治[J].南京社会科学,2003(9):39-44.

杂的相互作用,始终处于有序和无序、平衡和非平衡的相互转化之中。社
会系统始终处于不断变化之中,社会管理创新是社会管理的常态。另外,
社会管理创新本身也动态地变化着;当社会系统或环境发生了变化,社会
管理创新的手段、理念和制度也要随之发生变化,没有一劳永逸的创新。

第三节　社会管理创新的理论范式

没有实践,理论便是无源之水;没有理论,实践便失去了方向;理论与
实践二者之间互相依托,互为前提。在社会管理创新中,要有四种社会管
理创新理论范式:服务型社会治理模式、多中心社会治理模式、参与型社
会治理模式、自治型社会治理模式等。

一、服务型社会治理模式

服务型社会治理模式是社会管理创新所依据的重要理论之一,是张
康之等提出的一种理论范式。按照人类社会的发展进程,人类社会分为
农业社会、工业社会和后工业社会三个阶段,与三个阶段相对应的是统治
行政、管理行政、服务行政三种社会治理模式。在农业社会时期,社会的
复杂性和不确定性程度较低,社会治理模式是统治型治理模式。农业社
会的治理体系是以权力关系为轴心的,存在于这个治理体系的一切关系
都是在权力关系的轴心上生成和展开的①。在统治行政时期,也有法律
关系,但是,法律关系依附和服从于权力关系,法律关系处于社会关系体
系的边缘。在统治行政时期,最高统治的任何一道命令便是一条最高的
法律条文,这是统治行政时期法律关系依附于权力关系最明显的例证。
农业社会的伦理关系有时也会发生作用,但伦理关系和法律关系一样,处
于社会治理体系的边缘,附属于权力关系。因此,统治行政时期的治理关
系实质上是权力关系,它是所有社会关系的核心。在农业社会,社会秩序
的保持是以权力和权力体系进行的控制,这是一种"权制"。权制条件下
的管理因其是以权力的应用为主要特征,所以,需要在管理的方法、方式
上有较强的"权术和权谋"特点。与工业社会相适应的社会治理模式是
管理行政,管理行政是把效率作为基本目标,通过行政管理的技术化和科

---

① 张康之.论伦理精神[M].南京:江苏人民出版社,2010:146-149.

学化实现社会治理的目标。管理行政在控制手段上以法律控制和权力控制为基本手段,在实践上是技术主义,在思维上是实证主义,在功能上追求实用主义,在制度上追求不断完善制度设计①。管理行政是一种不断追求组织绩效和法制制度建设社会治理模式,但是,容易造成严重的政治疏离感和冷漠感。因此,到了20世纪后半期,随着后工业社会的到来,社会变得高度复杂和高度不确定,管理行政很难适应风险时代的要求,取而代之的是服务行政,即服务型社会治理模式。与管理型社会治理模式以效率为最大价值不同,服务型社会治理模式是以服务价值和伦理为核心价值的治理模式。在服务型社会治理模式中,公共管理者的服务精神是伦理精神的最大体现,通过公共管理者把伦理精神贯彻到公共管理活动之中,同时实现了伦理价值。在制度方面,与管理行政过度规制化取向不同,服务行政追求的是一种德制。德制是法制和德制的有机统一,同时德制也是服务精神物化的过程。服务型社会治理模式与其他社会治理模式最大的不同在于,它是基于伦理精神和服务价值而展开的。正是这种特质使服务型社会治理模式能够应对具有高度复杂性和高度不确定性的风险社会,能够平衡个人利益与公共利益的关系,最大限度地维护和实现公共利益。所以,相对于统治行政和管理行政,服务行政社会治理模式是与后工业社会相适应的治理实践模式,也是社会管理创新的重要理论范式之一。

二、多中心社会治理模式

多中心社会治理模式是20世纪后期,伴随着社会矛盾多发,为了探索国家和社会的治理路径,人们所提出的一种理论。治理理论兴起的根本原因是福利国家模式遇到了管理危机,比如政府机构臃肿,财政赤字增大,政府与社会的疏离感增大,社会组织的迅速发展,等等。这一系列的挑战导致人们反思传统的社会治理模式,提出要从统治走向治理和善治。多中心治理是个人、公共组织以及私人机构管理其公共事务的总和,它是能够使彼此冲突的利益或不同利益互相调和进而促使联合行动得以持续的过程。

作为社会治理创新理论范式之一,多中心治理理论主要包括五个特

---

① 张康之.论伦理精神[M].南京:江苏人民出版社,2010:39-49.

征:其一,多中心治理理论强调治理主体的多元化。多中心意味权力中心的转移和分散,政府不再是唯一的或主要的权力来源。在社会治理中,政府、非政府组织、私人组织、个人等都可以成为社会治理的主体。治理主体的多元化源自政府能力的有限性、社会风险的复杂性、利益的多元化、公民政治参与要求等多重因素。其二,治理的基础是协调,而不是控制。在传统社会管理模式中,政府是拥有公权力的一方,行政命令是政府进行社会管理的主要方式。在多中心社会治理模式中,多元主体间的关系是平等的,各个主体间通过平等协商实现对公共事务的治理。以行政命令为特征的控制方式,在治理中被彼此之间的协商与合作代替。通过协调,不同的利益得以兼容,公共事务的解决更加富有效率。治理理论认为,办好事情的能力并不在于政府的权力,不在于政府下命令或运用其权威,政府可以动用新的工具和技术来控制和引导,政府的能力和责任均在于此①。其三,多中心治理的结构是网状的。与传统金字塔形的治理结构相比,多中心治理是一种网状结构。政府、社会组织、公民等都镶嵌在网状结构中。这种网状结构在现代信息技术的支撑下,不断突破官僚制封闭的结构,实现了从单中心的信息传递模式向多中心的信息传递模式的转变。网状结构客观上提高了社会治理的效率,能有效克服官僚制因为信息的闭塞而导致的行动迟缓、效率低下等弊端。在后工业社会高度复杂和高度不确定的社会环境下,多中心治理的网状结构能有效应对风险社会的挑战。其四,政府在治理中发挥独特的作用。多中心治理强调社会组织、公民等社会主体的参与治理功能,但并没有否定政府在社会治理中的作用。政府要改变原来的全能政府行为模式,转变为一种有效政府,实现政府的瘦身;政府要发挥元治理的功能,在多元主体间承担组织、协调的功能。元治理的功能要求政府不但能够灵活使用各种治理工具,而且需要成为一个精明的管理者,有效管理各种政府项目,善于沟通和协调其他社会治理主体。其五,治理的目标是为了更好地实现公共利益。在单中心社会治理模式下,政府能够统一分配公共资源,供给公共物品,但由于政府能力有限性、政府自利性等因素,公共利益不能很好地得以实现。多中心治理理论通过引入社会组织、非营利组织、私人组织、公民等

---

① 斯托克.作为理论的治理:五个论点[J].华夏风,译.国际社会科学杂志:中文版,1999(1):19-30.

多元主体,打破了政府对公共事务和社会治理的垄断,制衡了政府的权力,完善了社会利益表达渠道,从而能够最大限度地保障公共利益的实现。

三、参与型社会治理模式

参与型社会治理模式是从参与式民主的视角改造传统的政府管理模式而建立的一种政府或社会治理模式。传统公共行政是以政治与行政二分法作为理论前提,以官僚制组织理论为依托的一种理论范式。其中政治必须行使政策制定职能或者表达国家意志,行政必须行使政策执行职能①。政治是政治家的舞台,政治家受选民委托行使制定法律和政策的权力;行政是技术的领域,注重效率,是由职业文官等精英团体掌握:因而,整个政治过程与普通公民联系较少。针对这种局面,20世纪美国兴起了参与式民主理论,这种理论对这种将普通民众置于政治过程之外持反对态度,认为当时美国的自由主义民主已经脱离了民主的真谛,使民主远离了其真正的基础——公民个体,而走向垄断和独裁②。因此,应该提倡参与式民主,用参与式民主改造现代政治过程、行政过程、社会治理模式,使其符合民主的精神,进而实现善治。阿伦特认为,民主政治的实质和精神在于公民能够在公共领域内讨论、协商共同事务,通过公共领域中这种交往,提高了公民的素质,培养了现代公民精神③。参与式民主不仅能够教育公民,而且能够解决纷繁复杂的社会事务,能够有效应对风险社会面临的挑战,缓解官僚制由于反应迟钝和效率低下而受到的广泛批评。

参与式治理在参与形式、参与内容、参与方法等方面与传统治理模式不同。首先,参与式民主主张改变自上而下的管理方式,倡导一种自下而上的民主参与,从最底层民主参与开始,直至国家层面的参与。政治和行政不能只是政治精英和技术精英的特权,普通公民不能仅仅满足于投票民主,只有当公民参与到具体政治过程、行政过程和社会治理进程之中,

---

① 弗兰克·J·古德诺. 政治与行政[M]. 王元,杨百朋译. 北京:中国人民大学出版社,1987:12.

② PATEMAN C. Paticipation and Democratic Theory[M]. Cambridge:Cambridge University Press,1970:103-106.

③ 陈尧. 西方参与式民主理论及其对中国社会主义民主政治的启示[J]. 社会主义研究,2008(1):63-66.

他们才会获得参与的满足感。政治参与需要从基层和社区开始,当公民参与了社区和基层的事务处理的过程,他便获得了控制自己生活的能力。其次,参与式治理不仅强调公民及公民团体要参与政策制定,而且要求公民和公民团体能够参与公共物品和公共服务的提供。公民和公民团体参与决策不仅是一种民主的程序,而且是解决问题的重要方式。通过民主参与,人们对公共事务进行协商、讨论甚至争论,更有利于问题的解决和公共利益的实现。公共物品和公共服务由于公民的参与,能够更有效地满足公民的需求。最后,参与式治理致力于打造一种参与式政府。在官僚制组织中,权力自上而下垂直运行,行政权力由技术官僚掌握,行政信息在组织体制内按组织层级依次传递,这是一种封闭的体制,公民很难进入决策过程。由于普通民众是服务的接受者,他们最了解如何提供公共服务,要想提高公共服务的质量和效率,必须将他们吸收进政府决策过程,使他们与政府一道参与社会治理。

四、自治型社会治理模式

自治型社会治理模式以社会自治作为社会管理创新的目标,认为社会管理创新的最佳方法或目标是减少国家对社会的干预,给社会以自治的空间。自治型社会治理模式以自由主义、多元主义理论为理论基础,把国家和社会看成一种此消彼长的对立关系,二者是一种零和博弈。具体来说,自治型社会治理模式所采取的视角有社团主义、公民参与、社会组织、社群主义以及社会资本等。一般而言,自治型社会治理理论认为,社会治理的最佳状态是社会的自治,政府只是一种必要的"恶",国家与社会之间应该形成一种均衡状态,国家不应对社会自治造成危害。自治型社会治理模式认为,行政国家是社会自治发展的阻碍。在西方,随着福利国家的发展,政府规模越来越大,政府产生很多缺陷,诸如行动缓慢、反应迟钝、规模庞大等,因而无法满足公民社会的需求;在我国,全能型国家模式使国家公权力极其强大,社会组织发育迟缓。自治型社会治理理论认为,社会管理创新的关键是维护公民的权利,同时维持社会的秩序,社会管理的最佳状态是每个公民在机会和资源上的平等。在我国,当务之急是还权于社会、还权于公民。从社会本位的视角来看,西方发达国家社会管理大致经历了如下几个阶段:市场失灵,政府失败,政府、市场和公民社会三者的共同合作。与此相似,我国社会管理最终也会走向政府、市场和公民社会三者的合作模式。概言之,自治型社会治理理论主要有两个主张:一是发展社会力量,特别是培育社会组织,使之成为社会自治的重要力量。我国自古以来缺乏自治的传统,无论是封建社会的政权不下县,还是民国时期的保甲制度,以及新中国成立后的城市居民自治和村民自治,严格地说,都算不上真正意义的社会自治,因此,我国的社会自治还有很长的一段路要走,社会自治需要政府的培育与推动。当前,需要培育发展社会组织,给予它们以一定的政策支持等。二是限制政府力量,特别是公权力对社会的不必要的干预。政府的社会管理与社会自治是一体两翼,二者要达到均衡。在我国,政府权力强大,社会自治的力量较弱,所以,限制国家权力,还权于社会和社会组织,培育社会组织是中国社会管理创新的未来方向。

第四节　中国社会管理创新的现状与路径选择

这一节主要讨论两个问题:一是我国社会管理创新的现状;二是针对这些问题,讨论我国社会管理创新的路径选择。

一、中国社会管理创新的现状

随着国家和社会对社会管理创新重要性认识的加深,我国的社会管理创新在理论探索和社会实践方面都取得了重大进展,出现了很多理论研究成果和社会管理创新实践案例。然而,我国的社会管理创新刚刚起步,仍然有很多不完善的地方。总体上看,我国社会管理创新存在的问题表现在以下几个方面。

第一,社会管理创新的理念陈旧,重视"管制"而轻"服务"。观念决定行动的方向,观念决定制度的变迁和社会的变革。我国当前社会管理创新的实践,存在重"管理"轻"服务"的误区,认为社会管理创新就是加强对社会的控制,消除社会矛盾和冲突。这是一种计划经济时代全能政府的思维模式,是一种管理本位的管理方式。管理本位在社会管理创新中具体表现为政府中心主义。在管理本位理念下,因为政府力图通过控制社会生活和社会事务来获得稳定的社会秩序,所以政府的权力、职能和规模等会无限制膨胀,导致政府效率低下和官僚主义丛生等一系列问题。首先,管理本位会导致政府权力的扩大。政府将众多社会事务纳入公权力管理范围,实际上扩大了公权力的边界。在这种思维的引导下,政府的权力侵入原本属于私人领域的社会生活,会造成市民社会的萎缩和公共权力滥用。政府权力的扩大和滥用会进一步导致社会矛盾的增加和社会冲突的加剧,因此,管理本位的社会管理模式不但不能消除社会矛盾和社会风险,反而成为社会风险和社会矛盾激化的根源。其次,管理本位会导致政府规模的扩大。与政府权力扩张同一逻辑,政府管理的社会事务增多,会导致政府职能和政府规模扩张,进而导致政府预算和财政赤字增加等一系列问题。管理本位理念下的社会管理创新,因为其重"管制"而轻"服务",在创新理念上出现了根本的偏差,所以,虽然在一定时期里能获得社会秩序的稳定,但这种社会秩序具有成本高和不可持续的特点,因此,必须转变观念,由管理走向服务,树立服务型社会管理的理念。

第二,社会管理的主体单一,社会组织发育不良。在改革开放之前,我国实行的是高度集中的计划经济制度,政府扮演的是无所不包的全能政府角色,在这一时期,没有独立的市民社会,国家的触角延伸到社会生活的各个方面。改革开放之后,随着社会主义市场经济的建立,市民社会逐渐获得了自主发展的空间,社会组织的数量和规模都得到了发展。但在社会管理体系中,主要的社会管理主体是政府,政府仍然垄断着社会生活、社会事务和社会组织的管理权。这种管理模式在本质上是一种管理型社会治理模式,在社会复杂性和不确定性较低的工业社会,管理行政能够发挥它的治理功效,但在后工业社会来临的情况下,管理行政无法实现社会治理的功能,政府作为单一的社会管理主体出现能力不足、治理失效的问题。因此,多元主体进行社会管理是后工业社会的现实需要。在各种社会管理主体中,社会组织是重要的社会管理主体之一。社会组织是不以营利为目的,主要开展各种志愿性的公益或互益活动的组织,它具有非营利性、非政府性、志愿公益性或互益性等特征①。正是社会组织的非营利性和公益性特征,使其具有公共性的特质,因而在社会管理中具有独特的重要作用。但是,目前我国社会组织发育不充分,无论在数量和质量上,都与国外社会组织的发展有一定的距离。究其原因,一方面,我国社会组织起步较晚,缺乏公民结社的传统;另一方面,与国家对社会组织的发展持消极态度有一定的关系。而且,在我国,社会组织是依附于政府的

---

① 王名.非营利组织管理概论(修订版)[M].北京:中国人民大学出版社,2010:2.

组织形态,缺乏独立性。这些特点都影响了社会组织的社会管理功能以及创新能力的发展。

第三,政府职能偏重于经济职能,忽视公共服务职能。我国政府在职能上存在一定越位、缺位现象。越位表现为政府经济职能突出,在市场经济中,政府的职责是制定法规、保护市场主体能够公平竞争、维护市场秩序,扮演的是裁判者的角色。但我国政府由于经济职能突出,在一定程度上已经介入市场之中,成为影响经济的重要因素之一。政府介入市场,影响了市场经济的健康发展。政府职能的缺位是指政府的核心职能,比如提供公共物品的职能,没有得到很好履行。我国的公共物品提供存在三个方面的问题:一是公共物品供给不均衡,存在城乡差别、地域差别和阶层差别。公共物品供给不均衡影响了社会的公平和稳定,不利于和谐社会建设。二是公共物品供给体系不健全不完善。教育、医疗、社会保障等公共服务体系是市场经济的一部分,是市场经济健康发展的重要保障,然而,我国目前教育等公共服务体系不健全,影响了我国市场经济的正常运行,同时影响了社会的稳定。三是公共物品供给效率不高。我国的公共物品主要由政府提供,存在服务效率不高、服务质量不佳、服务种类单一等特点,无法满足公民不断增长的物质和文化需要。无论是政府经济职能突出,还是公共服务职能缺位,都是我国社会管理创新中亟须解决的问题。只有改变政府经济职能过重的现象,加强政府公共服务职能,才能保证社会健康有序地发展。

第四,政府社会管理手段单一,重行政手段和强制性措施。我国几千年中央集权的历史,以及新中国成立后长期计划经济下全能政府的实践模式,导致政府习惯使用行政手段和强制性措施解决社会矛盾以及群体性事件,从而激化了社会矛盾。近年来,我国社会风险加大,社会矛盾和社会问题显现,主要原因是我国处在社会转型的关键时期,面临从计划经济向市场经济的转型,同时又从农业社会向工业社会甚至后工业社会转变。面对社会矛盾,政府往往采取行政手段予以解决。行政权力介入社会问题的解决,有一定的积极作用,但不能完全解决问题,甚至可能激化矛盾。特别是一些群体性利益纠纷事件,政府部门的介入会激化矛盾。使用行政手段和强制力解决社会矛盾和社会问题,会产生两种消极效应:一是这种维持社会稳定的方式会耗费大量的财政资源。动用行政手段和强制力维护社会稳定,能够收到一定效果,但是所消耗的行政资源较多,这种模式是不可持续的。二是用行政手段维持社会稳定,可能造成政府与公民的矛盾激化。

第五,我国社会运行体制不健全,社会风险较大。目前我国的社会管理体制与改革开放时期相比,已经有了巨大的进步,但是,仍然无法适应社会现实的需要。我国社会运行体制存在的问题主要表现为以下几个方面:一是社会管理手段单一,注重行政手段和强制性措施。二是我国社会管理部门分工不合理,存在多头管理现象。管理部门的增多造成协调的成本增加,影响社会管理的效率。另外,地方政府管理的条块分工也是造成社会管理冲突的一个重要原因。在我国的现行行政体制下,很多政府部门既隶属于国务院各部委,同时也接受地方政府的领导。这种管理体制使地方政府部门既能贯彻中央政府的政策,也能因地制宜进行管理,但是,这种管理体制会造成低水平的重复和相关矛盾冲突。在相关的运行机制上,与政府机关相对口的事业单位,又进一步造成了机构的职能交叉重叠,导致部门间的关系错综复杂,难以有效协调进行社会管理①。三是我国缺乏社会风险管理机制。在应对灾害等突发事件上,我国政府还只是采取一种应急管理模式,没有上升到危机管理模式,更无法达到风险管理的层级。应急管理是一种被动应付突发事件的管理模式,其管理目标是有效处理突发事件;危机管理不但追求突发事件的成功处置,而且通过对危机事件发生机制的探寻,建立危机预防机制,防止危机事件的再次发生;风险管理则是通过对社会风险因素的监测,建立社会风险监控机制,预防危机等突发事件的发生。目前,我国社会风险监测机制落后,难以准确、全面、及时地发现社会问题,将社会风险控制在可控的范围内,从而导致危机事件频发,社会管理的风险加大。因此,创新我国社会管理体制是社会管理的一个重点,只有从体制上解决管理手段落后、多头管理等问题,才能为社会管理提供体制保障。

第六,社会管理法规不健全,社会政策制定过程科学化和民主化程度不高。我国社会管理法律体系存在立法不足、制度碎片化以及忽视利益表达、利益协调和利益整合等问题②。虽然我国已经制定了《中华人民共

---

① 陈振明,卢霞,张娜.我国政府社会管理的现状及问题分析——《"政府社会管理"课题的研究报告》之三[J].东南学术,2005(4):19-28.
② 张开云,张兴杰.社会管理体制的困境及其未来框架建构[J].江海学刊,2012(1):118-123,239.

和国行政许可法》《中华人民共和国行政处罚法》等一系列法律,但是如何规范行政强制执行的法律一直没有制定;在社会管理方面,规范社会团体的法律一直缺位,现有相关法律要么不适应社会发展的趋势,要么缺乏系统性,无法应对社会管理现实的需要。可以说,现存的社会管理法律在一定程度上被虚置化,当社会矛盾和社会冲突发生时,冲突双方都寻求法律以外的解决途径,导致社会问题增多。社会管理法律或政策虚置化的原因之一是法律政策制定不科学。在制定相关法律过程中,没有广泛征求社会公众意见,没有进行广泛的讨论,政策制定程序上公民参与环节的缺乏导致相关法律法规得不到公众的理解与支持。一些社会管理法律或政策的出台,由于忽视相关群体的利益,往往会成为社会矛盾的导火索。

二、中国社会管理创新的路径选择

社会管理创新是一项复杂的系统工程。根据我国社会管理创新的实际情况和存在的突出问题,当前需要从以下几个方面促进社会管理创新。

第一,树立"服务"观念,以建设服务型政府为目标。服务价值是公共管理的核心价值和主导价值,只有在社会管理中树立服务价值,才能适应后工业社会的现实和保持社会的和谐和稳定。自20世纪后期以来,人类逐渐进入后工业社会,后工业社会是高度不确定性和高度复杂性的风险社会。一方面,我国正在从农业社会向工业社会转型,另一方面,我国部分地区则具有了后工业社会的特征。双重转型使我国的社会风险和社会矛盾较突出。这是我国社会管理基本的时代背景,因此,在双重转轨背景下,必须改变传统的社会管理模式,建立一种服务型社会管理模式。服务型社会管理模式首先要树立服务理念,这要求社会管理者或公共管理者在进行社会管理时要具有服务精神和伦理观念,在内心认同服务价值,在社会管理中贯彻服务精神,切实做到为人民服务。服务型社会管理模式摒弃了管制理念,不以政府利益为管理的出发点,一切以服务对象——公民的利益为优先。在服务型社会治理模式中,政府的权力被限制在合理的范围内,给社会以自治的空间;自治的公民社会在一定程度上能够培养公民的自律精神和公民精神,从而增强了社会抗风险的能力,减低了社会的风险;由于政府职能和权力受到抑制,政府规模也会得到合理控制。因此,在社会管理创新实践中,公共管理者需要以服务型政府理论为指导,树立"服务"理念,切实做到为人民服务。

第二,培育社会组织,推进多元治理。社会组织对于社会的良性运行有积极的作用,它既能实现社会的自治,也能促进民主政治的健康发展。社会组织的发展,有利于我国的治道变革和社会管理,有利于有限政府和效能政府的实现,有利于社会的自治治理。当前,我国政府要从法律和政策、物资资源等方面对社会组织的发展给予支持。首先,要从法律上解除对社会组织成立的制度障碍。凡是不利于社会组织成立、发展的法律法规都要予以清理和修改,一些过时的法律要予以废除。逐步完善有关社会组织的法律体系,为社会组织的发展创造一个良好的法律环境。其次,要处理好社会组织与政府的关系。据康晓光的研究,中国社会组织的发展模式是一种依附式的发展模式,社会组织是政府的附属组织,缺乏一定的独立性。因此,我国社会组织发展还有很大的上升空间。社会组织的社会管理功能发挥的重要前提是社会组织相对于政府的独立性。所以,发展社会组织必须给予社会组织以独立地位,使其成为真正的社会自治组织。最后,给予社会组织发展必要的资源支持。基于我国的国情,政府需要加大对社会组织的资源支持,创造条件扶持社会组织的发展。总之,只有社会组织成为真正的社会自治组织,才能发挥其社会治理和维护社会秩序的功效,才能有利于服务型社会治理模式的生成与和谐社会的实现。

第三,转变政府职能,完善公共服务体系。转变政府职能是社会管理创新的重要措施。政府需要从经济领域中撤出,切实承担起提供公共服务的职责,为市场经济的健康发展和社会的和谐稳定提供保障。张康之认为,我国作为一个发展中国家,面临追赶发达国家的历史使命。因此,在职能模式上既不能模仿自由资本主义时期"保守型"的政府职能模式,也不能照抄凯恩斯的"干预型"政府职能模式,只有走符合中国国情的"引导型"政府职能模式。"引导型政府职能模式中的行政行为应当具体表现为:依法行政、规范行政、透明行政、高效行政、服务行政、廉洁行政"①。因此,强化服务和完善公共服务体系,是我国政府职能转变的重要内容,也是社会管理创新的重要手段和措施。一方面,要完善我国城乡居民的社会保障体系。社会主义市场经济体系需要建立与之相适宜的社会保障体系,以维持社会的稳定,使一些在社会竞争中处于不利地位的弱势群体获得基本的生活保障。社会保障体系的建立不仅有利于市场经济

---

① 张康之. 建立引导型政府职能模式[J]. 新视野,2000(1):44-46.

的发展,而且有利于社会的稳定。当前,社会群体性事件频发和社会矛盾激化的重要原因是社会财富分配机制的失调,而社会保障机制作为一种社会财富的再分配机制能够有效地抑制市场经济所带来的一些负面效应。另一方面,公共服务和物品的分配要实现均等化。目前我国公共服务最大的问题:一是公共服务体系不完善;二是公共服务供给不均等,公共服务在城乡之间、地区之间、不同群体之间存在较大差别。公共物品供给不均是社会矛盾激化和社会失序的重要原因之一,因此,政府要加大公共服务的供给力变,使公共服务逐步实现均等配置,同时,创造条件鼓励社会组织等多主体参与公共服务的提供,从而为社会和谐提供制度保障。

第四,创新社会管理手段,综合使用行政手段、法律手段、市场手段和社会自治手段等。行政手段作为社会管理的手段之一,在一些情况下能够发挥重要的作用,但是,由于行政手段具有强制性的特点,其负面效应不容小觑,因此,行政手段在社会管理中需要慎用。在社会管理中,要创新社会管理的手段体系,形成行政手段、法律手段、市场手段以及社会自治手段等综合、多维的社会管理方式。现代社会是法律社会,无论是政府还是普通公民,都必须在法律的规范下活动。当社会矛盾或社会纠纷发生时,使用法律手段能够保证当事各方的权益得到最大限度的保护。使用法律手段不但使社会矛盾和社会问题能够得到合法解决,也有利于依法治国国策的实现以及公民法制观念的形成。市场手段也是社会管理的重要手段之一。在西方发达国家,营利部门广泛介入社会公共物品的提供等公共事务当中,成为社会善治的一支重要力量。萨瓦斯认为,民营化不仅是一个管理工具,更是一个社会治理的基本战略,它是根植于这样一些最基本的哲学或社会信念,即政府自身和自由健康社会中政府相对于其他社会组织的适当角色①。因此,市场手段就是用民营化去改造政府和丰富社会管理的方式。在我国社会管理中,私营部门同样能够发挥一定的作用,它们能够在公共物品供给、公共基础设施提供等很多方面发挥作用。社会自治也是社会管理的重要手段之一。社会自治的主要措施是发展社会组织,这一点前文已有说明,这里不再赘述。

第五,健全社会运行体制,提高社会风险应对能力。在社会运行机制

---

① E·S·萨瓦斯.民营化与公私部门的伙伴关系[M].周志忍,等译.北京:中国人民大学出版社,2002:译者前言 3.

建设上,需要从社会管理部门设置、社会风险预防机制、社会管理方式方法等方面加强社会运行体制建设。首先,合理设置社会管理部门。社会管理部门的多头领导是当前社会管理的主要弊端之一,造成了很大的危害。我国卫生领域、食品领域、社会治安领域等多个领域发生的问题都是因为管理部门职责不清、职能重叠所造成的。因此,必须通过政府职能的转变、重组、合并等手段实现政府职能的合理化。通过政府部门的大部制改革能够在一定程度上解决这一问题。广东省自 2009 年起推动了大部制改革,相似或相关的职能由一个部门行使,在一定程度上缓解了政府部门职能冲突的问题。其次,逐步完善社会风险预警机制。社会管理最佳的状态是将社会风险消灭在萌芽状态,使社会风险得到控制。建立社会风险预警机制需要完善社会管理信息系统,使各种社会信息能够及时在全社会传递。社会管理信息系统是一个开放的系统,公民个人、媒体、政府和社会组织均可以成为信息源和信息获得者。通过完善信息管理系统和社会风险预警机制,避免社会不稳定因素发展为社会危机,同时消除导致社会风险出现的政治、经济以及社会原因,从而最大限度地保持社会稳定。最后,改进社会管理方式方法,完善社会管理手段。受传统政府管理的影响,我国的社会管理手段以行政手段和强制措施为主。这种强制性的社会管理手段容易造成社会矛盾的激化,成为社会矛盾和社会冲突的根源。因此,以运用行政手段为主要管理方式的社会管理模式必须转向综合使用法律手段、经济手段、社会自治手段和行政手段的社会管理模式。

第六,健全社会管理法律体系,完善相关政策法律制定程序。健全的社会管理法律体系是社会管理及其创新的制度基础,因此,当前应该制定一个完善的社会管理法律体系,在制定法律政策的过程中,要实现法律制定的民主化,充分听取社会各个阶层的意见,使法律建立在不同利益协调的基础上。首先,要做好立法工作。在立法方面制定规范行政权力运行的法律,比如《中华人民共和国行政强制法》;在规范社会运行方面,制定"社会组织法"。其次,要从宏观上对社会管理进行顶层设计。我国社会管理法律存在碎片化现象,因此,从宏观上对社会管理制度进行规划,不仅能够完善社会管理法律体系,而且能够增强法律规范社会的能力。最后,完善社会管理法律制定程序,促进公民有效参与法律制定。通过促进公民有效参与相关法律法规的制定,构建一种有效的社会利益表达机制、协调机制和保障机制,从而促进社会管理法律的有效制定。

主要参考文献

[1]陈振明,等.社会管理——理论、实践与案例[M].北京:中国人民大学出版社,2012.

[2]崔运武.公共事业管理概论[M].北京:高等教育出版社,2002.

[3]戴维·波普诺.社会学[M].10版.李强,等译.北京:中国人民大学出版社,1999.

[4]丁建定,杨凤娟.英国社会保障制度的发展[M].北京:中国劳动社会保障出版社,2004.

[5]丹尼斯·麦奎尔,斯文·温德尔.大众传播模式论[M].祝建华,译.上海:上海译文出版社,2008.

[6]风笑天,张小山,周清平.社会管理学概论[M].武汉:华中理工大学出版社,1999

[7]李超民.美国社会保障制度[M].上海:上海人民出版社,2009.

[8]李健,兰莹.新加坡社会保障制度[M].上海:上海人民出版社,2011.

[9]李珍.社会保障理论[M].北京:中国劳动社会保障出版社,2001.

[10]里基·W·格里芬.管理学[M].9版.刘伟,译.北京:中国市场出版社,2008.

[11]娄成武,郑文范.公共事业管理学[M].北京:高等教育出版社,2002.

[12]邵静野,王维翊.变革时代的社会管理创新[M].北京:国家行政学院出版社,2011.

[13]史柏年,吴亦明,费梅苹.社会保障概论[M].北京:高等教育出版社,2004.

[14]斯蒂芬·P·罗宾斯,玛丽·库尔特.管理学[M].李原,孙健敏,黄小勇,译.北京:中国人民大学出版社,2012.

[15]童星.社会管理学概论[M].南京:南京大学出版社,1991.

[16]郑功成.社会保障概论[M].上海:复旦大学出版社,2005.

[17]郑杭生.社会学概论新修[M].3 版.北京:中国人民大学出版社,2003.

[18]朱仁显.公共事业管理概论[M].2 版.北京:中国人民大学出版社,2009.